CSSCI来源集刊

现代中国文化与文学

50

MODERN CHINESE
CULTURE AND LITERATURE

李怡 毛迅 主编

巴蜀书社

图书在版编目(CIP)数据

现代中国文化与文学. 50 / 李怡，毛迅主编.
成都 ：巴蜀书社，2024. 11. --ISBN 978-7-5531-2311
-0

Ⅰ. G122-55；I206.6-55

中国国家版本馆 CIP 数据核字第 2024GP5223 号

现代中国文化与文学(50)

李怡　毛迅　主编

责任编辑	陈亚玲
责任印制	田东洋　谷雨婷
出　　版	巴蜀书社 四川省成都市锦江区三色路 238 号新华之星 A 座 36 楼 邮编 610023　总编室电话:(028)86361843
网　　址	www.bsbook.com
发　　行	巴蜀书社 发行科电话:(028)86361852
经　　销	新华书店
印　　刷	成都蜀通印务有限责任公司　(028)64715762
照　　排	成都完美科技有限责任公司
版　　次	2024 年 11 月第 1 版
印　　次	2024 年 11 月第 1 次印刷
成品尺寸	185mm×260mm
印　　张	21. 25
字　　数	580 千
书　　号	ISBN 978-7-5531-2311-0
定　　价	128. 00 元

编 委 会 名 单

编委会主任

编 委

—— 目 录 ——

“繁花”专题笔谈

鲁迅专题研究

大文学视野

文学档案

民国文学研究

共和国文学研究

港澳台暨海外汉学研究

—— Contents ——

Scholarly Dialogues on "*Blossoms Shanghai*"

Special Study on Lu Xun

—— Contents ——

Literary Study of the People's Republic of China

Sinological Studies in Hong Kong, Macao, Taiwan and Overseas

主持人语（吴晓东）

王家卫导演的电视剧《繁花》引发的是“现象级”的观剧热。文学艺术界、学术界、主流传媒、自媒体领域以及不可胜数的粉丝群体都汇入了对这部电视剧的热评大潮，但也呈现出众说纷纭的言说态势。而电视剧的热播，又重新带动了小说《繁花》的热销及热读。从小说到电视剧集，跨媒介的两个《繁花》“文本”之间就生发了更为丰富和多重的讨论空间。为此，笔者在北京大学中文系组织了一次题为“《繁花》：从小说到电视剧”的讨论会。这一组笔谈，就是参与者在热烈发言的基础上，围绕各自的论题整理而成的文字。

笔谈涉及了《繁花》从小说到电视剧的方方面面的问题，但参与者大都选择了相对具体的话题集中探讨，以小见大，并力求从文本分析出发，深入到小说和电视剧的结构和肌理，进而凝聚和阐释相对宏大的议题。这些议题或者触及媒介间性，或者讨论叙事模式，或者聚焦“上海故事”，或者挖掘小说背后的“生产语境”，或者关注电视剧影像背后的权力机制及空间诗学，最终试图探究文本意义生产的丰富性、歧义性及内在的限度，有助于学界进一步探讨两个《繁花》所蕴含的问题空间，也有助于了解青年学人对当代文学和艺术的进入方式及从中生成的美学体验、伦理关怀、时代感受及思想倾向。

（作者单位：北京大学中文系）

《繁花》中的“不响”

李叔炫

小说《繁花》的叙事方式向来受人瞩目，它以大量的人物对话构成，通过“某某说，某某不响”的形式以及大量的短句形式向读者述说故事，里面的人物不是在讲话就是保持沉默不响，作者从未对人物的内心有直接的正面描写，只用“不响”来一笔带过，因此全书中所出现的“不响”非常频繁，共出现一千五百多次。对此，导演王家卫也有自己的理解，他觉得“不代表沉默，而是一种留白，是创作者的一种态度，凡是不想说的、不能说的、说出来为难别人又为难自己的，那就‘不响’，只说我能说的、想说的、说得好的，这是金老师的创作密码”。正如导演所说，这种“不响”留下了很大的空白，让我们读者去猜测人物内心到底在想什么，而且人物之间日常随便聊的对话形式经常出现内容跑偏的现象，比如李李有了一个新加坡追求者，原本和阿宝见面要探讨自己如何选择的重要事情，但是中途聊到了小保姆，最后阿宝说“吃了老酒羊肉，讲了小保姆结婚的故事，忘记了”。所以从人物非常日常又随意的大段大段的讲话中，我们更难去推测他们的真实想法。这种人物心理描写的留白不仅给读者带来想象的空间，同时也缓解了对话者之间节奏的快速和内容的烦琐。

其中，小说里的阿宝就是典型的经常保持沉默的人，他往往充当着倾听者，却很少主动提起自己的过往，所以内心堆积了很多别人的故事。例如，小说中的阿毛和银凤产生误会后，他选择和沪生、阿宝断绝来往并仓促结婚时，阿宝没有选择和阿毛进行解释，而是选择了沉默，以至于阿毛对于银凤遭遇处于不知情的状态；又例如在第十八章李李说了很长的话敞开心扉去叙述自己过去经历的不幸，但阿宝对于自己的过去从未向任何人敞开心扉过，当李李猜测“阿宝为什么不结婚呢，据说是为了一个小小姑娘”。阿宝的反应还是“不响”。以至于小说在快要接近结尾时，沪生也问阿宝：“阿宝的心里，究竟想啥呢？”阿宝的回应是：“搞不懂沪生心里，到底在想啥呢？”

可以看出，小说中人物之间的关系看似亲密，一次次的饭局看似热闹，可是大家都把彼此的某些情感克制在最深处，拒绝坦白。这种内心的压抑或许是年少时经历了“文革”这一段创伤性历史所形成的结果，阿宝的儿时玩伴蓓蒂最终和阿婆变成鱼儿消失，又目睹自己富足的家族走向破败，而沪生的父亲在“文革”后期被纳入为“异类”。他们那一代的人在经历了这些历史性的动荡和暴力之后，个体有时候“不响”的态度或许是因为在如此压抑的时代背景下陷入了历史困境，并且从记忆的创伤中难以走出来，从而让吐露内心真心话的欲望也随同停留在了童年时期和青年时期的边缘。因此到了20世纪90年代，主人公们很少主动去敞开心扉坦白心声，更多的是充当着听众角色，把自己当成局外人，以旁观者的身份去倾听对方私密的事情。

而在电视剧中，经过王家卫导演的处理，他把小说中的“不响”通过“响”的方式表达出来。王家卫对于音乐是非常讲究的，就如他曾经对马丁·斯科塞斯所说：“我认为片场的音乐会给我们一种韵律感。”所以他导演的电影中出现的音乐总有锦上添花的作用，造就了很多经典场面。

在电视剧版的第四集，阿宝和玲子在上海市郊朱家角某个早餐店谈论股东大会的事情之后，下雨天撑着一把伞在雨中漫步春游，导演并没有将两人具体的对话内容展现在观众眼前，而是引入森田芳光的电影《其后》中所出现的原曲*kokuhaku*。在这种带有忧伤氛围的音乐背景下，观众看到的是两人说笑的神情之下所体现的人物细腻情感。此时的阿宝和玲子各自都想着什么，我们无从得知，但在音乐叙事的作用下，剧情有所舒缓。此处音乐的作用犹如小说中人物的“不响”，让读者和观众都进入了一个节奏缓慢且有留白的空间。

又例如，在第十六集中玲子和阿宝在日本相遇，玲子把自己的运气单给了阿宝，说完“下次回到上海请我吃饭”后就转身离开，留下阿宝待在那儿，这时背景音乐响起了王杰和叶欢唱的《你是我胸口永远的痛》，此时阿宝内心无言以说的复杂感情既不是用台词也不是心理独白表达出来的，而是借用这首歌恰如其分地表现了出来。另外还有菱红和玲子分别的时候，玲子手里拿着一沓钞票，隔着马路和菱红互相对望。两人的对话只是停留在对未来的展望及金钱问题，但对于两人之间曾有过的矛盾以及当下不舍的复杂心情只字未提。此时菱红含着眼泪说“谢谢”时，人物的内心情绪在配乐《再回首》的衬托之下，已经抵过了口头上的千言万语，此处的背景音乐对剧情又起到了很好的把控作用。此外，在阿宝和李李的戏份当中，曾多次出现大提琴奏乐*dinner*，在他们的情感变化中起到了很好的叙事表达，人物内心的激情和浪漫，最后结局的无奈和悲剧都暗示在其中。因此，音乐作为电视剧的一种艺术效果，它虽然是“响”的，但可以看作一种表达人物“不响”的方式，又或者是传递人物情感和重构叙事的重要手段，每首歌创造出来的声音景观不仅反映了人物转瞬即逝的情感，更是体现了个体在当下的处境和状态。

（作者单位：北京大学中文系）

编织媒介：对读《繁花》小说与电视剧

李煜哲

金宇澄在《繁花·跋》中写道：“对话不分行，标点简单——《喧哗与骚动》，文字也大块大块，如梦呓，如中式古本，读者自由断句，但中式叙事，习染不同，吃中国饭，面对是一张圆台，十多双筷子，一桌酒，人多且杂，一并在背景里流过去，注重调动，编织人物关系……”① 细读《繁花》小说，读者或许会发现，小说并未仅仅

① 金宇澄：《跋》，《繁花》，上海文艺出版社2013年版，第469页。

通过文字这一媒介来编织人物关系。《繁花》出版物不仅附有作者自绘插图，小说的语言本身也隐含着通向其他媒介（如摄影、电影、电视剧等）的通道。如果说《繁花》小说在内容和形式上都展现了通过文字编织多种视听新媒介的自觉，那么2024年初热播的《繁花》电视剧则通过新媒介来重新编织纸面文字，主动让原著小说介入影视表达。无论是电视剧开头对“新中国70年70部长篇小说典藏”版《繁花》书封的特写，小说作者金宇澄与他笔下的主人公阿宝跨越虚实的剧中会面，还是剧中穿插的竖排字幕对小说原文的截取与引用，都表明《繁花》电视剧对小说文本的有意识连接。在新媒介层出不穷的当下，文学与影视究竟如何相互发明，或许对《繁花》小说与电视剧的对读，可以为我们探讨文化生产中媒介交互的新现实提供一些启示。

我们可以通过《繁花》小说对图像媒介的自觉使用来一窥文学表达的多媒介潜力。例如，小说《繁花》第一章第三节插入了一张嵌入正文情节中的曲谱图来表现小毛哼唱的一支流行小调。这张简谱非常完整（图1），不仅包含了调号、节拍、音符（并标出了低音符、音符长短及附点音符）、小节线等音乐标记，还配有歌词和汉字书写的简谱音符唱名（如1/多、2/来、3/米、5/少、6/啦等）①。小说接着描写了二楼爷叔和二楼娘子的不同反应：爷叔有些不满，而二楼娘子则夸赞小毛唱得好，还指出小毛哼唱的实际上是年夜饭的菜名。不同于书中附带的作者自绘插图仅为正文的补充，这张曲谱图则以图像形式直接成为正文的一部分：如果没有这张图，读者既无法知晓小毛哼唱的具体内容，也无法了解他所唱的小调旋律。

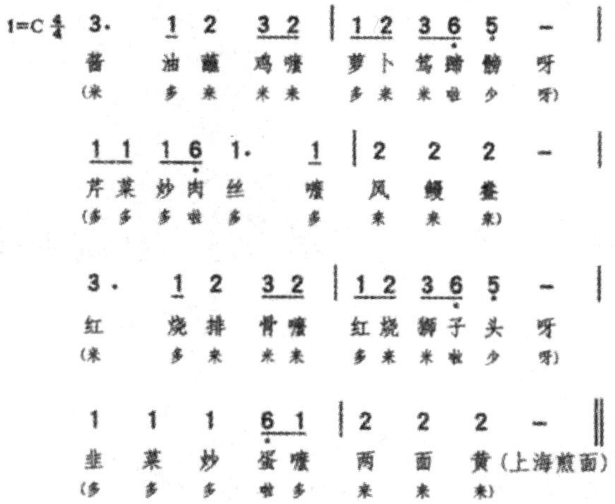

图1

从情节的连贯性来看，直接写出小调的歌词其实已经足够；或者作者也可以像在

① 金宇澄：《繁花》，上海文艺出版社2013年版，第23页。

“弄堂网”连载《繁花》时那样，在歌词下方附上汉字版的音符唱名，这同样可以帮助感兴趣的读者试着哼出小毛所唱的调子①。如果进一步放眼小说整体，我们更会发现小说中对于歌曲、戏曲、音乐的文字书写其实并不少见。各种歌声俯拾即是：蓓蒂回忆中阿婆唱的歌，汪小姐等人在酒桌上齐唱的酒令《两只小蜜蜂》，“文革”时广播里播放的《革命不是请客吃饭》，大妹妹、兰兰与银凤围听的沪剧《碧落黄泉》，黎老师回忆中的《莉莉玛莲》，还有白光、庾澄庆、邓丽君、梅艳芳、黄安等人演唱的多首流行歌曲，等等。而《繁花》小说对这些歌曲的特殊处理则是通过排版来实现的：相关的歌词采用楷体字体，从而与宋体的叙事正文区分开来②。然而，除了小毛所唱的年夜饭主题流行小调，小说对其他歌曲都并未给出类似的曲谱图。这就带来了一个问题：为什么小毛的歌声需要以图像的形式来呈现？

提出这一问题的目的并非要揣测金宇澄的创作意图，而是为了探讨《繁花》小说中以年夜饭小调曲谱为代表的图文媒介交互，何以能深化读者的阅读体验。这一体验一方面是感官层面上的。回到这一小调所在的上下文，我们可以看到该小调如何调动了小说人物的多种感官体验：“楼上窗口探出二楼娘子银盆面孔，糯声说，小毛呀，唱得真好，唱得阿姨，馋唾水也出来了，馋痨虫爬出来了，全部是，年夜饭的好小菜嘛，两冷盆，四热炒，一砂锅，一点心。赞。”③ 二楼娘子的听歌体验是“通感”经验的具象呈现：从听到小调的听觉体验到在头脑中将具体的菜名进行视觉化想象，由此再进一步通过想象调动其他的嗅觉、味觉、触觉等多种感官，二楼娘子最终“馋唾水也出来了”。对于那些与小说第一章所涉及的20世纪60年代或上海地域文化有隔阂的读者来说，这首年夜饭小调可能相当陌生；因此，与单单提及歌词、曲名或歌手相比，插入一张既包含歌词又包含曲调的完整曲谱，或许能帮助读者更好地理解二楼娘子的通感体验。

如果仅就美学形式来看，金宇澄的这种“通感”书写并不特别。在《繁花》第一章所指涉的20世纪60年代，钱锺书曾发表《通感》一文，提及中国古典诗文中大量存在“通感”手法。以“红杏枝头春意闹”和“小星闹若沸”两句为例，钱锺书认为它们的“闹”字都“想把事物的无声的姿态描摹成好像有声音，表示他们在视觉里仿佛获得了听觉的感受”④。然而，《繁花》小说中“通感”书写的意义并不仅限于某种

---

① 独上阁楼（金宇澄）：《“繁花”创作过程连载（廿七）》，“弄堂 longtang”公众号，2017年4月3日，https：//mp. weixin. qq. com/s/HBUPyO-PTEvoyirVFwacNQ。

② 金宇澄：《繁花》，上海文艺出版社2013年版，第70、113、129、228、333、335、361—362、369、457、468页等。

③ 金宇澄：《繁花》，上海文艺出版社2013年版，第23页。

④ 钱锺书：《通感》，《文学评论》1962年第1期。

美学形式，更值得关注的是，这种“通感”背后所隐含的政治寓意。回到小毛所唱流行小调的上文，甫师太让小毛帮忙去领“断命的就餐券”，并直言“领不到断命的券，断命的我就吃不到饭”①。以此为背景再去看二楼娘子“馋痨虫爬出来了”的感叹，就可以发现这一感叹并不仅仅代表着一种“通感”的日常生活体验，更隐隐指涉了一个物质匮乏的时代经验。这一时代经验多次在小说中隐现。例如，在小说第五章中，有一张题为“物质匮乏年代的梦幻邮票”的插画（图2），生动地展现了小说中另一重要人物蓓蒂在1962年对食物与邮票的双重渴望。而在以20世纪70年代为背景的第十九章中，我们再次看到与吃饭相关的通感所包含的时代意涵。落魄的阿宝大伯去阿宝家蹭饭，讲起唐伯虎以唱菜名下饭的故事：

图 2

大伯吃进半碗，胸口一挺说，配合忆苦思甜，我惊堂木一拍，是这样的，各位老听众，老听客，今朝，我来讲一讲风流才子唐寅，落难时期，穷得眼面前，只剩了一碗白饭，要死呀，无论如何咽不落，就叫了小书僮，立到身边，慢慢唱菜名，小书僮头颈骨一伸，现在报菜了，喂呀，“响油鳝糊”来了呀。唐伯虎伸筷，台子上空，就是一夹，扒了一口白饭，“滑炒子鸡”，来么哉。唐伯虎扒一口白饭。“八大块”呀，就是红烧肉，唐伯虎扒一口白饭。“腌鲜砂锅”一客呀。唐伯虎改用调羹，腾空一舀，调羹再朝下，舀了一口白饭，哈哈。“走油蹄髈”来喽，香是香来糯是糯。唐伯虎筷子朝前面一夹，一卷，这就是老吃客，懂得先吃蹄髈皮，实际上，只弄了几粒饭米碎，吃进嘴里。②

从以年夜饭为主题的流行小调，到关于历史人物唐寅的落难逸闻，这些细节的核心魅力都在于呈现了一种虚实混杂的“通感”经验。在物资匮乏的年代，人们如何“享用”美食？《繁花》小说展示的路径，在一定意义上与18世纪的袁枚所鄙夷的“耳餐”形成了有趣的参照。在袁枚看来，“贪贵物之名，夸敬客之意，是以耳餐，非

① 金宇澄：《繁花》，上海文艺出版社2013年版，第22页。
② 金宇澄：《繁花》，上海文艺出版社2013年版，第256—257页。

口餐也”①。虽然二楼娘子和阿宝大伯所讲述的唐寅因为菜名激发了想象中的“馋痨虫”，与袁枚所批评的“耳餐”（即重视食物的名贵而轻视实际味道）有明显区别，但二者却意外地共同论及用“耳”代替“口”去品鉴食物的方式，并从不同角度传达出讽刺意味。在《繁花》小说中，二楼娘子和阿宝大伯关注到听觉的某些特殊感知力，并由此调动与饮食相关的其他感官；但这种“通感”并未体现马克思所看到的身体感官面对资本“异化”的反抗力量②，而只是在“物质匮乏年代”这一总体背景下一种无奈的自我安慰。这种无奈，随即在阿宝大伯对唐寅逸闻的解构之中再度出现：“这个唐寅唐伯虎，还没饿透，细皮嫩肉少爷公子，死要面子，死要排场，到我这种地步，三扒两扒，一碗饭早已经落胃，还叫啥小菜名字，十三点。”③

在呈现“通感”的日常经验与社会政治意涵之外，图文交互的年夜饭小调曲谱还可能进一步激活作为《繁花》与读者的交互性。不同于小毛所唱的那首名字未知、出处不明的年夜饭小调，小说中其他提供了歌词或歌名的音乐大都更为清晰可寻——拥有相关音乐文化记忆的读者，可能仅凭歌词就能在脑海中自动播放出相应的旋律；而缺乏这些记忆的读者，则可以借助当下强大的互联网轻松检索到相关音乐的视频或音频。相比之下，小毛哼唱的年夜饭小调似乎不可检索；它的“播放”，或依赖读者的个人经验与时代记忆，或需要读者运用相关的音乐知识自行解读曲谱，将可读变为可听。从这个角度来看，年夜饭小调的曲谱与小说全文刻意营造的“上海书面语”④有异曲同工之妙：它们都邀请读者将纸面信息转化为可听的声音。由此，作为《繁花》小说重塑了印刷品的媒介属性，将麦克卢汉意义上受众参与度低的“热媒介”印刷品转变为受众参与度高的“冷媒介”⑤。无论是通过插入曲谱还是营造“上海书面语”，《繁花》小说都在邀请读者通过阅读之外的实践，为眼睛所见的文本填补空白，重新激活文本内容所指涉的、更丰富的、由非视觉感官构建的语境现场。

《繁花》小说的媒介自觉不仅体现于它对读者较高参与度的要求，也体现在它对其他新媒介的内化性运用中。许多新媒介以一种隐微的方式潜藏在小说中。小说的一些叙述会借用镜头语言，比如第十五章第一节写到阿宝在冲床前对另一个维修工的观

---

① 袁枚：《随园食单》，江苏古籍出版社2000年版，第8页。

② Shengqing Wu and Xuelei Huang, "*Introduction*," in *Sensing China*: *Modern Transformations of Sensory Culture*, edited by Shengqing Wu and Xuelei Huang (London: Routledge, 2022), pp. 1-2.

③ 金宇澄：《繁花》，上海文艺出版社2013年版，第257页。

④ 金宇澄：《跋》，《繁花》，上海文艺出版社2013年版，第469页。

⑤ 麦克卢汉指出：“热媒介要求的参与度低；冷媒介要求的参与度高，要求接受者完成的信息多。”（加拿大）马歇尔·麦克卢汉：《理解媒介：论人的延伸》，何道宽译，译林出版社2019年版，第37页。

察："维修工黄毛穿行其间，有时，阿宝的角度，能看见黄毛一条腿，一只袖套，并不是黄毛已为机器所肢解，是处于不同的视觉位置。阿宝只能看见其中部分。"① 我们几乎可以想象到这样的情景如何在电影或电视剧中呈现：摄影机采用阿宝的视角，从与阿宝目光平行的角度，面对机器拍摄黄毛在机器背后活动的身影——这样拍摄出的画面正好能对应小说中的文字描写。再如第二十九章第一节写到小毛与沪生、阿宝二人十多年后的重逢场景："十多年之前，理发店两张年轻面孔，与现在黯淡环境相符，但是眼睛，头发，神态已经走样，逐渐相并，等于两张底片，慢慢合拢，产生叠影，模糊，再模糊，变为清晰，像有一记啪的声音，忽然合而为一，半秒钟里还原。前面是沪生，后面是阿宝。"② 这一段文字同时涉及剪辑与摄影技法：两张底片的叠置指向视频剪辑中的叠印技巧，而模糊与清晰之间的变换则对应镜头的变焦操作。在"弄堂网"连载时，这段描写的底本（除人名有所变动外，内容基本与出版后的小说一致）曾被读者评价为"写得妙"；对此，金宇澄回帖解释了他的写作思路："这一段原来是直接上来对话，表达别情，速度太快，后来插一点描写，放慢一点，集中一点。"③可以看到，这样的"放慢"不仅体现在叙事节奏层面，还借助了影视的特殊技艺来实现。这些例子都体现了小说如何对影视进行了"再媒介化"（remediation）：在这些书写中，文字媒介挪用了其他媒介的形式特性和表现潜力，并加以重新利用，从而创造出更为复杂的效果与感官体验④。

与《繁花》小说对于影视媒介的潜在自觉有所不同，《繁花》电视剧更为直白地对多种媒介进行了"再媒介化"。这不仅包括以幕间字幕的方式对小说原文采取的"断章取义"式引用，也包括伴随阿宝视角的第一人称旁白而穿插的某些取材于新闻、电视纪录片、民间拍摄素材等的历史影像资料⑤。《再媒介化》一书指出，电视媒介兼具"透明即时性"（transparent immediacy）和"超媒介性"（hypermediacy），这两者共同构成了"再媒介化"的双重逻辑。前者旨在淡化使用者和接受者对媒介本身的感知，让他们"直接"体验内容；后者则主动融合多种媒介，并强烈提醒受众这些媒介

---

① 金宇澄：《繁花》，上海文艺出版社2013年版，第201—202页。

② 金宇澄：《繁花》，上海文艺出版社2013年版，第407页。

③ 独上阁楼（金宇澄）：《"繁花"创作过程连载（一百四十三）》，"弄堂longtang"微信公众号，2017年7月30日，https://mp.weixin.qq.com/s/BR5m58uhKUPV6RXkNHYlZg。

④ 这里对于"再媒介化"的定义参考了汪悦进讨论电影与中国当代艺术的文章。Eugene Wang, "Film and Contemporary Chinese Art - Mediums and Remediation," in The Oxford Handbook of Chinese Cinemas, edited by Carlos Rojas and Eileen Cheng-Yin Chow (Oxford: Oxford University Press, 2013), p. 566.

⑤ 黄小河：《〈繁花〉幕后：基于真实历史的创造》，澎湃新闻，2024年1月9日，https://m.thepaper.cn/newsDetail_forward_25949252。

的存在①。《繁花》电视剧展示了类似的双重特性。从该剧力图贴近历史现场、再现甚至还原历史的影像实践中，可以看出主创团队对内容透明即时性的自觉追求。而该剧对小说文本与历史影像的剪裁与使用，随剧穿插的商业广告与电视剧内容或演员的关联（如纯甄牛奶广告与剧中至真园的联动、片尾广告由剧中的烟报亭老板景秀出演等），以及流媒体播放器上与每集伴生的流动弹幕空间，则都可以视为新媒介时代电视剧丰富多样的“超媒介性”的体现。

这种媒介自觉，也为我们理解《繁花》电视剧对原小说中蓓蒂这一人物（不同于剧中拥有同名英文名的雪芝）的表现提供了一些线索。在《繁花》电视剧中，蓓蒂既缺席又在场：在场的是通过对阿宝房间中金鱼的特写镜头所隐喻的、在台词中偶尔被提及的蓓蒂，而缺席的则是由演员直接演绎的蓓蒂以及与她相关的时代创伤。如果说关于蓓蒂的线索在小说中已是扑朔迷离，它们在剧中则更为分散而破碎；如果我们没有读过《繁花》小说、或通过其他途径对小说的主要人物和故事有所了解，或者没有看到其他热心观众在弹幕中对蓓蒂与金鱼关系的解说，恐怕很难察觉蓓蒂这一形象所指涉的历史幽暗面。换而言之，对文本媒介与流媒体时代的大量新型媒介（如弹幕、短视频等）的利用，在某种程度上构成了感知电视剧中“蓓蒂的幽灵”的钥匙——而这把钥匙，或许也能帮助观众打开《繁花》电视剧在受到诟病的主旋律创业故事之外的更多面向。

遗憾的是，小说中许多幽微的历史时刻，正如蓓蒂的幽灵一般，在《繁花》电视剧中或多或少地被略去了。《繁花》小说中包含了许多“知识性段子”：如小毛所唱的年夜饭流行小调和其他音乐作品、对抄家物资的“登记唱名”、对旧货商店库存的盘点、阿宝和蓓蒂收集的邮票等，这些细节共同构成了《繁花》世界的“城市民族志”的重要部分②。当然，这些历史细节并不一定会加强小说与特定历史时间的联系；正如有论者指出，这些博物志式的上海书写与时代交错的叙事策略共同营造了一种无时间性的叙事方式，从而在一定程度上消解了关于社会主义革命与文革创伤的历史③。相比之下，在《繁花》电视剧中，有明确历史背景的时间性显得十分突出。不过，这种时间性不再指向历史的创伤，而是对振奋人心的“中国梦”话语的预演。这场“中国梦”从阿宝向宝总的蜕变开始，并与三大女主的商业故事交织，有所起伏，但从未

---

① Jay David Bolter, and Richard Grusin, *Remediation: Understanding New Media* (Cambridge, Mass.: MIT Press, 2000), pp. 187—194.

② 张旭东：《如果上海开口说话——〈繁花〉与现代性经验的叙事增补》，《现代中文学刊》2020年第5期。

③ 李音：《我们时代的冷记忆和神话 ——论〈繁花〉》，《新文学评论》2016年第3期。

结束，既指向当下，又展望未来。在媒介交互的文化生产中，《繁花》小说“再媒介化”了影视，而《繁花》电视剧则“重写”了小说的故事。如果说《繁花》小说以“上海说书”式的叙事方式让部分读者“长时期在一个语境里徘徊”，并且“长久陷入这个氛围中”①，那么《繁花》电视剧似乎从未试图营造这样一个容易让人“陷入”的“语境”。阿宝的第一人称画外音不断提醒着观众，这只是一个人的过去；而宝总与三位女主的感情线，则更是邀请观众在“嗑 CP”的网络热潮中各取所需。在流媒体弹幕“繁花似锦，江湖再见”的一片欢呼中，我们在《繁花》电视剧的结尾再次看到《繁花》小说出版物的书封特写——这固然是电视剧对小说原著的再度致敬，但也似乎在提示我们，屏幕上那些未完待续、未尽之言，也许仍需借助小说去打开。

（作者单位：美国威斯康星大学麦迪逊分校）

“繁花”与“落尽”

——电视剧《繁花》的文本多义性及其限度

路　杨

戴锦华教授在谈及作为“公共文本”的电视剧时曾指出，一方面作为文化消费品，“在日常生活的层面上，电视剧提供了公众话题，形构某种社群感，令人们在其中欢愉，寻找并获得自己的主体性呈现”；另一方面“作为主流的大众文化类型，它对观众量的最大化的利润追求，已不仅决定了其价值必须是主流的，也必须是尝试形构或再生产主流意识形态的”。因此，电视剧“明确地负载着主流价值，但也经常夹带和私贩种种另类或异类的表达”，这也为我们进入“其文本与意义层面的多义、杂芜、矛盾与可能”② 提供了契机。在纪念改革开放四十年的主题下，近年来的一批聚焦改革时代弄潮儿的电视剧创作如《大江大河》《风吹半夏》等，实际上也是在进行改革意识形态的再生产。在这个意义上，于 2023 年底开播并迅速引发现象级关注的电视剧《繁花》，既有对主旋律题材定位的主动呼应，显然也获得了主流意识形态层面的认可。在中央电视台主办的第二届中国电视剧年度盛典上，《繁花》获颁“年度大剧”“终身成就艺术家”“年度男/女演员”“年度制作人”“年度编剧”等 12 个奖项即是

① 金宇澄：《跋》，《繁花》，上海文艺出版社 2013 年版，第 470 页。

② 戴锦华：《电视剧：公共文本及其意义》，《长江文艺》2015 年第 2 期。

证明。但与此同时，从金宇澄的小说《繁花》到王家卫执导、秦雯编剧的电视剧《繁花》，多元的文本生产机制、媒介、受众和文化生态的迁移与交叠，也为剧版《繁花》在接受、评价与阐释等层面带来多种声音。换言之，电视剧《繁花》的文本多义性问题仍然值得关注。

同样是主旋律电视剧对于经典化的文学文本的改编，电视剧《繁花》的策略性与含混性都更值得玩味。我们熟悉的某些“红色经典”在电视剧改编上的失败，其内在的悖论恰或许在于消费性的商业元素的移植与原作文本在意识形态内核上的冲突①，以及在时代变革中主流意识形态本身的迁移带来的错位。而电视剧《繁花》在改编上的成功则在于一种契合。但这并非是意识形态上的简单契合，或一种《大江大河》式的契合，而是在主流意识形态和大众情感结构的双重层面上展开的一种复杂的、微妙的契合。一方面，王家卫镜头下“繁花渐欲迷人眼”的视觉形态，既契合于对一个改革时代开端的激荡、奋进、机遇感的复现，也以一种“影像拜物教”② 的方式，契合于都市人群在市场经济和消费社会诞生初期沉浸于商品奇观的、恋物癖式的主体感觉，同时也契合于当下观众想象 20 世纪 90 年代时怀旧式的、重新奇观化的审美倾向。但另一方面，在黄河路的纸醉金迷和股市商战的波谲云诡中潜藏的动荡、易变、不安与危机感，不仅契合于市场时代本身高度紧张的竞争逻辑，也契合于今天个体机遇和发展空间大面积压缩、社会结构性难题浮现后产生的社会文化心理。换言之，当社会阶层逐渐固化，实现阶层跃升或跨越性流动的可能性越来越小，也便再难有宝总、汪小姐、范总这样的传奇人生；伴随着城市个体的原子化以及社会交往的区隔化，人与人之间的关系愈发淡漠与疏离，似乎也难有“夜东京”“小乐惠”那样紧密、热络的小团体氛围。

从这种集体无意识出发，电视剧《繁花》在影像、叙事和情感层面的含混多义，或许也潜藏着重新勘破 90 年代历史的隐秘入口。尽管电视剧的改编在叙事上取消了小说《繁花》叙说上海的双线时空，以及多重视角下彼此交汇又内在区隔的人物声音、经验、社会位置及其升降，但小说在语言堆叠过程中生成的某种现代都市想象的寓言性，或许也在王家卫对浅焦镜头、抽帧慢门、高饱和度与强对比度的色彩等影像技法堆叠式的运用中被保留下来。以王家卫对黄河路的视觉呈现为例，虽有批评质疑夜晚场景的大量运用简化了上海在都市空间与历史内容上的复杂性，但“黄河路的夜”在美学形态上的层次感与混杂性也不应被忽视。其中既有声色犬马、人声鼎沸的一面，亦有风流云散、空寂无人的时刻，既有抱负、谋略、宴饮、一拍即合或志得意满，亦

① 戴锦华：《电视剧：公共文本及其意义》，《长江文艺》2015 年第 2 期。
② 张杨思颉：《〈繁花〉与当代中国电视剧生产》，《二十一世纪》2024 年 2 月号。

有谎言、决裂、冷落、不甘、背叛甚至死亡，又不时间杂着隐秘的温情、恋慕、义气、守望、淡泊或孤独。而在电视剧构造的视觉奇观之外，饶有意味的则是观众不断被唤起的黄河路记忆，以及现实中已颇显萧条乃至破败的黄河路。在电视剧播出与观看的过程中，上海的三重时空形象构成了一种微妙的对照与反讽。在文本的内与外，同时作为资本交换场域和消费空间的黄河路，诚然代表着那些旧日的辉煌记忆，但也纠缠着历史迅速更迭带来的衰亡与崩塌，构成了一个多层次的、杂糅着多重价值判断的时空意象。此外在情节叙事上，尽管对主人公阿宝而言，故事并非是个悲剧式的结局（甚至预告了阿宝的下一次崛起），但无论是阿宝、范总、李李等人在风口浪尖上的命运浮沉，还是中国股市在经济转型和制度改革时期从烈火烹油到泡沫破灭的轨迹，整体叙事节奏上的大起大落，情感线索上的聚散离合，都暗含着一种“繁花落尽君辞去”的颓败体验。

对于在当下整体的经济态势下个体的财务规划倾向已渐趋保守的电视剧观众而言，这种不安之感或许并不难捕捉。一个颇具症候性的现象是：在今天的都市题材电视剧中，如果某个人物被设定为炒股，那么几乎从那一刻起，这类人物就在命运走向甚至道德评判上都不可能占据高位，多半会被描述为一个倒霉的、缺乏智慧的、不脚踏实地的、不负责任的、触发个体或家庭危机，甚至带来毁灭性影响的角色。而电视剧《繁花》的复杂性则在于，90 年代的阿宝在股市的跌宕则被赋予了某种悲剧英雄主人公式的色彩。这也提示我们反过来思考，在一种弥漫性的颓败感之外，电视剧《繁花》对于 90 年代历史的重勘又是相当有限的。随着《繁花》的热播，三十年前的一部同样由香港导演执导、在上海拍摄的电影《股疯》（1994）重新进入大众记忆。在这部以上海/香港的“双城记”视角表现 90 年代中国股市与股民生活的电影中，处境逼仄的上海小市民家庭及其弄堂邻里的股市悲喜剧，与一个生活失意的香港股票经纪人的命运相互交织映衬，以一种港式喜剧与上海滑稽戏相交杂的方式，对一段正在展开的经济生活史和社会心态史做出了颇具预见性的反观与批判。然而略加对比即可发现，从《股疯》到《繁花》，讲述历史的位置、姿态和价值判断都已有所差别。尤可形成对照的是两个故事的尾声，摄影机都将镜头对准了发展浦东和房地产开发的历史时刻。然而《股疯》在沪港两对主人公的团圆结局之外，却将画面反讽性地定格在了一对掮客和外商眼中的庞大工地，《繁花》则以一种来自当下的意识形态重塑了一个朴素、坚定且再次占取了时代先机的阿宝形象，令他的目光与声音朝向了一个正待开发的新世界。前者显现出一种站在 90 年代的历史内部，以经济先行者与后发的追摹者的互看视角相互洞察的尖锐性与批判性，后者则更像是站在一段历史已经完成的终点，试图重建某种连贯、稳定的历史逻辑。然而十余年来，正如我们已经从电影《钢的琴》（2011）到电视剧《漫长的季节》（2023）的影像叙事脉络中看到的那样，90年代体制转型带来的历史创伤与社会危机等不可回避的历史侧面，早已在质询、反思与重述历史的过程中浮现出来。相比之下，电视剧《繁花》这样相对整全的改革叙事和在历史转折中始终屹立不倒的时代英雄形象，则多少抽空了历史内部的多歧与自反。

电视剧《繁花》在接受层面的大热与争议，在很大程度上也来自其文本多义性带来的丰富的阐释空间，以及在重述历史层面的限度问题。或许恰是因为其中同时包含了“繁花着锦”与“繁华落尽”两种来自不同时代的历史感知，才会产生一种难以言明的、复合性的审美体验。作为改革开端的大时代想象以“响”的形式裸露在外，而来自当下结构性难题的幽灵则以“不响”的方式潜藏其中，历史经验的不同侧面与阶段之间的相互拆解，也在不断向90年代历史本身的多质性发起叩问。

（作者单位：北京大学中文系）

剧版《繁花》的空间诗学

王梦圆

剧版《繁花》第一集中阿宝出车祸，爷叔在警察局接受调查时，就评价阿宝“做黄浦江的生意，操苏州河的心”。后来汪小姐想自立门户，爷叔从中作梗，阿宝却暗地帮忙，致使两人矛盾爆发，爷叔再次恨铁不成钢地讲出，“我为你谋划的是黄浦江的事情，你肚子里都是苏州河的勾当!”这一头一尾的空间隐喻不仅道出“黄浦江”和“苏州河”同为一水却清浊各异，也提示我们进一步注意剧版《繁花》的空间诗学。

首先，剧版《繁花》通过塑造“黄河路”的“内”与“外”，凸显了空间的象征意义。玲子所在的“夜东京”位于进贤路，汪小姐就职的外贸公司在黄河路27号，不同的地理位置象征着二人在阿宝心中的不同定位。“夜东京”代表了阿宝和玲子在日本相互依靠相互扶持的回忆，在爷叔看来是一桩赔钱买卖，对于阿宝则是友情的纪念。反观27号，这是一个不应该也不能掺杂人情的地方。正如范总说“在黄河路谈感情，那就是戆度（傻瓜）”，曾在此地工作的爷叔虽为金科长的姑父也得“公事公办”，便是一例。小宁波和小江西更是以代号的形式暗示出空间的区分，小宁波走投无路要跳河，小江西最终无法在黄河路站稳脚跟。这些都象征着在剧版《繁花》的设计中，黄河路是一个“不近人情”或者说不“进”人情的空间。更进一步，电视剧塑造的“上海”这一空间，也可以说是“无情之地”。剧中所强调的浙、沪、深之间的联动，一方面呈现出上海高度商业化、国际化的面相，另一方面却以浙江和深圳两地的故事集中表现“人情”：魏总为了和汪小姐一同创业，剪断了亲情的纽带，不再依靠海宁的父辈。陈珍和A先生彼此深爱，但她必须告别这个身份成为“李李”进入上海，化身为一个没有“前史”的人。友情、爱情、亲情在进入“上海”这一空间时，都遭遇了不同程度的过滤。来自杭州的范总在电视剧前半部分以一个唯利是图的小商人形象进入上海，但当汪小姐离开上海找工厂，唯一随同陪伴的却只有范总，在上海时范总的口头承诺，到了深圳才得以落实。以上诸种对于上海“外”的刻画，都从侧面将其“内”映衬为一个无情而残酷的空间。

同样构成空间诗学一部分的还有《繁花》的空间叙事。原著中李李有一句话：“男人进我房间，阿宝是第一个。”① 这提示我们关注发生在“家”这一空间中的戏码。到家做客往往意味着取消边界、卸下防备，是人与人最亲近的时刻。阿宝为玲子买下夜东京后去玲子家，却大部分时间都在房间外修屋顶，或是站在屋顶上远眺，这是阿宝难以进入或者说不愿进入亲密关系的表征，玲子的窗子也因此一直开着，“家”始终没有私密化。而当镜头对准玲子，她从窗户望向阿宝的那个午后，旁白中的阿宝却在将对蓓蒂的回忆娓娓道来，两人分属不同画面，一内一外，一明一暗，“空门”的主题通过这些镜头语言得以展现。在阿宝没有赴汪小姐之约的那个晚上，1978年的13路电车和洪顺兴构成了阿宝的回忆空间。在这两个场景中，导演有意让阿宝和雪芝为了彼此穿梭于人群中。而到了90年代两人同样吃涮肉，距离却反而变大，目光也无交集，这同样是用空间中的镜头语言将两个人的距离可视化了。

除了上述方面，剧版《繁花》还构造了大量的回忆空间。在《繁花》原著中，“过去”不是通过“回忆”这一装置实现的，而是直接以两个空间的形式呈现给读者。以简体字和繁体字区分的方式，既简洁又简便，使两个时代在各自的画框内展览，但这两个时代中间的关联只能依靠读者的想象去填补。小说《繁花》以全知叙事展开，书中还插入作者绘制的地图，这些举措都强化了“上帝视角”。尽管是上帝视角，小说却不做心理描写，正应了金宇澄在跋和小说中所引的那句“拥抱在，/用言语所能照明的世界里”②，读者也必须抛开疑虑接受人物所言，否则将带来对全书的信任危机。不过其实除了言语，回忆还能经由空间展开。正是在这个意义上，回忆空间构成了剧版《繁花》的优势，观众不再需要依靠文字中的意象搭建想象中的空间，而是更为直观地看到是什么使阿宝成了宝总，什么使陈珍成了李李。剧版《繁花》以90年代的

---

① 金宇澄：《繁花》，人民文学出版社2018年版，第291页。

② 金宇澄：《繁花》，人民文学出版社2018年版，第555页。

阿宝作为出发点，此时他已俨然是一个与绝大部分观众有着相当距离的“成功人士”了。剧版《繁花》动用了一种个人的、非官方的讲述方式去处理历史，即，用个人史的方式表现历史，个人史在电视剧中又进一步表现为情感史。有代表性的是1988年上海爆发甲肝这一事件，以及陶陶和阿宝患病的经历，在电视剧中甚至不以回忆的形式呈现，而是通过阿宝置身东京时的一段插叙来交代。这样一来，关于公共事件的回忆，就只能是一剂“药引”，并随着人物感情线的展开而迅速弱化。这种通过置身于大时代的小人物的行动来曲折地展现大时代的处理方式，在王家卫的影视序列中并非初次。《春光乍泄》就被张建德视为王家卫“最具政治意义的影片——它强调了回归议题对两个香港人的精神效应”①。或许导演意识到了高度个人化的历史叙事可能带来的“不见”，因而在剧中穿插真实的影像资料，以期在“回忆”与“历史”之间形成平衡。但不论如何，剧版《繁花》最终造成的效果就是，那些集体记忆所可能携带的创伤经验或光辉历史，都随着阿宝的情感史被“抹平”了。比如，对于曹杨新村的工作经历，其实同样能以工人阶级的集体记忆的形式展开。哈布瓦赫讨论集体记忆，可以抽绎出如下观点：

> 社会群体借助稳定的空间意象来表征自己，从而得以成型。因此，我们也许可以认为，物质形态既反应又塑造了每个人的关注点，因为他是作为群体的一员而进行思考、展开行动的。在此意义上，群体的物质形态是其成员的“原初”心理生活的来源。正是空间意向带来了集体性的心理状态，尤其是那些与记忆相关、存储在集体记忆当中的集体表征。②

曹杨新村的工作经历被阿宝重新讲述时，首先表现为和雪芝的恋爱故事，令阿宝记忆犹新的是电车这一空间意象。但13路电车的回忆对于工人群体而言，代表性显然不及工厂里的回忆，这就使得阿宝的个人记忆和他应有的集体记忆出现了错位。这表明对于90年代的“成功者”阿宝来说，曹杨新村这一空间即使在回忆中也已经不再那么重要，也就是说，90年代阿宝的身份认同已然发生变换，他不再视自己为从“曹杨钟表零件厂的机修工阿宝”，而是“黄河路上的宝总”，他无法再“作为群体的一员而思考”。在雪芝家拆迁前，阿宝故地重游，旁白念道：“一夜之间，雪芝被留在了过

① ［马来］张建德：《王家卫的电影世界》，北京大学出版社2021年版，第148—149页。

② ［法］让-克里斯托弗·马塞尔，［法］劳伦特·穆基埃利：《哈布瓦赫论“集体记忆”》，转引自［德］阿斯特莉特·埃尔，［德］安斯加尔·纽宁主编：《文化记忆研究指南》，李恭忠、李霞译，南京大学出版社2021年版，第181页。

去，她的故事跳脱出时间，以另一种形式存在。”雪芝故事的“另一种形式”，其实正是阿宝经由回忆赋予的。阿宝回忆雪芝，不是为了描绘或擦拭雪芝的形象，而是要重新讲述自己如何从“阿宝”变为“宝总”，重新建构自己的个人史。阿宝将雪芝写下自己月薪的时刻标记为自己的关键回忆，并在追溯自己成功的轨迹时，将二人的“十年之约”作为一个重要起源。在这个意义上，“繁花”所代表的女性们可以说都是宝总“自传”的素材。

剧版《繁花》在将“上海”空间呈现为“无情之地”的同时，又将生于斯长于斯的阿宝塑造成“至情之人”。这样的处理方式，或许关联着《繁花》主创对历史与人关系的理解，即历史是有情的，它必须由人“讲述”，其形成过程是自下而上的。正像斯维沃在《芝诺的告白》中所写的那样：“过去是常新的。它不断地变化，就像生活不断前行。它的某些部分，就像沉入了遗忘的深渊，却会再次浮现，其他部分又会沉下去，因为它们不太重要。现在指挥着过去，就像指挥一个乐队的成员。它需要这些声音而不是那些。因此过去一会儿显得很长，一会儿显得很短。一会儿它发出声响，一会儿它陷于沉默。只有一部分的过去会把影响发挥到现在，因为这一部分是注定要用来照亮或遮掩现在的。”①

（作者单位：北京大学中文系）

从“博物馆”到“橱窗”

项　涵

王都引入亨利·詹金斯的《文本盗猎者：电视粉丝与参与式文化》来分析小说《繁花》及其电视剧改编，认为作者金宇澄在电视剧“引子”里出场，允诺了文本被重新打开。他对这一细节的阐释，为从小说到电视剧的讨论找到了一个精准的锚点。剧版《繁花》如何在小说提供的猎场中左冲右突、“盗猎”元素和结构，从而构筑另一意义世界，影像“繁花”与文本“繁花”如何在刹那叠印后又分道扬镳，的确是十分有趣的话题。

穿插于剧版《繁花》的小说引文字幕卡是一个醒目的要素。诚然，王家卫谙熟于此，在《花样年华》《2046》等作品中，他就曾借刘以鬯的文本编织他的“引文系

① 转引自［德］阿莱达·阿斯曼：《回忆空间》，潘璐译，北京大学出版社2016年版，第9页。

统”。然而《繁花》的字幕卡仍是重要的形式表征。编剧秦雯在访谈中提及，在拍摄过程中，王家卫做过一本《繁花》金句册。“男女之事，源自天时地利，差一分一厘，就是空门”“天心不许人意，只要一个疏慢，就有果报”“高楼之下的上海，沉到黑夜之中，轮廓线继续变短，变暗，不再发亮”……似乎的确是契合王家卫美学偏好的“金句”。但是，比起“金句”予人的隽永之感，其中的“断章取义”则更富意味。譬如，“空门”一句，是小说第十八章阿宝挂断林太电话后涌现的心绪，在电视剧中二人却并无如此云遮雾罩的情感前史。此外，大部分字幕卡是从小说中离析出一些不起眼的文句，如“这天夜里，夜东京摆大圆台”“当年，阿宝经常到淮海路‘伟民’看邮票”“李李的故事……我不想讲，反正，是一言难尽”……移花接木、芟夷剪裁，原本淹没于绵密纷繁的叙事中的文字，便宛如浮雕在连绵的影像间高高隆起，形成刺目的中断。观众很难从这些引文窥见小说的风神。不过，这并不通往电视剧是否必须“符合”原著的论辩。笔者想讨论的是，引文字幕卡适足作为具有爆破性的细节，触及影视改编与小说文本之间的关系。

笼统地说，剧版《繁花》将小说中的人物、空间、行动、关系结构、情感氛围、历史感受作为支点，而引文字幕卡就像文本的豁口，从这些不起眼的豁口侧身进入，影像撕开文本，拼贴和重写小说故事。那么，与其说字幕卡标注了改编的来源，不如说，它们构成一处处指路牌，提醒着电视剧和小说不同的所在。“阿宝有个哥哥去了香港，是自小送了人，基本无来往。但有一天，阿宝意外接到哥哥来信，钢笔繁体字，问候阿宝”——阿宝哥哥的存在，原是给阿宝和蓓蒂一众少年好友带去有关香港的想象，在剧版中却承担着激活沪港两地经济连接的功能，阿宝正是从香港哥哥那里获得了人生中第一张外贸试单。“‘夜东京’重新来过”，成为一道诱人的缝隙，从玲子的“统统拗断”中翻出幽微心曲，于是重新开张的夜东京，担负了玲子“重生”的决心。神秘的李李，“真可以出一本书”，同样是晦暗不明的过去，“玫瑰”的秘密和棘刺却被彻底偷换。……看起来，这些引文既试图勾连观众关于小说的记忆，又赤裸裸地挑战这种记忆，它们作为指路牌伫立于不定的位置，将移花接木、分道扬镳之处标记出来。同一入口分散出枝杈和歧路，当读者依据指示牌调取关于文本的记忆，却被悄无声息地引上另一条道路，读者也由此转为观众。这或许是一种形式自觉，它使“盗猎”的逻辑和线索更为清晰可辨，也宣示了再创作自身的主体性。那么，电视剧让小说“不响”的部分“响”出来，亦即一种整体的重写意识。沪生与梅瑞谈话间轻描淡写的“因为是上海，样样奇迹会再有”，正如同文本织物背面的针脚，剧版松动了这一暗处的纽结，重新翻作浓墨重彩的新故事。阿宝成为宝总又回归阿宝的过程，是文本中的闲笔，在剧中却成为耀人眼目的故事之核。仿佛拭去“人际关系的灰度，无限变化的灰度”（金宇澄语），浮露在表面的本应是90年代上海传奇的亮色。

由此生发的问题是，“盗猎”的结果是遗貌取神，还是形成了崭新的意义世界和美学风格？从某种意义上说，引文字幕卡以一种带有整体性的方式象征着剧版《繁花》的形式特征。和片中密集穿插的《偷心》《再回首》《执迷不悔》等90年代金曲及戏曲唱段相似，引文字幕卡陈列了从小说中“盗猎”的人物、意象、情节结构、情调氛围等诸种要素，虽然填充了诸多“不响”之处而具有表意功能，但更近乎某种镶边或纹饰，成为剧集装饰体系的一部分。它们不一定占据关键的转场位置，有时简要交代前情，有时速写场景，有时点染人物光晕，有时渲染氛围，在这些地方，小说原文被翻转过来成为剧集的装饰物。这似乎映照出有关小说风格的理解。金宇澄在《繁花创作谈》里提道，“《繁花》需要更多面的具体内容，固定上海的缩影，玻璃罩子保持起来的细节和特征，时代和时代的区别”。在金宇澄那里，事物冷清、沉默，乃至古怪地存在着，很少彼此解释，在城市的地层中顽固地沉积为化石；市民文化则富于植物的韧性，即便城市因动荡而裸露，也能在气候适宜之时复原，将破口包裹起来。小说以语言的“物质性”将城市记忆的地层收容进巨细靡遗的博物学风格之中，由此显现出“模糊的，毛茸茸的生态”。蓓蒂与阿宝兴致勃勃谈论邮票，无穷无尽地念出事物的名字，“天暗了也讲不光”，短暂的时空在词与物的堆积中无限地滞重、迟缓，仿佛在“面前一阵热雨，整群整群花色蝴蝶，从玻璃柜台前亮灿灿飞起”的幻觉里，事物抛出的钩子能够挽住此刻，让时间也沉积成永恒的形状。

然而，当“玻璃罩子”罩住的事物、语言、时尚、情绪被取出来置入剧集，又添置了基于当下视野的怀旧符号，装饰的狂热与内容的传奇性一道，使小说向电视剧的改编也蕴含了美学精神的猝然转换。或许可以说，在剧版的取用、重组和展览中，小说的博物馆风格摇身一变呈现出夺目的橱窗风格。这近乎一种装饰美学，在橱窗中整合和重组一切经过悉心选取，有其意义和情感指向的符号；文本作为纷纭表象之一，也成了由符号构筑的幻景的一部分。琳琅满目的装饰体系，意味着“符号性”取代了“物质性”，橱窗内部精心展布的一切表象，建筑、服饰、音乐、色调、光晕，都是90年代时代情热的怀旧转喻。这种展示行为在视听语言中自觉化，有时甚至将自身脱节式地显现出来，以至于剧版《繁花》对90年代上海经济腾飞中的时代弄潮儿故事的展演，不是一种现实主义式的模仿或再现，而是风格化的怀旧和复古。爱欲与经济彼此掩映，以供展览、煽情、怀恋和消费。种种符号和表象，构成用于复制90年代光晕的珂罗版。在符号、物象、意象之间相互借力的过程中，怀旧情绪层层攀升，文本、影像、音乐的橱窗风格，也整合于90年代上海传奇叙事的发动。传奇灵晕萦绕回旋的同时，其针脚和纹理也展露无遗，它们不仅不再属于自然生长、摇曳起落的“模糊的，毛茸茸的生态”，而且并不试图隐藏这一点。这正是因为，彻底凸显的“不自然”，也成了风格的一部分。

（作者单位：北京大学中文系）

“传奇”与“历史”：《繁花》中的叙述权力与现实美学

张明慧

由王家卫导演的《繁花》电视剧，开篇使用“引子”二字为报幕字幕，内容是阿宝与作者金宇澄相遇，二人交流，金宇澄说自己正在写书。然后，“第一集”的报幕字幕出现了，标志着电视剧的正式开场，随后的第一段台词是这样的：

> 一九九二年的上海，霓虹养眼，万花如海。中国改革开放的总设计师邓小平南方谈话，加快了中国股份制改革的步伐，举世瞩目。股票是最新的热点……我叫阿宝，跟上海大多数的阿宝一样，每天在这片滚滚红尘里，钻门路，撑市面。我雄心万丈，确实不晓得，这一切不是梦，是醒不过来的现实。

这段长篇旁白，由剧中的阿宝扮演者一个人讲述，在同一个声音中，政治、经济的历史大背景自然地进入到“我叫阿宝”的个人讲述中。王家卫在此使用了富有意味的视觉语言，与旁白对应的画面，是上海外景、《东方风来满眼春——邓小平同志在深圳纪实》通讯、上海和美国的证券交易所场景……这些旧日的模糊画面模仿了真实纪录片的效果，加上报纸等“物证”的天然权威性，试图制造的是历史的现场感，使“讲述历史的声音”成为一种具有威信的声音。

而阿宝在视觉中的出场，正是在这种“记录性”画面之后，这使作为讲述者的他同时承担了两个身份——面向历史的公共叙事者和面向故事的内部主人公，之后电视剧《繁花》中所有旁白几乎都是阿宝的声音，使讲历史与讲个人的声音不断统一。因而，阿宝对个人的讲述，似乎也具备了“人在历史中”的天然逻辑，生成了某种历史结构的代表性——阿宝个人视角下的90年代，一个上海地域的“传奇故事”，在被叙述者赋予了中国当代历史的公共性后，最终模拟了历史的“现实”美学权威。

历史由谁讲述，用什么姿态讲述，这既是一种权力，也塑造着历史主体美学的结构面貌。对于小说《繁花》而言，电视剧《繁花》对历史叙述者的位置进行了深度变动。尽管影视开头与小说开篇同样讲述着“霓虹养眼”“万花如海”①，但叙述者讲述历史的权力与位置迥然有别。金宇澄写道：“我的初衷，是做一个位置极低的说书人。”②《繁花》是互联网中连载生成、具有互动性的文本③，其语境是匿名作者向上海地域文化论坛的网友们“讲故事”，作者在讲故事前对读者“拜码头先”。“讲故事的人”④ 与“说书人”，是小说《繁花》对60年代和90年代的叙事姿态。而王家卫的《繁花》不仅在内容上改为聚焦90年代和阿宝，更使阿宝同时成为传奇故事的主角和宏大历史的讲述者，这意味着作品的叙事姿态从“历史的说书人”转向“历史的主人公”，而不再可能是“位置极低的”。

“传奇”“故事”与“历史”，在这个意义上产生了奇异的交叠。在此，历史“现实”的美学光晕被“传奇”所挪用——对比小说原著，电视剧《繁花》是更传奇化的。小说《繁花》的视角是散点化的，人物的出场方式是一个人遇见另一个人，随时攀谈，随时结束；同时小说采用了历史的双线结构，60年代和90年代并行，沪生、阿宝、小毛、陶陶等人展现了社会多个阶层的动态横截面，一边是社会主义生产时代中资本家后代的落魄、上海普通工人的生活、军队子弟的政治动荡……另一边是上海在消费主义社会中欲望的丰富景观，现代性历史在繁荣与虚无之间的解构性焦虑。陈晓明认为“这两个时代在这部小说中，采用了经典现实主义和传统说书的两种不同的叙述方法”⑤。而电视剧《繁花》将“故事”重塑为“传奇”形态，它的视角聚焦于宝总，讲述在改革开放时代，宝总在上海股市和外贸中如何运筹帷幄、商海厮杀，并与三个女人发生暧昧与恩怨，其故事是消费性的，它并不直面历史重大转型期的内部焦虑、新旧价值之间的冲击与失落，而是通过一个成功男人如何征服新世界的故事来获得新历史阶段的确定性价值，这是一种不同于经典现实主义的叙事结构。而王家卫试图在“传奇”中模拟“历史”——一方面，电视剧的主体视觉语言是如此华丽斑斓，人物的特写镜头常常仰拍，他们总是居于高楼之上，俯瞰众生，伴随着强烈交响

① 金宇澄：《繁花》，上海文艺出版社2013年版，“前言”第1页。

② 金宇澄：《繁花》，上海文艺出版社2013年版，第444页。

③ 2011年5月10日11点，金宇澄在“弄堂网”发帖，后连载形成《繁花》初稿，第一句话为“呵呵，拜码头先”。

④ ［德］瓦尔特·本雅明著，《讲故事的人——论尼古拉·列斯克夫》，［德］汉娜·阿伦特编：《启迪：本雅明文选》，张旭东、王斑译，生活·读书·新知三联书店2008年版，第95—115页。

⑤ 陈晓明：《当代史的“不响”与转换——〈繁花〉里的两个时代及其美学》，《文艺争鸣》2018年9月。

乐；另一方面，电视剧不断插入的巨大年份字幕、时不时模糊的纪录片画面效果以及1997年香港回归的真实镜头——这两种视觉语言的融合，制造出以“传奇”来讲述“历史”的结构性样貌。《繁花》对90年代上海行政场景、建筑景观、物质细节的使用，同样是以90年代历史的公共性、确定性的视觉语言，而非现实主义的叙事结构，去重新生成叙述者对于“现实”的讲述权力。这蕴含着当下时代如何在“告别革命”多年后的语境中重新理解“革命后时代”的丰富意识形态。

以传奇主人公来讲述改革开放历史的叙事结构，生成着新的历史主体美学。“冒险家的历史”从何处开始讲述？电视剧《繁花》选择曾经在40年代叱咤市场的老法师爷叔作为90年代的某种“前史”①，辅助阿宝成为宝总正式在上海市场中登场。《繁花》中历史主体美学的视觉象征是两个身着昂贵西装、腔调十足的上海经商男性，阿宝换上皮鞋西服，也就拥有了成为“宝总”的资格与权威——这在中国影视史上构成了一个富有意味的视觉回环。在真实的40年代上海电影中，在不同政治阵营的交锋中，“西装”是一个充满政治色彩和意识形态意味的特殊视觉符号。一个穿着西服皮鞋的男人从精致得意到滑稽落败，是多部左翼电影不约而同的视觉语言。仅以上海电影为例，1947年联华影艺社与昆仑影业公司合并，蔡楚生、郑君里导演并编剧的抗日电影《一江春水向东流》，男主角张忠良曾热心救亡，而在到达重庆后被奢靡生活诱惑，抛妻弃子地与交际花王丽珍结婚，抗战结束后，妻子跳江而死。而影片中表达人性堕落的重要节点，就是张忠良换上西服的举动——在影片开始时，张忠良穿着一身中山装，进行抗日演讲与活动。到达重庆后，他着难民服装求助王丽珍，王丽珍收留他后说“我给你拿几件衣服出来”，镜头一转，张忠良已在发廊收拾好发型，换成一身油头西装的扮相，镜头语言的讽刺力度在精致的西服扮相中愈发强烈。从此他西装笔挺地混迹于抗战大后方上流社会的奢靡场面中。而在影片末尾，原配素芬跳江而死，张忠良匆忙赶来，而身上的西服已经是黑领结狼狈散开、衬衫领口斜歪，尽显丑态。而1948年王为一、徐韬导演的《关不住的春光》，则是一个西装笔挺的英俊名绅吴警之对妻子以爱之名的控制，妻子向往并逃向农庄的集体劳动生活中，吴警之带流氓打手前去抓捕，最终他西服凌乱、丑态必现地被劳动者们赶跑。

从40年代上海电影中的“西服”到今天《繁花》对40年代上海追忆中的“西服”，它都是视觉表意系统的中心符号，但背后是全然不同的历史主体美学。当《繁花》中的爷叔潇洒地表现着一个40年代上海老克勒对西服皮鞋的老道、谙熟、纯正的品味时，当90年代宝总扮上油头西装的画面被大量仰拍时，这种沉醉的、引以为傲的

① 这种对上海历史的理解模式，同样见于王安忆的《长恨歌》中，王琦瑶在90年代认为一切都是40年代的“旧翻新”。

视觉语言，与影视《繁花》以“传奇”表达“历史”的叙事结构，使得两段历史成为一种“连贯的历史”，物质美学与商业美学的现代性历史叙事逻辑，覆盖了真实历史中上海40年代的复杂精神面貌，顺畅地完成90年代对40年代的援引。异质性的历史结构成为新历史阶段的背景板，正如作为政府单位的外贸大楼不再对苏联开票而是处理美金单子，这一细节的魅力在于对“现实”美学的模拟，而非历史本身的复杂向度。

另一方面，在“传奇”和“历史”之间，影视《繁花》对叙事者权力结构的重建、对经典现实主义美学的模拟，共同生成了《繁花》“破旧出新”“面向未来”的整体历史理解结构，生成着敢打敢拼、在历史大潮中迎头直上的新的“历史主人公”的激昂价值感。这种更丰富的历史主体美学，蕴含着当代文化的多元、开放与自信精神。

（作者单位：北京大学中文系）

从连载小说到电视剧：《繁花》“双线”叙事结构的意义变化

张贞贤

《繁花》在弄堂论坛连载到第一百三十九次，梅瑞在至真园大摆宴席，“独上阁楼”向读者回帖：“这一段书，里面两条线，也就是过去与现在，一旦结束，也就是阿宝与沪源，与多年不见的小毛碰头，听小毛讲多年来的生活，应该接近尾声。”《繁花》成书后，以奇偶数章节分别讲述两个年代的上海，至第贰拾玖章，阿宝沪生和小毛重逢，两段年代会合。章回标题写法奇繁偶简，繁简书写的区别不仅标记了故事的两个年代，也象征着两种意绪和“腔调”的组织。电视剧《繁花》则以滑过屏幕的年份标记两个段落，但是就双线叙事的表意效果而言，电视剧和小说大相径庭，形成了两种不同腔调的地方历史叙述，生产出两种不同气质的上海感和年代感。

《繁花》从连载小说到电视剧，叙述“腔调”上的一大变化在于挽歌情调的稀释。本雅明在《普鲁斯特的形象》中提出过两种幸福意志，赞歌形式是“前所未有的极乐的高峰”，挽歌形式是“无尽的回归太初，回归最初的幸福”①。吴晓东老师曾用挽歌

① ［德］瓦尔特·本雅明：《普鲁斯特的形象》，［德］汉娜·阿伦特编：《启迪：本雅明文选》，张旭东、王斑译，生活·读书·新知三联书店2008年版，第218页。

性来形容沈从文《边城》的抒情特征和废名《桥》的回眸气质，而小说《繁花》的挽歌性一定程度上是在奇偶章节之间的无尽回归意志中实现的：过去、现在两条线索不断穿梭回归的章回小说体，写到故人重逢，一笑泯恩仇，晤谈新旧事体，完成了时间的合流和故事的闭环，收束半个世纪间的上海世情。然而电视剧《繁花》把重心放在90年代宝总商战，对过去的叙事收缩使六七十年代往事缺乏挽歌圆环的立体感，而以线性前史的方式嵌入商业传奇的一段。小说《繁花》的人物多次提及《日出》，“太阳升起来了，黑暗留在后面，但是太阳不是我们的，我们要睡了”①。小说《繁花》里的主人公逐渐笼罩上陈白露面对日出时的挽歌情绪，小毛抄的宋词、穆旦的十四行诗、鸳蝴气息浓厚的形容词，甚至日常琐屑本身都融入一种“不响”的哀感顽艳。电视剧《繁花》的主人公似乎从宝总逐渐滑向现代上海本身，东方明珠塔的建成几乎象征着一场真正的时代性的“日出”，日常细节的堆叠膨胀和电视的声光电一起，构成赞歌形式“极乐高峰”的装饰景观，同时是我们时代怀旧情绪的更为世俗化的寄托。

论坛连载小说《繁花》的挽歌性在另一方面也表现为跟帖回帖之间，对上海方言、名物、地名、历史的集体回忆的召唤。“弄堂 longdang”公众号存档了“独上阁楼”在“弄堂论坛”连载的《繁花》帖子。精选跟帖多写作上海方言，从中窥见论坛当年的地方性和集群性。《繁花》从“开无轨电车”到初具小说面貌，“弄堂”里聚集的“地方民众集团”发挥了必不可少的作用：地缘关系和方言关系提供了一个老上海的想象的共同体，在读者对作者方言名物、历史细节的纠正、验证、补充和考据中，连载的《繁花》也慢慢重建着对老上海文化秩序的博物学式的想象。这种集体性的回想带着怛挽的今昔之感，邮票、花草、蔬菜、航模、卡片等物事的铺陈列锦多在奇数章呈现，偶数章间或出现的往日物事则多由人物回忆讲述。《繁花》成书后的跋文里，金宇澄写道：“中式叙事，习染不同，吃中国饭，面对是一张圆台，十多双筷子，一桌酒，人多且杂，一并在背景里流过去，注重调动，编织人物关系。”② 小说《繁花》有意模仿了话本小说“圆台吃饭”的人物关系，往往在“某某讲”“某某讲”之间完成传奇和说书的戏拟，两个年代也在“某某讲”的对话语境中剥离线性时间，在圆台的空间中滚动串联，几段故事看似团团块块，实则蛛丝牵连。“吃中国饭，人多且杂”的讲述方式，或许不仅是对传统中式叙述的戏拟，也是对弄堂论坛跟帖、回帖的一种内在呼应和指涉，书中人物和老上海市民之间有意无意形成杂语对话，上海方言因此不仅意味着上海思维，也意味着地方性共同体的经验方式，小说《繁花》的意义空间需借由论坛的互动、读者的阐释才能真正完成。沪语版《繁花》电视剧延续了小说的

---

① 曹禺：《日出》，四川人民出版社1985年版，第239页。

② 金宇澄：《繁花》，上海文艺出版社2013年版，第443页。

对话模式，但跟帖回帖、“某某讲”“某某不响”的“说书人”和多声部杂语对话的框架不存，时间的建构重新回到团块状，借镜头语言和字幕标记年代，观众更像是在看一个中心聚焦的他者传奇，一个上海版的盖茨比，而不再是亲身经验的上海回眸。

传统俗文学的“花开两朵，各表一枝”是同时态下人物或情节的“话分两头”，为避免听众思绪纷乱而把故事拆解，在两端力量的推进和相遇中高潮发生，情节走向逻辑嵌合。不同的是，小说《繁花》的“花开两朵”是老上海两个年代的平叙，上海地方性的历史从时间两端互相照面，在各自的生长中逐渐闭合一段历史发展的合理性和故事虚构的可能性，最终往事和现实一齐涌来，苏州河与地方性的历史互成比喻，一个“不应该的年代”在故事人物“不响”的沿河行走中缓缓落幕。选择年代而非情节作为“话分两头”的两头，或许隐含了作者的一种历史观，即追求表现一定历史氛围下日常经验的膨胀绵密，进而更详尽地编织上海的地方性知识与市民生活秩序，更从容地构筑一座老上海历史和市民经验的博物馆。正是通过对日常秩序的绵密铺展，通过对老上海市民“腔调”的搭建和维持，小说《繁花》试图捞起甚至穷尽上海空间在时间流逝中的群体经验和记忆。在这个意义上，《繁花》两个年代的“花开两朵，各表一枝”是地方性挽歌情绪的持续铺垫与冗长寄托。“老上海”观众对电视剧《繁花》的认同感似乎不及小说《繁花》，一个原因或许在此：当一条年代线压缩为另一条年代线的补充，情节叙事成为发力重心，一定历史氛围下“日常”的细节也同时缩水，群体地缘性经验的印证便相对疲软——当“老上海”观众急于申说“这不是真正的黄河路”，他们或许在申说期待被召回而未被召回的地方性经验，那本应成为记忆落脚点的日常秩序反而成了视听奇观的工具和起点，那令“老上海”成其为“老上海”的记忆在屏幕上悬浮甚至落空，最终便汇成“这不是真正的上海”的挑剔。

（作者单位：北京大学中文系）

《繁花》的变速叙事与认知图景

郑祖龙

在小说与电视剧《繁花》中，有关速度的叙事呈现及由此打开的认知形式、伦理与政治议题引起了笔者的关注。借助保罗·维利里奥（Paul Virilio）的说法，现代性是一个运动中的世界，速度则成为人们遭遇的核心问题与处境①。有研究者关注到《繁花》中“加速时代”的叙述与“慢速美学”②，但笔者认为《繁花》呈现出一种变速的叙事特征，亦由此打开了认知的政治空间。

由网络媒介带来创作过程中的复杂改动，使小说《繁花》存在着叙事上陷于断裂、节奏不一的危机，写作容易因繁杂声响而迷失了书写边界，纳入过多的经验和人物，使之过于拥挤而破坏了小说形式的完整与协调性。因此小说需要一种细节的写作技术和策略，调整和平衡不同段落的叙事节奏，小说中出现千余次的“不响”，便是小说调控、变速的核心技术。张旭东称其为“叙事留白”，指出“不响是尴尬、紧张和焦虑汇处的爆炸声”③。“不响”以现象学的方式提供了一个个断口和悬置位置，对节奏较快和密度较大的段落起到了舒缓作用，对节奏本身较为平缓的段落而言，亦释放出有强度的信息。如昆德拉所言：“从有小说的历史以来，就试图要逃脱单线性，试图在一则故事持续的叙述里打开一些缺口。”④“不响”一词在金宇澄对90年代的书写中发挥着重要的叙事功能，它凸显着这一时代的模糊、情欲纵横与秩序匮乏，也稳定着叙述中的时代速度和基调。

在对90年代时代急促、混茫节奏的书写外，金宇澄对60年代的叙述亦呈现出一种独特的时代速度，而不同时代速率的变动是值得讨论的问题。小说中的阿宝和小毛共享着二厂的劳动经验，以及一种社会主义工业时代的身体节奏。书写银凤和小毛关系的一段值得关注：“银凤家的三五牌台钟，一直重复。不要紧，不要紧。银凤抱紧小毛，忽然间，钢丝绳要断了，樊师傅说，慢一点，慢。”⑤初次性经验的紧张与工业生产的秩序感形成了转喻式的连接，两种身体经验叠合，在这样的书写中，60年代的隐秘爱欲被赋予了一种工业机器的秩序感，而不是90年代男女的混沌与无序。阿宝的工厂窥私也处于这种叙事节奏中，目睹黄毛与五院阿姨的情事前，小说写道：“阿宝端坐于冲床前，机器发出均匀声响，使人清心寡欲。……脚踏板一动，世界有变化，上方出现复杂的摩擦与润滑，飞轮产生机械运动，吃足分量，发出巨大的哐当声，转动曲轴，形成效果。”⑥维修工黄毛将冲压原理解释为“雌雄配”，冲床的错落机械声便被

① 参见 Paul Virilio, *Speed and Politics*, Translated by Mark Polizzotti, Semiotext（e）, 2006.

② 易文杰：《加速时代的上海叙述与慢速美学——以金宇澄〈繁花〉为中心》，《上海文化》2023年第4期。

③ 张旭东：《如果上海开口说话——〈繁花〉与现代性经验的叙事增补》，《现代中文学刊》2020年第5期。

④ ［法］米兰·昆德拉：《小说的艺术》，尉迟秀译，译文出版社2019年版，第98页。

⑤ 金宇澄：《繁花》，上海文艺出版社2013年版，第218页。

⑥ 金宇澄：《繁花》，上海文艺出版社2013年版，第190页。

赋予了性的维度。如果不仅将小说中出现的这些隐秘爱欲理解为60年代对性的“压抑”，金宇澄似乎通过书写在机器和人之间形成的同频共振节奏与速率，打开了重新理解历史秩序和人关系的认知形态。

相较于工业机器与情欲形成的速度秩序，小说更多以“静雅”的怀旧滤镜回述60年代。小说结尾部分借助阿宝、沪生在小毛病床前的三人对话，揭示了整部小说的慢镜头视角：“小毛说，人的脑子，讲起来一团血肉，其实是一本照相簿，是看无声电影，黄浦江边日晖港……黑白片效果，一直落毛毛雨，经常窸窸窣窣放到一半，轧片，我就醒了，我等于看旧电影”，“阿宝说，‘文革’最难得的镜头，真不是吵吵闹闹，是静，是真正静雅”①，无论城中的弄堂街巷，还是工人新村“两万户”生活世界的异质庞杂，在怀旧滤镜中均化为乱中有序的市民社会景象。

在混乱、无序的时代中保持的一种稳定秩序感，构成了由小说通往电视剧的共同美学基础。电视剧里呈现出一种时时浮现的加速度表述，商业的“战场”对时间争分夺秒，如阿宝旁白中的讲述，“那天晚上，我下了十三路，上了迎面而来的另一辆快车，没有车票，只有十年”。在另一段落，伴随着“时代的列车全速前进”的旁白，画面中阿宝在黄河路上被各方寻求合作的人们包围，递出的名片、嘈杂的声响、重重叠叠的人影都带来了时代的加速度。电视剧中爷叔反复提及帝国大厦坐电梯上至108层需要一分钟，从上坠落却仅8.8秒的例子，充分反映了在资本世界的转轴中，缓慢积累与迅速失落间的张力与荒蛮。而上海的“帝国大厦”与速度的象征物便是阿宝居住的和平饭店。每当剧情态势紧迫时，和平饭店钟表叮当作响的片头曲便会响起，影片也常以电梯上下的“刻度”、钟表跳动等意象，维系着紧迫的时间秩序。但是，有关时代“加速”的话语、旁白和意象或许只是电视剧渲染的氛围，其内里仍是稳定的秩序感，电视剧中难以看到真正的慌乱无序，反而大多是稳定的。阿宝面临种种危机时的从容不迫、胸有成竹，被描述为“有腔调”；电视剧不时的回叙、宝总的旁白，一切都暗示着影片在怀旧场域中消解了进行时的紧张感，各人物面对的困难和无序，都被稳妥地分割，并形成了一种稳定节奏和秩序，安置在镜头缓慢流动的叙事美学中。

由此，加速的时代叙述或许仅是王家卫版《繁花》的一层外壳，而电视剧底层的伦理形式及时代认知，则通过影片中的“透镜”传递。保罗·维利里奥提出“竞速透视镜”（dromoscopy）的概念，即指各种无生命的物体在高速移动中被重新激活，相对地移动使物体留下了“伪像”（simulacra），也由此改变了我们与事物之间的关系，因

---

① 金宇澄：《繁花》，上海文艺出版社2013年版，第429页。

为伪像在出现的一刻便开始消失，它们只具有一种短暂的现实存在感①。维利里奥认为在火车行驶中向挡风玻璃外看去，窗外风景都变成了短暂存在的伪像。这种现象学的认识方式转化成影视手段十分常见，如在另一部现象级剧作《漫长的季节》的开头与结尾部分，火车头行驶中向回望的动作与所见幻象，不仅仅是一个魔幻现实般的虚构，也经由现象学的认知方式获得其合理性，因速度变幻制造的“伪像”带来了可认知却不可触及、永久停滞在过去的现象。而在《繁花》中，影像流速大多是缓缓移动的，通过一面面反射的玻璃、火炉中缓缓升起的雾气，王家卫使人物细小的动作与姿态在透镜里呈现为一种看似坚固的现实存在感。电视剧中有两个片段鲜明呈现了“伪像”，一是阿宝与雪芝在香港重逢的片段。影片镜头在半岛酒店大堂一个光影呈几何型的空间中移动，两人站在透镜对称的两端结束了最后的对话，当阿宝离开的时候，他的身影在玻璃中折射成几层虚影，一晃而过，这种缓慢而细腻的移动便留下了一个“伪像”，承载着两人不可再次触及与返回的过往，斑驳的光影成了情感铺陈、流动的媒介。另一段则是潜藏于李李的记忆深处，与A先生在深圳海边告别的一幕。李李通过汽车的后视镜目睹了A先生的投海场景，构成了李李记忆中的“伪像”，并在和阿宝接触及泛起的情感波澜中，电视剧最终使这段影像暴露其伪饰——A先生模糊不清的脸被替换为阿宝的脸，面孔的替换仍然依托着“伪像”的认识机制。这些由移动和透镜带来的伪像叙事，是情感释然和自我安顿的方式，可能也是王家卫表达男女情感、表达记忆的常用手段，分明显示出一种伦理姿态和认知政治意义上的位置。在《繁花》的回忆性框架中，电视剧中呈现了大量的温馨情景，除去男女情感中的坚定决裂和自我割舍，很难在剧中看到残酷，而是保持着温和的伦理姿态，进而形成了一种温馨模式。这便与维利里奥设想中，速度让人更具有强度地、更密集地构想世界的乌托邦前景有所不同。因此，当王家卫通过影片的旁白、配乐与主线叙事，提供一个加速中的90年代图景时，它同时也在对阿宝、爷叔、汪小姐、金科长、玲子、菱红等具体人事的叙说中萦绕维系着温和的情感关系。这种淡淡的温情，如和平饭店电梯上、下穿行的钢索装置一般，似乎才是控制着加速时代的“变速器”，也展现出电视剧对90年代的构想与理解。在一种由知觉和情感关系通抵的政治意义上，影片中的人们搭建起一种柔蔓着温情的伦理关系，但这种伦理和加速中的秩序，似乎也以另一种方式格式化、定型了90年代。

昆德拉对小说的诞生曾有精彩论述：“当上帝缓缓离开他曾经号令宇宙并为其规定

---

① 维利里奥延续着鲍德里亚“拟像”的理论。见 Paul Virilio, *Negative Horizon: An Essay in Dromoscopy*, Translated by Michael Degener, Continuum, 2005, p. 115.

价值秩序、分隔善恶并赋予万物意义的那个位置……至高无上的审判者缺席了，世界猝然出现在一片骇人的模糊暧昧之中；独一无二的神圣真理离析为人们赞同的几百个相对真理。现代世界于是诞生，而小说作为现代世界的图像与模型也一同诞生。”① 无论小说或电视剧《繁花》，均以其叙述技艺的完整性呈现着复杂的现代世界模型，提供着各异的时代认知图景。重新返观小说《繁花》的时代认知与速度图景，会发现与电视剧的叙事并不相同。两个甚至多个时代互相交叠在小说的文本中：阿婆对太平天国“黄金世界”的怀想叙述中有着共和国经验和痕迹；阿宝父亲的老领导在70年代时，语言系统仍旧停留于三十年前，“端起咖啡杯，照样斯文相，当年派头，谈政治形势，1945年形势，1949年形势”②。文本中时代的交错、重叠、变速，意味着写作者金宇澄注视的不仅是一个时代的整体流速，同样关注其更迭时的裂隙丛生，位于匀速流动中那些变动、异质者，而对时代的认知在这种繁杂的观视与追寻中逐渐生成。在此意义上，《繁花》响应着其关键的题语：“上帝不响，像一切全由我定。”

（作者单位：北京大学中文系）

《繁花》叙述“上海故事”的不同方式

安子瑜

小说《繁花》文体的独特性为研究者广泛关注。在分析这一问题时，研究者多结合作者自述，但若回归小说，它的结尾已自我指涉其叙述体式。在小说结尾处，准备为苏州河写剧本、制作电影的芮福安与安娜，同阿宝、沪生进行了一次关于“故事讲述法”的深入交流。辞别几位法国人后，阿宝不由得说起他们“乱拍”上海，因为芮福安是这样讲述心中理想的上海故事的：“一个普通的上海少女，穿普通的上海少女服装，下工后，驾驶一条小船，回到苏州河上游，一个贫民窟里生活。”阿宝指出他的想象完全不符合地理人情，芮福安所要求的“普通”也仅限于时代旁观者对于“最大多数群体”天真而无着落的想象，他最终也不过是觉得“少女，女工，船的画面”十分美好，上海便再次成了外来者眼中审美化的上海。不过，芮福安与安娜视角的贡献在

① ［法］米兰·昆德拉：《小说的艺术》，尉迟秀译，译文出版社2019年版，第8页。
② 金宇澄：《繁花》，上海文艺出版社2013年版，第335页。

于全新（电影）叙述形式的介绍，他们向阿宝、沪生讲述电影拍摄手法的多元性，电影叙事由传统大树结构转向“灌木结构”，转为不同时空中密而短的片段的连缀。

反观阿宝在参考民间歌谣的基础上讲述的、更为“真实”的上海故事，它们注重日常细节的质感，符合上海市井趣味——“送郎送到桥堍西/劝姐不养犬与鸡/正逢相抱犬来咬/等到分手鸡要啼”。阿宝的叙述法体现了对于浪漫化、图式化、抽象化叙述倾向的拒斥，其审美追求可看作“宁下毋高”这一说书人理想的现代转译。

此外，作者以一种特殊的方式开辟了结尾处小毛这一人物的言说空间。结合法国人的转述，小毛在结尾具有双重身份——故事的接受者（聆听两位法国人讲述的上海故事）与生产者（自己讲述上海故事）。无论作为故事的接受者还是生产者，小毛都选择从可能性的意义上理解生活。作为故事的接受者，小毛在三位主角中本是最能体会普通工人艰难的人物，但是他对安娜讲述的、看似“狗血”而不真实的故事——法国老板爱上中国女工的故事的反应竟然是：纺织女工那么多，总会出现一两个“特别性格的女人”。而小毛因上海女工划船归家的故事感到“伤心”，其反应可以如此解读：他清楚地知道这个故事将只会发生一半——很多女工的确生活在压抑的贫民窟，但她们无船可划，无法如外来者想象的那样穿所谓“普通的上海少女服装”，这个故事也就体现了一个具有伪普遍性的意象与现实之间的可悲裂隙。小毛因为拥有对美好生活图景的期待而产生情绪落差，而阿宝则纯然从“应然”的角度冷观现实，仅仅觉得这样的故事不切实际。阿宝与小毛之间由此产生了身份与欲望的倒错。真正经历更多苦难的小毛，反而为他者视角建构的、美好而无法实现的生活所吸引，敏感于这一图景的情感召唤力。若以严苛的视角观之，法国人提供的故事对于生活在苦难中的人来说，甚至可能具有“精神鸦片”的属性。但小毛愿意接受这套叙述，尽力从“可能”而非“不能”的意义上理解生活。更重要的是，小毛寻求更多的可能性并非纯粹为满足自我欲望，而是更多关注身边女性可能的欲望形态。而作为故事的生产者，小毛讲述的故事为安娜转述，这一故事表现的也是女性情欲以“反道德”的代价短暂而梦幻般地脱轨于既定生活，以更为激进的方式寻找另一种生活的可能性，就此而言，故事的真实性反而没有那么重要。

如果我们从叙述装置的意义上考察小毛被转述的故事，并对比“尾声”一节之前小说叙述者对于小毛情绪的描述，以及“尾声”部分安娜对于小毛情绪的描述（但这一过程同样由叙述者操控），我们会发现小毛的情绪在安娜的转述中顺畅地宣泄，自然流动、未经打扰，未由“不响”或其他插曲阻断。就情节层面而言，小毛此前并非没有情绪的大起大落，例如在第二十九节，小毛由来到自己家中借水洗衣的女人联想到老婆春香，心中非常难过，但当他尝试表达情绪时，立刻被薛阿姨感叹女人的行为“费自来水”、费钱所打断。也只有到了结尾，叙述者才给了小毛这个人物一个新的机会，由法国人重讲他的故事，仿佛只有在全新的叙述装置里，小毛自如的情感反应才能获得显性的表达。小毛也是主角三人中最先被新的叙述装置“转述”的对象，一边是当时尚显先进、时髦的现代叙事装置，一边是上海本土最为普通的工人小毛，两者看似相距甚远，但却在《繁花》中获得了奇异的联结。

若我们综合考察《繁花》原著的体式，会发现它是结尾涉及的、诸种叙述方式的杂糅。它既采取了法国人带来的“灌木”形式，但又没有放任讲述故事的浪漫化、戏剧化冲动，而是时刻用阿宝讲述现实故事的冷静、反戏剧化的方式来打破、改造来自西方的叙事形式。相较力比多的自然流动，原著中的“不响”意味着对人际关系层面某种可能性的拒斥。朱羽在《悬置移情的写作与上海经验的呈现方式——关于〈繁花〉的琐思》中指出“不响”的区隔意味着“对于每一种语言与修辞的全然认同与移情，变得不再可能”。“不响”的阻隔效应常作用于男女对话，往往是女方发出步入或改变两性关系的邀请，男方并不愿意配合女性的幻想并扮演女性渴望的角色，这一过程正相当于在日常生活场域中不断抛出的可能性被压抑的过程。由此观之，从隐喻意义上来说，《繁花》结尾集中描写了当时文学场域中的多种叙述方式，而《繁花》文本已在“尾声”之前有机融合了那些叙述方式。

“三人组”中的最后一位角色——沪生的位置则更为有趣。沪生一开始和阿宝一样，从真实性角度分析法国人讲的故事。后来，沪生在想象民国上海时也“恍惚”了，不自觉地拼接上海形象的碎片，拟仿小毛“女工夜半约会”的故事，将故事背景换作民国，拼凑了“女工”“素旗袍”“黄包车”等代表民国上海的符码。因此，即便严肃正经如沪生者，也至少在一个瞬间被讲述故事的新型方式牵动，被调动起类似两位法国人的、不切实际的想象。由此可见，沪生的位置在阿宝与电影人两极之间滑动，这个位置类似于今日很多观众的位置。

我们可以由此处过渡到电视剧《繁花》播出后最常被讨论的问题：电视剧中的上海到底像不像90年代真实的上海？今天，同时接受小说、电视剧的观众，不妨把金宇澄小说的结尾看作以上问题的一次预演。电视剧服务于当代人对上海进行图像重构的欲望，而小说《繁花》结尾的众多人物也在拟想上海。阿宝的态度对应的自然是求实的观众，他们非常重视上海的还原度问题。芮福安、安娜对应的是想象与改写的态度。王家卫的改编显然更近于后者，我们从他对于“响”与“不响”的理解就可以看出来。王家卫选择把原著的“一千多处‘不响’”加以改造，让“不响”的内容产生

“响”的效果。正如导演所说：“是什么让阿宝成为宝总，一夜之间成为时代弄潮儿，书里面没有提过。原著‘不响’，我们可以补白、相辅相成。”电视剧最终表现的是我们“在原著里看不到的上海阿宝”。这种较为大胆的改编，同样动用了网络文学“爽文”生产的机制。以电视剧中宝总的故事线为例，从第十四集开始，阿宝与雪芝过去的故事得以展开，被雪芝抛弃的阿宝立志用十年时间“打脸”前女友，二人“十年之约”的较量背后是典型的前任竞争模式，这一叙述模式的副线索是宝总与上海共同崛起，观众在两性与时代问题之间感受共振的快感。所以总体来看，原著的旨意集中于“上帝不响，像一切全由我定”，而电视剧的逻辑倒仿佛是“上帝不响，一切真由我定”。

此外，这样的改编方式也带动了多元化的粉丝创作。王家卫创造原著没有的阿宝，那么观众便要再创造王家卫作品中没有的阿宝。观众可以在电视剧提供的“三女一男”的基础模式上，在各类平台续写“宝李”（宝总与李李）、“宝珠”（宝总与汪小姐）、“宝玲”（宝总与玲子）线的无限可能，正如芮福安肆意创作的上海故事。就上海故事的不同讲述方式而言，由小说到电视剧再到粉丝，《繁花》作品系列真正实现了现实与虚构之间的跨时代滑动。

（作者单位：北京大学中文系）

反刍与超越：《雪》《风筝》与《好的故事》中的“有情”与“哲学”

晏 红 吴志亮

《雪》《风筝》与《好的故事》是鲁迅于1925年初创作的三篇散文诗，最初分别发表于《语丝》周刊第11—13期，后收录于1927年7月北京北新书局出版的《野草》中。《野草》研究的既有成果非常丰富，但将《雪》《风筝》与《好的故事》作为一个整体做相对独立的考察，尚属罕见。三篇“野草”① 的创作，以“兄弟失和”事件与春节为基本背景，以故乡为题材对象，在反刍故乡风物之幽美与人伦之融洽的过程中，自然流露出作者对远去的故乡难得的情感认同与亲近之感，以此慰藉当下的亲情危机与侨寓异乡的现实处境。同时，作为“五四”一代启蒙知识分子的鲁迅，又有着其一贯的清醒与理性，即基于“故乡/传统”的一元结构，三篇“野草”又无一例外地超越了情感的纠缠，而内蕴着“告别传统/背负原罪/韧性反抗”这一鲁迅式的生命哲学。“有情”与“哲学”的对立统一，不仅反映了三篇“野草”乃至整个鲁迅的思想情感特征，更反映了后脚踩着“传统”、前脚踏着“现代”的“五四”一代过渡期知识分子在面对时代转型的重大命题时表现出的复杂幽微的心境。

一、创作背景：兄弟失和与春节

《野草》创作于1924—1926年，虽说“大抵仅仅是随时的小感想”②，每一篇都有其具体创作背景，但1923年的“兄弟失和”事件，对《野草》的创作亦产生了重

① 《野草》一书收录鲁迅1924—1926年所作散文诗23篇，“野草”代指《野草》一书中具体篇目。

② 鲁迅：《〈野草〉英文译本序》，《鲁迅全集》（第4卷），人民文学出版社2005年版，第365页。

要影响，并在众多“野草”中留下了蛛丝马迹。众所周知，周氏兄弟在个性气质、艺术诉求、创作实践及后来的人生道路等诸多方面，均表现出较大差异，但“失和”前，二人的确又有过几十年的“兄弟怡怡”。从童年时的相互陪伴，到求学于南京、留学于东京、谋职于北京，作为兄长的鲁迅对与自己年龄相仿的弟弟一直关爱有加，周作人从中受益良多。“五四”时期，兄弟二人又共同参与推动文学革命与思想启蒙事业，“成就相映成辉”①，成为“五四”文坛“双子星座”，成就了一段文坛佳话。但令人唏嘘的是，“兄弟怡怡”终究逃不过家长里短，因某种后来双方都不愿直接提及的原因，1923年7月19日，周作人以书面形式向鲁迅表示了自己的绝望②，而当鲁迅欲邀其当面沟通，却最终遭拒③，兄弟二人从此分道扬镳，“双子星座”成为陌路，开始了各自人生旅途的艰难跋涉。

“兄弟失和”近一年后的1924年6月11日，二人之间爆发了一次非常严重的正面冲突，这是上一年“失和”事件的余续，亦使得兄弟之间的关系进一步恶化。鲁迅当天日记中有如下记载：

> 下午往八道湾宅取书及什器，比进西厢，启孟及其妻突出骂詈殴打，又以电话招重久及张凤举、徐耀辰来，其妻向之述我罪状，多秽语，凡捏造未圆处，则启孟救正之，然终取书、器而出。④

与周氏兄弟关系甚密的同乡川岛（章廷谦）于1978年10月19日的《人民日报》上发表回忆文章《弟与兄》，对兄弟间的冲突过程做了较为详细的追忆与描述：

> 这回“往八道湾宅取书及什器”，是鲁迅先生于一九二三年八月二日迁出后的第一次也是末一次回到旧居去。……就在那一日的午后我快要去上班的当儿，看见鲁迅先生来了，……过了一会，从里院传出一声周作人的骂声来，我便走到里院西厢房去。屋内西北墙角的三角架上，原放着一个尺把高的狮形铜香炉，周作人正拿起来要砸去，我把它抢下了，劝周作人回到后院的住房后，我也回到外院自己的住所来，听得信子正在打电话，是打给张、徐二位的。⑤

---

① 孙郁：《鲁迅与周作人》，现代出版社2013年版，第6页。
② 鲁迅博物馆、鲁迅研究室：《鲁迅年谱》（第2卷），人民文学出版社1983年版，第104页。
③ 鲁迅：《鲁迅全集》（第15卷），人民文学出版社2005年版，第475页。
④ 鲁迅：《鲁迅全集》（第15卷），人民文学出版社2005年版，第516页。
⑤ 川岛：《弟与兄》，鲁迅博物馆等选编：《鲁迅回忆录》（散篇）（上），北京出版社1999年版，第347页。

关于“兄弟失和”，鲁迅后来的文字很少正面提及，但这并不意味着他已释怀于此事，恰相反，在较长的一个时期内，鲁迅或许都是耿耿于怀的。最切近的反应来自《〈俟堂专文杂集〉题记》：

> 曩尝欲著《越中专录》，颇锐意搜集乡邦专甓及拓本，……以十余年之勤，所得仅古专二十余及杍本少许而已。迁徙以后，忽遭寇劫，孑身逭遁，止携大同十一年者一枚出，余悉委盗窟中。日月除矣，意兴亦尽，纂述之事，渺焉何期？聊集燹余，以为永念哉！甲子八月廿三日，宴之敖者手记。①

这篇《题记》写于1924年9月21日，是鲁迅为自己编订的《俟堂专文杂集》而作。或许是巧合，或许是为顺道“纪念”，这天距离“启孟及其妻突出骂詈殴打”刚好一百天左右。《题记》中，“十余年之勤，所得仅古专二十余及杍本少许”滞留于八道湾住处无法取出，被称作遭“劫”，启孟及其妻被称作“寇”，八道湾住处被称作“盗窟”。落款“宴之敖”的笔名也有其特定内涵，“宴从宀（家），从日，从女；敖从出，从放……；我是被家里的日本女人逐出的”②。由此可见，“兄弟失和”事件中，周作人夫妇的表现让鲁迅异常愤怒且绝望，特别是周作人，毕竟有过几十年的“兄弟怡怡”，现在连沟通的机会都不给，还携妻对己“骂詈殴打”，最终迫使鲁迅不得不借此宣泄自己的难平之意。

“兄弟失和”对鲁迅的打击是致命的，远不是一篇《〈俟堂专文杂集〉题记》可以承载的，对此，汪卫东有过专门讨论。他认为，随着五四新文化运动的落潮及《新青年》团体的分化，周作人成了鲁迅“身边的最后一个战友，也是人伦生活中的莫大寄托”③，但“失和”事件却使得“鲁迅丢失了曾经支撑他前期生存的几乎全部意义，只剩下黑暗中的自己”④，由此，1923年成了鲁迅继S会馆之后经历的第二次人生的低谷与绝望：

> 鲁迅一生经历了两个人生的低点，一是我们都熟知的S会馆时期，一个就是1923年，亦即两次绝望的时期……如果说会馆时期的第一次绝望还留有余地，其

① 鲁迅：《〈俟堂专文杂集〉题记》，王世家、止庵编：《鲁迅著译编年全集》（第5卷），人民出版社2009年版，第280页。

② 许广平：《略谈鲁迅先生的笔名》，鲁迅博物馆等选编：《鲁迅回忆录》（专著）（上），北京出版社1999年版，第327页。

③ 汪卫东：《探寻“诗心”：〈野草〉整体研究》，北京大学出版社2014年版，第13页。

④ 汪卫东：《探寻“诗心”：〈野草〉整体研究》，北京大学出版社2014年版，第13页。

> 现实生存尚有整个家庭的寄托，那么，1923 年的第二次绝望则连现实生存的寄托也没有了。1923 年应是鲁迅人生的最低点，1923 年的沉默，就是鲁迅第二次绝望的标志。①

而开始于 1924 年的《野草》写作，正是一次穿越绝望、走出绝望、反抗绝望的生命行动，是鲁迅用以对抗第二次人生低谷与绝望的重大实践②。“兄弟失和”事件一定意义上构成了创伤性事件，在众多“野草”的写作过程中，作者与其之间不得不持续地展开着拉锯。

《雪》《风筝》与《好的故事》的创作就有着“兄弟失和”事件的牵扯与影响。最直接的依据来自李哲对《雪》的本事与创作背景的考察：

> 作《雪》之前两天的 1 月 16 日，系周作人的四十岁生辰。周作人本人在 16 日的日记中对此有所记载：“上午孙席珍君来。下午女师大黄、陆二君来。绍原、伏园及小峰、川岛夫妇送菜来，因四十生日也。”此后，“玄同、平伯、钦文同来晚餐。九时往女师大赴国三师生同乐会，十时返”。而查鲁迅同日的日记，则有如下记载：“晴。晚往季市寓饭。夜赴女师校同乐会。”至 18 日，即作《雪》的当天，鲁迅日记的记载则是：“晴。星期休息。午后孙席珍来。下午钦文、伏园来。”综上所述，可以大体描述《雪》之写作背景如下：1925 年 1 月 16 日，周作人与诸友人庆祝自己四十岁生辰，后赴女师大参加“同乐会”。而鲁迅同日亦赴“同乐会”，兄弟二人在会场极有可能彼此照面。隔天后的 1 月 18 日（即农历小年），为周作人庆生之孙席珍、许钦文、孙伏园等造访鲁迅。同日晚间，诸友散去，鲁迅作《雪》。……将周氏兄弟 16 日的“相遇事件”作为鲁迅写作《雪》的契机似更切近情理。③

李哲的考察极具创造性与启发性，但我们认为，作为触发媒介的“相遇事件”与作为创伤记忆的“兄弟失和”，不仅是《雪》的创作背景，《风筝》与《好的故事》的创作或许也与此有关。

关键在于三篇“野草”的创作时间。《雪》创作于 1925 年 1 月 18 日，《风筝》创

---

① 汪卫东：《探寻“诗心”：〈野草〉整体研究》，北京大学出版社 2014 年版，第 13 页。
② 汪卫东：《探寻“诗心”：〈野草〉整体研究》，北京大学出版社 2014 年版，第 15—18 页。
③ 李哲：《“雨雪之辩”与精神重生——鲁迅〈雪〉笺释》，《文学评论》2017 年第 1 期。

作于 1925 年 1 月 24 日，《好的故事》创作于 1925 年 1 月 28 日①。三篇“野草”的创作时间，单从公元纪年来看，无论是分别开来还是综合起来，或许都不会引起太多的关注。但若将上述公元纪年转化为中国传统农历，即 1925 年 1 月 18 日对应甲子年腊月二十四，1925 年 1 月 24 日对应乙丑年正月初一，1925 年 1 月 28 日对应乙丑年正月初五，就会发现，三个创作时间刚好对应中国最重要的传统节日春节的三个关键时间节点。其中，腊月二十四是南方小年，意味着关于过年各项准备工作的正式开始，俗称“忙年”。正月初一是旧历元旦，即春节，是整个过年的高潮。正月初五，俗称“破五”，“是祭祀和迎接财神的日子……就是过了几天的新年，又要开始正常的生活了”②。也就是说，三篇“野草”的创作过程完整贯穿于整个春节期间，且是这段时间里，除了翻译厨川白村的《出了象牙之塔》，创作杂文《咬嚼之余》等之外，鲁迅最主要的文学创作了③。

由此，构成《雪》《风筝》与《好的故事》创作背景的就不只是“兄弟失和”这一单一事件，至少还有春节这一传统节日。“兄弟失和”事件与春节能够共同构成《雪》《风筝》与《好的故事》的创作背景，还在于三篇“野草”均提供了与之构成互文关系的特定艺术媒介，即故乡。《雪》用了一半以上的笔墨描绘了一幅江南雪野图，《风筝》追忆了故乡春二月的风筝时节及“我”与自己小兄弟之间的关系，《好的故事》借梦境重温了“美丽，优雅，有趣”的故乡山阴道的故事。三篇“野草”具体题材的择取，无一例外，均以故乡为主要对象，这在整部《野草》中并无他例。外部的“兄弟失和”与春节等的社会性事件与现象所触发的情思，均在文本内部对故乡的艺术化呈现中得到委婉含蓄地表达。质言之，在“兄弟失和”背景下，在春节这一传统节日之际，身处异乡北京的鲁迅，可能与大多数远离故乡的侨寓者相似，想到了自己的故乡，在反刍故乡过程中，自然流露出对远去的故乡罕见的情感认同与亲近之感，“年的气息，似乎也感染了在孤独中挣扎的鲁迅，使他的乡思油然而生”④，当下的亲情危机与侨寓异乡的现实处境得以慰藉。同时，三篇“野草”又处处体现着作为“五四”一代启蒙知识分子的鲁迅一贯的清醒与理性，即基于“故乡/传统”的一元结构，三篇“野草”又超越了情感的纠缠，而内蕴着“告别传统/背负原罪/韧性反抗”的生命哲学，这亦契合于《野草》的整体艺术诉求，即用“优美的文字写出深奥的哲理”⑤。

---

① 鲁迅：《好的故事》，《鲁迅全集》（第 2 卷），人民文学出版社 2005 年版，第 192 页。

② 孙玉石：《现实的与哲学的——鲁迅〈野草〉重释》，北京大学出版社 2010 年版，第 124 页。

③ 王世家、止庵：《鲁迅著译编年全集》（第 6 卷），人民出版社 2009 年版，第 32—40 页。

④ 汪卫东：《探寻“诗心”：〈野草〉整体研究》，北京大学出版社 2014 年版，第 67 页。

⑤ 转引自陈子善：《中国现代文学文献学十讲》，复旦大学出版社 2020 年版，第 322 页。亦可参加鲁迅：《野草》，北新书局 1927 年版，广告页第 3 页。

二、反刍:风物之幽美与人伦之融洽中的乡思寄托

节日作为一种民俗,通常以共同的情感认同为基础,其来临之际往往会影响着人们的情感倾向。春节的重要活动内容之一是“阖家团圆、敦亲祀祖”,这自然会激发对于故乡的反刍,并产生强烈的情感认同与亲近之感。加之与弟弟周作人虽共同侨寓异乡北京,但因“失和”不能团圆,我们认为,鲁迅的乡思之情自是更加浓烈,喷薄欲出。由此,鲁迅将这胸中块垒转换成《雪》《风筝》与《好的故事》中对故乡的艺术化关照,在反刍故乡过程中慰藉当下的亲情危机与侨寓异乡的现实处境,弥补现实情感的缺憾。

鲁迅对于故乡的情感认同与亲近之感,首先表现在对故乡风物之幽美的怀念与向往上。《雪》着力追忆了“滋润美艳之至”的江南的雪。雪野中,有广袤洁白的雪,有种类繁多、色彩丰富的花草,仿佛还有“忙碌地飞着”“嗡嗡地闹着”的蜜蜂,此外还有孩子们与大人合作塑造的“很洁白,很明艳,以自身的滋润相粘结,整个地闪闪地生光”的雪罗汉。雪、花草、蜜蜂与雪罗汉,一个个近景与特写,打破了无垠的雪野的沉闷与单调,共同构成了一幅绚丽多姿、生机勃勃,且异常温馨的故乡雪野图。正如李何林所提到的,虽然“当时作者所处的现实(无论是自然现实或社会现实),是严寒的冬天,但心中却怀念和向往着满含春意的江南故乡的雪和雪野”①。乡思之情可谓溢于言表、跃然纸上。

《风筝》开篇即着力描绘了故乡的风筝时节。故乡的春二月,天空中便开始飘起“淡墨色的蟹风筝”“嫩蓝色的蜈蚣风筝”与“瓦片风筝”,它们形状各异、色彩丰富,还伴有“沙沙的风轮声”,共同点缀着故乡早春的天空。大地上则已有发芽的杨柳与吐蕾的山桃,万物逐步告别寒冬开始复苏,一切都正蓄势待发,到处都充满生机与活力。天空与大地,风筝与杨柳、山桃,彼此遥相呼应,“打成一片春日的温和”。关于故乡风筝时节的描绘,人们往往看重它的结构功能,但不能否认的是,作者的乡思之情是寄托于其中的,特别是当“四面都还是严冬的肃杀,而久经诀别的故乡的久经逝去的春天,却就在这天空中荡漾了”的时候,心潮怎能不为之涌动?张洁宇在论及《风筝》时曾特别指出,“生长在江南的鲁迅……对童年在江南放风筝的氛围和环境保存着一种美好的记忆,而北京的氛围环境则可能的确很令他们失望。江南早春,清丽

---

① 李何林:《鲁迅〈野草〉注解》,陕西人民出版社1981年版,第73页。

秀美，再有风筝游戏的点缀，的确是很美好也很有趣的”①。

《好的故事》则通过梦境、梦境中的记忆与梦境中的倒影，追忆与描绘了故乡山阴道“美丽，优雅，有趣”的故事。“它是这个梦魇似的集子里提供的唯一好梦。”②“不仅不是噩梦，甚至是几近圆满的美梦。”③ 山阴道的两岸，是各种各样的树木、花儿、庄稼、家禽、屋舍塔庙、生活用品与人，以及青天、白云，他们都倒映在“澄碧的小河中”。随着船桨划动水面，水中诸事诸物的倒影便发生了一系列的变化：“荡漾”“摇动”“浮动”……“水中的青天的底子，一切事物统在上面交错，织成一篇，永是生动，永是展开，我看不见这一篇的结束”。有关故乡山阴道的故事，就这样在“我”的梦境中展开，他似乎具体、清晰，但又因其高度的动态化特征而显得抽象、朦胧。他不仅“美丽，优雅，有趣”，且“分明”，有许多美的人和事。“我”近乎执念般地爱这一篇“好的故事”，哪怕梦醒以后，他只剩下一丝碎影，“我”也要“追回他，完成他，留下他”。最后，即便连这一丝碎影也没有了，但“我”也始终还记得“我”见过这一篇“好的故事”。至此，鲁迅对故乡风物之幽美的反刍，可谓达到了高潮，其内心浓烈的乡思之情可见一斑。

对以故乡为基础的和谐融洽的人伦关系的期待与渴慕，也是鲁迅乡思之情的重要组成部分。早在父亲生病时，作为长子的鲁迅就逐步承担起了家庭的责任，后来还将一大家子人迁至北京，团聚于八道湾寓所。但让当初的鲁迅始料未及的是，与弟弟周作人虽共同侨寓北京，但因“失和”终究不能团圆。同时又适逢本应“阖家团圆、敦亲祀祖”的春节，上述人伦之融洽的期待与渴慕或许也就更加强烈。《雪》中“滋润美艳之至”的江南的雪，《风筝》中“一片春日的温和”的故乡风筝时节，《好的故事》中“美丽，优雅，有趣”的故乡山阴道的故事，感性直观层面上都是在表现故乡风物之幽美，但整体象征层面上亦可指向传统以故乡为基础的和谐融洽的人伦关系，只是由于两者之间隔着传统“天人合一”的观念前提，所以往往显得较为间接，不易被察觉。

比较而言，《雪》中孩子们与大人合作塑雪罗汉的温馨场景，在表现人伦之融洽方面则更为直接。不知谁的父亲，似乎放下了平日高高在上的威严，化身孩童，和孩子们一起在雪野中塑雪罗汉。和蔼的父亲帮忙塑雪罗汉的身体，聪明的孩子们则用各

---

① 张洁宇：《独醒者与他的灯——鲁迅〈野草〉细读与研究》，北京大学出版社 2013 年版，第 139 页。

② 李欧梵：《铁屋中的呐喊》，尹慧珉译，人民文学出版社 2010 年版，第 94 页。

③ 张洁宇：《独醒者与他的灯——鲁迅〈野草〉细读与研究》，北京大学出版社 2013 年版，第 150 页。

种材料为雪罗汉装饰眼睛和嘴巴，孩子们与大人，各司其职，通力合作，最终成功塑造出了一个“目光灼灼地嘴唇通红地坐在雪地里”的大阿罗汉。整个过程表现出的是异常轻松欢快，没有任何压抑的淳朴氛围，为整个江南雪野增添了无限童真与野趣，如同牧歌世界①一般。在此，雪野中合作塑雪罗汉的场景，更多呈现的是传统专制型、独裁型父子关系之外的温情脉脉，是传统父子关系的另一副相较而言更为温婉慈祥，也因此更为难得一见的面孔。“在这一幅图景中，孩子们的‘父亲’是作为孩子们共同欢乐的朋友而出现的。即使没有出场的‘谁的母亲’，也没有因为孩子们从她的‘脂粉奁中偷得胭脂’来涂在雪罗汉的嘴唇上而责备孩子。”②

《风筝》在对以故乡为基础的和谐融洽的人伦关系的表现方面非常特殊，确切地说，它更倾向于在否定的基础上去建构一种更加合理的人伦关系（兄弟关系），尽管最终的结局是以失败收场。《风筝》追忆与描绘了幼小时候作为兄长的“我”对自己小兄弟“精神的虐杀”的事件：少年时代，不爱风筝的“我”，以“爱放风筝即是没出息”的强势姿态，禁止自己的小兄弟做风筝、放风筝，并亲手毁了他瞒着“我”做的将要完工的风筝。在这一事件中，“我”作为兄长，扮演的是典型的传统专制型、独裁型家长的角色，秉持的所谓没出息的标准是传统家长观念，在破获小兄弟秘密时的愤怒与激烈行径，也是深感家长权威被蔑视后的反应。多年后，得益于“一本外国的讲论儿童的书”的影响，也即受西方现代思想的启示，“我”忽然意识到自己幼小时候的行为是对自己小兄弟的“精神的虐杀”，于是悔恨不已，“我的心也仿佛同时变了铅块，很重很重的坠下去了”。至此，“我”与自己小兄弟之间的人伦关系在“我”看来已经处于严重失衡状态，到了不得不寻求宽恕与救赎的境地，所以接下来的“我”，开始想象各种补过的方法，想象自己受了宽恕、获得救赎以后内心的宽松，试图以此建构起以故乡为基础的更加合理的，且和谐融洽的兄弟关系。和谐融洽的兄弟关系既是周氏兄弟曾经的真实写照，或许也是“兄弟失和”与春节背景下鲁迅内心最为期待与渴慕的，毕竟曾经几十年的“兄弟怡怡”是不争的事实，只是他们谁都未曾料到，1923年竟成了他们兄弟关系的分水岭③。

三、超越：“告别传统/背负原罪/韧性反抗”的生命哲学

在“兄弟失和”与春节双重背景影响下，乡思之情或许是鲁迅此刻最重要的情感

---

① ［日］片山智行：《鲁迅〈野草〉全释》，李冬木译，吉林大学出版社1993年版，第55页。

② 孙玉石：《现实的与哲学的——鲁迅〈野草〉重释》，北京大学出版社2010年版，第107—108页。

③ 汪卫东：《探寻“诗心”：〈野草〉整体研究》，北京大学出版社2014年版，第1—18页。

表征，《雪》《风筝》与《好的故事》中对故乡风物之幽美、对以故乡为基础的和谐融洽的人伦关系的反刍，正是这种情感的具体体现。因此，三篇“野草”中的抒情色彩一再被人们论及，认为它们“都是同一类型的抒情散文，是抒情的散文诗”①。但《野草》毕竟是一部具有现代主义色彩的散文诗集，作者更是在南京学过洋务，在东京留过学，“恰恰是在人格完成塑形的时期在海外度过，西方文化中的许多精髓已经在无形之中注入了他们的血液之中，化成了他们身体中的一部分”②，是典型的从传统走向现代的知识分子，这就决定了《雪》《风筝》与《好的故事》除了表现出传统温柔敦厚的情感气质外，一定也会有所超越，即必然承载着鲁迅基于自身后脚踩着“传统”、前脚踏着“现代”的“五四”一代过渡期知识分子的清醒与理性，并使用象征、隐喻等具有典型现代主义特质的艺术形式进行表达。当然，三篇“野草”中的冷峻审视与理性思考，仍然离不开故乡这一艺术媒介。

《雪》在表现人伦关系时，特别值得注意的是江南的雪的“滋润”。江南的雪，凭借着自身的“滋润”相互黏结，最终被塑成了一个“目光灼灼”“嘴唇通红”的大阿罗汉。但令人惋惜的是，后来晴天融化了他，寒夜冻结了他，最终“连续的晴天又使他成为不知道算什么”。如果说江南的雪凭借着自身的“滋润”相互粘结成可爱的大阿罗汉，象征性地隐喻传统以故乡为基础的人伦关系，其最突出的特征是个体之间的相互依附，以及个体对于群体关系的依附，那么大阿罗汉最终的“不知道算什么”的命运，则指向了这种依附性关系的脆弱，即一旦遭遇外力就立马现出原形。这里有着鲁迅自身的切肤之痛与生命体验作为基础。最切近的“兄弟失和”事件的刺激自是无需多言，此外如《呐喊·自序》中的描述：“有谁从小康人家而坠入困顿的么，我以为在这途路中，大概可以看见世人的真面目”③，亦提供了有力旁证。从少年时代经历的亲族的凉薄，到中年时代遭遇的“兄弟失和”，一系列的际遇，似乎都在不断强化着鲁迅对传统以故乡为基础的人伦关系的重新审视与思考。

与此形成鲜明对照的是《雪》中塑造的另一个与江南的雪完全相异且极富个性的象征意象，即朔方的雪花。他“永远如粉，如沙”，“绝不粘连”，他是独立的个体，有着自由的个性，不依附于任何个体与群体关系，不受任何个体与群体关系的束缚。“在晴天之下，旋风忽来，便蓬勃地奋飞，在日光中灿灿地生光，如包藏火焰的大雾，旋转而且升腾，弥漫太空，使太空旋转而且升腾地闪烁。”朔方的雪花自由无拘，勇敢坚毅，生机勃勃，有着旺盛的生命力。“这种孤独、不粘连、不着于物，却又奋飞、升

---

① 许杰：《〈野草〉诠释》，百花文艺出版社 1981 年版，第 146 页。

② 谭桂林：《记忆的诗学——鲁迅文学中的母题书写》，人民出版社 2019 年版，第 235 页。

③ 鲁迅：《呐喊·自序》，《鲁迅全集》（第 1 卷），人民文学出版社 2005 年版，第 437 页。

腾、如同包藏着火焰的精神，令鲁迅深深地感受到一种战士般的性格与精神。”① 他是鲁迅所期待的理想人格的象征，一定意义上也是现代而非传统鲁迅自我人格的真实写照。他毅然超越了江南的雪的“滋润”，摆脱了传统以故乡为基础的依附性人伦关系，坚定走向了现代以个体独立、个性自由为价值理想与精神追求的生命存在状态，毫无疑问，这里有着鲁迅对“兄弟失和”的释怀与超越。

对于鲁迅一代过渡期知识分子而言，从传统走向现代并非易事，其最终要想取得成功，首先要做的就是以批判性立场告别传统。传统一定意义上是以故乡为载体的，故乡一定意义上正是传统的象征。于鲁迅一代而言，无论是出生之地的故乡，还是童年与少年时代的故乡，它们都是传统的一切依旧根深蒂固、依旧深刻嵌入人的生命与生存的时空领域，也即存在着一种“故乡/传统”一元的特殊结构。于是，告别传统，首先常常表现为告别故乡。当然，物理意义上的告别是比较容易做到的，真正困难的是情感上的告别。“五四”一代作家开始他们的文学创作、文化批判与思想启蒙活动等，大多是从批判性地审视与反思“故乡/传统”开始的，这其实正是一种情感上的告别。但问题的复杂性在于，故乡毕竟是自己的出生之地，有自己的亲族，有朝夕相处的山川草木，见证了自己的童年与少年时代，自然会在情感上难以割舍，从而增加告别传统的反复性与曲折性，正如鲁迅此刻对故乡的反刍及其流露出的乡思之情一样。但接受过现代思想与文明洗礼的鲁迅是清醒与理性的，在经历一番挣扎后，他超越了情感的纠缠，抵抗住了“滋润”的江南的雪的诱惑，坚定地要成为朔方的雪花，以向死而生的姿态，韧性地反抗着传统，坚定地走向现代。

《风筝》中为了建构一种以故乡为基础的更加合理的人伦关系，同时也让自身从传统专制型、独裁型父子关系（长兄如父）造成的恶果中解脱出来，“我”终于主动去讨自己小兄弟的宽恕，试图求得救赎。但结果却与“我”的期待完全相悖，小兄弟什么都不记得了，他的“有过这样的事么”的反问，更是让“我”惊异不已。“全然忘却，毫无怨恨，又有什么宽恕可言呢？无怨的恕，说谎罢了。”小兄弟的忘却与无怨恨，使“我”陷入了永远无法被宽恕、无法获得救赎的尴尬境地，结果只能是无所希求，独自承担着自我内心的沉重，“不会有自己之外的另一个人以任何方式分享这份沉重，主人公只能自己一个人独自面对它，而且永无解决地可能”②。需要注意的是，在得知无法被宽恕、无法获得救赎后，“我”的态度是怎样的？这亦契合孙歌提出的鲁

① 张洁宇：《独醒者与他的灯——鲁迅〈野草〉细读与研究》，北京大学出版社 2013 年版，第 132 页。

② 孙歌：《绝望与希望之外：鲁迅〈野草〉细读》，生活·读书·新知三联书店 2020 年版，第 68 页。

迅作品的一个基本主题，“就是在无可选择之中，人怎么去选择和坚守”①。“我”的态度是，虽然有强烈的悲哀感，但“我”没有怨恨自己的小兄弟，没有选择逃避，而是勇敢地正视与直面自身无法被宽恕、无法获得救赎的事实，哪怕“我的心只得沉重着”。毫无疑问，这里的正视与直面是“我”的承担与忏悔意识的具体体现，既是为“我”曾经对自己小兄弟的“精神的虐杀”的承担与忏悔，更是为作为传统人伦关系之一种的专制型、独裁型父子关系可能造成的一切恶果的承担与忏悔，甚至是为整个传统的非人道因素可能造成的全部恶果的承担与忏悔。这里有着鲁迅对告别传统这一主题的进一步考量。如果说《雪》以“如粉”“如沙”“绝不粘连”的朔方的雪花与“滋润”的江南的雪的对比来表明告别传统的立场及态度的坚定，那么《风筝》则指出，在告别传统过程中，告别主体却又必然背负着传统的种种原罪。也就是说，在走向现代的过程中，必须正视传统的种种原罪可能依然会相随主体很长一段时期，而主体唯一能做的，就是“自己背着因袭的重担，肩住了黑暗的闸门”②。这似乎正暗示了后脚踩着“传统”、前脚踏着“现代”的鲁迅一代过渡期知识分子的某种宿命与绝望。

《好的故事》中故乡山阴道“美丽，优雅，有趣”的故事，无论是感性直观维度，还是整体象征维度，其利用梦境、梦境中的记忆与梦境中的倒影的独特表现方式本身，已经表明，无论它承载了侨寓异乡北京的鲁迅在“兄弟失和”与春节背景下多少的乡思寄托，其终究是见“过”的过去时，终究如镜花水月、风月宝鉴一般，沦为虚幻，最后连一丝碎影也没有，更不用说想要“凝视”他，“追回他，完成他，留下他”。但即便如此，“我”依旧近乎执念般地爱这一篇“好的故事”，近乎执念般地相信自己见过这一篇“好的故事”。在此，满溢的乡思之情显而易见，但更为重要的是，在超越情感的维度上，鲁迅似乎有意放逐了执念的对象“好的故事”的现实确定性，以此实现对传统的告别，同时将注意力更多倾注于“执念”这一姿态本身，从而造成“执念”与“执念”的对象“好的故事”之间的错位，以此实现一举两得的效果。即在面对传统时，“好的故事”到了必须翻篇的时刻，而唯有“执念”这一姿态本身是当下真实可控的，“执念”本身承载的是鲁迅面对现实时韧性抗争的意志与行动，是那个身处无物之阵，无论遭遇什么都会举起投枪予以坚决回击的战士的基本品质③，是过客的“我只得走”④，“执念”本身就是“绝望之为虚妄”的所在。李玉明曾专门指

① 孙歌：《绝望与希望之外：鲁迅〈野草〉细读》，生活·读书·新知三联书店2020年版，第68页。

② 鲁迅：《我们现在怎样做父亲》，《鲁迅全集》（第1卷），人民文学出版社2005年版，第135页。

③ 鲁迅：《这样的战士》，《鲁迅全集》（第2卷），人民文学出版社2005年版，第219—220页。

④ 鲁迅：《过客》，《鲁迅全集》（第2卷），人民文学出版社2005年版，第199页。

出，“诗人对美的人和美的事物的追求乃至对真正的人生价值的执着表现出某种‘韧性’的倾向，流贯着一股即使追求理想之途上荆棘丛集，举步维艰，也决不退缩决不妥协的浩然之气”①。“韧性”与“决不退缩决不妥协的浩然之气”也正是“执念”这一姿态本身的题中之义。这里延续了《希望》中的“绝望之为虚妄，正与希望相同”②的“反抗绝望”的基本主题。在这模糊不清的“昏沉的夜”，“执念”这一姿态本身构成了鲁迅告别传统、走向现代过程中最重要的精神动力，成为鲁迅的一种现实生存方式。

谈论鲁迅的《野草》，必谈其中的“哲学”问题，这已成为一种研究惯性。基于“兄弟失和”与春节的基本背景，以故乡这一题材对象为视点，《雪》《风筝》与《好的故事》中内蕴的“哲学”理路清晰可辨：《雪》表达了对传统以故乡为基础的依附性人伦关系的拒绝；《风筝》揭示了在告别传统过程中必然背负的原罪；《好的故事》将注意力倾注于“执念”这一姿态本身，其承载的是面对现实时韧性抗争的意志与行动。具体可概括为“告别传统/背负原罪/韧性反抗”。但作为人间鲁迅不能只有“哲学”，“有情”鲁迅或许才更显真实。春节之际，“兄弟失和”无法团圆，刺激着鲁迅不断反刍故乡，并在此过程中流露出对故乡的情感认同与亲近之感，生出一种乡思之情，自是情理之中。如果非要在“哲学”与“有情”之间进行排序的话，我们认为，从其具体产生的角度来说，“有情”一定是先于“哲学”的。当然，先后之论并无价值褒贬的意味，我们想强调的是，“有情”与“哲学”的对立统一是贯穿于鲁迅及其整个创作中的，因为很多情况下天平可能偏向了“哲学”鲁迅，而有意无意忽略了“有情”鲁迅。“有情”与“哲学”的对立统一，不仅反映了鲁迅于“兄弟失和”与春节背景下创作的三篇“野草”乃至整个鲁迅的思想情感特征，它或许更反映了后脚踩着“传统”、前脚踏着“现代”的“五四”一代过渡期知识分子，在面对时代转型的重大命题时表现出的复杂幽微的心境。

（作者单位：晏红，四川外国语大学中国语言文化学院；吴志亮，重庆外语外事学院国际汉语教育学院）

① 李玉明：《“人之子”的绝叫：〈野草〉与鲁迅意识特征研究》，北京大学出版社 2012 年版，第 85 页。

② 鲁迅：《希望》，《鲁迅全集》（第 2 卷），人民文学出版社 2005 年版，第 182 页。

鲁迅日文书写的日汉转译及语体风格①

杨皓童

语言和文化之间存在着密不可分的关系，语言是文化的载体，是表达和传播文化的重要手段。不同的语言代表了不同的文化背景和思维方式，因此在跨文化交流中，语言的差异常常成为文化冲突的来源。日语和汉语属于完全不同的语系，它们在语音、词汇、语法等方面都存在显著差异。因此说，外来语的影响实质上是一种异质文化的冲突和融合的结果。

关于现代汉语汲取日本语词汇的现象，早在日语词汇加入汉语体系之初就已经有众多学者探讨和总结，而且大多是作为中国汲取近代文化的一种标志和过程来看待的。以语言为表征的异质文化进入汉语体系，不仅促进了现代汉语体系确立与完善，更代表着中国传统文化对于外来文化、现代文化的接受与融合。这些词汇，在近代汉语的发展中起到了极大的作用，丰盈了汉语的语汇，补充了很多来自西方的思想和概念，甚至成了“现代性”表述的一种桥梁。

鲁迅的日文书写不仅产生于日语大量进入汉语的时代，而且其书写文本也直接参与了这一过程，成为异文化接受和现代汉语建构的重要指标。鲁迅的日文书写文本通过鲁迅的自译或他译全部都被译成了汉语。在日汉转译的过程中，体现出了明显的异文化融合及日语形态特征，而且在已经出版的各种《鲁迅全集》等文本中，也存在着一些可以继续探讨的日汉转译若干问题。

一、鲁迅作品日语元素的移植与语用问题

鲁迅在日本生活多年，深受日本文化和日语影响，这在他的作品中也有所体现。

① 本文系国家社科基金重大项目“鲁迅的文化选择对百年中国新文学的影响研究”（19ZDA267）阶段性成果。

他在创作过程中巧妙地融合了日语和汉语的元素，有时使用日语词汇来表达某些特定的概念或情感，展现出独特的双语魅力。但同时，这种语言的融合也带来了一定程度上的冲突和挑战，如何在这两种语言中寻找平衡点成为鲁迅创作和日文文本转译中的一个重要课题。对于鲁迅这样的文化巨匠来说，他深谙中日两国语言的精髓，更在这两种截然不同的文化背景中找寻到了自己独特的表达方式。异质文化冲突与融合在鲁迅作品中有充分的体现。鲁迅的作品中不仅反映了中日文化的冲突，更体现了异质文化在“世界文化”背景下的融合。他以敏锐的眼光观察社会现象，通过笔下的人物和事件来揭示文化差异带来的种种矛盾和困境。但与此同时，鲁迅的文学创作在 20 世纪 30 年代，无论是从创作数量、文学影响，还是个性特征包括语言、文体等方面，都已经定型和成熟，我们不能简单地从时间顺序上进行颠倒式的探讨，倒果为因，说是其日文书写影响了其文学创作的语言和文体。但是，却可以从日文书写的特点中，印证鲁迅作品中的日语影响形态的再现。

鲁迅文学作品中的日语影响不只是来自日文书写，与鲁迅的日本留学、日语习得和翻译、日本友人的交流等都有关系。但是，鲁迅的日文书写作为日语习得、翻译、交流的最显性的直接体现，对于鲁迅文学的语言、词汇、语法和表达方式等都有具体的影响。我们探讨日文书写与鲁迅作品中的日语形态之间的关系，意在通过日文书写来印证鲁迅文学中日语形态的存在与彰显。日语词汇不仅在鲁迅作品中大量存在，而且对于鲁迅的文学语言和作品风格构成了明显的影响。

在鲁迅的作品中的日语词汇既有直接引用的日语词，也有经过转化后的中文词汇。关于这一问题的研究，80 年代以前是十分少的。进入改革开放之后，随着对于鲁迅作品及其与日本影响关系研究的深入，从语言的角度来探讨鲁迅作品与日本文化的关系，变得越来越多，也愈加细致。有学者以中日同形词为中心，从鲁迅的著作中共抽取到 3436 个中日同形词，通过词源调查判定其中的 1180 个词语为日语借词。鲁迅作品中最多的是完全的日语词的使用。这些词汇在鲁迅作品中直接以日语的形式出现，虽然在现代汉语中可能不常见，但在当时的文化语境下，这些词汇为读者提供了一种新奇的阅读体验。日语的词汇和语法结构对鲁迅的小说语言产生了微妙而深远的影响，其作品中有许多直接引用或转译的日语词汇，这些词汇在特定的语境下，不仅为他的作品增添了异文化的味道，而且又赋予了语言一种独特的节奏和韵律。其中直接从日语中借用过来的词汇如：

“氛围气”，是指一种氛围、气氛。“主观主义的霉菌，在马克思学说的健康的氛围气里，极迅速地灭亡。”——《艺术论·论文集〈二十年间〉第三版序》

《鲁迅译文集》第六卷。

“绍介”，意为介绍。“《第四十一》不知能否找到。近来少看书，别的一时也无从绍介。”——1933 年 12 月 27 日致胡今虚。

像“绍介”——“介绍”这样前后词序颠倒，但是与汉语词汇意义完全相同的还有很多，如“魂灵”—“灵魂”“运命”—“命运”等。

有一点必须要认真讨论：处于“日化”和“欧化”风潮之中的鲁迅一代作家，无论是从文化和语言角度，都进行了整体性的接受，作为新旧交替的时代，这种文化选择是一个自然的过程。但是，在对文学语言的移植和融入的同时，如何不失其义而利用汉语已有词汇，可能是当时新文化先驱者没有来得及认真考量的问题。因此，鲁迅作品中的许多日语词汇在日汉转译中，直接以日本原词汇呈现，导致了意义的间隔。如，“时计”：钟表。“同校相处尚善，校内待遇不劣不优。惟往纳学费，则拒不受，彼既不收，我亦不逊。至晚即化为时计，入我怀中，计亦良得也。”① 这里的“时计”明显不是手表，而是怀表。许地山的小说《命命鸟》中亦有类似词汇：“不歇地抬头去瞧壁上的时计，好像等什么人来似的。”但是无论如何对于当时读者来说是陌生的，当下现代汉语中已不大使用。

如“直后”：之后不久，紧接着。“这一段，实在是五四运动直后，将毅然和传统战斗，而又怕敢毅然和传统战斗，遂不得不复活‘缠绵悱恻之情’的青年们的真实的写照。”②“革命直后的无产阶级文学，是作为无产者文化协会底运动底一部分而产生氛围气的。”③

如量词的日语式使用。一般类似狼或狗大小的动物汉语都用“只”“条”来做称谓，“一只猪獾”“一只兔子”。而类似马大小的才有用“匹”。但是鲁迅不仅用“匹”称呼獾，而且用“匹”来称呼麻雀。由于日语中的量词较少，因此“匹”便可以变成统称了。

如“退婴”。“退婴”是纯粹的日语词，在汉语中是“退缩、保守”的意思。例如：“超越便须改变，所以子孙对于祖先的事，应该改变，`三年无改于父之道可谓孝矣，当然是曲说，是退婴的病根。”④

“残念”也是纯粹日语词，相当于汉语的“遗憾”“抱歉”。例如：“我到前清的

---

① 鲁迅：《鲁迅大全集·1·创作编》（1897—1918），李新宇、周海婴主编，长江文艺出版 2011 年版，第 31 页。

② 鲁迅：《鲁迅全集》（第 6 卷），人民文学出版社 2005 年版，第 253 页。

③ 鲁迅：《鲁迅全集》（第 10 卷），人民文学出版社 2005 年版，第 395 页。

④ 鲁迅：《鲁迅全集》（第 1 卷），人民文学出版社 2005 年版，第 140 页。

皇宫，却未见过现住的皇官，现在又没了拜见之荣，残念残念。”①

对此，鲁迅在 1934 年 12 月 29 日致增田涉信中做出了解释：“你寄给吴君的信，其中有费解之处，我略为改动一下，这样也许通顺些，但仍然是日本式文字。实在说来，中国的白话文，至今尚无一定形式，外国人写起来，是非常困难的。”② 次年 2 月 6 日致增田涉信中，再次重申自己的意见：“白话信读过了。多处是日本式的句子，但大抵可以看懂，只有两三句还费解。实际上中国的白话文尚未成形，外国人自然不容易写的。我对吴君不大熟悉，但从他的回信所发的议论看来，我以为此人是颇不足道的。”③

日本著名鲁迅研究专家藤井省三教授指出：“拙译《故乡》《阿 Q 正传》，并未将鲁迅本土化即现代日语化，而是通过日语译文的‘鲁迅化’来努力传达生存于时代巨大转换时期鲁迅的深层苦恼。因此即使表面看来是微小的差异，在翻译之际亦如实地区别对待，对待矛盾之处在无法确认的情况下不臆断，而是注意尽可能地直译，句号也原则上遵照鲁迅原文，因此拙译许多文章与明快的格调相去甚远。在高中任国语教师的友人，读了拙译的感想是‘这样可不会被教科书采用啊’，但这是靠近鲁迅文体的结果，才能还原真实的鲁迅。”④

王彬彬认为，“鲁迅在翻译中直译了某种语法意义上的表达方式，然后在创作中又有意或无意地使用着这种表达方式。必须特别强调，所谓‘纯正’‘本色’的汉语，本身是荒谬的说法。除非在一个绝对封闭、不与其他语言有任何接触的环境里，否则没有一种语言是绝对‘纯正’和‘本色’的。汉语在几千年间，与多种其他语言接触，也在词汇和语法上受到其他语言的诸多影响。汉语对其他语言的词法和句法的吸收，是一个几千年来一直在发生的事情”⑤。他认为，“鲁迅以一种自由的心态，把自己已经掌握的一切中外语言都作为原料，创造出有自己鲜明特色的现代汉语表达”⑥。

---

① 鲁迅：《鲁迅大全集 · 9 · 创作编》（1935），李新宇、周海婴主编，长江文艺出版社 2011 年版，第 298—299 页。

② 鲁迅：《鲁迅大全集 · 8 · 创作编》（1934），李新宇、周海婴主编，长江文艺出版社 2011 年版，第 390 页。

③ 鲁迅：《鲁迅大全集 · 9 · 创作编》（1935），李新宇、周海婴主编，长江文艺出版社 2011 年版，第 48 页。

④ ［日］藤井省三、林敏洁：《鲁迅文学日语翻译思考：——以竹内好的<呐喊>为中心》，华东师范大学学报（哲学社会科学版）2018 年第 3 期，第 73—78、178 页。

⑤ 王彬彬：《鲁迅与现代汉语文学表达——兼论汪曾祺语言观念的局限性》，《中国现代文学研究丛刊》2021 年第 12 期。

⑥ 王彬彬：《鲁迅与现代汉语文学表达——兼论汪曾祺语言观念的局限性》，《中国现代文学研究丛刊》2021 年第 12 期。

在鲁迅的小说中，我们可以清晰地看到日语词汇和语法的痕迹。他巧妙地借用了日语中的某些词汇，这些词汇在汉语中原本不存在或表达不够精确，通过引入日语词汇，鲁迅为汉语注入了新的活力。同时，他在语法上也受到了日语的影响，尝试使用更为灵活多变的句子结构，使得小说的语言更加生动且富有节奏感。这些日语词汇和语法的运用，不仅提升了鲁迅小说的表达效果，也为现代汉语的发展做出了重要贡献。

二、鲁迅日文书写中的日汉转译与融合性问题

鲁迅日文书写的原作至今已经几乎全部被译成了汉语，其中日文文章翻译较早，几乎是与日文发表的时间同步翻译完成的。而鲁迅的致日本友人书信的翻译则比较晚，除了早期日本学者的零星翻译之外，大都是1950年之后翻译的。其中的标志性的译作就是吴远坎翻译、上海出版公司1952年出版的《鲁迅书简补遗（致日本人部分）》。其后，有逐渐发现而随即被翻译成汉语的日文书信。

鲁迅日文书写的日汉转译过程是十分复杂的，也带来了许多悬而未决的问题。陈福康在前几年就对于鲁迅日文书写中的翻译问题提出了强烈建议：《论鲁迅日文书信等必须重新翻译》，认为“2005年版《鲁迅全集》对鲁迅致日本人士的书信和答增田涉问的中译文，已经纠正了1981年和前人翻译的大量错误。由此证明，修订重译工作是非常有必要的。由此也证明，鲁迅日文书信的翻译及重译绝不是一件容易的工作。但2005年版《鲁迅全集》在日文书信校译方面和所谓答增田涉问信件集录中，还有很多地方没有采纳研究者的校译和修订，而且还有一些地方仍然有错译，实有重新认真翻译的必要。”①

鲁迅日文书写的日汉转译问题的复杂性首先是由于译者的多样化：有鲁迅自己亲自翻译的，有由其他人如许广平等翻译的，有日本人翻译的；有的经过了鲁迅的校订，有的则没有经过鲁迅之手。例如，鲁迅的致日本友人信的翻译因为大多是在鲁迅去世之后完成的，所以都没有经过鲁迅的审读校订。其次，翻译的内容到语句也是十分复杂的。其中有的译者缺少对于鲁迅当下和历史经历及思想主体的理解，翻译多从字面本身着眼，未能充分体现鲁迅写作时的心态和处境。另外，更重要的是，鲁迅的日文书信原来都没有正式出版过，翻译者大都是通过鲁迅的书信手稿来翻译的。鲁迅的书信手稿与文章、小说的手稿字面形态是明显不同的，字迹比较随意，因此对于这样的日文原作的辨认、推敲就成为一大难题。许多翻译文字的错误和不当就是由于对于原文辨认困难造成的。很明显，误读和看错是鲁迅日文书写日汉转译中的浅层问题，更

① 陈福康：《论鲁迅日文书信等必须重新翻译》，《学术研究》2019年第3期。

重要的是对于其中选词和内容的准确性和通晓性的理解问题。

鲁迅发表于1934年三月号日本《改造》杂志上的《火·王道·监狱》（日汉转译为《关于中国的两三件事》）是一篇十分重要的日文长文，然而其中也存在着大量的可以商榷甚至质疑的翻译问题。

例如，文章的开篇的日汉转译后的语式就与汉语有着某种不谐：

> 希腊人所用的火，听说是在一直先前，普洛美修斯从天上偷来的，但中国的却和它不同，是燧人氏自家所发见——或者该说是发明罢。因为并非偷儿，所以拴在山上，给老雕去啄的灾难是免掉了，然而也没有普洛美修斯那样的被传扬，被崇拜。①

这段译文中有两点值得商榷或者关注。第一，“希腊人所用的火，听说是在一直先前，普洛美修斯从天上偷来的”，这一句明显值得商榷：不仅语句形式不符合现代汉语的格式，而且明显不通顺。笔者按照日文的原义和汉语的习惯尝试进行了重译：“古希腊人所持有的火，据说是很早以前由普罗米修斯从天上偷来的。”第二，短文中显示出日语风格和语句在日汉转译过程中的惯性存在。如文中日语词汇的直接移入“发见”等。而且译文的动词后置现象也很明显：“因为并非偷儿，所以拴在山上，给老雕去啄的灾难是免掉了，然而也没有普洛美修斯那样的被传扬，被崇拜。”②

鲁迅的《火·王道·监狱》（《关于中国的两三件事》）汉语译文从语言规则和语体习惯来说，是严格忠实与日语原文的。但是，却普遍存在着与话语习惯不同的句式与风格：

> 那“信”，在满洲出版的杂志上，是被译载了的，但因为未曾输入中国，所以像是回信的东西，至今一篇也没有见。③

如果从汉语的习惯来看，可以翻译成：“那‘信’被译载在了满洲出版的杂志上，但因为未曾输入中国，所以像是回信之类的东西，至今一篇也没有见。”

另外，像“其实，他也并非对于犯人的性欲，特别表着同情，不过因为总不愁竟

---

① 鲁迅：《鲁迅日文作品集》，鲁迅纪念馆编，上海文艺出版社1981年版，第75页。
② 鲁迅：《鲁迅日文作品集》，鲁迅纪念馆编，上海文艺出版社1981年版，第75页。
③ 鲁迅：《鲁迅日文作品集》，鲁迅纪念馆编，上海文艺出版社1981年版，第77页。

会实现的，所以也就高声嚷一下，以见自己的作为官吏的存在”①。“监狱确也并非没有不像以‘安全第一’为标语的人们的理想乡的地方。”②

典型的句式还有：

他因此受着崇祀。在中国，这样的恶神还很多。

然而，在人世间，倒似乎因了他们而热闹。赛会也只有火神的，燧人氏的却没有。倘有火灾，则被灾的和邻近的没有被灾的人们，都要祭火神，以表感谢之意。被了灾还要来表感谢之意，虽然未免有些出于意外，但若不祭，据说是第二回还会烧，所以还是感谢了的安全。③

在这里，从开始的“他因此受着崇祀”“在人世间，倒似乎因了他们而热闹”，到“倘有火灾，则被灾的和邻近的没有被灾的人们”“但若不祭，据说是第二回还会烧，所以还是感谢了的安全”等用词、语序都显示出与汉语不同的特征。这也构成了鲁迅及现代作家文学语言的初始和移植状态的特点，说明现代汉语的外来语融入与成熟过程。

鲁迅在1936年8月28日致须藤五百三的信中，也具有以上短文中的日语语体风格：

须藤先生几下：

热退了不少。昨天五度九分之前在写信，不曾睡觉。腹部有时发胀，隐隐作痛，不断出瓦斯。（未服阿司匹灵之前便是如此。）咳嗽减少，胃口如旧，睡眠很好。

草草顿首

八月廿八日④

这里的“五度九分”和“瓦斯”是日语词汇的移植，分别是“五点九分”和“臭屁”。

在日文文章《现代中国的孔夫子》中也有类似的句子：“政府对于读书的人们，

① 鲁迅：《鲁迅日文作品集》，鲁迅纪念馆编，上海文艺出版社1981年版，第80页。
② 鲁迅：《鲁迅日文作品集》，鲁迅纪念馆编，上海文艺出版社1981年版，第80页。
③ 鲁迅：《鲁迅日文作品集》，鲁迅纪念馆编，上海文艺出版社1981年版，第76页。
④ 鲁迅：《鲁迅大全集·10·创作编》（1936），李新宇、周海婴主编，长江文艺出版社2011年版，第199页。

使读一定的书，即四书和五经；使遵守一定的注释；使写一定的文章，即所谓‘八股文’；并且使发一定的议论。”① 这里，“使遵守一定的注释”“使写一定的文章”“使读一定的书”和“使发一定的议论”之句明显是日语的直译。

《看萧》的汉语本文是许广平翻译的，经鲁迅本人校订，鲁迅应该是认同的。但是，其中有的句子的翻译并不十分合适：“还有新闻记者的约束”②。——这里明显不适合，因为汉语词汇中早有“约束”一词，与“预约”完全不同；“试验是大约四点半完结的。萧好像很疲倦，我就和木村君都回到内山书店里去了”。——“试验”，日语意为考试，而现代汉语中的“考试”一词完全可以替代“试验”。

三、《鲁迅全集》等日汉转译文本的对比分析

1934 年 1 月 8 日鲁迅致增田涉信中的一段：

> 支那には舊歷も尊び新歷も尊んで居ますからどうしたらいゝか解り兼ねます。僕は何ちもやらんとしました。併し新年だと云って庭鳥を煮て食べました。うまい工夫でしょう。
>
> 译文：“中国尊重旧历也尊重新历，不知如何是好，我对两者都过罢。既说是新年，炖只鸡吃吃，是个好主意罢。”③

《鲁迅大全集》的翻译明显沿用了人文版 2005 年的译文，一字不差。但是，本文认为，“我对两者都过罢”和“我试图什么都不做”，含义有明显不同。而这封信最早的一个翻译版本，是由吴远坎翻译，1952 年出版的《鲁迅书简补遗（致日本人部分）》。书中对于这一段信件内容是这样翻译的：

> 中国是旧历也通用，旧历也通用，到底如何是好，就不知道了。我则是两者都不理会，不过说新年到了，烧只鸡吃吃，兴致不错吧！④

而在 1981 年《鲁迅全集》中的翻译与《鲁迅书简补遗》相似：“尊重旧历也尊重

---

① 鲁迅：《鲁迅日文作品集》，鲁迅纪念馆编，上海文艺出版社 1981 年版，第 87 页。

② 鲁迅：《鲁迅日文作品集》，鲁迅纪念馆编，上海文艺出版社 1981 年版，第 67 页。

③ 鲁迅：《鲁迅大全集 · 7 · 创作编》（1933—1934），李新宇、周海婴主编，长江文艺出版社 2011 年版，第 263 页。

④ 鲁迅：《鲁迅书简补遗 · 致日本人部分》，吴远坎译，上海出版公司 1952 年版，第 196 页。

新历，不知如何是好，我对两者都相应不理。但既说是新年，炖只鸡吃吃，是个好主意罢。”① 这里的“我对两者都相应不理”与“我对两者都不理会”的译法不是十分准确，而对照原文，“我试图什么都不做”的译法则比较接近日文原信的意思。与2005年的人文版的译文几乎一样，只有这一句不同：“我对两者都相应不理”更新为“我对两者都过罢”。

其实，虽说鲁迅在《祝福》开篇说“毕竟旧历的新年更像新年”，但是就鲁迅思想的主体来说，对于新年旧年和过与不过，都不是很在意。“不过除了吃鸡这点仪式感，鲁迅一生对逢年过节却始终抱着随便的态度，淡然处之：‘过年本来没有什么深意义，随便那天都好，明年的元旦，决不会和今年的除夕就不同，不过给人事借此时时算有一个段落，结束一点事情，倒也便利的。’”② 鲁迅在《过年》曾说：“舍间是向不过年的，无论新旧。”③ 如果按照鲁迅上面的两段自述，1952年的《鲁迅书简补遗》和1981年版《鲁迅全集》中的翻译是合适的。但是，从1933年春节（1月26日）开始，鲁迅的过年观就发生了些许变化。“这一年，终于可以在自己家中过年，所以鲁迅格外珍视。他在日记中感慨：‘盖如此度岁，不能得者已二年矣。’为庆贺‘旧历除夕’，由夫人‘治少许肴’，特地邀来同在拉摩斯公寓寄住的冯雪峰，和自己一家人同吃年夜饭。他要和这位亲密战友，同享难得的节日欢娱，同辞旧岁。年夜饭后，鲁迅‘又买花爆十余，与海婴同登屋顶燃放之’。”④ 鲁迅在致黄源的信中说：“十多年前，我看见人家过旧历年，是反对的，现在却心平气和，觉得倒还热闹，还买了一批花炮，明夜要放了。”⑤ 而鲁迅致增田涉的信是1934年1月8日，是鲁迅过年观发生改变之后，所以由此看来，上面的翻译又不是十分准确的了。

因此，笔者结合日语原文和鲁迅过年观的变化，翻译如下：

> 在中国，他们既尊重新历，也尊重旧历，所以很难理解，不知怎么做才好，索性我什么都不想做。说着又到新年了，所以我就煮了鸡吃了，很巧妙的办法吧。

再看鲁迅1936年2月3日致增田涉信：

---

① 鲁迅：《鲁迅全集》（第13卷），人民文学出版社1981年版，第508页。
② 成健：《鲁迅说，新年炖只鸡吃吃，是个好主意》，《北京青年报》2022年1月12日。
③ 鲁迅：《鲁迅全集》（第13卷），人民文学出版社1981年版，第43页。
④ 谷兴云：《从广州至上海——鲁迅如何过年》，《鲁迅研究月刊》2008年第5期。
⑤ 鲁迅：《鲁迅全集》（第13卷），人民文学出版社1981年版，第41页。

名人との面会もやめる方がよい。野ロ様の文章は僕の云ふた全体をかいて居ない、書いた部分も発表の為めか，そのまま書いて居ない。長与様の文章はもう一層だ。僕は日本の作者と支那の作者との意思は当分の内通ずる事は難しいだろうと思ふ。先ゴ境遇と生活とは皆な違ひます。

译文："和名流的会见，也还是停止为妙。野口先生的文章，没有将我所讲的全部写进去，所写部分，恐怕也为了发表的缘故，而没有按原样写。长与先生的文章，则更加那个了。我觉得日本作者与中国作者之间的意见，暂时尚难沟通，首先是处境和生活都不相同。"①

在以上的日语原文的短剧中，有两处值得商榷：

1. 名人との面会もやめる方がよい。

译文："和名流的会见，也还是停止为妙。"②

鲁迅的本意是以后尽量不要和野口米次郎、长与善郎这类名流见面。此处按照日文原文而翻译成"还是停止为好"，而"停止为妙"似乎与此时的语境、口气有些不符。"妙"比"好"程度更高，"不见"本来是一个最低诉求，使用"妙"字明显降低了鲁迅想"不见"的程度。

2. 野ロ様の文章は僕の云ふた全体をかいて居ない、書いた部分も発表の為めか，そのまま書いて居ない。長与様の文章はもう一層だ。

译文："野口先生的文章，没有将我所讲的全部写进去，所写部分，恐怕也为了发表的缘故，而没有按原样写。长与先生的文章，则更加那个了。"③

这里的问题是"長与様の文章はもう一層だ"中"もう一層だ"这个词的转换。现在的译文是"则更加那个了"，是一种民间俗语，带有超出现有程度的变化。而"もう一層だ"的原义是表示事物在原有的基础之上又有明显的激烈的变化，因此翻译成更简捷的"更甚"，其程度比"更那个了"明确、严重，译文语气也发生了改变，很适合鲁迅在"九一八"事变之后，日本全面侵华战争爆发之前对日本具有民族主义或军国主义倾向的文人的反感程度。

鲁迅 1934 年 1 月 11 日致山本初枝信中，谈到自己受山本初枝夫妇邀请去日本之

① 鲁迅：《鲁迅大全集 · 10 · 创作编》（1936），李新宇、周海婴主编，长江文艺出版社 2011 年版，第 31 页。

② 鲁迅：《鲁迅大全集 · 10 · 创作编》（1936），李新宇、周海婴主编，长江文艺出版社 2011 年版，第 31 页。

③ 鲁迅：《鲁迅大全集 · 10 · 创作编》（1936），李新宇、周海婴主编，长江文艺出版社 2011 年版，第 31 页。

事，鲁迅在信中说：

日本には何時でも行きたい行きたいと思って居ますが併し今の処では行ったら上陸させないでしょう。よし上陸させて角袖をつけるかも知りません。角袖をつけて花見するには頗る変挺な洒落なるから暫く見合した方がよいと思ひます。

《鲁迅大全集》第7卷第267页中汉语译为：

我一直想去日本，然而倘现在去，恐怕不会让我上陆罢。即使允许上陆，说不定也会被便衣盯梢。带着便衣去看樱花，实在是离奇的玩笑，因此我觉得暂时还是等等再说为好。①

文中“洒落なるから”是日本古典日语的用法，鲁迅及其同时代的知识分子们常常使用古典日本语作为雅言进行书信沟通。文中将“洒落なるから”译为“玩笑”，似乎不是很符合鲁迅文章的幽默风格。查日语“洒落”一词有三类，而且词性、词义均有所不同：

1、洒落

【しゃれ】【syare】

［冗談］打趣话，幽默，戏谑语；

［こっけい］诙谐话；

［わらい話］玩笑话；

［皮肉・冗談］俏皮话；

［かけことば］双关语；

2、洒落

【しゃらく】【syaraku】

【名・形動】

洒落，洒脱，萧洒。（物事に頓着せず、さっぱりとしてわだかまりのないこと。）

---

① 鲁迅：《鲁迅大全集・7・创作编》（1933—1934），李新宇、周海婴主编，长江文艺出版社2011年版，第269页。

洒落人。/洒落的人。

洒落な画風。/洒脱的画风。

3、洒落

【しゃれ】【syare】

【名·形動】

(1) 诙谐的，幽默的。〔ユーモアがある。〕

しゃれが通じない。/不懂幽默。

(2) 漂亮的，俏皮的。〔おしゃれな。〕

おしゃれをして出かける。/打扮得很漂亮出门。

译文选择的是第一种词义，即为“玩笑”，意义也通畅。但是，从日文原文中的“洒落なるから”和鲁迅的个性与话语风格来说，应该译为“潇洒”可能更合适。

夏目漱石的小说《三四郎》中对主人用的心理描写就用了“潇洒”之意的“洒落”：

……無邪気にもみえる。洒落でもある。

何况从鲁迅和关系亲近的山本初枝几十次通信习惯看，“潇洒”更能体现出个性与关系的本真。而且从书信结尾的一段话，可以感觉到鲁迅的幽默是贯穿始终的，与前面的“潇洒”十分契合：

私は不相変家に居ますが手掛がない為めか或は年を取ったからいらない為めかは知りませんが兎角無事です。無事なら先プ又生きて行きましょう。

译文：我仍在家里，不知是因为没有线索呢，还是嫌我老了，不要我，总之是平安无事。只要是平安无事，就姑且活下去罢。①

笔者对这段文字做了重新翻译：

我一直待在家里，不知道是因为没有端绪的缘故，还是因为上了年纪不需要的缘故，反正我是没事的。如果没事的话，就先活下去吧。

---

① 鲁迅：《鲁迅大全集·7·创作编》(1933—1934)，李新宇、周海婴主编，长江文艺出版社2011年版，第268—269页。

这里笔者将“手掛”按照日文原义用了“端绪”代替，因为后者比前者涵盖更广，既包括他者掌握的“线索”，也包括鲁迅自身呈现出来的有可能被抓的征兆。

在同年致山本初枝的信中又谈到去日本可能被盯梢的可能，从字里行间可以看到鲁迅在前信中使用“洒落”一词的“潇洒”之意：

先日「面影」を読みました、部屋をも拝見したいのですが併し今に日本に行ったらやかましいでせう。角袖にくつかれて花見をするには特別な興味もあるけれども面には矢張いやな事です。だから今の処では未日本へ旅行する決心がありません。

译文：前几天读了《面影》，也想看看房间，然而现在到日本去，怕有麻烦罢。让便衣钉着去看樱花，固然也别有趣味，但到底是不舒服的事，因而目前还没有到日本去旅行的决心。①

另外，鲁迅在这封致山本初枝信的这段文字中，在《鲁迅大全集》和2005年版《鲁迅全集》中的翻译略有词语增减的差异。

私は唐朝の小説を書く為めに五六年前に長安へ行って見ました。行って見たら意外の事、空までも唐朝の空らしくなく、折角、幻想で描いた計　もすっかりぶちこはされて仕舞ひました、今まで一字もかけません。書物で考へた方がよかったのです。

2011年《鲁迅大全集》的译文：

五六年前我为了写关于唐朝的小说，去过长安。到那里一看，想不到连天空都不像唐朝的天空，费尽心机用纵横驰骋想描绘出的计划完全被打破了，至今一个字也未能写出。还是凭书本来摹想的好。②

2005年版的《鲁迅全集》中增加了“原来”一词：

---

① 鲁迅：《鲁迅大全集·7·创作编》（1933—1934），李新宇、周海婴主编，长江文艺出版社2011年版，第286页。

② 鲁迅：《鲁迅大全集·7·创作编》（1933—1934），李新宇、周海婴主编，长江文艺出版社2011年版，第269页。

> 五六年前我为了写关于唐朝的小说，去过长安。到那里一看，想不到连天空都不像唐朝的天空，费尽心机用纵横驰骋想描绘出的计划完全被打破了，至今一个字也未能写出。原来还是凭书本来摹想的好。①

相比较而言，前者更忠实于原文，后者则更显得通畅。

很明显，鲁迅日文书写中的日汉转译问题并不只是一种语言形态和表达方式问题，其背后包含有异文化接受、“直译”观和现代汉语初始状态等原因。鲁迅日文书写是一种异文化接受，在日汉转译中连同日制汉词所表征的现代事物与概念都进行了直接的对接，表明作者和译者对于其现代性的认同，因为日汉语词的同源性使得这些日制汉词能够从内容到形式而直接接受。无论是鲁迅自译还是他人转译或经鲁迅审定，都体现出鲁迅在翻译问题上的“直译”观。我们说过，“直译”观体现出鲁迅的文化观，是其对于原生态现代文化的接受与传播。而异文化接受和“直译”观虽说对于现代文化形成具有极大的催生和强化作用，也促进了现代汉语的建构。但是，五四新文化运动以来努力建构的现代汉语也因此不可避免地带来新旧转换过程中的过渡形态，使现代汉语具有初始状态的生硬、难懂的不足。正如胡适所言，带着裹脚布的血污。历史是宽容的，我们指摘鲁迅日文书写的日汉转译问题，不能忽略一个重要的前提：那就是不要忘记这是新文化先驱者们在100年前的文化接受和语言实践。

鲁迅日文书写的日汉转译问题是一个非常复杂多疑的问题，如果假以时日，可以做更深入和细致的全面梳理和辨析。

（作者单位：吉林大学文学院）

---

① 鲁迅：《鲁迅全集》（第7卷），人民文学出版社2005年版，第279页。

太炎、尼采及摩罗诗人的兴废：《狂人日记》的理论图景①

王　植

有关鲁迅文学的发生，历来的解释可以说已经构成了一种起源的神话。对于某个关键的、能够被视为鲁迅获得文学自觉并证成自身的时刻的寻找与建构，也成为数十年来国内外鲁迅研究的重要学术生长点。这样一种观念的背后，是对投入文学创作的鲁迅与留学日本时的青年鲁迅在思想上存在巨大转变、"回心"甚至信念崩溃后的重建这一看法的自然认可，这一点自鲁迅本人写《呐喊·自序》开始，便似乎已成为一种历史事实。鲁迅在回国后长期的抄古碑的独居生活也因此含带了相当的重要性——它如宗教中的修行悟道一般，为那个最终写出《狂人日记》的鲁迅的出现奠定了基础。那么，这种转变是否真的是一种本质性的巨大转变？本文即围绕这一问题展开，重新讨论鲁迅青年时期政治观与文学观，与其中重要的一些思想来源——章太炎、尼采、摩罗诗人——的影响，以及这些思想来源与影响在《狂人日记》中究竟是一种怎样的体现。以此重新沟通起鲁迅的两个时期，当更能看清所谓的"转变"在何种意义上才能被定义为一种"事实"。

一、尼采、太炎与摩罗诗人的政治观及文学观

在《狂人日记》发表之前，青年鲁迅最重要的作品便是留学日本时撰写的五篇文言论文，依次为《人之历史》《摩罗诗力说》《科学史教篇》《文化偏至论》《破恶声论》，并以《摩罗诗力说》分量最重，而这篇被某些学者视为"剪刀加糨糊"拼贴而

① 本文系扬州大学人文社会科学研究基金项目"新文学国家景观形象研究"阶段性研究成果。

成的文章，恰恰代表着青年鲁迅复杂的政治与文学观念。鲁迅首先凸显的是“摩罗诗人”的精神人格，其次才是在这种精神人格之下诞生的文学创作何以成为彼时中国“别求新声”的对象。文章论述拜伦、雪莱、普希金、密茨凯维支等挣天拒俗、独具我见的诗人，其人格被概括为：“摩罗之言，假自天竺，此云天魔，欧人谓之撒但，人本以目裴伦。今则举一切诗人中，凡立意在反抗，指归在动作，而为世所不甚愉悦者悉入之，为传其言行思惟，流别影响，始宗主裴伦，终以摩迦文士。……而要其大归，则趣于一：大都不为顺世和乐之音，动吭一呼，闻者兴起，争天拒俗，而精神复深感后世人心，绵延至于无已。”① 其中，拜伦如宗主一般占据最大篇幅，之后的诗人论述都是围绕拜伦而来。鲁迅重点分析了拜伦相当的复杂性，他“于世已无一切眷爱，遗一切道德，惟以强大之意志，为贼渠魁，领其从者，建大邦于海上。孤舟利剑，所向悉如其意”，冷淡、坚凝、嫌厌、怨毒、抗战而终至复仇，永远“张撒旦而抗天帝”②。很明显，鲁迅的拜伦形象是一个极端意志性的人物，有很强的尼采之影，有论者认为，这是彼时在日本因读到尼采而让鲁迅理解的“超人”仅在“果决”，再将这“果决”注入拜伦身上③。但揆诸鲁迅原文，其拜伦形象并非“果决”一语可以含括，其与尼采的关系也更复杂。前引原文已经展现出拜伦的撒旦性、恶魔性、摩罗性的一面，这是无法被世俗伦理所容忍的，因而其只有在孤傲且狠绝中辉耀着自己的生命力。接着，鲁迅将尼采直接请出与拜伦相比，并以最关键的人类道德问题——善恶，于伦理层面来为这一摩罗性人格定位，同时也解答拜伦性格何以如此：

> 吾誓之两间，吾实有胜我之强者，而无有加于我之上位。彼胜我故，名我曰恶，若我致胜，恶且在神，善恶易位耳。此其论善恶，正异尼佉。尼佉意谓强胜弱故，弱者乃字其所为曰恶，故恶实强之代名；此则以恶为弱之冤谥。故尼佉欲自强，而并颂强者；此则亦欲自强，而力抗强者，好恶至不同，特图强则一而已。④

尼采认为，恶是弱者指斥强者的话语，以此来颠覆强者并占据道德优越性，但尼采本人并不赞同这种“奴隶道德”，他以颂强的方式自强。而在拜伦式的摩罗这里，

① 鲁迅：《坟·摩罗诗力说》，《鲁迅全集》（第1卷），人民文学出版社2005年版，第68页。

② 鲁迅：《坟·摩罗诗力说》，《鲁迅全集》（第1卷），人民文学出版社2005年版，第77—79页。

③ 刘锐：《〈摩罗诗力说〉中的“鲁迅拜伦”形象——以〈摩罗诗力说材源考〉补校为基础》，《海南师范大学学报》2020年第1期。

④ 鲁迅：《坟·摩罗诗力说》，《鲁迅全集》（第1卷），人民文学出版社2005年版，第80页。

恶则被强加于败者、弱者，因此自强的方式不是颂强，而应是抗强。但这只是拜伦式摩罗的其中一面。在另一面，拜伦同样是颂强的，他的颂强理由也非常复杂：

> 人既授神以力，复假之以厄撒但；而此种人，又即主神往所殄灭之同类。以撒但之意观之，其为顽愚陋劣，如何可言？将晓之欤，则音声未宣，众已疾走，内容何若，不省察也。将任之欤，则非撒但之心矣，故复以权力现于世。神，一权力也；撒但，亦一权力也。惟撒但之力，即生于神，神力若亡，不为之代；上则以力抗天帝，下则以力制众生，行之背驰，莫甚于此。顾其制众生也，即以抗故。倘其众生同抗，更何制之云？裴伦亦然，自必居人前，而怒人之后于众。盖非自居人前，不能使人勿后于众故；任人居后而自为之前，又为撒但大耻故。故既揄扬威力，颂美强者矣。①

借撒旦自况，充分表达出对天帝之恨与浑噩俗世众生的不屑，因而一边对抗天帝，一边则丝毫不以为意地压制弱势的众生。在这个层面，拜伦与尼采不仅不冲突，相反还非常相似。因此，鲁迅所塑造并欣羡的拜伦就是一个既抗强又颂强的矛盾体，“既喜拿坡仑之毁世界，亦爱华盛顿之争自由，既心仪海贼之横行，亦孤援希腊之独立，压制反抗，兼以一人矣。虽然，自由在是，人道亦在是”②。寻常的伦理道德尺度之于这样的矛盾体是失效的，他看重的是生命深层涌动不息的武健勇烈的意志与心力，它同时具有人道的拯救力与反人道的毁灭性，且无论哪一面，形式上都以拒俗、个性、意志的面貌出现。这样一种矛盾的两面性特征，借用也曾影响鲁迅的施蒂纳对“独自性”与“自由”的区分，可以得到适当的理解。在施蒂纳看来，“自由”属于一种基督教义之下的教导，要求的是人摆脱自己，脱却自身而否定自己，而“独自性”却召唤人回到自己。所以，“具有独自性的人是天生的自由人，向来如此的自由人；与此相反，自由人仅仅是自由病患者、梦幻者和狂热者”。“独自性”的人本来就是自由的，他只需要承认他自己，“他向来就是抛却除自己之外的一切，因为他估价、评价任何东西都不会大于、高于其自身”③。因此，对于拜伦式摩罗诗人，其恶魔性的、颂强的一面其实是最具“独自性”的，因为此时他的自由即是他的权力；而人道性的、抗强的那一面则是“自由”的，这种自由由基督教定义，需要不断的献祭自我、牢记罪恶仍然存在，因此其权力是不完整的，且必将因这种不完整而陷入自由病、梦幻与狂热。

---

① 鲁迅：《坟·摩罗诗力说》，《鲁迅全集》（第1卷），人民文学出版社2005年版，第81页。
② 鲁迅：《坟·摩罗诗力说》，《鲁迅全集》（第1卷），人民文学出版社2005年版，第81页。
③ ［德］麦克斯·施蒂纳：《唯一者及其所有物》，金海民译，商务印书馆2011年版，第180页。

鲁迅塑造出这样矛盾性的摩罗诗人，其恶魔性、“独自性”的一面对于彼时备受欺凌、身处弱势的中国而言，自然颇具伦理选择上的危险。拜伦之后，鲁迅所述雪莱、普希金等诸诗人，其恶魔性皆不彰显，而更加侧重于人道性的“自由”一面：“刚健不挠，抱诚守真；不取媚于群，以随顺旧俗；发为雄声，以起其国人之新生，而大其国于天下。”① 可以说拜伦与尼采呼应的“独自性”的一面被鲁迅自己进行了归约，摩罗诗人政治人格的两面性也被淡化，而完全成为在俗世众生的伦理道德体系中挣天拒俗、独具我见的“精神界之战士”。此后，《科学史教篇》《文化偏至论》《破恶声论》都在批判时人惑于科学、物质化、民主、世界主义、民族主义、崇侵略的兽性爱国等等，既在更宽的议题范围内讨论摩罗诗人在公共伦理的“人道”与“立人”一面，深化这一面的意义与价值，又为摩罗诗人“独自性”的一面画下界限，使其必须接受另一面的主导。而正如汪晖分析，《破恶声论》书写的直接模范是太炎的《四惑论》《五无论》《建立宗教论》②，那么在此意义上，太炎思想既成为启发鲁迅并参与引导、克制摩罗诗人政治人格中恶魔性、“独自性”一面的存在，也成为与尼采在青年鲁迅这里构成某种对话的存在。而摩罗诗人形成这样的政治人格，其文学观念与精神又起到了何种作用？

《摩罗诗力说》的另一个主题是摩罗诗人所代表的新的文学观，而这一文学观是相对于传统的、当时以太炎文论为代表的文学观而言的。据许寿裳回忆：

> 鲁迅听讲，极少发言，只有一次，因为章先生问及文学的定义如何，鲁迅答道：“文学和学说不同，学说所以启人思，文学所以增人感。”先生听了说：这样分法虽较胜于前人，然仍有不当。郭璞的《江赋》，木华的《海赋》，何尝能动人哀乐呢。鲁迅默然不服，退而和我说：先生诠释文学，范围过于宽泛，把有句读的和无句读的悉数归入文学。其实文字与文学固当有分别的，《江赋》《海赋》之类，辞虽奥博，而其文学价值就很难说。③

鲁迅是在1908年听太炎讲学的，此时几篇文言论文皆发表未久，其早期文学观可谓刚刚定型。在《摩罗诗力说》中，鲁迅认为，“由纯文学上言之，则以一切美术之

---

① 鲁迅：《坟·摩罗诗力说》，《鲁迅全集》（第1卷），人民文学出版社2005年版，第101页。

② 汪晖：《声之善恶：鲁迅〈破恶声论〉〈呐喊·自序〉讲稿》，生活·读书·新知三联书店2013年版，第68—69页。

③ 许寿裳：《亡友鲁迅印象记》，《许寿裳回忆鲁迅全编》，上海文化出版社2006年版，第29页。此事细节有论者质疑，见谢樱宁：《章太炎年谱摭遗》，中国社会科学出版社1987年版，第35—38页；但目前未见更多有力证据。

本质，皆在使观听之人，为之兴感怡悦”①。结合“文学所以增人感”的说法，能够看出鲁迅是将文学作为一种能够激发人心、触动情感的存在，突出“人”与世界之间的相对性以及由此而来的伦理关系，而非浪漫主义文学那样将情感视作内在于诗人自我的东西，或王国维式“以席勒美学的‘游戏’为极致的、于己是对深刻的厌世主义和忧郁症的直接慰藉的纯文学”②。这一点也体现在鲁迅对于文学之“诚”的看法上。过去的“诚”，强调诗人与人类普遍观念相一致，其所根据的人类经验越广博，其文学越具有“诚”的品格。鲁迅认为平稳妥帖、详尽切实而与旧道德完全一致的“诚”在世界革命风潮已起的时代是没有力量的，真正的“诚”应是拜伦一般“超脱古范，直抒所信，其文章无不函刚健抗拒破坏挑战之声”③。可以看出鲁迅虽然改变了文学之“诚”的内涵，但仍然认为真正的文学必定是承受外界刺激而兴发出来的，因此诗人的自我定位也必定要考虑到与世界之间的伦理关系。因而，摩罗诗人并不是一种自我感性的诗人，而是意志的、人格的、伦理的诗人。

相比之下，太炎对于文学的定义则是：“文学者，以有文字著于竹帛，故谓之文。论其法式，谓之文学。”④ 他将对文学本质的思考一直还原到文字这一表达的最基本单位，其“文学”指的是“文字法式之学”。太炎认为“论文学者，不得以兴会神旨为上”，可以说与鲁迅正好相反，他认为只有文字上注重最初义及其意义的历史演变全过程，才能做到精准的表达而规避藻饰与表象主义之病，达到“诚”：“修辞立其诚也，自诸辞赋以外，华而近组则灭质，辩而妄断则失情。远于立诚之齐者，斯皆下情所欲弃捐，固不在奇偶数。”⑤ 所以，“诚”对于太炎来说是个技术问题，唐宋以后因文人多不精小学，不知训诂，不懂文字初义而随便运用、肆意引申，片面追求“兴会神旨”之下的雕琢与修饰，文辞本身被目的化，惑于表象而失去了它本来最应被重视的表情达意的功能。太炎的这种文字文学观的核心在于重视到文字的物质性与符号性，因此强调只有及物的、反修饰的、求真的理念，才是文学的本质。虽有很大不同，但鲁迅摩罗诗人的文学观与太炎的文学观又有可比之处，如果摩罗诗人之“诚”体现的是现代性的、对于现实之定义与表现的新的观念，是追求“透明”的“科学”精神的形象

① 鲁迅：《坟·摩罗诗力说》，《鲁迅全集》（第1卷），人民文学出版社2005年版，第73页。

② ［日］木山英雄：《文学复古与文学革命——木山英雄中国现代文学思想论集》，北京大学出版社2004年版，第224—225页。

③ 鲁迅：《坟·摩罗诗力说》，《鲁迅全集》（第1卷），人民文学出版社2005年版，第75页。

④ 章太炎：《国故论衡·文学总略》，《章太炎全集·国故论衡先校本、校订本》，上海人民出版社2017年版，第47页。

⑤ 章太炎：《与人论文书》，《章太炎全集·太炎文录初编》，上海人民出版社2014年版，第170页。

表征，那么太炎之“诚”依托文义相符，则可以说是这种“科学”精神的物质表征。

如木山英雄所言，彼时鲁迅“经由了章氏‘文学复古’的熏陶，几乎同时又体验了对于西方式‘主观之内面精神’和‘个人尊严’的渴望”①，因而诸文皆以文言面貌行世，且亦曾试图在几无反响的《域外小说集》中以太炎的文字文学观“直译”西方现代“文学”。所以如果说摩罗诗人借助与尼采的比较而建立了政治人格与文学思想，那么太炎在这一过程中也起着特殊作用，一是引导摩罗诗人的政治人格不偏向于“独自性”一面，二是通过《域外小说集》的失败而成为摩罗诗人的对立面，并使其确立起更具现代性的文学观。那么这在鲁迅之后因时势变迁而必须选择的白话文学创作中是否也是如此?《狂人日记》又是如何处理太炎、尼采与摩罗诗人的影响的?

二、“真的人”问题与尼采兴废

作为鲁迅文学创作的起点，《狂人日记》历来是解读重点，而作为小说核心难题的“吃人”，也仍有相当可思之处。本文先重新梳理“吃人”这一问题是如何被揭示出来的，其话语逻辑是什么，以及存在什么样的问题，以此看鲁迅与早期思想来源之间的复杂关系。

小说分为文言识语和白话正文两部分，“吃人”的问题出现在正文白话日记中。日记第一节写狂人之清醒，第二节写刚刚清醒的狂人所感受到的同村赵贵翁、小孩子们等对他的敌意，第三节确认这种敌意是要“吃我”。而狂人在此所理解的“吃人”的前提是判断要吃的对象之善恶：如孩子惹母亲生气是恶，所以要被母亲“咬几口才出气”；狼子村被打死的人是大恶人，所以可以“挖出他的心肝来，用油煎炒了吃”；狂人因为踹过陈年流水先生的簿子，也是“恶”，故而也可以“吃”。这些善恶判定在狂人看来统归属于“仁义道德”的范畴，他用“仁义道德”的名目来为自己的命运赋予隐喻和象征的意义，也即看病、交头接耳等行为在他而言就已经是在“吃人”，并非进行程序是为了达到目的，而是这程序就等于目的。此后，狂人每次说起“吃人”，就都是指依靠某种名目来获得“吃人”的合法性的行为。

到了第四节，被判定为“恶”的不再是某个人某件事，而是医生老头子诊断出的狂人的病症，而狂人则通过此事更认定了他们“吃人”一定要找个理由而不敢直接下手。这一节狂人新的发现在于结尾“我自己被人吃了，可仍然是吃人的人的兄弟!”“可仍然”三字直接让文本的重心不再是狂人被吃以及如何被吃，而是突然转到狂人

---

① ［日］木山英雄：《文学复古与文学革命——木山英雄中国现代文学思想论集》，北京大学出版社2004年版，第236页。

身为吃人者的兄弟这样一个新的自我身份认知上来。本来应该跟在“我自己被人吃了”这句话之后的狂人的悲哀、痛苦、恐惧等情感体验全都省略了，“我被我哥哥吃了”的震惊也经由“可仍然”三字改换了叙述重心，被强制性地淡化了。这种淡化与转变一方面意在揭示被吃并不会给自己带来“义勇和正气”，带来道德上的优越性，但面对读者却无疑体现出一种置身事实与真相的权威性，而这种权威性也为之后狂人的观点展开提供了一种封闭性的力量。

这种依靠某种名目来获得“吃人”的合法性的行为是狂人十分瞧不起的——“他们是只会吃死肉的！”① 所以，狂人所批判的“吃人”其实就是“吃死肉”，也即寻找各种名目进行区别然后毁灭式的“吃人”。那怎样才是不“吃死肉”呢？第十节给出答案，也即“给真的人除灭了，同猎人打完狼子一样”②。像猎人打狼一样果敢、正大而又自然的“吃人”，狂人是不反对的，因为这是一种进化式的“吃人”。狂人对这种“吃人”是自信的：“我只有几句话，可是说不出来。大哥，大约当初野蛮的人，都吃过一点人。后来因为心思不同，有的不吃人了，一味要好，便变了人，变了真的人。有的却还吃，——也同虫子一样，有的变了鱼鸟猴子，一直变到人。有的不要好，至今还是虫子。这吃人的人比不吃人的人，何等惭愧。怕比虫子的惭愧猴子，还差得很远很远”③。狂人揭示出一个规律，也即部分“吃人”的人变作“真的人”以后，会如同猎人打狼一样直接地除灭那些仍然以“吃死肉”的方式“吃人”的人，“真的人”在此天然地拥有吃掉那些仍然“吃死肉”者的权力和能力，这是一件进化论链条上自然而又正常的事情，而日记末尾狂人发现自己也吃过妹妹的“死肉”，那么狂人相信自己也是要被除灭的。但这样的话语依然存在问题。猎人打狼很自然，可以成为一种不需要任何理由的本能，但“真的人”的“吃人”，不可能完全做到不依赖任何理由和判断，因为“真的人”如狂人所言是有“心思”的，是“一味要好”的，也就是有对事物的评断标准的。而一旦有标准存在，该如何保证这标准不成为某种新的“仁义道德”？

这是狂人话语中难以解决的矛盾。“真的人”一味要好的结果是“心思”与“好”无法完全避免“仁义道德”化的可能。而“真的人”作为一种价值判断，同样具有变成理由、变成区分善恶的尺度的危险，换言之，对“真的人”的判定以及“真的人”对谁仍是以“吃死肉”的方式“吃人”的判定，都是极其不稳定的，二者在话语结构上同样是非常封闭的。当这种不稳定被扩大，“真的人”与“吃死肉”者的判定标准必定随之动摇，从而难以具有合法性，变得虚假。而一旦“真的人”成为一种真实性

① 鲁迅：《呐喊·狂人日记》，《鲁迅全集》（第1卷），人民文学出版社2005年版，第449页。
② 鲁迅：《呐喊·狂人日记》，《鲁迅全集》（第1卷），人民文学出版社2005年版，第453页。
③ 鲁迅：《呐喊·狂人日记》，《鲁迅全集》（第1卷），人民文学出版社2005年版，第452页。

难以确认的存在，其正大勇敢的“吃人”也有向“吃死肉”退化的可能，从而导致“吃人”的事发生历史的循环。在狂人自己的话语范畴内，是无力解决这一隐忧的。除此之外，如同钟诚所言，“脱离了有机世界观后，主体创造性的发挥极有可能会导致主体之间产生冲突，这使各个主体间如何协调并相互约束成为一个问题。这个问题解决不好，反过来又会使主体的创造无法真正落实”①。也即，不同的“真的人”之间如何协调、如何相互妥协各自的自我呢？他们拥有构成一个政治共同体的可能吗？“真的人”又该如何避免自己极具主体性、独立性的行为（如猎人打狼一样、光明正大地“吃人”）被随意模仿、滥用从而在扩大化中将合法性损耗殆尽？应该说这些都是围绕狂人、“吃人”“真的人”的重要问题，但历来，狂人反对“吃人”“救救孩子”的微言大义、“赴京候补”的命运被反复诠释，其所面对的种种无法解决的问题却罕有重视。那么，为什么狂人解决不了这些问题，而只能出之以空疏的呐喊？在狂人诞生的思想来源之中，是否存在可以解决这些问题的可能？

《狂人日记》的写作深受尼采影响，已为学界公认，尤其狂人形象与尼采《查拉图斯特拉如是说》中对于“超人”的描绘之间共同体现出的反庸众、挣天拒俗的精神联系，更是被重点关注。而本文认为，通过狂人、“真的人”与“超人”的比较，也能见出狂人之不能解决上述有关“真的人”的问题的原因。对于进化链条上的“真的人”与“超人”，尼采是这样写的：

> 我教你们何为超人：人是应被超越的某种东西。你们为了超越自己，干过什么呢？
>
> 直到现在，一切生物都创造过超越自身的某种东西：难道你们要做大潮的退潮，情愿倒退为动物而不愿超越人的本身吗？
>
> 猿猴在人的眼中是什么呢？乃是让我们感到好笑或是感到痛苦的耻辱的对象。在超人眼中，人也应当是这样：一种好笑的东西或者是痛苦的耻辱。
>
> 你们走过了从虫到人的道路，你们内心中有许多还是虫。从前你们是猿猴，就是现在，你们比任何猿猴还更加是猿猴。②

在查拉图斯特拉的认知中，他是“闪电的宣告者”，而“闪电”指的就是“超人”。与狂人预告的“真的人”反对“吃人”不同，“超人”反对的就是那些不愿自

---

① 钟诚：《进化、革命与复仇：“政治鲁迅”的诞生》，北京大学出版社2018年版，第160页。

② ［德］尼采：《查拉图斯特拉如是说》，钱春绮译，生活·读书·新知三联书店2014年版，第7页。

我超越、不愿发挥自我生命权力意志的“末人”，这些“末人”有的“称一切都好、称这个世界是完全最好的世界”，因此对一切都满足而缺少“至高无上的口味……什么都咀嚼和消化”；有的就是善人和义人，但“他们的精神已被囚禁在他们的好良心之中”；有的则充满同情，而“同情乃是最深的深渊”①。所以“超人”相比“真的人”所面对的群体要大得多，也更具普遍性。在这样的情况下，“超人”眼中的“人”成了必须被克服与超越的东西，因为生命是以强力意志为目标的，必须不断发展向上。查拉图斯特拉为此不断呼号，所提出的要求对“人”而言是非常冷酷的：“不要体谅你的邻人!”“人们应该追求罪过和痛苦!”“我果真残忍吗？可是我说：倒下的，应当再推它一把。”“人是最高级的猛兽。”“最伟大的人也是太人性了。”“为了达到人类向上的目的，恶是必要的。”“上帝死于他对世人的同情。”② 所以，“超人”所置身的理解框架并非是狂人与“真的人”所处的公共伦理道德体系，而在这一体系内狂人与“真的人”所要面对的种种问题，对于“超人”而言也不是问题。在查拉图斯特拉眼中，“超人”是“新的高贵者”，是一切贱民和一切暴君的反抗者③，这就规避了“超人”自己成为暴君这种可能动摇“真的人”合法性的历史的循环问题。不仅规避，“超人”的另一个重要命运是“永远回归”，“真的人”的隐忧在于历史的循环，而“超人”直接主动投入到这一循环之中，“我超越现世，仿佛融合在永远之中。……永恒之井啊！你这快活、可怕的正午之深渊！你什么时候把我的灵魂吸回你的里面去?”出于认知到恶循环善亦循环、恶进化善亦进化，“超人”简直可以循环为乐，而这也是狂人与“真的人”不能想象的④。

《查拉图斯特拉如是说》中所提供的解决狂人与“真的人”所面对的问题的方法，正呼应着前文所论摩罗诗人“独自性”的一面，一切都依托于生命的本能与权力意志，而不在意公共伦理道德的“自由”一面。只是鲁迅在青年时代便为摩罗诗人的“独自性”一面多加克制与窄化，到了《狂人日记》，则更成为无法接受的“渺茫”答案，而只能站在公共伦理道德的立场进行思考。所以虽然如孙隆基所言，鲁迅对于“世纪末”玩赏没落、标榜颓废的思潮有比同时低知识分子更深的关注，⑤ 他本人的生

---

① ［德］尼采：《查拉图斯特拉如是说》，钱春绮译，生活·读书·新知三联书店 2014 年版，第 226、252、178 页。

② ［德］尼采：《查拉图斯特拉如是说》，钱春绮译，生活·读书·新知三联书店 2014 年版，第 232、247、249、260—261 页。

③ ［德］尼采：《查拉图斯特拉如是说》，钱春绮译，生活·读书·新知三联书店 2014 年版，第 238 页。

④ ［德］尼采：《查拉图斯特拉如是说》，钱春绮译，生活·读书·新知三联书店 2014 年版，第 333—334 页。

⑤ 孙隆基：《历史学家的经线》，中信出版集团 2015 年版，第 281 页。

平与文学创作也存在更多黑暗面与非理性色彩，也无法掩盖他在狂人这里对公共伦理道德的理性坚持，而对于部分“世纪末”思潮做出了拒绝。突出鲁迅思想与文学中的“世纪末”倾向、认定鲁迅为根本性的绝望者与否定者是一种简单而有诱惑力的看法，但更重要的关键在于，除去因国家身处弱势而在伦理上无法选择“超人”之外，鲁迅何以让狂人如此选择?张灏曾经敏锐指出，清末以来的中国思想界，“人的神化”观念重受重视，在进化论、宋明理学与西方科学的影响之下，人对于自我的乐观信念得到发扬，并铸造出一种“激进的人极意识”。在此意义上，从《摩罗诗力说》中兼具“独自性”与“自由”的“摩罗诗人”到《狂人日记》中的“真的人”，可以看出一条顺承而来的历史叙事逻辑，而这一逻辑是始终立足于“人”的。鲁迅最终拒绝了“人”的“独自性”与“超人”的可能，却仍在《狂人日记》中借狂人之口表达对“真的人”的重视，或许正如张灏所言，因为儒家传统存在将超越性的天道内化进个体之“心”而让个体自我带有神性的倾向，从而导致超越过程的中断，以及因自我带有神性而“将内在的、本质的自我等同于或混同于社会集体之我”①。这种“人”的观念因为深植于文化传统之中，具有集体无意识的色彩。于是，狂人的复杂性在于他因话语结构的封闭而无法解决“真的人”的历史隐忧，但又因鲁迅所受历史无意识的影响而始终坚持这种话语。故而鲁迅认为尼采“渺茫”,《狂人日记》之备受重视而成为现代文学的碑石，结合了进化论思想的、“改好”吃人的国民性这种微言大义永远胜过“真的人”出现后会面对的种种隐忧与问题，其实也是这种无意识的体现。

三、重新沟通太炎:《狂人日记》的开放化努力

这样的历史无意识影响了尼采与摩罗诗人在鲁迅思想中的兴废，也让狂人与“真的人”存在无法解决的内在矛盾。鲁迅对这种内在矛盾是有自觉的，但这种自觉不足以动摇历史无意识的影响。在这种情况下，我们不能忽视的是鲁迅在形式层面对《狂人日记》进行的复杂的开放化努力，这样的努力虽然不足以解决狂人与“真的人”的内在矛盾，却有力地将狂人与“真的人”进行对象化处理，使其始终处于被审视的状态。

在青年鲁迅看来，文学既为“心声”之体现，又要能“撄人心”。摩罗诗人所作不仅是对黑暗与威压的反抗，而是那种人类生命本源处的力量乃至野性。平和守中与凡俗伦理，本质仍是对于威权的臣服，所以“中国之治，理想在不撄”,“不撄”带来的只能是“污浊之平和”，唯有“平和之破，人道蒸也”。这并不是一般意义上的“人道主义”，而是“立人”之道，摆脱奴性与从众的独立主体性之道。如此，文学既成

① 张灏:《幽暗意识与民主传统》，新星出版社2010年版，第259—260页。

为装载这种摩罗精神的载体，也成为生发摩罗精神的土壤。在鲁迅看来，“人生诚理，直笼其辞句中，使闻其声者，灵府朗然，与人生即会”，从而可以发自觉之声而中于人心。当“心”被撄之后，一切文学之声，反响回荡不绝而至于无尽，遂震起崇实之士；亦可如米如盐，滋养出国家与人获得真正独立的内质①。这种独立性，朝向着真正的自由，并不为神还是撒旦这样的世俗正邪虚名、形式所框限，唯倾生命本源之力，以尽其“伏曜”之深沉雄大。在这样的观念下，《狂人日记》所代表的现代的“文学”制度自然要符合这一精神。袁先欣等论者注意到在小说中不仅狂人诉说现代自我个体的自觉之“心”用的是白话，狂人所面对的无法交流的“吃人”的世界也是由白话构成的，论者认为这体现出白话相对于文言虽然更具现代性，但同样也是可以被收编而呈现出欺骗性的②。这一观点的问题在于忽视了无论是狂人的白话还是周围世界的白话，鲁迅真正关心的并不是何种语言观才是应该坚持的，而是如何避免现代性的语言观念也成为一种封闭性的存在，而由于现代“文学”体制便是建立在对于主观之内面自我的发现的基础上的，鲁迅已经预示了像《狂人日记》这样的“文学”叙述体式必将成为具有封闭性意味的存在。

那么，如何防止因这种自我叙述体式拥有的封闭性而可能导致的“真的人”的种种隐忧与问题？可以说鲁迅在这个问题上再次沟通了老师太炎。前文已经论述，鲁迅废太炎对“文学”之定义，但《狂人日记》却揭示出“真的人”的隐忧的原因便在于向“吃死肉”退化，也即如猎人打狼式的正大勇敢的“吃人”行为也走向寻找名目的修辞化、“仁义道德”化，而成为历史的循环。不应忽视，寻找名目也正是太炎一直反对的语言的胡乱藻饰行为，太炎的文字文学观始终强调对文字初义及其复杂的历史演变过程的关注和掌握，以此达到表达的精准，从而促进对于民族文化传统的真正光复与拯救。因此，《狂人日记》的形式与精神虽然是标准的现代“文学”，但可以说鲁迅以“文学”装置呈现了一个反文学、反藻饰的问题，而使得小说颇具自我颠覆的张力。在此意义上，狂人要从“字缝”中才能看出“吃人”其实就并非一种夸张描绘，而可以视作呼应着太炎对于隋唐及“衰宋”以来文字含义在文人随心所欲的迁延变化中极度失真的批判，只有扒开这些虚饰、伪饰的文字，才能在“字缝”中看清其历史的原初样貌。真理不在字中，而在字缝中，鲁迅以“文学”的方式隐喻性地佐证了一个“文”的命题。

此外，《狂人日记》开头的文言识语的存在，也体现出鲁迅对于现代“文学”装

① 鲁迅：《坟·摩罗诗力说》，《鲁迅全集》（第1卷），人民文学出版社2005年版，第73—74页。

② 袁先欣：《“声”的类型学：〈狂人日记〉与鲁迅的语言观》，《中国现代文学研究丛刊》2021年第10期。

置赋予狂人笼罩性与封闭性的话语权力的不安。如前文所述，“真的人”所具有的种种隐忧与问题是狂人个人话语所无法解决的内在矛盾，那么文言识语中所说的“荒唐之言”“语颇错杂无伦次”或许并不是没有道理的，揭示的正是这一内在矛盾给鲁迅带来的疑虑。但鲁迅对之亦不能完全否定，因此文言识语成为一个旁观的位置与窗口，为他把狂人这种现代主体及其话语对象化，时时予以审视。所以，《狂人日记》可以说在狂人对自身是否吃人“自审”之外，还对狂人无法“自审”的那些问题以及狂人作为现代主体所面对的根本境遇进行了一种“他审”。那么，为什么是用文言而非白话形式表达这层意思呢？结合太炎对于“文学”的定义，即可发现因为白话日记经过遴选、排列，是经过叙事者“撮录”，而成为现代的“文学”，那么其未经“撮录”的原初形态，则应属于太炎所论“著于竹帛”之上的“文”，其“法式”则代表着另一种“文学”，一种没经过整理与排序的更开放的“文学”，它并不立足于不稳定的主观之内面自我。在此意义上，《狂人日记》的创生可视为鲁迅对于太炎文学观最直接的抵拒，但抵拒之后鲁迅仍发现他所欣赏的、以摩罗诗人为代表的、建立在“心声”“内曜”之上的“文学”也不完全是靠得住的，或者说是积极但有隐忧的，因而必须保留质疑的空间。所以，开头的识语必须以文言形式展现，它既是在文学观上离开老师的象征，同时也是详细展现如何离开老师，并对自身离开老师这一行为及其后的发展提供一个距离化的自我审视的窗口。

如此可以总结，为了应对《狂人日记》的现代“文学”体式所带来的一系列无法解决的内在问题，鲁迅重新沟通了太炎的思想，为打开日记文本的封闭性作了努力。此外，鲁迅对于魏晋思想与文学的重视也影响到他对摩罗诗人的重视首在意志、人格与伦理，而不是诗人的自我感性：“刘彦和所谓才高者菀其鸿裁，中巧者猎其艳辞，吟讽者衔其山川，童蒙者拾其香草。皆著意外形，不涉内质，孤伟自死，社会依然，四语之中，函深哀焉”①，王元化即认为这种文学观也有太炎的深刻影响在内②。而决定了鲁迅抵拒太炎文学观的深层原因在于二人主体哲学的根本区别。太炎的主体哲学核心在于“依自不依他”，这种自贵其心的精神启发了鲁迅对于现代主体自我的关注与坚持，但太炎的“依自不依他”的最终目的是破除我见，如汪晖所言“个体不能通过它与其他任何普遍性事物的联系来界定它的意义和位置，换句话说，它把自己建立在‘无’上。”③ 太炎从佛教唯识论与庄子“不齐而齐”学说出发，认为万法唯阿赖耶识，个体非但不是道德的起源和基础，还是证得真如的负担。因此，必须建立宗教，

---

① 鲁迅：《坟·摩罗诗力说》，《鲁迅全集》（第 1 卷），人民文学出版社 2005 年版，第 71 页。

② 王元化：《王元化集卷五：思辨录》，湖北教育出版社 2007 年版，第 190 页。

③ 汪晖：《现代中国思想的兴起》，生活·读书·新知三联书店 2015 年版，第 1027 页。

破除我见，信证个人无“自性”；而破除我见又不能依托外物，只能“依自不依他”，那么这里被依托的自我主体自然就是一种“暂时性”的主体。而因为没有“自性”，故而众生平等，由众生构成的民族、国家也是平等的，不会走向相互凌轹。在太炎这里，个体是无我的，没有自己的深度与内在性，因而个体随意对于语言文字的肆意运用和引申也就是没有立足点所以必须避免的，其文学观自然就落在以文字的精准性、及物性、非虚饰性之上。但个体的深度与内在性却是鲁迅指向“心声”“内曜”式的人之内部精神最重要的内容，也只有在个体存在自我的前提下，“心声”才能“打破衰微的古文明的寂寞和萧条”，而“心声”之于太炎指向的却是不齐而齐、吹万不同的“天籁”，这种区别可视作“儒家道德政治性音乐论”和“道家宇宙生命论”的分殊①。所以，太炎与鲁迅的根本区别在于个体是否“无我”，鲁迅无法像老师那般彻底“无我”，而只能通过文学形式上的开放化努力，在现代白话文学中重新沟通太炎关于“文字的游离”② 的思考，从而避免主观之内面自我的话语封闭性。这在《狂人日记》之后的诸多小说如《孔乙己》《祝福》《在酒楼上》《孤独者》中也继续出现，如徐健所言，它们的形式都“构成外在框架性叙事的权威与框架内叙事的不协调”，乃至相互冲突，而这样的形式才更能贴近鲁迅所理解的真实③。

所以，《狂人日记》作为鲁迅文学创作的起点，其实在多个层面沟通着鲁迅早期所重视的思想来源，包括太炎、尼采与摩罗诗人。这些思想来源历经岁月变迁具有更多复杂的意义与运用价值，但在总体的层面上却仍然体现着文学创作的鲁迅对留学时期的鲁迅的承继，其间的转变并不如某些论者所认为的那样巨大、那样关键。从《摩罗诗力说》到《狂人日记》，鲁迅对待尼采与摩罗诗人始终采取拒绝权力意志的“独自性”一面，而坚持公共伦理道德的“人道”一面，这使得鲁迅无法解决现代“文学”装置给“真的人”带来的隐忧与问题，他对太炎关于“文字的游离”的思考的重新沟通虽然也无助于这些问题的解决，但却使他拒斥了文本的完整性与封闭性，而让这些问题成为始终需要对象化、需要审视的存在，也成为对现代“文学”的再思索。

（作者单位：扬州大学文学院）

---

① ［日］木山英雄：《文学复古与文学革命——木山英雄中国现代文学思想论集》，北京大学出版社 2004 年版，第 227 页。

② ［日］木山英雄：《文学复古与文学革命——木山英雄中国现代文学思想论集》，北京大学出版社 2004 年版，第 238 页。

③ Jian Xu. *The Will to the Transaesthetic*: *The Truth Content of Lu Xun's Fiction*. Modern Chinese Literature and Culture, Vol 11, Number 1 (SPRING, 1999).

鲁迅的“何家幹”系列笔名考辨

李　昊

1933 年 1 月 24 日，鲁迅首次使用笔名何家幹，创作了杂文《逃的辩护》和《观斗》，分别于当月 30 日和 31 日在《申报·自由谈》上发表。何家幹先后衍生出幹、何干、干、家幹等笔名，形成系列笔名，既见于报刊署名，也用于通信落款，一直使用到 1936 年 9 月 21 日，多达 60 次。何家幹系列笔名是鲁迅晚年十分常用的笔名，既反映了 20 世纪 30 年代国民党当局的压迫与鲁迅的反抗，也折射出鲁迅愤慨、无奈而幽默的写作心态。然而，自 1958 年版以来的《鲁迅全集》对这些笔名的整理，颇有可商之处。历来解读何家幹系列笔名的论著，大多未能辨明这些笔名之间的关系，以至于产生了不少误释和误用，尚有考辨的必要。

一、何家幹系列笔名的使用情况

何家幹系列笔名，包括何家幹、家幹、幹、何干、干等 5 个鲁迅的笔名。1933 年 7 月 19 日，鲁迅在《伪自由书·前记》中说：“因为我旧日的笔名有时不能通用，便改题了‘何家幹’，有时也用‘干’或‘丁萌’。”① 虽然没有全列 5 个笔名，但对幹、干之别，犹有区分。在 1938 年版《鲁迅全集》（繁体直排）中，附有许广平辑录的《鲁迅先生的名·号·笔名》，收录了这 5 个笔名，顺序为“何家幹、何干、干、幹、家幹”②，已呈现出系列的特点。同年 10 月，许广平在诠解鲁迅笔名时，也将 5 个笔名视为一贯：“最用的多的是何家幹三字。……又略变为家幹、幹、干、何干等。大致

---

① 鲁迅：《伪自由书·前记》，青光书局 1933 年版，第 3 页。

② 许广平辑录：《鲁迅先生的名·号·笔名》，《鲁迅全集》（第 20 卷），鲁迅全集出版社 1948 年版，第 646 页。

仍给读者以一贯的认识。"① 1958 年版《鲁迅全集》没有附录鲁迅笔名情况，但是在《伪自由书·前记》中，"何家幹"已经简化为"何家干"②，此后诸版《鲁迅全集》均沿用。1973 年版《鲁迅全集》（简体直排）的附录作"何家幹、何干、干、家幹、幹"③，与 1938 年版相比，最后两个笔名调换了次序。至 1981 年版《鲁迅全集》（简体横排）所附《全集注释索引·鲁迅笔名类》，已混同了"幹"与"干"，仅收"干""何家干""何干"④ 等三个笔名，2005 年版《鲁迅全集》与之相同。

关于何家幹系列笔名的内部关系，学界多有探索。李允经在 1977 年即系统考索了鲁迅的 140 个笔名，指出"由何家干这个笔名衍变派生的笔名，还有'干''幹''何干''家干'等"⑤。对于系列笔名的关系，李允经认为，干是"何家干的简略"，何干为"何家干的简称，其含义相同"，"幹为干的繁写"，"幹为何家干的略写"，家干"为何家干之简略"⑥。其后，1979 年的《鲁迅名号笔名年里录》依据 1958 年版《鲁迅全集》和 1976 年版《鲁迅书信集》，收录了幹、干、家幹、何家干等 5 个笔名⑦。此后的研究者多把幹、干混同为一。如高信、张应之把何家干、干、何干、家干等 4 个笔名归为一类⑧，均遗落了幹这一笔名。谭桂声则明确区分了幹、干之别，并简要地梳理了系列笔名的源流："'干''何干''家幹'是'何家幹'的减省，'幹'是'何家幹'的减省和'干'字的同音代替。"⑨

基于以上研究，本文界定的何家幹系列笔名共计 5 个，按照使用时间先后，分别是何家干、幹、何干、干、家幹。这 5 个笔名的使用情况，如表 1 所示：

---

① 景宋（许广平）：《略谈鲁迅先生的笔名（一）》，《申报·自由谈》1938 年 10 月 19 日，第 16 版。

② 鲁迅：《伪自由书·前记》，《鲁迅全集》（第 5 卷），人民文学出版社 1957 年版，第 4 页。

③ 许广平辑录：《鲁迅先生的名·号·笔名录》，《鲁迅全集》（第 20 卷），人民文学出版社 1973 年版，第 646 页。据刘运峰考证，"1973 年版的《鲁迅全集》是 1938 年版的重印"，但"进行了一次认真的校勘，对原版编校中的讹误作了校正"，因而"1973 年版是对 1938 年版的一个超越"。参刘运峰：《关于〈鲁迅全集〉的版本》，《鲁迅著作考辨》，天津人民出版社 2009 年版，第 36 页。

④ 《全集注释索引·鲁迅笔名类》，《鲁迅全集》（第 16 卷），人民文学出版社 1981 年版，第 614—615 页。

⑤ 李允经：《鲁迅笔名索解》，鲁迅研究室编：《鲁迅研究资料》（3），文物出版社 1979 年版，第 140—141 页。文后落款为 1977 年 5 月。此书后有单行本两种，分别是四川人民出版社 1980 年版、福建教育出版社 2006 年版，两版内容有变化，但关于何家幹系列笔名的解释没有改动，故下文仍引初版。

⑥ 李允经：《鲁迅笔名索解》，《鲁迅研究资料》（3），文物出版社 1979 年版，第 143 页、150 页。

⑦ 上海师范学院图书馆资料组编：《鲁迅名号笔名年里录》，1979 年内部印行油印本，第 43 页。

⑧ 高信：《鲁迅笔名探索》，陕西人民出版社 1980 年版，第 178—181 页；张应之：《鲁迅笔名考释续篇》，《韩山师专学报》1993 年第 2 期，第 46 页。

⑨ 谭桂声：《论鲁迅笔名的修辞艺术（续）》，《河北师院学报》（社会科学版）1997 年第 3 期。

表 1　何家幹系列笔名使用情况一览表①

序号	笔名	篇名	发表报刊或书信收信人	写作时间	发表刊期及时间	收入文集
1	何家幹	《逃的辩护》	《申报·自由谈》	1933/01/24	1933/01/30	《伪自由书》
2	何家幹	《观斗》	《申报·自由谈》	1933/01/24	1933/01/31	《伪自由书》
3	何家幹	《崇实》	《申报·自由谈》	1933/01/31	1933/02/06	《伪自由书》
4	何家幹	《电的利弊》	《申报·自由谈》	1933/01/31	1933/02/16	《伪自由书》
5	何家幹	《航空救国三愿》	《申报·自由谈》	1933/02/03	1933/02/05	《伪自由书》
6	何家幹	《不通两种》	《申报·自由谈》	1933/02/03	1933/02/11	《伪自由书》
7	何家幹	《战略关系》	《申报·自由谈》	1933/02/09	1933/02/13	《伪自由书》
8	何家幹	《颂萧》	《申报·自由谈》	1933/02/15	1933/02/17	《伪自由书》
9	何家幹	《对于战争的祈祷》	《申报·自由谈》	1933/02/15	1933/02/28	《伪自由书》
10	何家幹	《从讽刺到幽默》	《申报·自由谈》	1933/03/02	1933/03/07	《伪自由书》
11	何家幹	《从幽默到正经》	《申报·自由谈》	1933/03/02	1933/03/08	《伪自由书》
12	何家幹（瞿秋白②）	《曲的解放》	《申报·自由谈》	1933/03/09	1933/03/12	《伪自由书》
13	何家幹	《文学上的折扣》	《申报·自由谈》	1933/03/12	1933/03/15	《伪自由书》
14	何家幹	《“光明所到……”》	《申报·自由谈》	1933/03/15	1933/03/22	《伪自由书》
15	何家幹（瞿秋白）	《迎头经》	《申报·自由谈》	1933/03/19	1933/03/19	《伪自由书》
16	何家幹	《止哭文学》	《申报·自由谈》	1933/03/20	1933/03/24	《伪自由书》
17	何家幹	《“人话”》	《申报·自由谈》	1933/03/21	1933/03/28	《伪自由书》
18	何家幹（瞿秋白）	《出卖灵魂的秘诀》	《申报·自由谈》	1933/03/22	1933/03/26	《伪自由书》
19	何家幹	《文人无文》	《申报·自由谈》	1933/03/28	1933/04/04	《伪自由书》
20	何家幹（瞿秋白）	《最艺术的国家》	《申报·自由谈》	1933/03/30	1933/04/02	《伪自由书》
21	何家幹	《现代史》	《申报·自由谈》	1933/04/01	1933/04/08	《伪自由书》
22	何家幹	《推背图》	《申报·自由谈》	1933/04/02	1933/04/06	《伪自由书》
23	何家幹	《中国人的生命圈》	《申报·自由谈》	1933/04/10	1933/04/14	《伪自由书》

① 表 1 所列篇目据人民文学出版社 2005 年版《鲁迅全集》统计。文章发表在报刊的，据原载报刊核对笔名。书信署名，依据《鲁迅手稿全集》（国家图书馆出版社 2021 年版）核对。署名以原载报刊和手稿为准。

② 表中所列《王道诗话》等 10 篇文章，是瞿秋白执笔，加括注。参丁景唐、王保林：《鲁迅和瞿秋白合作的杂文及其他》，陕西人民出版社 1993 年版。

续表1

序号	笔名	篇名	发表报刊或书信收信人	写作时间	发表刊期及时间	收入文集
24	何家幹	《杀错了〈人异议〉》	《申报·自由谈》	1933/04/10	1933/04/12	《伪自由书》
25	何家幹（瞿秋白）	《内外》	《申报·自由谈》	1933/04/11	1933/04/17	《伪自由书》
26	何家幹（瞿秋白）	《透底》	《申报·自由谈》	1933/04/11	1933/04/19	《伪自由书》
27	何家幹	《“以夷制夷”》	《申报·自由谈》	1933/04/17	1933/04/21	《伪自由书》
28	何家幹	《言论自由的界限》	《申报·自由谈》	1933/04/17	1933/04/22	《伪自由书》
29	何家幹	《文章与题目》	《申报·自由谈》	1933/04/29	1933/05/05	《伪自由书》
30	何家幹	《不负责任的坦克车》	《申报·自由谈》	1933/05/06	1933/05/09	《伪自由书》
31	幹	《赌咒》	《申报·自由谈》	1933/02/09	1933/02/14	《伪自由书》
32	幹（瞿秋白）	《王道诗话》	《申报·自由谈》	1933/03/05	1933/03/06	《伪自由书》
33	幹		黎烈文	1933/07/14		
34	幹		黎烈文	1933/07/22		
35	幹		黎烈文	1933/07/29		
36	何干	《由中国女人的脚，推定中国人之非中庸，又由此推定孔夫子有胃病——“学匪”派考古学之一》	论语	1933/03/04	1933年第13期 1933/03/16①	《南腔北调集》
37	何干	王化	论语	1933/05/07	1933年第18期 1933/06/01	《伪自由书》
38	何干	《“骗月亮”》	太白		1935年1卷12期 1935/03/05	《集外集拾遗补编》
39	何干	《〈全国木刻联展专辑〉序》②	庸报·另外一页	1935/06/04	1935/06/15	《且介亭杂文二集》
40	何干	《大小奇迹》	海燕		1936年第1期 1936/01/20	《且介亭附集》

① 备注栏所标卷期号，为该文所刊当年的卷期号，发表时间据期刊所标，考虑到某些期刊有脱期情况，可能与实际发表时间略有出入。

② 此文写作及发表日期，依据曾祥金、叶新：《鲁迅〈全国木刻联合展览会专辑序〉首发问题及其他》，《鲁迅研究月刊》2023年第5期。

续表1

序号	笔名	篇名	发表报刊或书信收信人	写作时间	发表刊期及时间	收入文集
41	何干	《难答的问题》	海燕		1936 年第 2 期 1936/02/20	《且介亭附集》
42	何干	《登错的文章》	海燕		1936 年第 2 期 1936/02/20	《且介亭附集》
43	何干		金肇野	1934	11/20	
44	何干		唐诃	1935	10/03	
45	干（瞿秋白）	《伸冤》	《申报・自由谈》	1933/03/07	1933/03/09	《伪自由书》
46	干（瞿秋白）	《大观园的人才》	《申报・自由谈》	1933/04/24	1933/04/26	《伪自由书》
47	干	《天上地下》	《申报・自由谈》	1933/05/06	1933/05/19	《伪自由书》
48	干	《文坛三户》	文学	1935/06/06	1935 年 5 卷 1 期	《且介亭杂文二集》
49	干		黎烈文	1933/05/04		
50	干		赖少麒	1935/07/24		
51	干		赖少麒	1935/08/18		
52	干		李桦	1935/09/09		
53	干		唐诃	1936/09/21		
54	家幹	《“通论的拆通”：官话而已》	《伪自由书》	1933/07/19①	1933/10	《伪自由书》
55	家幹	《“但到底是不行的”：这叫作愈出愈奇》	《伪自由书》	1933/07/19	1933/10	《伪自由书》
56	家幹	《“乘凉”：两误一不同》	《伪自由书》	1933/07/19	1933/10	《伪自由书》
57	家幹	《回信》	《伪自由书》	1933/07/19	1933/10	《伪自由书》
58	家幹	《“只要几句”：案语》	《伪自由书》	1933/07/19	1933/10	《伪自由书》
59	家幹		黎烈文	1933/07/08		
60	家幹		黎烈文	1933/09/20		

① 第 54—60 条的写作日期系于 1933 年 7 月 19 日，是依据《伪自由书・前记》的落款日期，个别条目的写作日期可能在此之前。如第 57 条《回信》，据鲁迅日记，鲁迅于 4 月 20 日收到祝秀侠来信，此文是回信，与祝秀侠来信一起附录于《透底》一文后，但未标日期。《鲁迅年谱》（增订本）系于 4 月，可能是根据收信时间推测的。见李何林主编：《鲁迅年谱》（增订本）（第 3 卷），人民文学出版社 2000 年版，第 408 页。黄乔生则系于 1933 年 4 月 30 日。见黄乔生：《鲁迅年谱》，浙江大学出版社 2021 年版，第 465 页。

表1所列现存鲁迅的文章和书信中使用何家幹系列笔名的全部用例，总计60例，其中何家幹30例，幹5例，何干9例，干9例，家幹7例。综合上表，可分析各笔名使用先后及使用情况，按照各笔名首次使用时间为序，条列如次：

1. 何家幹，始于1933年1月24日写作的《逃的辩护》和《观斗》，分别于1月30日和31日在《申报·自由谈》上发表，终于1933年5月6日鲁迅结集《伪自由书》。文章用30次（其中用于瞿秋白作品署名6次），书信未见。

2. 幹，始于1933年2月9日写的杂文《赌咒》，于2月14日在《申报·自由谈》上发表。文章用2次（其中用于瞿秋白作品署名1次），书信用3次。

3. 何干，始于1933年3月4日所作《由中国女人的脚，推定中国人之非中庸，又由此推定孔夫子有胃病（“学匪”派考古学之一）》，在1933年第13期（3月16日）《论语》发表，一直使用到1935年10月3日致唐诃信。文章用7次，书信用2次。

4. 干，始于1933年3月7日瞿秋白所撰《申冤》，发表于1933年3月9日的《申报·自由谈》，一直使用到1936年9月21日致唐诃信。文章用4次（其中用于瞿秋白作品署名2次），书信用5次。

5. 家幹，始于1933年7月8日致黎烈文信的署名，1933年7月19日结集《伪自由书》时，又用于5篇回应性质的文章，文章用5次，书信用2次。

二、何家幹系列笔名的两个子系列

在鲁迅的诸多系列笔名内部，自有其衍变规律。单从文字上看，一般可以分为增减（字数的增减）与变体（字形的改变）两种情况。其中，增减即增字与减字。例如，鲁迅在兄弟失和后搬出八道湾，使用过“敖者”① 的笔名（1923年），后增字为“宴之敖者”② （1924年），又减字为“敖”③ （1935年）。在书信中，鲁迅多减字为迅。至于变体，是指通过音、形、义相近的字替换原字，如越侨、越客、越丁系列笔名。变体还有一种特殊的情况，即拆字，如迅拆字为卂。增减与变体相结合的情况也很常见，如1930年使用的笔名隋洛文，是从堕落文人拆字减省而来，又减字为洛文、洛，又变体为乐雯、乐贲等。

① 敖者：《奇怪的日历》，《晨报副刊》1924年1月27日，第4版。

② 鲁迅：《〈俟堂专文杂集〉题记》，《鲁迅全集》（第10卷），人民文学出版社2005年版，第68页。篇末落款为“宴之敖者”。本文引用《鲁迅全集》，如未特别标注版本，均为此版。

③ 敖：《论讽刺》，《文学》1935年第4卷第4期，第537页。

何家幹系列笔名兼有增减与变体两种情况。何家幹是系列笔名的最初一个，衍变为诸多相关联的形式。在 1933 年 1 月 24 日写的两篇杂文中，鲁迅启用笔名何家幹。而在 2 月 9 日，鲁迅也作了两篇杂文，即《战略关系》与《赌咒》，前者署名何家幹，后者署名幹。这是幹的首次使用，是由何家幹减字而来。同年 3 月 4 日，鲁迅为《论语》作杂文《由中国女人的脚，推定中国人之非中庸，又由此推定孔夫子有胃病——“学匪”派考古学之一》，首次使用了笔名何干。何干是何家幹的减字变体。何家幹的幹拆字为干，又省去家字，遂变体为何干。落款于 3 月 7 日的《伸冤》是瞿秋白所作，署名干，也是由幹拆字而来，发表于 3 月 9 日的《申报·自由谈》。虽然使用在何干之后，发表却在之前。

鲁迅首次使用家幹的笔名，是在 1933 年 7 月 8 日写给《申报·自由谈》主编黎烈文的信中。何家幹减字为家幹，家幹再减字则为幹。7 月 19 日，鲁迅将发表在《申报·自由谈》上的杂文编纂结集为《伪自由书》，在《不通两种》等 8 篇文章后，照录了这些文章在当时引发的反响，并新作了 6 篇回应文章，附在原文后面。在这 6 篇文章中，有 5 篇另加了家幹这一笔名。

依据以上分析，可画出何家幹系列笔名的发展关系，如图 1 所示（序号标识使用先后）。

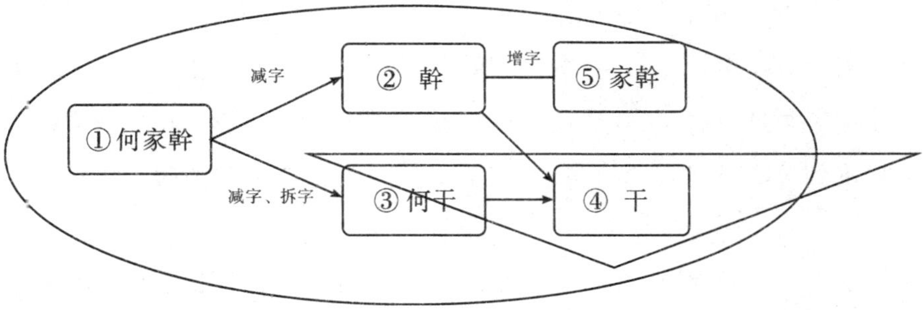

图 1　何家幹系列笔名关系示意图

基于图 1，可以将何家幹系列笔名区分为两个子系列：何家幹、家幹、幹是一个子系列，家幹、幹均为何家幹的省写；何干、干是一个子系列，干是何干的省写。两个子系列的联系，建立在幹与干的文字学关系上，若能察其同而别其异，或许能更好地理解鲁迅命名的用心。

从金石学角度看，干可以假借为幹。鲁迅勤于金石之学。在从事新文艺之前，鲁迅做了多年研究古碑的工作，因此能博览文字诸体，对于文字的正俗之分看得比较通脱。鲁迅决不胶执于正字与俗字，他曾说：“我们现在一般读书人之所谓‘正字’，其实不过是前清取士的规定，一切指示，都在薄薄的三本所谓‘翰苑分书’的《字学举隅》中。”① 鲁迅对这种正字之学的揶揄，还体现在小说《孔乙己》对回字四样写法的反讽书写中。如果按照《字学举隅》一类书的辨析，幹字也有三种写法②。若按照《广碑别字》所录的异体字，则多至23种。

在汉代碑别字中，已出现以干代幹的现象。南宋洪适《隶续》中载录汉代《郑季宣碑》，背阴所录名氏有“直事干”（一种官职）四人，洪适认为“末有直事干四人，亦是以干为幹”③。清代顾霭吉纂《隶辨》，亦将干收录为幹的别体，其依据即是《郑季宣碑阴》的“直事干”：

> 《后汉书·百官志》：郡县“诸曹各有书佐，幹主文书”。此碑有“直事干”四人。干，即幹也。《诗·周南》：“公侯干城。”《释文》云：“干，沈音幹”。《博雅》：“甲乙为幹，寅卯为支。”《史记·历书》作“干支”。古盖省幹为干。司马整碑阴有“诸曹干”十三人，与此碑同。韩勑后碑“鲁相门下幹”，则正作“幹”字。④

顾蔼吉以传世文献和其他碑文参照，认为“干”是“幹”的省笔。郑季宣碑于东汉中平二年（185）立于山东济宁学宫，于清乾隆间出土，碑侧有黄易、翁方纲题记。据鲁迅日记所录1916年书账，四月四日购买“济宁州学汉碑拓本一分共十七枚”，其中有“尉氏令郑季宣碑并阴二枚两侧近人题刻二枚”⑤，“近人题刻”即黄、翁二人之笔。鲁迅早年曾写过一篇《〈郑季宣残碑〉考》，即利用《隶续》所载碑文以考证碑文行款，其中提到“洪云末有‘直事干’四人”⑥，可见鲁迅亦知碑刻中“干”“幹”通假之例。

在现在的简化字方案中，“干”字对应“干”“幹”“乾”等3个繁体字和3个异体字⑦，其简化依据或许正是源于碑别字。《隶字异形考辨》认为，“干本义为狩猎、

① 鲁迅：《从“别字”说开去》，《鲁迅全集》（第6卷），人民文学出版社2005年版，第290页。

② 龙启瑞：《字学汇海》，《龙启瑞集》（第4册），广西师范大学出版社2012年版，第289页。

③ 洪适：《隶释　隶续》，中华书局1986年版，第440页下栏。

④ 顾霭吉：《隶辨》，中华书局1986年版，第143页下栏。

⑤ 鲁迅：《丙辰日记·书帐》，《鲁迅全集》（第15卷），人民文学出版社2005年版，第262页。

⑥ 鲁迅：《〈郑季宣残碑〉考》，《鲁迅全集》（第8卷），人民文学出版社2005年版，第79页。

⑦ 《通用规范汉字表》，教育部语言文字信息管理司组编：《语言文字规范标准》，商务印书馆2017年版，第33页。

作战之武器，引申为触犯、干扰、干预，亦通乾”，“乾读 gān 时，“今借干为其简化字”。“幹，本作榦，……为同音假借之字”，“通干时，音 gān，亦作榦，为天干之省称”，“今亦借干为幹之简化字”①。条列诸字源流甚明晰。

总之，从金石学角度看，在“直事干”“诸曹干”等用例中，“幹”为正字，“干”为省笔的俗字。在鲁迅生活的时代，虽然诸字尚未简化，但在小学湛深、长于金石的鲁迅看来，“幹”与“干”的通用，是有古人用例在先的。因此，在鲁迅的笔名中，何家幹减字为幹，幹又拆字、通假为干，形成“何家幹—幹—干—何干”系列笔名，是一条既符合鲁迅习惯，又具有学理的逻辑线索。

但从文字学角度说，“幹”与“干”音义有别。文字学是鲁迅的文学根柢。从幼年时期抄录《康熙字典》中的古文奇字，到青年时代从游章太炎研习《说文解字》，鲁迅培植了坚实的文字学基础。《说文解字》无“幹”字而收“榦”字，“幹”是“榦”的俗字。《说文》云：“榦，筑墙耑木也。”即筑墙时两端所用的木柱子，段玉裁注云：“榦，俗作幹。”② 读去声。幹有根本之义，如“贞者事之幹也”（《易·乾·文言》）。引申出做事、承担、胜任等义，如“贞固足以幹事”（《易·乾·文言》）及“幹父之蛊”（《易·蛊·初六爻辞》）等。干字则读平声，《说文》以为“干，犯也”，即侵犯之义，段注以为假借为“竿”③。由侵犯之义引申为干涉、干求之义。从文字形体上分析，幹字从干，倝声，从幹到干，是拆字法，正如租界拆字为且介。而从何家幹到何干，既是减字，也是拆字。

因此，何家幹之名兼有数层含义。从名字的角度看，许广平说：“无非因为姓何的最普通，家字排也甚多见，如家栋、家驹，若何字作谁字解，就是‘谁家做’的，更有意思了。”④ 何作为姓，家作为排行，是极常见的。幹有根本、胜任之义，因而家幹是符合一般命名的用意的。同时，幹又巧妙地兼含做事的含义，何家幹即谁家做之意，一般即解释为从敌人角度的诘问“这是谁做的文章!”⑤ 或许还可以理解为对庄子“无何有之乡”（《庄子·逍遥游》）或司马相如《子虚赋》中“乌有先生”“亡是公”之类的命名传统的延续。

何干一名，也是兼用了偏文言的“有何冒犯”与偏口语的“有何关系”两重意思。鲁迅在 1933 年 5 月 4 日写给黎烈文的信中，说自己因《自由谈》上的文章而“有

---

① 栾传益编著：《隶字异形考辨》，西泠印社出版社 2011 年版，第 112 页。
② 许慎撰，段玉裁注，许惟贤整理：《说文解字注》，凤凰出版社 2015 年版，第 445 页下栏。
③ 许慎撰，段玉裁注，许惟贤整理：《说文解字注》，凤凰出版社 2015 年版，第 156 页上栏。
④ 许广平：《略谈鲁迅先生的笔名》，《欣慰的纪念》，人民文学出版社 1951 年版，第 22 页。
⑤ 李允经：《鲁迅笔名索解》，福建教育出版社 2006 年版，第 144 页。

人中伤”，故“近来作文，避忌已甚”，然而“干犯豪贵，虑亦仍所不免”①，用的正是干字冒犯的含义，而幹字则没有这层含义。至于鲁迅为什么没有把何家幹简写为何家干呢？这恐怕是因为鲁迅“对于小学的造诣，湛深切实”，“先生用字，极为谨整”②，家幹符合命名常理，若作家干，就显得不伦不类了。

因此，若是从幹、干通用的角度看，5个笔名可视为一个系列；若是从相异的角度分析，将何家幹系列笔名区分为“何家幹—幹—家幹”与“何干—干”两个子系列，则是有必要的。鲁迅正是利用了“幹”与“干”同中有异、异中见同的关系，不曾把何家幹写作何家干，也未尝将何干写作何幹。两个子系列的界限是很明晰的。换句话说，干作为俗字，可以分担幹字的根本、承当、做事等含义，而反过来，幹却不能承担干字冒犯、干系等义项。二者的关系是单向的。

另外，由何家幹衍生出何干，或许有区分发表报刊的作用。在1933年的杂文中，何家幹、幹、干这三个笔名，均用于《申报·自由谈》，而何干从未在《申报》上使用过，也不曾用于瞿秋白作品的署名，可见何干的使用语境是不同的。何干应是刻意与《申报》作出区分而派生的笔名。一个例证是，1933年3月4日，鲁迅写作了杂文《由中国女人的脚，推定中国人之非中庸，又由此推定孔夫子有胃病——“学匪”派考古学之一》，首次使用笔名何干，发表在《论语》上。而在前后五天内写作的5篇杂文中，3篇署名何家幹，1篇署名幹，1篇署名干，均发表在《申报·自由谈》。另一个例证是，收录在《伪自由书》中的《王化》一文，“最初投给《申报·自由谈》，被国民党新闻检查处查禁。后发表于1933年6月1日《论语》半月刊第十八期，署名何干”③。可以推想的是，若发表在《申报·自由谈》上，署名应当是何家幹、幹或干当中的一个。

三、何家幹系列笔名的误用、误释及其辨正

综上所述，可以得出如下结论：鲁迅的何家幹系列笔名，包括何家幹、幹、何干、干、家幹5个笔名。5个笔名可分为“何家幹、幹、家幹”与“何干、干”两个子系列。家幹、幹均是由何家幹减字而来，不可以写作何家干、家干。干由何干减字而来，

---

① 鲁迅：《330504 致黎烈文》，《鲁迅全集》（第12卷），人民文学出版社2005年版，第392页。

② 唐弢：《关于〈鲁迅全集〉（1938年版）的校对》，《鲁迅论集》，文化艺术出版社1991年版，第405页。

③ 《王化》注释1，《鲁迅全集》（第5卷），人民文学出版社2005年版，第144页。

不可以写作幹、何幹。幹拆字为干，两字可通假，但字义有别，是两个笔名，不应混同。

根据这些结论，可以对目前学界误用与误释的情况予以辨正。举例言之，人民文学出版社自1958年版以来的《鲁迅全集》中就存在着干、幹误用，且全书整理体例不一的问题。

唐弢在校订1938年版《鲁迅全集》时，对于用字问题特别矜慎：“先生用字，极为谨整，全集的校对，不无粗浅忽略之处，但对于字体格式，一本先生生前主张，是颇费一番斟酌的。”由此提出了五条校勘体例：第一，“有完全依照先生的意思而勘定的字”；第二，“有本有正俗两写，而先生平日多用正写，因而决定取舍者”；第三，“有为先生所并用，一仍其旧者”；第四，“有彼此分明，绝不相混者”；第五，“因时代关系，不予改动者”①。就何家幹系列笔名而言，至少符合第二、三、四条，在校勘时得以保存原貌。但是，随着1956年《汉字简化方案》的全面推行，作为一项“从上游到下游都被纳入国家系统之中”的“国家工程”②，在1956—1958年间陆续出齐的《鲁迅全集》首次采用了简体横排的版式。其后，各版《鲁迅全集》的字体虽然随着简体字规范的调整而有所变化，但何家幹已经凝定为何家干。

以2005年版《鲁迅全集》为例，在大多数情况下，该版均采用干字整理何家幹系列笔名。据翻检所及与北京鲁迅博物馆检索系统检索所得，在表1所列的42条何家幹、家幹、幹的用例中，仅有一处整理为幹，即1933年8月3日致黎烈文信中的署名③。其他30处均作“干”，这就与18处何干、干的笔名相混淆了。从繁体字整理为简体字的角度来看，固然无可厚非，仅存的1处“幹”字或许只是百密一疏。因为在《鲁迅全集》附录的鲁迅笔名索引中，并没有收录“幹”这一条目，而是把幹、干两个笔名归并成了“干”④。但是，《鲁迅全集》在处理某些特定词语时，仍保留了“幹”字字形，没有简化为干。这样的例子至少有4处：

一次是在“徐幹”⑤ 的名字中，两次是在《理水》和《从“别字”说开去》中

---

① 唐弢：《关于〈鲁迅全集〉（1938年版）的校对》，《鲁迅论集》，文化艺术出版社1991年版，第405页。

② 黄海飞：《1958年版〈鲁迅全集〉的编注考释》，《中国现代文学研究丛刊》2018年第9期，第81页。

③ 鲁迅：《330804致黎烈文》，《鲁迅全集》（第12卷），人民文学出版社2005年版，第430页。

④ 《全集注释索引·鲁迅笔名类》，《鲁迅全集》（第18卷），第647—651页。

⑤ 鲁迅：《魏晋风度及文章与药及酒之关系》，《鲁迅全集》（第3卷），人民文学出版社2005年版，第527页。但是在文后注释25中，又写作“徐干”了。

引用《周易·蛊》中“幹父之蛊”①，还有一次是在致增田涉的书信中所用日文汉字“幹事”② 一词。这几个用例中，日文汉字固不必简化，然而若按全书体例，不论是徐幹还是幹父之蛊中的幹，都应简化为干。如果作为人名的徐幹保留繁体，则“何家幹、幹、家幹”子系列笔名也应依例处理。

“幹”“干”可以说是“依照先生的意思而勘定的字”，同时也是“彼此分明，绝不相混者”③。幹、干混用会造成语义上的误解。鲁迅在《伪自由书·前记》里说：“因为我旧日的笔名有时不能通用，便改题了‘何家幹’，有时也用‘干’或‘丁萌’。”④ 文中的“幹”和“干”，正是两个子系列的区分，而1958年以来的《鲁迅全集》诸本中，“何家幹”都作“何家干”⑤，“幹”“干”混用不分。就此一句而言，试比较诸版本异同，以窥一斑：

表2　各版本《伪自由书·前记》所录笔名比较

版本 笔名	1933年版 《伪自由书》	1938年版 《鲁迅全集》	1958年版 《鲁迅全集》	1973年版 《鲁迅全集》	1981年版 《鲁迅全集》	2005年版 《鲁迅全集》
何家幹	何家幹	何家幹	何家干	何家干	何家干	何家干
干	干	干	干	干	干	干
卷数及页码	第3页	第四卷 第423页	第五卷 第4页	第四卷 第423页	第五卷 第4页	第五卷 第4页

可见，1933年《伪自由书》出版以后，在诸版《鲁迅全集》中，只有1938年版区分了何家幹与干，这一情形也基本反映出各版本《鲁迅全集》中何家幹系列笔名的使用情况。如果说这是因为1938年版的《鲁迅全集》是繁体字本，也不尽然。因为在简体横排整理的1976年版《鲁迅书信集》中，仍区分了家幹、幹和干。比如，1933年5月4日致黎烈文函，落款为“干”⑥，其余5处均作“家幹”或“幹”⑦，1934年11月以后使用的“何干”和“干”共6次署名⑧，与《鲁迅手稿全集》核对，亦皆不

① 分见鲁迅：《理水》，《鲁迅全集》（第2卷），人民文学出版社2005年版，第397页；鲁迅：《从“别字”说开去》，《鲁迅全集》（第6卷），第291页。

② 鲁迅：《330625致增田涉》，《鲁迅全集》（第14卷），人民文学出版社2005年版，第248页。按，“幹事”一词，在文后所附译文作“干事”。

③ 唐弢：《关于〈鲁迅全集〉（1938年版）的校对》，《鲁迅论集》，文化艺术出版社1991年版，第405页。

④ 鲁迅：《伪自由书·前记》，青光书局1933年版，第3页。按，上海联华书局1936年版《不三不四集》亦作“何家幹”。

⑤ 鲁迅：《伪自由书·前记》，《鲁迅全集》（第5卷），人民文学出版社2005年版，第4页。

⑥ 《鲁迅书信集》，人民文学出版社1976年版，第371页。

⑦ 《鲁迅书信集》，人民文学出版社1976年版，第386、第389、第392、第392、第407页。

⑧ 《鲁迅书信集》，人民文学出版社1976年版，第666、850、862、874、887、1039页。

误。可见，《鲁迅书信集》的整理者已注意到二者意蕴的不同，严格依据鲁迅手稿做了区别处理。同样的，1973 年版《鲁迅全集》虽然在《伪自由书·前记》中把何家幹简化为何家干，但是在第 20 卷的附录中，仍保留了 1938 年版幹和干的区别，只是次序稍有不同①。

关于幹与干的区别，也可与许广平的回忆相印证。1938 年，许广平忆及鲁迅在 1933 年“最用的多的是何家幹三字。……又略变为家幹、幹、干、何干等”②。如果这里的幹、干不作区分，就重复了。此文收入 1951 年版《欣慰的纪念》中，保持不误③，但是在 1981 年重新整理的简体版《欣慰的纪念》中，则作：“用的最多的是何家干三字。……又略变为家干、干、何干等。”④ 由于幹简化为干，遂将 5 个笔名变成了 4 个，不免违背了鲁迅和许广平的本意。反而在 1999 年版的《鲁迅回忆录》中，虽改为简体横排，但涉及幹和干的区别，还是特意保留了原貌⑤。

因为 1958 年版以来的《鲁迅全集》对幹、干不作区分，造成了学界对何家幹系列笔名的混用。以最早系统研究鲁迅笔名的《鲁迅笔名索解》（以下简称《索解》）为例，《索解》指出：“‘干’，首见于杂文《赌咒》……其后尚有《天上地下》一文，亦具此名发表。”⑥ 实则查核《申报》原刊，《赌咒》的署名实为“幹”⑦，而《天上地下》署名为“干”⑧，应当作出区分。之所以认为《赌咒》署名为干，可能是因为从 1958 年版的《鲁迅全集》注释《赌咒》为“署名干”⑨。1979 年的《鲁迅名号笔名年里录》（以下简称《年里录》）也存在这一问题。《年里录》将鲁迅笔名和通信署名做了区分。在笔名中，收录了“幹”，解释说“何家幹之省称，又作‘干’”⑩，大概说对了一半。在通信署名中，则录有干、家幹、幹、何干等 4 个署名，却认为“干是何家干之略称”，“何干是何家干之略称”⑪，已多误认。《年里录》所录笔名和

---

① 许广平辑录：《鲁迅先生的名·号·笔名录》，《鲁迅全集》（第 20 卷），人民文学出版社 1973 年版，第 646 页。

② 景宋（许广平）：《略谈鲁迅先生的笔名（一）》，《申报·自由谈》1938 年 10 月 19 日，第 16 版。

③ 许广平：《略谈鲁迅先生的笔名》，《欣慰的纪念》，人民文学出版社 1951 年版，第 22 页。

④ 许广平：《略谈鲁迅先生的笔名》，《欣慰的纪念》，人民文学出版社 1981 年版，第 19 页。

⑤ 许广平：《欣慰的纪念》，鲁迅博物馆编《鲁迅回忆录·专著》（上册），北京出版社 1999 年版，第 325-326 页。

⑥ 李允经：《鲁迅笔名索解》，福建教育出版社 2006 年版，第 144 页。

⑦ 幹：《赌咒》，《申报·自由谈》，1933 年 2 月 14 日，第 17 版。

⑧ 干：《天上地下》，《申报·自由谈》，1933 年 5 月 19 日，第 15 版。

⑨ 《鲁迅全集》（第 5 卷），人民文学出版社 1958 年版，第 479 页。

⑩ 上海师范学院图书馆资料组编：《鲁迅名号笔名年里录》，1979 年内部印行油印本，第 43 页。

⑪ 《鲁迅名号笔名年里录》，1979 年内部印行油印本，第 46—47 页。

通信署名之所以产生抵牾，且解释混乱，正源于 1958 年版《鲁迅全集》与 1976 年版《鲁迅书信集》中笔名之不同。《年里录》的前言中说：“本录所引《鲁迅全集》，系 1956 年 10 月至 1958 年 10 月北京人民文学出版社印本。所引《鲁迅书信集》，系 1976 年 8 月北京人民文学出版社印本。”① 正因为《鲁迅全集》误，而《鲁迅书信集》不误，造成了该书对何家幹系列笔名的诸多误判。但是，1981 年版《鲁迅全集》将鲁迅书信编入以后，反而促使了幹、干的进一步混淆。此后研究中对何家幹系列笔名的误释，大多导源于此。

何家幹系列笔名是一个有代表性的案例。或许在新版《鲁迅全集》的修订中，在传承既有编纂体例之优长的前提下，可以对某些特定的人名用字做特殊处理。特就何家幹系列笔名而言，幹、干之别，应作区分，并在注释中加以说明。如此处理，不仅可以避免学界在征引、阐释时沿袭旧有之误，也可以充分保存鲁迅文章“字句之正确”②，表出“先生用字，极为谨整”③ 的用心与精诣，或许对鲁迅的思想和语言文字学等方面的研究也有所推进。

（作者单位：南京大学中国新文学研究中心）

---

① 《鲁迅名号笔名年里录》，1979 年内部印行油印本，第 1 页。

② 蔡元培：《鲁迅全集序》，《蔡元培全集》（第 8 卷），浙江教育出版社 1997 年版，第 526 页。

③ 唐弢：《关于〈鲁迅全集〉（1938 年版）的校对》，《鲁迅论集》，文化艺术出版社 1991 年版，第 405 页。

周氏兄弟与“《游仙窟》事件”始末考

梁鸿威

唐传奇《游仙窟》是中国骈体小说的始创之作，但自唐以后便流失于“域外”（日本）长达一千多年，直至民国初期才复归中土。在鲁迅、周作人、川岛（原名章廷谦）合作下，标点单行本《游仙窟》诞生。无疑，这与周氏兄弟在晚清凭借《域外小说集》引入“异域文术新宗”，同样具有重要意义。尽管一些论文已概述周氏兄弟、川岛校印《游仙窟》的经过①，但遗憾的是，尚未有专文跳出《游仙窟》本身，进一步聚焦于纷繁多变的政治生态、文学论争和人事纠葛。鉴于此，本文对“周氏兄弟”与跨度十年（1927—1937）的“《游仙窟》事件”进行一次全面梳理与考察，以呈现这一事件与“域外小说”翻译的互动性，乃至在周氏兄弟“失和/合作”生涯上的复杂性。相比晚清“仙台幻灯片事件”、“五四”时期“兄弟失和事件”，1927—1937年的“《游仙窟》事件”亟须深入发掘和新的发现。

一、“《游仙窟》事件”：周氏兄弟失和后的合作因缘

1923年7月周氏兄弟失和以后，类似《域外小说集》（1909、1921年）和《现代日本小说集》（1923年6月）这样“两人合译”的方式不再存在，不过凭借1924年创刊的《语丝》，他们仍同在一个阵营发声。1927年10月北京《语丝》突遭查封，而正

① 相关研究主要有林辰：《〈游仙窟〉的归来与传布》，《群言》1989年第7期；王峰：《“语丝”时期的微妙合作——川岛、二周与〈游仙窟〉之校点》，《文艺报》2014年1月20日；顾农：《周作人：鲁迅整理古籍的重要伙伴》，《鲁迅研究月刊》2014年第2期；川岛：《记重印〈游仙窟〉》，《人民文学》1957年第8期；等等。此外，还有邓云乡：《鲁迅抄碑、抄书及〈游仙窟〉跋》，《云乡话书》，河北教育出版社2004年版，第257—260页。以上论文大多篇幅精短，往往点到即止，并且视角单一，故亟需以较开阔的视野重探此论题。

是在此前后，周作人收到了鲁迅、川岛的《游仙窟》初校稿，并对之进行再校。得知查封消息的鲁迅于 11 月从上海急忙寄信川岛，除了期待周作人“用善本校后”的《游仙窟》，还迫切关心周作人的安危，“他之在北，自不如来南之安全，但我对于此事，殊不敢赞一辞，因我觉八道湾之天威莫测，正不下于张作霖，倘一搭嘴，也许罪戾反而极重，好在他自有他之好友，当能互助耳”①。同年 12 月，《语丝》在上海复刊，鲁迅在主编之初，把部分精力用在斥责社会对周作人的冷嘲热讽。譬如北京《民国晚报》在 1927 年底如此幸灾乐祸：“岂明老人再不兴风作浪，叛徒首领无从发令施威”；另外，化名“乐闻于斯”的读者也来信：“知岂明先生亦已卸礼部总长之任，《语丝》在上海出版，那位礼部尚书不知是何人蝉联下去呢?”鲁迅见此，一边愤慨撰文《吊与贺》② 还击《民国晚报》；一边把“乐闻于斯”的信件内容披露于《语丝》，并作《补救世道文件四种》③ 予以贬斥。

尽管《语丝》延续到 1930 年 3 月才终刊，但鲁迅仅主编了 52 期，时间跨度为一年多（1927 年 12 月 17 日至 1929 年 1 月 7 日）。在后来柔石、李小峰主编的《语丝》上，周氏兄弟的文章已稀缺，鲁迅仅有《“革命军马前卒”与“落伍者”》《关于〈关于红笑〉》《皇汉医学》《吾国征俄战史之一页》《关于〈子见南子〉》五篇，周作人仅有一篇即《在女子学院被囚记》，且未与鲁迅的文章同期出现。可见，周氏兄弟均对后期《语丝》失去兴趣。从这个层面而言，1929 年 1 月以后，周氏兄弟如何再有合作成果，成为一个现实难题，这比北京《语丝》被张作霖查封更具有挑战性。因此，在鲁迅辞去《语丝》主编后旋即出版的《游仙窟》便显得意味深长——它不仅让周氏兄弟“重返”合作介绍小说的情形，而且显示出周氏兄弟一方面把注意力从“域外小说”“日本小说”转向“域外（日本）的中国古佚小说”，另一方面以两个绍兴同乡（川岛、寿鉨）作为合作“传声人”。

1928 年 3 月 31 日，主编《语丝》第 4 卷的鲁迅敏锐地感觉到《游仙窟》由周氏兄弟分别作序跋的方式，是“失和事件”以后的一次“破冰之旅”，于是，鲁迅致信川岛，耐人寻味地指称了“《游仙窟》事件”，但在合作态度上他又犹豫不决：

> 《游仙窟》事件，我以为你可以作一序，及周启明之译文，我的旧序，不如不用，其中材料，你要采用便可用。至于印本，我以为不必太讲究；我现在觉得，“印得好”和“新式圈点”易［是］颇难并立的。该《窟》圈点本印行后，既有

① 鲁迅：《致章廷谦》，《鲁迅全集》（第 12 卷），人民文学出版社 2005 年版，第 85 页。

② 鲁迅：《吊与贺》，《语丝》1927 年 12 月 31 日。

③ 鲁迅：《补救世道文件四种》，《语丝》1927 年 12 月 31 日。

如许善本，我以为大可以连注印一本旧式装订的阔气本子也。但圈点则无须矣。①（着重号为笔者所加，下同）

在鲁迅信函中，“《游仙窟》事件”之后紧跟着三个人称代词，“你”（川岛）、“周启明”和“我”（鲁迅）。鲁迅之所以犹豫不决，或许是对五年前周作人的绝交书信还心存芥蒂，因此在致川岛信中试图主动放弃自己序文，建议以“川岛作序，周作人作跋”取代先前商议决定的“鲁迅作序，周作人作跋”的方式。不过，经过半年的慎重思虑，加上对《语丝》排印的不满，忧心于《语丝》命运的鲁迅还是同意了原计划，于是1928年10月18日，鲁迅再次致信川岛，信中说：

《夜读抄》已去问小峰，但原稿恐未必尚存，且看“后来分解”耳。小峰似颇忙，不知何故。《语丝》之不到杭，据云盖被扣，但近来该《丝》错字之多，实可惊也。②

鲁迅信中未写明《夜读抄》的具体情况，而周作人自编文集《夜读抄》晚至1934年才出版，可见鲁迅非指此书。那么，鲁迅“已去问小峰”的《夜读抄》指什么呢？北京《语丝》周刊未被查封之前，1926年6月李小峰将发展壮大的北新书局开设了上海分局，两个月后（8月21日），《北新》周刊在上海创刊。这样一来，恰如有人指出，“北新书局便拥有两个周刊，堪称‘姊妹刊’”，“如果说《语丝》以尖锐泼辣见长，那么《北新》则以大度温婉取胜”③。《北新》后来改周刊为半月刊，查1928年2月16日、1928年4月1日发行的《北新》半月刊第2卷第9号、第10号，连载有鲁迅翻译《近代美术史潮论（五、六）》与岂明（周作人）的《夜读抄（小引、一、二）》，可见鲁迅看到的《夜读抄》正是周作人这三种文章，而它们对于鲁迅而言，显得意义非同寻常。《夜读抄》的《小引》回忆“故乡”与“先父”：

先父在日，住故乡老屋中，隔窗望邻家竹园，常为言其志愿，欲得一小楼，清闲幽寂，可以读书，但先父侘傺不得意，如卜者所云，“性高于天命薄如纸”，才过本寿，遽以痼疾卒，病室乃更湫隘，窗外天井才及三尺，所云理想的书室仅

① 鲁迅：《致章廷谦》，《鲁迅全集》（第12卷），人民文学出版社2005年版，第112页。
② 鲁迅：《致章廷谦》，《鲁迅全集》（第12卷），人民文学出版社2005年版，第134页。
③ 陈树萍：《北新书局与中国现代文学》，上海：生活·读书·新知三联书店2008年版，第98页。

留其影象于我的胸中而已。①

在周作人《小引》发表前后，鲁迅于1927年在另一种半月刊《莽原》也写了一篇回忆故乡的《小引》，随后放进《朝花夕拾》，1928年9月交由北京未名社初版。鲁迅在《小引》中也强调“这十篇就是从记忆中抄出来的”：

我有一时，曾经屡次忆起儿时在故乡所吃的蔬果：菱角，罗汉豆，茭白，香瓜。凡这些，都是极其鲜美可口的；都曾是使我思乡的蛊惑。后来，我在久别之后尝到了，也不过如此；惟独在记忆上，还有旧来的意味留存。他们也许要哄骗我一生，使我时时反顾。②

周氏兄弟这两段回忆形成了互文，鲁迅在等待《朝花夕拾》出版过程中，看到周作人《夜读抄·小引》，想必也会联想到自己“记忆抄”中的《小引》。相比鲁迅已完成的“十篇”文章，周作人刚开始连载“两篇”，《夜读抄·（一）黄蔷薇》便回忆周氏兄弟在日本翻译小说的情形：

育珂摩耳……十九世纪的传奇小说大家，著书有二百余部，由我转译成中文的此外有一部《匈奴奇士录》，原名《神是一位》……《匈奴奇士录》上有我的戊申五月的序，大约在一九〇九年出版，是说部丛书里的一册。③

周作人在这里误记了时间，1909年是周氏兄弟在日本合译出版《域外小说集》的年份，至于《匈奴奇士录》则在1908年出版，但当时也署有合译意味的“周逴译”（周逴译《红星佚史》即是合译）。周作人在“夜读抄”系列文章首谈《匈奴奇士录》和《黄蔷薇》，是因为它们均是所谓“十九世纪的传奇小说大家”育珂摩耳所作，育珂摩耳即匈牙利浪漫主义小说家约卡伊·莫尔（1825—1904）。可见，周作人在为第二篇“夜读抄”论述中国唐代“传奇小说”《游仙窟》做铺垫。换言之，从“兄弟合译”到“昆仲序跋”的形式变迁，从向国内介绍“域外”小说到引入流失于“域外”的

① 岂明（周作人）：《夜读抄（小引、一）》，《北新》1928年第2卷第9号。
② 鲁迅：《朝花夕拾·小引》，《莽原》1927年第2卷第10期。
③ 岂明（周作人）：《夜读抄（小引、一）》，《北新》1928年第2卷第9号。

中国小说，《夜读抄·（二）游仙窟》的书写以及鲁迅书信中对它的提及①，本质上是周氏兄弟失和以后、试图重新在“（流失）域外小说”方面合作的一种精神象征活动。

现有“北新本”《游仙窟》封面上，仅有标题“游仙窟”及“疑古玄同题”的字样，未有其他相关信息，只有书中卷末出版页印有“校点者　川岛”的说明。事实上，这本《游仙窟》由鲁迅、周作人、川岛通力合校，不过为奖掖后进，只署川岛一名。对此，川岛也予以承认：“这书虽说由我校点，但在印出之前，实际上鲁迅先生为此书所化费的劳动，不比我为少……1927年上半年，只好又从杭州寄给在广州的鲁迅先生，请他再为我校订一遍，”又说“1927年10月间……就又把稿子从杭州寄给北京的周岂明先生，托他代我就近再校一遍”②。周作人干脆直言：“经我替他用醍醐寺本校过。”③ 可见，这是周氏兄弟与川岛三人合作的成果，而这种方式并非先例。早在《域外小说集》增订本（1921）与《现代日本小说集》（1923）出版间隙，1922年由上海商务印书馆初版的《现代小说译丛》（第1集）在封面也仅署名“周作人译”④，实际上却是鲁迅、周作人、周建人三人的译文合集。因此，《游仙窟》的第三位合作者不过由周建人替换成绍兴同乡川岛。此外，正如《域外小说集》采用“毛边本”一样，北新书局还依照周氏兄弟的喜好印行《游仙窟》“毛边本”，可谓是心思缜密的前后呼应。

值得注意的是，鲁迅致川岛信中所谓“《夜读抄》已去问小峰，但原稿恐未必尚存”，还提供了一个重要信息，即《游仙窟》最初的出版计划应当是将鲁迅、周作人的手写稿分别作为序、跋。如此一来，也就更引人注目地把“兄弟合作”的意义在世人面前凸显出来。1929年2月，即鲁迅正式辞去《语丝》主编的第二个月，《游仙窟》的面世让读者看到了周作人所作跋文。然而，单从题目“夜读抄”来看，读者可能会疑惑这与周作人的正文内容难以匹配。因为《游仙窟》的跋文《夜读抄》既没有《小引》，也没有《黄蔷薇》一文，而是直接进入谈论《游仙窟》的主题。因此，必须将《游仙窟》一书的跋文《夜读抄》放回周作人刊于《北新》半月刊的“夜读抄”系列文章，即《夜读抄（小引、一、二）》的架构中，并且追察周作人拟题“夜读抄”的起因、鲁迅提及“夜读抄”的动机，周氏兄弟此番合作的“心有灵犀”才更显著。令

---

① 《鲁迅全集》在鲁迅的一封信下注释：“按周作人《夜读抄（二）》曾发表于《北新》半月刊第2卷第10期（1928年2月）”（见鲁迅：《致章廷谦》，《鲁迅全集·第12卷·书信》，人民文学出版社2005年版，第138页）。此注释有误，《夜读抄（二）》刊载的准确时间是1928年4月1日。

② 川岛：《记重印〈游仙窟〉》，《和鲁迅相处的日子》，四川人民出版社1979年版，第81—84页。

③ 起明（周作人）：《读游仙窟》，《燕京大学图书馆报》1932年第21期。

④ 周作人译：《现代小说译丛》（第1集），上海商务印书馆1922年版。

人遗憾的是，李小峰可能已将《夜读抄》手写稿遗失①，故北新书局出版《游仙窟》后，仅有鲁迅的手写序文，周作人的则是铅字排印跋文。

其实，鲁迅在1928年命名“《游仙窟》事件”时，对兄弟两人是否能够继续合作这一担忧显然多余，周作人能够接受其“跋”置于书末以“附骥”，本身也传达出对鲁迅的一种友善姿态。尤其是对比序跋二文，会发现周氏兄弟明显有意形成一种互补关系：鲁迅序言为自作文，其引用的11种书均是中国古典文献，周作人跋文（附录）则是“前后按语”夹杂着“钞译”② 的独特体裁，故绝大部分材源是日本书目；周作人跋文中的自作按语部分亦不应忽视，其篇幅与鲁迅的短序相近，如果说“鲁序”负责考订小说作者的真实生平，那么周作人除了查证小说作者的逸闻传说，还辨清《游仙窟》上“文章生英房”的序文内容，可谓是名副其实的“周跋”。尤其是在序体手稿中，鲁迅所谓“而全文始复归华土”③，采取的还是晚清的话术，它令人想起周氏兄弟合作《域外小说集·序言》中影响深远的一句——“异域文术新宗，自此始入华土”④，二者具有异曲同工之妙。

二、“论争”的回应：周氏兄弟与《游仙窟》文本内外

尽管满载着周氏兄弟的合作心愿，《游仙窟》的出版却一波三折，历尽坎坷。为了促成《游仙窟》出版计划的实现，周作人也以抄本为鲁迅、川岛的刻本校订。当时人们误以为存世最早的抄本即日本康永三年（1344，时值中国元朝）的醍醐寺抄本，大正十五年（1926）由山田孝雄以日本古典保存会名义影印（日本后来又发现《游仙窟》的最古老版本即金刚寺抄本〈1321〉，证明醍醐寺抄本并非最早版本）。文学史家陈子展在1930年透露：“日本人很看重这本书。现在已由周作人买得日本醍醐寺藏旧抄影印本，交由北新书局印行。这本书要算是渡海而还了。”⑤ 陈子展认为北新书局印行的是醍醐寺抄本《游仙窟》，其实不然，北新书局所参照的底本实际上是通行的元

① 学界常把周作人在《北新》上的《夜读抄·（二）游仙窟》与后来才发表的《读游仙窟》混为一谈，如有人不仅误以为《读游仙窟》发表于《北新》，而且误将《夜读抄》与《读游仙窟》二文视作同一篇，见王峰：《“语丝”时期的微妙合作——川岛、二周与〈游仙窟〉之校点》，《文艺报》2014年1月20日。另外，王峰在该文也引用了鲁迅信中讨论《夜读抄》“原稿”的问题，可惜没有进一步探讨鲁迅之所以追索周作人原稿（准确来说是“手写稿”）的深层原因。

② 岂明（周作人）：《附录　夜读抄》，《游仙窟》，北新书局1929年版，第71页。

③ 鲁迅：《〈游仙窟〉序》，《游仙窟》，北新书局1929年版。

④ 鲁迅：《〈域外小说集〉序言》，《鲁迅全集》（第10卷），人民文学出版社2005年版，第168页。

⑤ 陈炳堃（陈子展）：《最近三十年中国文学史》，上海太平洋书店1930年版，第161页。

禄三年（1690）本《游仙窟》。不过，醍醐寺影印本在当时确实难得，鲁迅、川岛亦因未能一睹其真容而抱憾。那么周作人是否“买得”醍醐寺影印本呢？今查《知堂古籍藏书题记》，未见周作人藏有此本①。又查《周作人日记》所载1930年以前的书账，亦未见醍醐寺本《游仙窟》的购进记录，因此周作人已买得醍醐寺影印本的说法仍待证实。不过，根据周作人自述，他通过某些途径阅读了醍醐寺本《游仙窟》的全文②，则毋庸置疑。

笔者查阅《鲁迅手稿全集》，见北京鲁迅博物馆所藏《游仙窟》绿色方格校本，共15张18页（缺前3张），页脚印有“北京大学日刊稿纸”字样，页间与页眉密密麻麻均是周氏兄弟的校对字迹。顾农的论文举出了川岛受周氏兄弟影响而修改的案例③，但他尚未指出周作人为鲁迅校改的具体情况，因此笔者以第六张为例，枚举几例周作人以“寺本”（即“醍醐寺本”《游仙窟》）直接为鲁迅校改之处：

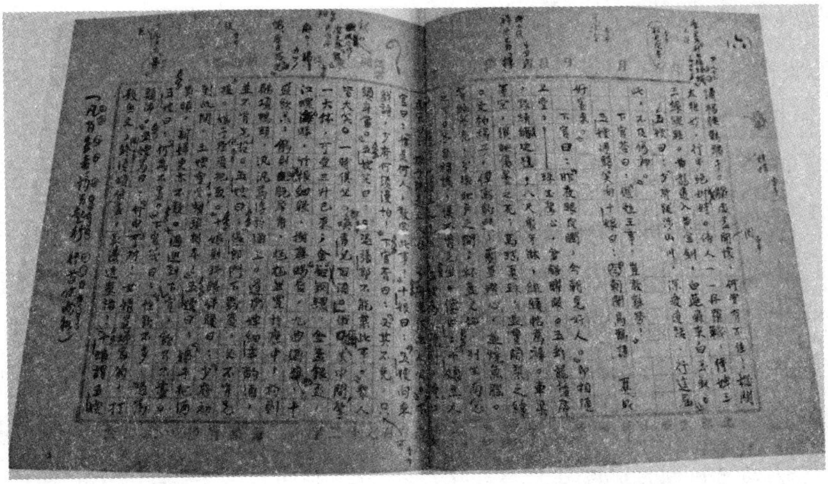

鲁迅、周作人、川岛合校《游仙窟》第六张稿纸（影印）④

一、（右二行）“行步绝妍娃”，川岛将“妍娃”颠倒过来，改为“娃妍”，并把“妍”改为从女从屏的异体字，鲁迅在页眉批注“不误”表示赞同。周作人阅后，在

① 周作人著，谢冬荣整理：《知堂古籍藏书题记》，国家图书馆出版社2023年版。

② 起明（周作人）：《读游仙窟》，《燕京大学图书馆报》1932年第21期。

③ 顾农以“十娘小名琼英”一句为例，指出“章校改小为‘少’，周作人据寺本录出‘小’字，鲁迅抄本亦作‘小’，章遂改从‘小’”（见顾农：《周作人：鲁迅整理古籍的重要伙伴》，《鲁迅研究月刊》2014年第2期）。不过，顾农此例讨论的是川岛如何分别受到周作人的“寺本”校文与鲁迅的“庆安刻本”手抄稿的影响，严格意义上说，这其实不能算是周氏兄弟的直接同校之处，故与本文枚举的例子不同。

④ ［唐］张文成撰，佚名抄，鲁迅、章廷谦校：《游仙窟》，《鲁迅手稿全集·辑校古籍编·十六》，国家图书馆出版社2021年版，第64—65页。值得说明的是，《鲁迅手稿全集》注为“鲁迅、章廷谦校”不符事实，准确来说是“鲁迅、周作人、章廷谦校”。

页右侧画出一条斜长细线，认为此字从女从犀，并题上“娃㛴寺本”，从而纠正了鲁迅的意见。

二、（右二十二行）“金钿铜镮”，川岛妄改“钿”为“钗”，鲁迅对之修改、涂抹多次，犹豫不决，只能写下“或非误”表示存疑。周作人看到后，在鲁迅批注的上方，用“寺本”告知其可从“钿”一说。

周作人为鲁迅、川岛正误后，将校稿寄回川岛。查《周作人日记》，1927 年 11 月 19 日项下记有：“晴。在家寄川岛、志侨函。”① 当指此事②。川岛收到周作人的三校（此相对于川岛的一校、鲁迅的二校而言）稿后，又自行四校，在此期间鲁迅还借阅了周作人的“信三张”③；1928 年秋天，川岛又把校稿交与鲁迅继续多次校勘或修改。总之，这样的工作仿佛一场友好论辩的回音，从 1927 年初持续到 1928 年底，严格来说，还持续到 20 世纪 30 年代（见后文）。鲁迅甚至边排边校，1928 年 10 月 12 日，因为上海罢工付排稿返回，鲁迅抓住机会再校：“《游仙窟》初校后，印局同盟罢工，昨天才又将再校送来，还要校一回才好。该印局字模，亦不见佳。”④ 足见鲁迅尤为看重这一本倾注了兄弟心血的《游仙窟》。此外，鲁迅还谈及在当时，“郑公本”（郑公即郑振铎）与“北新本”《游仙窟》存在出版竞争关系，因此鲁迅除了关注“《文学周报》上大讲该《窟》”的文化现象，还埋怨道：“例如《游仙窟》罢，印了一年，尚无著落。我因听见郑公振铎等，亦在排印，乃力催小峰，而仍无大效。”⑤

以上论述了周氏兄弟如何不遗余力地对《游仙窟》进行校勘与修订，那么，二周为何如此执着于合校《游仙窟》？这是否映射出彼时复杂的文坛动态？二周此番形同“整理国故”的举动是否又别有用意？目前学界对此仍缺乏深入分析。笔者以为，二周在“《游仙窟》事件”上通力协作，并校印《游仙窟》，某种程度上亦希望借之对两种论争事件（“革命文学”论争、“骈散之争”）进行直接或间接回应。

首先，在“郑公本”与“北新本”之外，我们还应当注意到“元禄本”《游仙

---

① 周作人：《周作人日记》〈中〉，大象出版社 1996 年版，第 544 页。

② 1927 年 12 月 9 日周作人日记又载“寄川岛函”（见周作人：《周作人日记》（中），大象出版社 1996 年版，第 547 页）；由于川岛收到校稿后致信鲁迅希望再继续校对，鲁迅与周作人同日（1927 年 12 月 9 日）复信川岛，鲁迅告之“我代校亦可也”（见鲁迅：《致章廷谦》，《鲁迅全集》〈第 12 卷〉，人民文学出版社 2005 年版，第 96 页），说明周作人早于 1927 年 12 月 9 日便将校稿寄回给川岛，故判断周作人 1927 年 11 月 19 日的日记当为寄校稿事项。

③ 鲁迅：《致章廷谦》，《鲁迅全集》（第 12 卷），人民文学出版社 2005 年版，第 97 页。

④ 鲁迅：《致章廷谦》，《鲁迅全集》（第 12 卷），人民文学出版社 2005 年版，第 133 页。

⑤ 鲁迅：《致章廷谦》，《鲁迅全集》（第 12 卷），人民文学出版社 2005 年版，第 152 页。鲁迅所谓“印了一年”与实际情况不符，《游仙窟》是 1928 年 9 月付排，11 月印完，1929 年 2 月初版，共花去五个月。但出版后的“北新本”《游仙窟》在版权页注“一九二八年十月付排”，其实是经鲁迅校后再重新付排的时间。

窟》扉页上日本人所作的原序。川岛所印行的是鲁迅藏本《游仙窟钞》，它与1928年海宁陈氏慎初堂校印的《古佚小说丛刊初集第一种·游仙窟》均以元禄三年（1690）本《游仙窟》为底本。笔者查阅多种以“元禄本”为底本的日本翻印本《游仙窟钞》，发现“元禄本”《游仙窟钞》进入中国摇身变为“慎初堂本”（开明书店发行）时，陈乃乾把三篇原序都作了删除处理。周氏兄弟作序跋的“北新本”《游仙窟》亦如是，删掉了三篇原序：一是“东海散人”于“元禄三年春三月”所作《游仙窟钞序》；二是《游仙窟序》（作者待考）；三是“文章生英房”所作无题序。至今仍鲜少被学人引论的是东海散人的《游仙窟钞序》，该序是手写的行书体汉文，飘逸非凡，并钤有两枚阴刻、阳刻印章：

> 盖文章所以载道而之后世矣。其文也犹存乎人，其人感则必含毫焉。古云：“心忧矣，遐不谓矣。”（子资笑，读之一噱焉。时元禄三年春三月东海散人书于休休亭。①（标点为笔者所加，焉、时二字原为当时日本的异体字，现转为通用字〈待考〉）。

以周氏兄弟对“元禄本”《游仙窟钞》的熟悉程度，当不会遗漏此手书体序文，恰如在“北新本”《游仙窟》的跋文中，周作人还详细述论了文章生英房的序文②。然而，“北新本”《游仙窟》最终还是决定删除包括东海散人《游仙窟钞序》在内的三篇原序。之所以如此，或许是因为东海散人序中所谓“盖文章所以载道而之后世矣”一语，对于正陷入1928年“革命文学”论争漩涡之中的周氏兄弟而言过于碍眼。1928年以后，鲁迅、周作人成为后期创造社、太阳社成员的主要攻击对象，譬如成仿吾如此鞭挞：“这是以《语丝》为中心的周作人一派的玩意。他们的标语是‘趣味’；我从前说过他们所矜持的是‘闲暇，闲暇，第三个闲暇’……他们超越在时代之上，他们已经这样过活了多年……”③ 此外，还有人嘲讽“堂鲁迅前年抄小说”，始终幻想“现在仍是那美好的中世纪”④。其实，鲁迅的“抄小说”习惯并非只在“前年”，“革命文学”论争发生之后，鲁迅仍然继续“抄小说”，其中便包括《游仙窟》（见后文）。总之，二周致力于校对“艳情传奇”《游仙窟》，显露出其有意与“盖文章所以

---

① 东海散人：《游仙窟钞序》，《（头书图画）游仙窟钞》（上），东京松山堂书铺。值得一提的是，日本各书肆翻印发行“元禄本”《游仙窟钞》的版本较多，惜多无出版年份，但均收有此序。至于《游仙窟》的其余版本，可见雷梦水：《〈游仙窟〉版本小记》，《鲁迅研究月刊》1991年第7期。

② 岂明（周作人）：《附录　夜读抄》，《游仙窟》，北新书局1929年版，第89页。

③ 成仿吾：《从文学革命到革命文学》，《创造月刊》1928年第1卷第9期。

④ 石厚生：《毕竟是“醉眼陶然”罢了》，《创造月刊》1928年第1卷第11期。

载道”传统的短暂“割席”。值得注意的是，上文已提及，1928 年 2-4 月，北新书局上海分局的机关刊物——《北新》半月刊第 2 卷第 9 号、第 10 号连载了周作人的《夜读抄（小引、一、二）》，该刊主编之一的潘梓年（1893—1972，江苏宜兴人）不仅参加过北伐战争，1927 年还加入中国共产党。面对 1928 年“革命文学”论争的兴起，潘梓年在《北新》一边连载周作人《夜读抄》（其二小标题为“游仙窟”，即后来“北新本”《游仙窟》的跋文），一边在此两期杂志之末作《编完以后》，首先强调“现在革命文学以及无产阶级文学的问题似乎在文坛上渐渐讨论得热闹起来。这个我们以为是好现象”①，其次又感慨“我们觉得现在的中国混乱已极，不论社会现象方面或思想方面都现出乱闯乱搅的情境。我们不但在学术上社会调查上应做切实的搜讨，以求根本解决的方针和涂术，就是在文艺上也应认清了面前的时代，对社会作一番整个的观察和客观的描述，不再作枝节的，宽泛的，个体的表现，以期这个混乱的情境得到一个豁然的出路”②。可见，当成仿吾批判“语丝派”“超越在时代之上”，潘梓年同样也反感撰稿人没有“认清了面前的时代”。从《北新》这两期的“编后语”来看，周作人谈论《匈奴奇士录》《黄蔷薇》乃至《游仙窟》等匈牙利、中国传奇小说的“夜读抄”系列文章，明显与杂志主编的激进主张格格不入。因此，当二周被卷入“革命文学”论争，他们一方面撰写火药味十足的文章进行自辨或反讽，譬如周作人明确反对“文以载道”：“革命文学亦无异于无聊文士的应制。”③ 另一方面，在备受读者冷落的“校稿”活动上，他们也试图以“保守”的考古心理反击追赶“时髦”的文坛生态，以被误会的“闲暇”的文化姿态，迫使文艺作品回归其审美本质或趣味功能。二周暂时逃离“理论斗争”④ 的“裹挟”，对《游仙窟》进行“每字必校”看似是“枝节的，宽泛的，个体的表现”，实际上他们希冀促成善本流通的同时，也在试图挖掘《游仙窟》在情欲书写以外的价值。

其次，周氏兄弟校订《游仙窟》，不仅是对“革命文学”论争采取一种“迂回性战术”的应变，而且是借之坚定其在“骈散之争”的立场。值得注意的是，为“北新本”《游仙窟》封面题签的还有一位“五四”先驱人物——钱玄同，可见该书由章太炎的三位弟子出面刊行，从而再次激起民国初年“骈散之争”事件的余波。删去“元禄本”《游仙窟钞》的三篇手写原序后，作为替代，“北新本”《游仙窟》补上了鲁

---

① 潘梓年：《编完以后》，《北新》1928 年第 2 卷第 9 号。《北新》刊载的《编完以后》未署名，不过该刊第 2 卷起由潘梓年共编辑了 12 期（见陈树萍：《北新书局与中国现代文学》，上海三联书店 2008 年版，第 99 页），故此期间的《编后以后》诸文当是潘梓年所作。

② 潘梓年：《编完以后》，《北新》1928 年第 2 卷第 10 号。

③ 岂明（周作人）：《随感九七・爆竹》，《语丝》1928 年第 4 卷第 9 期。

④ 李初梨：《怎样地建设革命文学》，《文化批判》1928 年第 2 号。

迅、周作人的序、跋二文。

周氏昆仲之序跋清晰地阐明其合校《游仙窟》的原因，鲁迅指出《游仙窟》的亮点：“不特当时之习俗如酬对舞咏，时语如廉晤嫛媒，可资博识；即其始以骈俪之语作传奇，前于陈球之《燕山外史》者千载，亦为治文学史者所不能废矣。”① 相比于《游仙窟》的“风俗史”价值，鲁迅更器重《游仙窟》的“文学史”地位，从而强调《游仙窟》作为中国骈体小说鼻祖，“始以骈俪之语作传奇”，正如他在《中国小说史略》（1924）对该种小说亦有“文近骈俪”② 的评语；无独有偶，周作人《夜读抄》也多“钞译”“抄录”《游仙窟》的各段骈文③，1925 年周作人在《语丝》又把小说《游仙窟》与日本俗歌集《松叶》做对比④，足以说明周作人与其兄一样，除了标榜出“情歌”潜藏的人类学价值，更是慧眼识珠地声张《游仙窟》的语体魅力。诚如二周所见，在流传至今的唐宋传奇中，《游仙窟》不仅是首创，而且是唯一的骈俪体传奇（其余传奇均为古文）。继《游仙窟》之后，第二种骈文小说晚于清季嘉庆年间才面世。因此，“革命文学”思潮兴起以后，作为章太炎弟子的周氏兄弟，不过是借《游仙窟》的“复归华土”，延续和呼应章门弟子在“文学革命”时期的骈散之争。

民国初年，章门弟子大举进入北大，包括黄侃、马裕藻、钱玄同、沈兼士等，尤其是以黄侃为代表的提倡骈文的选学派，打败了以林纾为代表的桐城古文派；1917 年以后，入职北大的周作人更增强了选学派的势力。正如陈平原所说，即使是喊出“桐城谬种、选学妖孽”口号的钱玄同，其实专门对付的是桐城派，“‘选学’不但没有受到彻底的清扫，反而可以成为新文化人的批判武器这一事实，本身也质疑了‘妖孽’的命名方式。实际上，经太严先生及周氏兄弟的努力转化，魏晋风度与六朝文章，将成为现代中国最值得重视的传统文学资源”⑤。不过，周氏兄弟所转化的，不仅是六朝文章，还包括延续了六朝“骈俪”的唐代传奇，这对于“言必称唐宋”的古文派而言，或许是更有力的反击。直至“五四”时期，周氏兄弟仍延续对“骈俪之语”的喜好，尤其是鲁迅在新文学创作方面，更是得骈文传统之精髓。学界已注意到鲁迅的散文诗集《野草》经常使用对偶性的骈文，语言精练，譬如《墓碣文》“全篇以四字句式为主，段落工整，行文整饬，排比运用显著，具有骈体文的形式美感”⑥。其实，若

① 鲁迅：《〈游仙窟〉序》，《游仙窟》，北新书局 1929 年版。

② 鲁迅：《中国小说史略》，《鲁迅全集》（第 9 卷），人民文学出版社 2005 年版，第 75 页。

③ 岂明（周作人）：《附录　夜读抄》，《游仙窟》，北新书局 1929 年版，第 71—89 页。

④ 凯明（周作人）：《蛮女的情歌》，《周作人散文全集》（第 4 卷），广西师范大学出版社 2009 年版，第 234 页。

⑤ 陈平原：《作为学科的文学史》，北京大学出版社 2011 年版，第 22—23 页。

⑥ 雷世文：《〈野草〉中的骈赋文体修辞》，《中国现代文学研究丛刊》2023 年第 1 期。

检读“北新本”《游仙窟》，可发现其文亦多采“四字骈俪”：

> 仆从汧陇，奉使河源。嗟运命之迍邅，叹乡关之渺邈。张骞古迹，十万里之波涛，伯禹遗踪，二千年之坂隥。深谷带地，凿穿崖岸之形，高岭横天，刀削冈峦之势。烟霞子细，泉石分明，实天上之灵奇，乃人间之妙绝。目所不见，耳所不闻。①

如上所举，《游仙窟》的骈体之佳，可见一斑。正因为鲁迅深知其创作受益于骈体文的训练，因此他并没有因噎废食，不至于崇“语体文”废“骈体文”，此亦是鲁迅对校订《游仙窟》如此热心的重要原因之一。当然，相比于历代发生的“骈散之争”②，周氏兄弟在1927年以后合校出版流失日本的“骈体”传奇，要容纳更多有关公共事件与兄弟关系的考量。在“北新本”《游仙窟》中，一方面，章门弟子的身份认同与日本听讲的兄弟记忆被重新调整于同一频率；另一方面，从“前五四”到“后五四”这两段时期的发声与回音，也昭示了鲁迅、周作人、钱玄同的论敌已从“桐城古文派”变换为“革命文学派”的事实。

三、《游仙窟》出版余波与周氏兄弟的最终抉择

1929年2月，“北新本”《游仙窟》终于面世。其初版后，仅过一个月又再版，1929年6月25日，鲁迅对该书的受欢迎现象感到欣喜：“《游仙窟》的销场的确不坏。”③ 可惜，鲁迅、周作人这种通力合作的势头没能如清水涟漪荡漾开来，而是被突如其来的另一事件波及和阻断。

与《语丝》从北京迁往上海一样，《现代评论》也于1927年被迫移至上海，将《现代评论》主编权交出的杨振声同年南下广州中山大学任教，之后北上受聘于新改制的清华大学；1929年1月12日，《周作人日记》载：“六时，晚餐。来者平伯、佩弦、可民、玄同、芝生、志希、金甫、耀辰、凤举、廷芳，共十人。”④ 金甫，即杨振声的字（亦作今甫）。在这次“十人聚餐”以后，周作人、杨振声还有多次书信来往。1929年6月，国立青岛大学筹备委员会成立，杨振声名列其中。与此同时，在周作人

---

① ［唐］张文成著；川岛校点：《游仙窟》，北新书局1929年版，第1—2页。

② 关于历代“骈散之争”的概况，可参阅朱志荣：《中国文学艺术论》，山西教育出版社2000年版，第169页。

③ 鲁迅：《致章廷谦》，《鲁迅全集》（第12卷），人民文学出版社2005年版，第191页。

④ 周作人：《周作人日记》（中），大象出版社1996年版，第579页。

任教燕京大学期间，杨振声也担任燕大国文系客座教授。1929 年 6 月鲁迅刚刚兴奋于“《游仙窟》的销场的确不坏”，却很快得知青岛大学的相关传闻，于是一个月后（7 月 21 日），鲁迅给川岛写信，态度又从喜悦转为愤慨，痛陈“语丝派”终于寿终正寝：

> 青岛大学已开。文科主任杨振声，此君近来似已联络周启明之流矣。此后各派分合，当颇改观。语丝派当消灭也。陈源亦已往青岛大学，还有赵景深沈从文易家钺之流云。①

鲁迅在信中所谓“此君近来似已联络周启明之流矣”，说明他已知悉了杨振声、周作人在 1929 年初的来往情形，而鲁迅不仅称“周启明之流”，还将其归入杨振声、陈西滢、赵景深、沈从文、易家钺之流，语气显得异常不客气。此时尽管鲁迅已辞去《语丝》主编之职，但《语丝》仍在印行。在鲁迅看来，杨振声将“联络”周作人至现代评论派的大本营青岛大学，意味着语丝派大势已去。表面上，鲁迅在向同样作为“某籍某系”的川岛诉说“语丝派当消灭也”，实际上已指涉了鲁迅、周作人、川岛在《语丝》变革以后凭借《游仙窟》而建立起来的“三人合校”模式，继 1922 年《现代小说译丛·第一集》由鲁迅、周作人、周建人“三人合译”之后，于 1929 年也“当消灭也”。

其实，杨振声 1930 年从清华大学文学院院长调任首任青岛大学校长后，周作人并未赴青岛大学任教，因此也谈不上与现代评论派“合流”②。随着“北新本”《游仙窟》的正式面世，周氏兄弟的合作便告一段落。后来，周作人以燕京大学讲师的身份，又作一篇《读游仙窟》长文，刊于《燕京大学图书馆报》1932 年 1 月 15 日第 21 期，此文当作于“北新本”《游仙窟》出版以后，只不过未署具体写作日期。令人感兴趣的是，在 20 世纪 30 年代初期，周作人为何发表该作③？

---

① 鲁迅：《致章廷谦》，《鲁迅全集》（第 12 卷），人民文学出版社 2005 年版，第 197 页。

② 周作人与青岛大学的关系仅是帮忙谋求教职。“国立”青岛大学成立后，1930 年，杨晦、废名希望去青岛大学任教，均致信周作人谈论此事，周作人为杨晦而寄杨振声函。见季培刚：《杨振声编年事辑初稿》，黄河出版社 2007 年版，第 98、111 页。

③ 周作人《读游仙窟》一文无写作日期，《周作人散文全集》注明该文“1928 年 4 月 1 日刊《北新》2 卷 10 号，署名岂明，收入《看云集》”（见周作人著，钟叔河编：《周作人散文全集》〈第 5 卷〉，广西师范大学出版社 2009 年版，第 449 页）。注文错误。周作人发表于《北新》1928 年 4 月 1 日 2 卷 10 号的是《夜读抄·（二）游仙窟》，此文未收《周作人散文全集》，但已收《周作人集外文》（周作人著，陈子善、赵国忠编：《周作人集外文（三）：1927—1945》，上海人民出版社 2020 年版，第 169—174 页）。至于另一篇《读游仙窟》，尽管写作日期待考，但最早应当发表于《燕京大学图书馆报》1932 年 1 月 15 日第 21 期，之后才收入《看云集》。

如果说鲁迅先前的“边排边校”工作足见其尽心尽责，那么周作人在《游仙窟》出版后仍执着于再校，亦可见其重视程度。周作人写此“校稿”，当然不是一时兴起，毕竟面对手头上鲁迅作序、自己作跋的“北新本”《游仙窟》，如若对鲁迅所称“周启明之流”有不满，本无需发表《读游仙窟》，或许他也希望借一种类似“回顾”或“解释”的姿态，以“重启”与鲁迅的合作对话吧。此外还有一个原因，1930 年冬天，《北新》半月刊正式停刊——周氏兄弟与《北新》《游仙窟》的故事，亦将尘封，而周作人则尝试唤起这一记忆。

“难产”的合校本《游仙窟》终于“顺产”后，1929 年 3 月，鲁迅曾致信川岛发出“呜呼噫嘻，此实为不佞所不及料，而自悔其性急之为多事者也”① 的喜悦之情；而见到“北新本”后，周作人对之再校，并以这样一段话作为自己校稿的结束：

> 《游仙窟》抄本乃是“法印权大僧都宗算”所写，联想起铁山寺的和尚，我们不禁要发出微笑，但是于江户文明很有影响的五山文学的精神在这里何尝不略露端倪，这样看去我们也就不能轻轻地付之一笑了。②

周作人对《游仙窟》文本中的思想特质之态度，从他的“发出微笑”可体现出来，然而，“发出微笑”四个字，与鲁迅“呜呼噫嘻”四个字，又何尝不是透露了兄弟二人对“北新本”《游仙窟》灌注有他们合作心血的欣慰之情？有意思的是，笔者查阅《燕京大学图书馆报》，发现紧跟周作人这篇“校后感”的末尾，还“附骥”了署名“马鑑”者的一长段按语。“马鑑”为何人？查燕京大学资料，“马鑑”正是浙江省鄞县人马鉴（1883—1959），赫赫有名的马氏五兄弟即“五马”（马裕藻、马衡、马鉴、马准、马廉）之一，年纪比周作人大两岁。马鉴早年留学美国纽约哥伦比亚大学，1926—1936 年间在燕京大学国文系当教授，并任国文系主任、燕京大学图书馆主席等多个职务。为了与周作人的文章做对比，马鉴首先引用了许多鲁迅对《游仙窟》的评论，随后总结道：

> ……以上两点，在本书周氏昆仲的序跋中，已经说得很明白。但或有人尚未看过此书，对于周君起明的这篇《读游仙窟》，难免不发生疑问；所以将这书的作者，版本，及书之显晦在此略述一下，以备读者的参考。马鑑附识③

① 鲁迅：《致章廷谦》，《鲁迅全集》（第 12 卷），人民文学出版社 2005 年版，第 152 页。
② 起明（周作人）：《读游仙窟》，《燕京大学图书馆报》1932 年第 21 期。
③ 马鑑：《读游仙窟 · 马鑑附识》，《燕京大学图书馆报》1932 年第 21 期。

应该说，对周作人此文先睹为快、并因为欣赏而为之写按语的马鉴，以其与周作人的亲密关系，最能看出“北新本”《游仙窟》对于“周氏昆仲”的特殊纪念意义。因此，马鉴在《燕京大学图书馆报》上强调“周氏昆仲的序跋”这七个字，已反映出二周“对话合作”之用意在读者中发生效果，不枉“周氏昆仲”在《游仙窟》的“长途”出版之路上费心费力。周作人随后又将《读游仙窟》收进《看云集》，众所周知，鲁迅、周作人对出版社的选择较为慎重，故周作人交由上海开明书店 1932 年 10 月印行其文集《看云集》，似并非没有考量。1927 年，鲁迅离开“革命策源地”广东，与许广平同赴上海，从此不再担任教职，成为定居上海的自由撰稿作家；1930 年，鲁迅从景云里迁居上海北四川路，在此处住有约三年。居沪期间，鲁迅常去内山书店、北新书局、商务印书馆等书店阅购书籍，因此《看云集·读游仙窟》在市面上尤其是开明书店所在地——上海的公开流传，从某些方面而言，亦有希望缓和兄弟二人的紧张关系。今查《鲁迅日记》，1932 年 10—11 月间，鲁迅“书账”记录如下：

> 现代散文家批评集二本　十月二十四日
> 文学的遗产（一至三）三本　十月二十五日
> ……
> 周作人散文钞一本
> 看云集一本
> 满铁支那月志三本　十一月三日①

可见，周作人在 1932 年 10 月刚出版《看云集》，鲁迅在上海旋即购进，速度之快，足见鲁迅对其弟仍然充满关怀。于是周作人关于“北新本”《游仙窟》的“校记文”与“读后感”，时隔多年又以另一种耐人寻味的方式，回到鲁迅手头上，亦将唤起鲁迅关于兄弟合作的记忆。

然而，好景不长，1933 年，周作人开始加入杨振声、沈从文的“京派”圈子；“施（蛰存）鲁（迅）之争”发生以后，周作人又与施蛰存合作，列名于施蛰存主编的“中国文学珍本丛书”编委之首。1935 年，鲁迅化名“直人”，在《太白》杂志发表《聚“珍”》一文，对周作人、沈启无指名道姓，怀疑和揶揄他们“推荐书目、介绍善本”②。紧接着，1936 年，周作人在《益世报》上作《〈梅花草堂笔谈〉等》回

① 鲁迅：《鲁迅全集》（第 16 卷），人民文学出版社 2005 年版，第 350 页。
② 直人（鲁迅）：《聚“珍”》，《太白》1935 年第 2 卷第 12 期。

应，暗示鲁迅等人对“珍本丛书”的攻击是一种偏见①。事已至此，周氏兄弟各有不满，联手已再无可能。值得注意的是，《唐人传奇集》曾被列为“中国文学珍本丛书”第一辑书目②，但出版完毕的第一辑内并无《唐人传奇集》，而第二辑计划又夭折，《唐人传奇集》乃“胎死腹中”、未能面世。这看似是一场意外，实则早有征兆，与此前周氏兄弟合校并促成“唐人传奇”《游仙窟》的成功出版，构成对比鲜明的两种“事件”。“‘珍本丛书’之争事件”与“《游仙窟》事件”的区别，让我们清晰地意识到，周氏兄弟的合作共识从来不是在国学复兴思潮中的“复古思维”——而是“输入新知”的“域外视野”，正如他们曾经“合译”《域外小说集》《现代日本小说集》的意图一样。

鲁迅逝世后的1937年，全面抗战爆发，川岛却希望在此时期印行鲁迅亲自手抄的庆安刻本《游仙窟》，并再次邀请周作人作跋。这是一个值得注意的时间，因为距离川岛1927年起为促成周氏兄弟合作而奔波，刚好跨越了整整十年。而川岛再将目光投向周作人，是因为他清楚地知道二周在《游仙窟》出版的前前后后，藏匿着一般读者难以揣摩的复杂情愫。尽管与鲁迅在30年代多有误会，周作人依然答应了川岛之请，这既是“周氏昆仲”最后一次合作的纪念，其实亦可视为一幅周作人致鲁迅的“挽联”。2021年，国家图书馆出版社《鲁迅手稿全集》收录有《鲁迅先生手写游仙窟》及“知堂”等人的跋文③。

对比1937年“鲁抄本”《游仙窟》与1929年“北新本”《游仙窟》，会发现有三点不同：

首先，周作人此次作跋不再像“北新本”《游仙窟》跋文那样进行铅印，而是完整地保留了手迹，这可以说是弥补了1929年鲁迅信中所诉的一个遗憾，即兄弟俩的序跋应该都采用手写稿，以示“一体”。令人感慨的是，周作人一方面回忆起兄弟异地合校的情形，“矛尘将往长沙，持豫才所写《游仙窟》全本来，命题数语。关于此书，旧有《读游仙窟》一文，在《看云集》中”④；另一方面又睹物思人，对鲁迅的抄书精神投以钦佩之情，并亲切地将鲁迅唤作“豫才”，“豫才勤于抄书，其刻苦非寻常人

① 乔晓鹏、王鹏飞：《张静庐与〈中国文学珍本丛书〉的出版》，《中国出版史研究》2019年第1期。

② 申报社：《〈中国文学珍本丛书·第一辑五十部〉发卖预约》，《申报》1935年9月2日。

③ 两张手稿分别见（唐）张文成撰，鲁迅抄：《鲁迅先生手写游仙窟》，《鲁迅手稿全集·辑校古籍编·十六》，国家图书馆出版社2021年版，第91、130页。

④ 知堂（周作人）：《〈鲁迅先生手写游仙窟〉跋》，《鲁迅手稿全集·辑校古籍编·十六》，国家图书馆出版社2021年版，第130页。

所及，观此册可见一斑”①，似有破除“兄弟不和”的心迹。

其次，周作人此次作跋不再像“北新本”那样署名“岂明”——一个与“常庚”（鲁迅）对应的名字，而是换署“知堂”，却在“知堂”旁边钤有一枚特殊的印章：“知惭愧”②。相比于文字，这一钤印所裹藏的思想才是周作人真正要传达的。从落款时间即卢沟桥事变以后的1937年11月8日来看，此印确实如邓云乡所言，反映了周作人未南下时“内心的矛盾和苦闷”③。不过，笔者以为更应该注意到篆刻“知惭愧”者，其实是与周作人同龄的绍兴人寿石工（1885—1950）④。1964年，周作人自制印谱并寄予鲍耀明。查《周作人印谱》，会发现周作人有“知堂”“作人”“苦雨斋”“苦茶庵”“岂明经手”“越人周作”等形形色色的多种名章。然而鲁迅去世后，周作人却舍去其他，唯独选中这枚“知惭愧”钤于鲁迅手稿，严格意义上它只是“闲章”，而非正经的名章，对亡者而言似不妥，可见周作人有意为之。其实，寿石工原名寿鉨，号石工，是鲁迅在教育部的同事，与绍兴寿镜吾有家族关系⑤。而寿镜吾正是周氏兄弟的私塾老师，因此在“《游仙窟》事件”十年历程中，于绍兴人川岛之外，又增加了一位与周氏兄弟“合作”的绍兴人寿石工，而从周氏兄弟永别的“跋尾”到周氏兄弟命运的“归根”，周作人此番的用心良苦，大概只有鲁迅才能明了，今人难以进一步揣测矣。

最后，周作人此次作跋不再像“北新本”那样采用“按语加钞译”，对1928年的“革命文学”论争避之不谈，而是直接点明“唯此刻无间贤愚，多在膜拜文艺政策，矛尘独珍藏此一卷书，岂能免于宝康瓠之讥哉”⑥。周作人欣慰于矛尘（川岛）还“珍藏”着“鲁抄本”《游仙窟》，并且可能提示了波及晚年鲁迅的“两个口号”论争，毕竟在1936年，徐懋庸等“国防文学”论者对主张“民族革命战争的大众文学”的鲁迅发起过驳难，引起鲁迅在病榻前愤怒。此外，为《鲁迅先生手写游仙窟》作跋

---

① 知堂（周作人）：《〈鲁迅先生手写游仙窟〉跋》，《鲁迅手稿全集·辑校古籍编·十六》，国家图书馆出版社2021年版，第130页。

② 知堂（周作人）：《〈鲁迅先生手写游仙窟〉跋》，《鲁迅手稿全集·辑校古籍编·十六》，国家图书馆出版社2021年版，第130页。

③ 邓云乡：《鲁迅抄碑、抄书及〈游仙窟〉跋》，《云乡话书》，河北教育出版社2004年版，第259页。

④ 鲍耀明藏：《知堂遗存　周作人印谱》，福建教育出版社2004年版，第57页。

⑤ 姜德明：《书味集》，生活·读书·新知三联书店1986年版，第31页。

⑥ 知堂（周作人）：《〈鲁迅先生手写游仙窟〉跋》，《鲁迅手稿全集·辑校古籍编·十六》，国家图书馆出版社2021年版，第130页。需要指出的是，林辰讨论周作人的这段跋语时，认为周作人“却无端拉扯到什么文艺政策”，甚至谴责周作人“隐寓鲁迅手迹为无用的‘康瓠’之意”（见林辰：《〈游仙窟〉的归来与传布》，《群言》1989年第7期），其显然没有领会周作人的“言外之意”，乃至产生带有偏见的曲解。

文的除了周作人，还有马裕藻、钱玄同、沈兼士三人——均是章太炎门下弟子。上一节已论及民国初年的“骈散之争”事件促进章门弟子对“《游仙窟》事件”的关注，包括鲁迅、周作人“合校”、钱玄同“题签”的《游仙窟》；而在大约二十年以后的1937年，“鲁抄本”《游仙窟》的四种“章门之跋”即可视为章门弟子对“骈散之争”事件的强烈回声，同时也预示着“《游仙窟》事件”的正式终结。

结　语

如果说晚清《域外小说集》是周氏兄弟在“合译”中致力于“异域文术新宗，自此始入华土”工作的开始，那么，跨越过“五四”时期的《现代小说译丛》《现代日本小说集》之后，1927—1937年间昆仲“合校”并促使“全文始复归华土”的《游仙窟》——便成为他们合作生涯结束的象征物。换言之，要考察《游仙窟》对于二周合作的意义，不应仅仅放在“古籍整理”的版图上，更应该聚焦于他们的“域外视野”。从手校稿到印刷品再到手抄本，《游仙窟》如同一面三棱镜，折射出纷繁复杂的“骈散之争”、“革命文学”论争、“珍本丛书”之争、“两个口号”论争以及周氏兄弟长达近30年的曲折合作史。换言之，“《游仙窟》事件”已超出作为“骈体传奇”的书籍本身，甚至超出鲁迅指称“《游仙窟》事件”的原初意义。《游仙窟》中有一段耐人寻味的对话，面对客人说：“此是神仙窟也。”主人巧妙地应答：“此是文章窟也。”① 话里机锋，值得追索。实际上，“《游仙窟》事件”也促使我们更深入理解中国现代文坛上“文章窟”的生产与演变。

（作者单位：北京师范大学文学院）

① ［唐］张文成著，川岛校点：《游仙窟》，北新书局1929年版，第13页。

选题、评奖与经典化：论新时期连环画与文学的互动关系

刘适南

1978年12月起，中国连环画发行量连年递增，优秀作品大量涌出，其中原创画作较少，绝大多数改编自同时期的经典文学作品，改编速度亦有快有慢，一般在原作发表的一到两年后。文学界方面，1979年3月，中国作家协会组织了全国第一届优秀短篇小说评奖，此后各类中短篇小说、报告文学、诗歌奖与茅盾文学奖也纷至沓来，确立起一批"新时期经典文学"，由此建构出新时期文学的基本面貌。可以发现，上述两条线路存在交汇点：一方面，新时期连环画在改编文学作品时需由编辑部或出版社"选题"，且连环画的选题对象往往与文学评奖的获奖作品存在重合。另一方面，1978—1982年的中国作家协会优秀短篇小说评奖存在读者投票环节，但读者投票排名与最终评选结果排名存在差异。这意味着文学评奖的排名差异构成了一个表征着"官方/精英/大众"张力关系的坐标系，而该坐标系恰可以为新时期连环画的选题标准提供注脚。在此基础上，如将新时期连环画的"改编速率"作为另一参照系加入其中，则可将其选题标准进一步细化分析。除选题问题外，连环画界分别于1981年、1986年展开了全国第二、三届连环画评奖，但其结果与文学评奖的结果却存在较大差异。连环画评奖确立了新时期的经典画作，建构起新时期的连环画主体，也形成了新时期连环画的经典化标准，并与文学的经典化标准保持对话关系。

日前的"文学—连环画"研究形成了"改编对读"的范式，这致使连环画于无形间成了"文学的传播媒介"，支撑于连环画繁荣背后的俨然是更广阔的文学大繁荣景象。依此前进，新时期连环画将长期处于文学的附庸位置而丧失主体性，相关讨论也只能局限于"连环画对文学的改编"而无法进入"连环画与文学互动"层面。但倘若不将连环画视为"文学的媒介"，而是将文学与连环画均视为媒介而等量齐观，则能

发现：新时期连环画的选题标准、改编效率体现出连环画界对于改编对象的主体性选择；连环画评奖则意味着新时期的经典化活动并非单一的文学活动，而是文艺界乃至整个社会的经典化活动。在其中，文学的经典化仅是环节之一，而非唯一标准。简言之，如果将文学作品比作货物，那么新时期的文学评奖便是进货的商人，“经典文学”是经过精选后进入商店的货物；连环画界则宛如于商店中挑选货品的客人，“经典连环画”好比客人的“购物清单”——连环画与文学的互动与对话恰发生在客人与商人在“进货”与“购物”时的不同标准中，文学评奖的意义在于为此互动与对话提供了一个良好的场景。

一、从获奖文学作品的连环画改编看连环画的“选题意识”

要讨论新时期连环画的选题意识，应限定在恰当的坐标系中——新时期的文学评奖。自 1979 年 3 月中国作家协会开展首次全国优秀短篇小说评奖以来，新时期文学评奖喷涌而出，奖项众多，评奖单位也层出不穷，除各级作协外还包括中国民间文艺研究会、各大刊物、各省市政府等。以 1983 年为例，该年度的文学评奖包括“中国作家协会 1982 年全国优秀短篇小说评奖”“全国民间文学评奖”“天津市鲁迅文艺奖金评奖”“河北省四化建设新人新貌文艺评奖”以及《雨花》《当代》《萌芽》《解放军文艺》等各个刊物的评奖等数十种①，其确立的经典文学作品则不可计数。诸评奖中，最具代表性、权威性，影响力最大的分别为“中国作家协会全国优秀短篇小说奖”“中国作家协会全国优秀中篇小说奖”与“茅盾文学奖”三项。该三项评奖为新时期文学评奖的开端，且规模最大、社会认可度最高；同时该评奖所遗存的史料最为丰富，其中便包括全国优秀短篇小说评奖中专家推荐与读者投票的情况。相对应的，连环画改编方面的统计对象则包括最具影响力的连环画刊物《连环画报》《富春江画报》《故事画报》以及人民美术出版社，上海、江苏、天津、湖南、辽宁等地方美术出版社发行的单行本连环画。统计时段处于 1978—1982 年——据统计结果，1983 年获奖的短、中、长篇小说的连环画改编率、改编力度均陡降，且 1983 年及其后的全国优秀短篇小说评奖不再设置读者投票环节，仅余读者来信。与此同时，1983 年底，新时期连环画发展也逐渐度过了充斥“现实题材”与“现代题材”画作的平庸阶段，并迅速走向衰落。

自 1978 年中国作家协会开始进行小说评奖以来，获奖作品被改编为连环画的比例始终高于四成（见附录表 1），且许多作品有多个改编版本，这意味着新时期连环画与

① 中国社会科学院文学研究所《中国文学研究年鉴》编辑委员会：《中国文学研究年鉴》（1984），中国文联出版公司 1985 年版，第 393—416 页。

文学的发展步伐有着高度的同一性，但同一性的背后也隐含着差异性。1978 年以来的全国短篇小说评奖虽并未区分一、二、三等奖，但其最终公布的名单排序也是经过官方权利的调整得出的，流露着主流话语对作品“经典性”的潜在考量——排位愈前，经典性愈强。但连环画界并未完全依照文学界所建立的“经典性”来进行选题，以 1978 年为例，排位靠前的《班主任》《神圣的使命》《窗口》《我们的军长》得到了改编，但末尾的《“不称心”的姐夫》《芙瑞达》《珊瑚岛上的死光》也未被忽视，其中《珊瑚岛上的死光》更有着三个改编版本。同理，其他年度评奖中排名靠后的作品如 1979 年的《空谷兰》、1980 年的《卖蟹》《最后一个军礼》也都得到了连环画改编。统计上述数据并不意味着连环画界不信任文学界所确立的经典作品，而毋宁说，连环画界的选题意识与文学的“经典化”标准是相互独立却又存在大量重叠的，二者的关系并非“文学经典确立后，连环画趋之若鹜地对其展开改编”，而是宛如两条时而相交、时而疏离、前进速度也不尽相同的缠绕线路。

连环画在 1985 年后迅速衰落，其相关史料仍有待深入发掘，故连环画选择改编对象的具体缘由今日的研究者无从得知，也尚难以复原出新时期连环画的完整生产模式。但所幸新时期文学评奖的相关材料已经得到较为充分的整理，从中亦可以窥见连环画选题意识背后的影响因素。1978 年全国短篇小说评奖采取了读者投票、专家推荐的形式，这一形式于其后数年也得到延续。1978 年的首届短篇评奖便是首先选出了 12 篇读者投票票数最高的作品，随后添加 8 篇专家推荐作品，共同组成了 20 篇“初选篇目”①。在这 20 篇初选篇目中②，可以发现读者投票选出的前 12 篇中有 9 篇得到了连环画改编③，而专家推荐的后 8 篇中仅有 3 篇得到了改编④。由于最终公布的获奖作品排序并不按照读者投票的顺序排列，因此固然改编画作多于文学评奖结束后出版，但连环画显然并未尽数依照文学评奖确立的经典秩序来进行选题，恰相反，连环画在代表大众的“读者”与代表精英的“专家”中更倾向于贴合前者的喜好。此后数年，这一现象仍在继续。1979 年短篇评奖中获得高票的作品《乔厂长上任记》（27222 票）《彩云归》（9793 票）《因为有了她》（5148 票）《阿扎与哈利》（4697 票）《小镇上的将军》（4270 票）⑤ 均得到了连环画改编，被改编为电视剧的《空谷兰》则出版了“电视剧连环画”，但在最终公布的名单中，《彩云归》《阿扎与哈利》《因为有了她》

---

① 刘锡诚：《在文坛边缘上　编辑手记》，河南大学出版社 2004 年版，第 187 页。

② 崔道怡：《春花秋月系相思——短篇小说评奖琐忆》，《小说家》1999 年第 1 期。

③ 分别为《班主任》《神圣的使命》《我们的军长》《窗口》《伤痕》《爱情的位置》《献身》《珊瑚岛上的死光》《姻缘》，其中《爱情的位置》因刘心武已有《班主任》获奖而最终被撤出名单。

④ 分别为《墓场与鲜花》《芙瑞达》《望日莲》，其中《望日莲》最终被撤出名单。最终名单中新增的《从森林里来的孩子》《“不称心”的姐夫》也得到了改编。

⑤ 刘锡诚：《在文坛边缘上　编辑手记》，河南大学出版社 2004 年版，第 300 页。

都被不同程度下调了排名，《空谷兰》更是被排在了倒数第四的位置。与1979年情况相仿的是，1982年短篇评奖中票数前两名《明姑娘》《女大学生宿舍》① 均被下调排名，但也都被连环画改编，后者更是被改编为三个版本；1981年短篇评奖中得票第一的《内当家》得到一致肯定，得票第二的《飘逝的花头巾》被冯牧、曹明等人反对，还被刘白羽从名单中勾去，最终排名被下调至第四位②。但在连环画改编中，《内当家》仅被《连环画报》刊载于普通页面，《飘逝的花头巾》却占据了1981年第11期《连环画报》的彩页，显然更受重视。纵观1978—1982年间短篇评奖情况，得票数前两名的作品③仅有1980年张抗抗的《夏》未被改编为连环画，而读者投票仅仅是一年内作品民间影响力的缩影，足见每年深受读者喜爱的文学作品往往便是连环画改编选题的不二之选。

大众喜好并非连环画选题的唯一标准，1979年的获奖短篇中，读者投票数不高的《内奸》与《李顺大造屋》也都得到了改编；1980年获奖短篇中排名较为靠后的《被爱情遗忘的角落》更是分别出现于连环画刊物、单行本、电影连环画三个阵地上；1982年短篇评奖的第二批备选篇目中排名倒数第五的《哦，香雪》不仅在最终获奖名单中一跃而上成为第五位，还被《连环画报》《富春江画报》《故事画报》三大刊物同时刊发。1981年开始举行的全国中篇小说评奖、1982年举办的首届茅盾文学奖均为专家投票评选，连环画的改编情况也与评选结果排序较为贴合：在首届中篇评奖中获得一等奖的5部作品中《人到中年》《在没有航标的河流上》《天云山传奇》均被选中改编，而获得二等奖的10部作品中仅有《大墙上的红玉兰》《开拓者》被选中。在第二届中篇评奖中，该现象更加明显：被选中改编的9篇获奖作品均出现于名单前14名中，而后10名纷纷落选，排名第一的《高山下的花环》被改编高达12版，形成了连环画改编文学的一大奇观；排名第三的《人生》被改编4版；《人生》《黑骏马》《那五》均被《连环画报》分上下期连载刊发。上述情形意味着新时期连环画在选题时也十分注重文本的艺术造诣，时常与专家的意见不谋而合；此外，1979年获奖作品中的《罗浮山血泪祭》《重逢》未被改编，但1979年《连环画报》却力推了同一题材的《枫》并产生巨大影响。由此足见政治话语等因素也是选题中不可忽略的一环。

还需注意，由于中长篇小说篇幅适合被改编为电影，故其连环画改编中“电影连环画”这一模式也存在一定影响：《人到中年》《在没有航标的河流上》《天云山传

---

① 崔道怡：《春兰秋菊留秀色，雪月风花照眼明——短篇小说评奖琐忆》（四），《小说家》1999年第4期。

② 崔道怡：《喜看百花争妍——短篇小说评奖琐忆》（三），《小说家》1999年第3期。

③ 这些作品分别为《班主任》《神圣的使命》《乔厂长上任记》《彩云归》《西线轶事》《夏》《内当家》《飘逝的花头巾》《明姑娘》《女大学生宿舍》。

奇》《高山下的花环》《张铁匠的罗曼史》《许茂和他的女儿们》等获奖作品等均曾被改编为电影，并出版了电影连环画。但这些作品也都有相应的绘制连环画版本，再加之《人生》《芙蓉镇》的电影虽风行一时，但同时代并无电影连环画面世①，因此“触电”对于连环画选题的影响还需被谨慎估计。除此之外，首届茅盾文学奖中被着重改编的《李自成》还展现出连环画的“媒介特性”：即便新时期连环画界屡屡自称已进入“大雅之堂”，但其读者群仍多为青少年及识字程度较低的人群，而最受欢迎的作品仍是历史故事与战争、武侠题材，在此影响下，茅盾文学奖中的《李自成》《东方》与中篇小说评奖中获奖的《神鞭》均被多个出版社改编，版本繁多。总体而言，新时期连环画的选题意识首先受到“大众喜好”的影响，但艺术性、政治性、媒介特性、小说“触电”等多重因素也在发挥复杂作用。且“大众喜好”的背后还潜藏着两个向度：一是面向商业市场、满足世俗需求而在通俗层面上迎合大众；二是承载着“文艺大众化”重担而从政治层面上以“大众化”来“化大众”。故如欲对此问题细做甄别，还需从“改编效率”角度对获奖作品的连环画改编情况进行细分。

二、连环画“时间意识”的生成及其影响

中国连环画对于文学作品的改编周期不固定，“十七年时期”的连环画改编尚未进入“自觉”阶段，多为政策的产物——贺友直回忆《山乡巨变》的连环画改编时便提到“领导上把这个题材定为建党四十周年的献礼书”，他也为此多次前往湖南益阳农村体验生活，并认为“这一作品从选题开始到定稿，领导的作用是很重要的。因为，只有领导的决心，才会有作者的决心”②，可见“十七年时期”的连环画绘画有着较强的计划性，改编者首先考虑的是政治目的而非时效性。这一模式在“‘文革’连环画”中愈加严重。“文革”时期文学活动较少，连环画的改编对象仅有样板戏、《金光大道》等作品，其余多数创作为集体创作，如画家李斌便曾在黑龙江人民出版社的组织下编绘关于一名老红军的连环画作品③。进入新时期后，该现象发生了改变：1971年《连环画报》复刊以来，多地出版社建立连环画编辑室，各色刊物、画报齐出，争先恐后捕捉可供改编的热门选题④；连环画稿酬制度复苏，独立作者也开始向连环画刊物、出版社投送稿件。《工农兵画报》中曾有读者来信指出“《连环画报》的几个重

① 《芙蓉镇》的电影连环画面世于21世纪。

② 连环画论丛编辑部：《连环画论丛》（第1辑），人民美术出版社1980年版，第63页。

③ 李斌：《我的连环画记忆》，《连环画报》2021年第5期。

④ 如岭南美术出版社《周末》画报的编辑洪斯文迅速发掘了《高山下的花环》并组织改编，但其出版仍晚于辽宁美术出版社一个月。

点作品很突出……两刊题材相同的作品我都细细作了比较，觉得有的不及他们”①，可见刊物间的竞争关系已经客观出现，而《连环画报》便是借“冲破禁区”这一热点迅速获得了优胜。现代化市场带来的出版社、刊物间的竞争对老旧的连环画界带来了强烈冲击，“时间意识”被灌注入每一个编创者的观念中，也为他们提出更高的要求，即关注文学现场、选择热门题材，这些热门题材往往便出自文学评奖结果之中，但这并不意味着连环画选题势必受到文学评奖的影响：有的画作在评奖前便已开始创作或完成。“改编效率”的差异能够体现出连环画界对于改编对象的重视程度，以及其与文学现场、市场需求的互动情况。

新时期连环画在改编文学作品时存在滞后性。通过《枫》改编速度进行推断，画作刊发应至少比文学原作发表晚半年以上，因此在文学评奖前或在发奖日期后半年至一年内得到改编的连环画，受评奖结果影响的可能性较小，更能体现出连环画界对于文学现场、时代话语的观察与考量②。新时期的连环画界主要存在两类连环画发表形式：刊物与单行本。其中连环画刊物的改编时效性最强，因其可采用连载的形式，如《高山下的花环》在发表后便迅速被《周末》画报改编，甚至有读者将其与原著对读③，而《连环画报》等月刊的改编速度与单行本相比则是效率上各有快慢，风格上各有不同。连环画刊物中改编效率较高的作品包括《伤痕》《窗口》《种包谷的老人》《被爱情遗忘的角落》《乔厂长上任记》《内当家》《记忆》《你是共产党员吗?》等，这些多应为编辑部选题、约稿的产物。据画家杨宏富回忆，他向《连环画报》投稿的作品在“个把月后”才得到回复④，可见一般情况下，自然投稿的效率是无法支持如此迅捷的改编活动的，因此这些得到高效改编的作品往往也能体现出刊物编辑部的选题倾向。不难发现，这些作品具有一种共性：倘将其置入20世纪80年代连环画历史中考察，可以发现连环画界为其赋予了另一个名字——“现实题材”。1979年2月，在《连环画报》编辑部召开的座谈会中，《连环画报》编辑部负责人陈惠冠曾指出

---

① 参见1979年第12期《工农兵画报》的《读者 作者 编者》一栏中汪长发的来信。

② 《枫》在1979年2月发表一个月后，编辑吴棣将其交予陈宜明、李斌、刘宇廉三人进行改编，并刊登于1979年第8期《连环画报》。这一速度成为同时代连环画改编文学的标杆，因此在文学评奖后半年内刊发的画作，其选题行为应大概率发生于文学评奖之前。在1978—1982年的三大评奖的改编画作中，符合此条件的作品包括《班主任》《窗口》《伤痕》《珊瑚岛上的死光》《乔厂长上任记》《阿扎与哈利》《记忆》《西线轶事》《天山深处的大兵》《你是共产党员吗?》《被爱情遗忘的角落》《内当家》《爬满青藤的木屋》《八百米深处》《明姑娘》《种包谷的老人》《女大学生宿舍》《火红的云霞》《第九个售货亭》等短篇小说，《人到中年》《天云山传奇》《高山下的花环》《人生》《那五》《射天狼》《张铁匠的罗曼史》等中篇小说，《许茂和他的女儿们》《东方》《李自成》等长篇小说。

③ 连环画论丛编辑部：《连环画论丛》（第9辑），人民美术出版社1984年版，第59页。

④ 杨宏富：《〈连环画报〉力挺我》，《连环画报》2021年第5期。

“党中央已经决定，从一九七九年开始，把全党的工作重心转移到社会主义现代化建设上来……为了更好地为‘四化’服务，连环画应以现实题材为主”①，此后“现实题材”几近成为新时期连环画不可不谈的话题，也成了主流话语对连环画提出的一大要求。许多获奖作品能够得到高效改编，正是因为连环画需要在选题时兼顾“现实题材”的要求，江丰便曾指出“出版社在每个年度都应定个选题计划……对现实题材，在选题计划中，应占有一定的比重”②。不过1978—1982年间的连环画刊物中，产生巨大影响的“现实题材”连环画仅有《窗口》《伤痕》《枫》《人到中年》等寥寥数部，而如《乔厂长上任记》《内当家》《你是共产党员吗？》等却并未产生与其文学原作相当的社会影响。

新时期的连环画期刊有责任遵从“现实题材”的选题方向，并在其中承担某种“普及与提高”的宣传功能，在此要求下，新时期连环画刊物的“时间意识”体现在对符合“现实题材”标准的作品有目的性地筛选与捕捉中，并形成了一种“政策导向型”的选题标准。此标准在“现实题材”后期还衍生出其他形态，如“现代题材”：1982年11月15日至30日，首次现代题材连环画邀请展览及座谈会在天津举行，会中伍杰指出“岳阳会议③以后，连环画形势是非常好的，在很多方面都有了新的发展。消极的东西少了，积极的东西多了。古典题材少了，现代题材多了”④。随后在《故事画报》刊载的各大出版社的工作体会中，出版社们无一例外地对其发出响应：江苏人民出版社表示“题材的选择上，我们坚持现代题材为主，历史题材、外国题材兼顾”⑤；湖南美术出版社表示“坚持以出版现代题材连环画为主要任务……同时，我们也有选择的改编一些古今中外有价值的题材”⑥；河北美术出版社表示“确定三个主要选题方向。第一，努力挖掘革命故事……第二，抓好现实题材……第三，抓好古典题材，重点抓好具有地方特色的历史故事和民间故事传说等，以加强对青少年‘热爱祖国，热爱河北’的教育”⑦。除此之外，这种“政策导向”不仅发生于约稿活动中，

---

① 本刊记者：《在新时期发挥连环画特有的战斗作用——本刊编辑部召开的一次座谈会简记》，《连环画报》1979年第2期。

② 连环画论丛编辑部：《连环画论丛》（第4辑），人民美术出版社1983年版，第9页。

③ 岳阳会议为1982年3月中宣部在湖南岳阳召开的部分省、市、自治区连环画出版工作座谈会，提倡以现代题材为主，对古代、近代的题材进行筛选，有计划地编辑出版。

④ 本刊记者：《首次现代题材连环画邀请展览及座谈会在天津隆重举行》，《故事画报》1983年第1期。

⑤ 李毓琦：《提高工作效率　促进创作繁荣——连环画编辑工作的几点体会》，《故事画报》1983年第3期。

⑥ 湘连：《全心全意做好连环画编辑工作》，《故事画报》1983年第5期。

⑦ 潘真：《提高出版质量　做好编辑工作——介绍河北美术出版社连环画编辑室》，《故事画报》1984年第2期。

也发生于对来稿的选择与改动中：尤劲东编创现实题材画作《人到中年》时，起初是出自个人喜好，但《连环画报》编辑部同意发表后便即刻安排脚本作者王素创作脚本，替换了尤劲东自写的脚本①。

但在有些时候，“政策导向型”标准下进行连环画编创也是一种“吃力不讨好”的行为。1978—1982年间的连环画刊物中，产生巨大影响的“现实题材”连环画仅有《窗口》《伤痕》《枫》《人到中年》等寥寥数部，而如《乔厂长上任记》《内当家》《你是共产党员吗?》等却并未产生与其文学原作相当的社会影响。这背后存在着两个困境：一是时间精力不够，江丰曾指出“创作现实题材的连环画比较困难……希望出版社肯下本钱，鼓励作者深入到生活中去”②，贺友直也认为“现实题材真正搞得好，读者还是欢迎的”③，并建议各出版社花时间创作“看家书”④，这意味着优秀的现实题材画作应当“慢工出细活”，但是现实题材画作本身的急迫性又在抵触着“慢工”：“现实题材往往有某种时间性，选题这一关，你等了好久，再编绘、印刷、出版等成书后，往往贻误了时机”⑤；二是收效不佳，政策并未规定现实题材在出版计划中的占比，不过其重要性却被一再重申，但是从市场上看，现实题材画作时常订数少，销路差，最终亏本。简言之，现实题材的改编耗时耗力，但其时效性与低回报率又使出版社无法也不愿消耗过多的时间精力于其上，这也决定了现实题材画作良莠不齐的基本情形。

单行本连环画则更倾向于在悬疑、武侠、战争等题材上显露紧迫感。新时期改编效率较高的单行本连环画包括《珊瑚岛上的死光》《班主任》《神鞭》《天云山传奇》等，通俗兴味更浓，其原因也可从单行本与刊物的区别来深入分析。首先，连环画刊物的优势在于即便其用重要篇幅（彩页）刊载现实、现代题材连环画，也可以用其他位置刊载受青少年、识字程度较低的读者喜爱的历史、战争题材作品；其次，连环画刊物的主要发售模式为订阅，而单行本连环画除售卖外还有“小人书摊”这一租借模式，该模式也被称为“一分钱的生意”——以南宁街道图书室为例，租看连环画的收费标准为现场看每本一分钱，外租每本两分钱且收取一定押金。商业模式的不同也为单行本出版社带来了比连环画刊物更加竞争激烈的环境，出版社们不仅需要在选题、内容上下工夫，甚至还在图书封面上竞争：“同是《珊瑚岛上的死光》，封面明显画着

---

① 邵大箴：《万山红遍 新中国美术60年访谈录》（1949—2009），人民美术出版社2009年版，第313页。

② 连环画论丛编辑部：《连环画论丛》（第4辑），人民美术出版社1983年版，第9页。

③ 连环画论丛编辑部：《连环画论丛》（第3辑），人民美术出版社1982年版，第15页。

④ 连环画论丛编辑部：《连环画论丛》（第3辑），人民美术出版社1982年版，第18页。

⑤ 连环画论丛编辑部：《连环画论丛》（第9辑），人民美术出版社1984年版，第10页。

主人公在试验死光的一本就比画其它的更热门。”① 如此激烈的商业竞争状况使得单行本连环画方面的“时间意识”尤其强烈，其结果则是单行本连环画在选题乃至编创中出现了一定程度的“媚俗”倾向，形成了一种“市场导向型”的经典化标准，这一标准更强调市场竞争与改编效率，而一定程度上减损了原作乃至改编画作的艺术性，譬如被改编高达 12 版的《高山下的花环》中，北京版与岭南版便被杨兆林称为“失败”与“粗糙”② 的。此外，市场导向也会排斥更典型的“现实题材”作品——除《班主任》《许茂和他的女儿们》等少数或具有社会热度、或被改编为电影的作品外，现实题材并不是单行本连环画的主要改编对象。

如果说“政策导向型”选题会从现实题材的时效性上对改编效率提出要求，那么“市场导向型”选题则更多因经济效益而表现出时间意识。但在更多时候，现实题材连环画还是会在原作刊发将近两年乃至三四年后再作改编，针对这些作品，时间意识失去了解释效力，而应回到“文学经典化”的影响上。杨兆林曾指出，现实题材的选题存在“怕出毛病”“‘左’的影响”“认识难于统一”三种问题，其中“怕出毛病，是怕社会效果不好，怕引起批评。因此，应对的办法就是等。等什么，等报刊杂志发表评论文章，叫好的多了，大家一拥而上”③。某种程度上，报刊发表了评论文章便意味着文学作品已经进入了经典化流程中，连环画界这一迟缓的追随也实实在在体现出其于文学场的滞后与依附，这意味着新时期连环画中依旧存在着一种“文学依附型”的选题标准。但也需注意：一方面，“依附”主要发生于现实题材连环画的领域内——该领域内多数画作的选题与编创还需文学经典化的引领，但这并不意味着改编效率较低的画作均为依附文学的产物，另一方面，“文学依附型”标准虽然带来了充足的编创时间，也产生了《哦，香雪》《黑骏马》等优秀实绩，但更多还是因时效性欠佳而影响力稍弱，这些作品往往无法跻身新时期经典连环画的序列中。

对新时期连环画的选题行动进行考察的目的在于重溯新时期的“连环画主体”。新时期连环画，尤其是现实题材画作的选题是独立而主动的行动，其既在连环画媒介所处的特有政策与市场环境中对文学进行挑选，又时而受到文学评论的影响，呈现出对文学界的依附与暧昧，有时“文学性”还会以某种“市场光环”的面貌出现。在此基础上，倘若超越“现实题材”的窠臼，可以发现这一“连环画主体”不仅存在于对共时的文学作品的选题里，还更多作为新时期整体社会文化的重要表征——倘若对新时期连环画评奖结果中的题材占比情况进行分析，这一情况便显而易见。

---

① 连环画论丛编辑部：《连环画论丛》（第 3 辑），人民美术出版社 1982 年版，第 97 页。
② 连环画论丛编辑部：《连环画论丛》（第 9 辑），人民美术出版社 1984 年版，第 13 页。
③ 连环画论丛编辑部：《连环画论丛》（第 9 辑），人民美术出版社 1984 年版，第 9—10 页。

三、连环画评奖与连环画界的“经典化”

与文学界近乎同时，连环画界也于20世纪80年代恢复了评奖活动，分别于1981年与1986年开展了全国第二、三届连环画创作评奖，其中第二届评奖的参评对象为1963—1980年的连环画作品①，第三届为1981—1985年的所有作品。其中第三届评奖包括“荣誉奖”与“创作奖”两项，前者为全国美展中的获奖作品，后者为评奖结果，由于许多优秀作品已于美展中获奖，故“创作奖”的一等奖被空缺。与文学评奖相仿，新时期的连环画评奖也发挥着确立经典化画作与型塑新时期连环画主体面貌的功用。在现实题材画作中，新确立的连环画经典与文学经典存在重合，但重合数量并不高：1978—1983年间，至少有88篇获奖文学作品被改编为138版连环画，但这些画作在连环画评奖中获奖的只有13版（12部），分别为第二届评奖中获奖的《伤痕》与《信任》，第三届评奖中获奖的《人到中年》（绘画与脚本奖）《高山下的花环》《芙蓉镇》《人生》《船过青浪滩》《黑骏马》《山月不知心里事》《烟壶》《哦，香雪》与《啊！枪声》，此外亦有《草原上的小路》《三个法庭》等少数画作的原作并未于文学评奖中获奖，因此在现实题材领域内，连环画与文学的经典化标准是较为近似的。但倘若将观照对象拓宽至所有连环画评奖的获奖画作，则可发现现实题材仅为其中一部分：从题材上看，获奖连环画可以划分为革命题材、历史题材、外国题材、民族题材、现实题材、科幻题材与现代文学作品改编等多个类型；从数量上看，对新时期文学场较为依附的现实题材仅占据了较小的比例，绝大多数获奖作品仍为革命、历史题材。这意味着现实题材领域内部的情形并不能代表新时期连环画的整体情况，新时期连环画界的经典化行动应当与同时代的文学场“解绑”，而从一个更广阔的社会与历史视野中被加以考量。

两届连环画评奖中（见附录表2、表3），现实题材画作的数量总量远少于历史、革命题材，但在历届绘画一等奖获奖作品中革命、历史、现实题材、现代文学改编的画作均有出现、且脚本一等奖中现实题材占比相对更高。这背后固然有评选委员会对于选题平衡性的考量，但也能从侧面映射出连环画界对于现实题材画作的使用方式。一方面，连环画界在改编文学经典时携有一定的功利性：刊物希望能够乘上文学作品或思潮的“东风”而一举引发社会轰动，如《班主任》《高山下的花环》等。但结合同时期各大连环画编辑室的具体情形，多数出版社的编辑人员数量不足以支撑其对更

① 虽然第二届连环画评奖对象时间跨度较大，但其中创作于1976—1980年的作品达89件，占获奖总量的80%。

多作品进行高质量改编，在这种情况下，连环画编辑往往会在敏锐地捕捉到一个热点后迅速将大多数精力投入其中，产出精品画作。该画作一经轰动，连环画界往往不会、也没有能力再对其他与此热点题材近似的作品提起重视。譬如《内当家》《李顺大造屋》《乔厂长上任记》等连环画即便改编自被经典化的获奖作品，大多也因质量稍逊而无法在连环画评奖中有所斩获。这种"赶热门"的创作模式也时而会造成题材的重复，曹作锐便曾批评道"过去之所以题材重复较多，很大一个原因就是赶热门，吃现成饭的原故。如果把赶热门改为找冷门，把吃现成饭改为肯于半创作的话，题材重复的问题一定会大大减少"①。诚如曹作锐所言，较为成功的现实题材改编画作如《班主任》《高山下的花环》《人生》《哦，香雪》等都有多个版本，且常有两个及以上的版本近乎同时刊出的情况，但"赶热门"并不意味着质量差，尤其是在连环画刊物中，编辑部往往在热门选题上耗费大量精力，并将其刊登于彩页或扉页，如在两届连环画评奖与全国美展中获得一等奖的《伤痕》《枫》《人到中年》均为刊发于连环画报彩页与扉页的作品。这些作品的内容为能够引发读者共鸣的热门话题，绘画形式也多种多样，兼具艺术性与话题性，因此能够引发较大的社会反响并最终获奖。但"赶热门"的创作也存在一定随机性与风险性：如《飘逝的花头巾》《女大学生宿舍》等改编自热门小说的画作，即便被着力改编并刊登于彩页或首页，最终依然反响平平。

对西宁街道图书室的读者群体进行调研的结果显示："低幼儿童爱看动植物童话故事连环画。少年儿童最爱看战斗、反特、科学幻想、探险之类题材……次为英雄故事、老一辈革命家故事、科学家故事和历史故事之类；再次为寓言、神话、成语故事之类……青年人则更关心青年题材的连环画。以我国古典文学名著……改编的连环画，大人小孩都欢迎。"② 与之相契合，获奖画作中革命、历史两类题材占比最大，外国题材与现代文学改编也占据了一定的比重。表面上看，这确实是迎合中低年龄段读者市场的必然结果。但不可忽略，不同于文学需要依靠即时的创作介入或引导社会文化，连环画的选题对象并不局限于共时的文学场，还包括古代、现代、外国的文学作品，这些作品在新时期被改编为连环画，势必沾染新的思想倾向，也应被置于新时期的时代话语中讨论。某种程度上，新时期连环画选择历史、革命、外国题材与现代文学进行改编并不仅是依照"市场导向型"选题的结果，而是一种古为今用的，承载着新思想、新意图的"新编"行为，如上海人民美术出版社编辑杨兆林便认为"范滂和李固，都是东汉末期的党人，他们在和宦官、外戚的斗争中坚贞不屈，视死如归。刘秀在取得政权后，马上转入建设，并且重视知识分子的作用。这些人物是历史的镜子，

---

① 连环画论丛编辑部：《连环画论丛》（第 4 辑），人民美术出版社 1983 年版，第 32 页。

② 连环画论丛编辑部：《连环画论丛》（第 3 辑），人民美术出版社 1982 年版，第 97 页。

对今天的广大读者仍然有借鉴作用"①，其中"外戚""宦官"的暗喻与重视知识分子的话题都是极具当下性的；《连环画报》刊载获奖画作《伊利亚特的故事》时也于篇首指出"熟悉这些故事和记住其中人物的名字，对读者学习文学、艺术，以至新闻、体育、航海及军事、外交等，都会带来方便"②，显露出"汇入世界大潮"的雄心壮志。此外，连环画界始终有着"重绘画、轻脚本"的现象，在两届连环画评奖中获奖的画作也出现了大量吸收了水彩、油画、木炭画、墨笔干擦等技法的作品，且在图画排版与脚本写作上也有创制，如魏小明绘画的《黑骏马》以木炭画出略微变形、剪影式的人物，极具张力；版画专业的尤劲东在创作《人到中年》时受到了克里姆特与俄罗斯插图的影响③；《草原上的小路》的脚本改编则对原作情节进行了剪切拼接等，此类画作的获奖等级也往往较高。这些美术技法、脚本编创手法的创新正体现出新时期对于传统线描技法、旧式脚本写法等旧模式的突破。总体而言，无论是上述新技法得到普及与认可，还是历史、革命、外国题材与现代文学改编的连环画以"新编"的面目出现，都意味着新时期连环画界的经典化成了一种兼具社会性与历史性的事件：这种经典化是广阔的，其对象绝不依附于文学或个别媒介，而是将文学、美术、电影等多个领域囊括在内；同时这种经典化也是历时性的，是对中国乃至世界古今文艺作品的筛选与"再阐释"，其目的是在一个"破旧立新"的新时期服膺于某种新的话语权力系统，在这一意义上，也可称之为一种"再经典化"或"重写"。

从共时、历时两个角度拓展中国新时期的"经典化"活动，并不意在于将新时期文学界的经典化"窄化"为对同时代文学的经典化——事实上新时期的文学界也在进行着"世界文学名著重印""重写文学史"等富有"再经典化"意味的活动——而在于将连环画从文学的"依附者"地位中解放出来。新时期以来，连环画对同时代文学的依附主要发生于部分现实题材作品的改编活动中，且许多现实题材画作的选题、改编也是主动且自觉的。但倘若将视角拓宽，可见事实上连环画已经生成了能够与文学并立的主体性，因此其对"选题""经典化"等问题的处理是主动的：针对文学界对同时代文学场选出的经典文学，连环画编辑会从中选择个别既能满足政策要求、又具有市场轰动性潜质的作品重点改编、发行；针对古今中外的其他文学作品，连环画界则会依照时代话语进行筛选并将其"再经典化"。但也需注意，现实题材连环画中"赶热度""重点改编、发行"的模式是由客观的市场环境与生产条件决定的，因此也必然出现在所有的连环画题材中，譬如获奖画作中的《最后一课》《小鼓手》等也被

① 连环画论丛编辑部：《连环画论丛》（第9辑），人民美术出版社1984年版，第11页。

② 本刊编辑：《伊利亚特的故事》，《连环画报》1981年第5期。

③ 邵大箴：《万山红遍　新中国美术60年访谈录》（1949—2009），人民美术出版社2009年版，第313—315页。

刊登于彩页并引发了读者讨论。

结 语

自1978年底中国进入“新时期”以来，文学确实一度与社会思潮结合紧密，或言之新时期的社会文化面貌于很大程度上也是由文学塑造的。但正因此，研究者也可将新时期文学视为彼时种种社会文化现象中的一环，而非一个时代的“原点”。彼时大批优秀的文学作品接连引发社会轰动，“一时间人们把小说看成了思想解放的艺术先声”①，这些作品在文学评奖中斩获佳绩并迅速被经典化，因此所谓的“新时期文学经典”很大程度上是由同时代的文学作品构成的，在这种经典化的过程中，一种文学史叙事生成了，叙事之牢固几近将新时期的各类文艺的历史与文学绑为一体，以至于凡谈及新时期、20世纪80年代的文艺思潮，仿佛便只能在“伤痕—反思—寻根—先锋”内部打转。而此时提起连环画的意义正在于：新时期连环画密切关注着同时代文学的经典化进程，但其对新时期文学经典的改编是经过了主动的选题过程，有侧重、有快慢地进行着的，有时改编速度甚至还会快于文学界的经典化速度。更重要的是，新时期文学经典仅仅是连环画的众多选题对象中代表“现实题材”的一类，且在连环画评奖所树立的经典作品中，现实题材所占的比重并不大。简言之，以“文学评奖”“连环画评奖”为场域，携“选题”与“经典化”问题进入新时期连环画的意义在于溯回一个“文学主体”之外的“连环画主体”，并使之与通行的文学史叙事发生互动与对话，从而寻找某种超越“文学原点论”的可能。

倘若从“连环画主体”的位置观照，可以发现连环画对文学的选题、改编背后并非仅受文学场的驱使，而是在一个更广阔的政治、市场、美术、文学交织的复杂文化生态中发生的行动。诚然，新时期文学对连环画存在影响是无可否认的，但如对这一影响做细致估量，可以发现其主要发生于时间意识较弱的“文学依附型”选题中，更多时候连环画对于改编对象的选题是主动、自觉的，其背后存在着连环画媒介自身的运转逻辑。因此不应困囿于“连环画受文学影响，并给文学以反作用”的简易辩证关系中讨论连环画与文学的互动关系，而应将二者作为并立的媒介主体置入20世纪80年代的历史现场中进行考察：一方面，承袭着30年代木刻版画、“连环图画”的血脉，连环画始终肩负着强烈的宣传使命；另一方面，不同于主要面向识字水平较高的成人读者的文学，连环画更亲和于中低年龄段、识字水平较低的读者群体需求，有着“大众化”的先天优势。因此连环画既能在文化水平稍差的群体中更好地发挥宣传功

① 崔道怡：《春花秋月系相思——短篇小说评奖琐忆》，《小说家》1999年第1期。

用，又能更直接地繁荣彼时的通俗文化，并有效触及一些文学无法抵达的社会“暗角”。在这一意义上，连环画与文学携手参与到新时期社会文化与时代话语的构建中，相较于单向而直接的“影响”的施加，二者互动关系更应被视为两种独立媒介主体间的对话与合作。

附录：

表1　得到连环画改编的获奖文学作品统计（1978—1983）

奖项	连环画改编篇目	总计	改编占比
1978年优秀短篇小说评奖	《班主任》《神圣的使命》(2)《窗口》《我们的军长》(2)《伤痕》(2)《从森林里来的孩子》《献身》《墓场与鲜花》《姻缘》《不称心的姐夫》《芙瑞达》《珊瑚岛上的死光》(3)	12	48%
1979年优秀短篇小说评奖	《乔厂长上任记》《小镇上的将军》《李顺大造屋》《内奸》(2)《彩云归》(3)《阿扎与哈利》(2)《记忆》《信任》《因为有了她》《空谷兰》	10	40%
1980年优秀短篇小说评奖	《西线轶事》《乡场上》《陈奂生上城》《灵与肉》(2)《南湖月》《天山深处的大兵》《你是共产党员吗》(2)《结婚现场会》《红线记》《被爱情遗忘的角落》(3)《“橛柄”韩宝山》《最后一个军礼》《彩色的夜》《卖蟹》《笨人王老大(电影宣传画)》	15	50%
1981年优秀短篇小说评奖	《内当家》《卖驴》《飘逝的花头巾》《黑箭》(3)《普通老百姓》《山月不知心里事》《大淖记事》《黑娃照相》《爬满青藤的木屋》《金鹿儿》	10	50%
1982年优秀短篇小说评奖	《拜年》《八百米深处》《明姑娘》(2)《哦，香雪！》(3)《种包谷的老人》《女大学生宿舍》(3)《三角梅》《火红的云霞》(2)《第九个售货亭》	10	50%
1983年优秀短篇小说评奖	《围墙》《阵痛》《兵车行》《琥珀色的篝火》《树上的鸟儿》《沙灶遗风》《肖尔布拉克》《船过青浪滩》	8	40%
第一届全国优秀中篇小说评奖(1977-1980)	《人到中年》(2)《在没有航标的河流上》(2)《天云山传奇》(2)《大墙上的红玉兰》(2)《开拓者》	5	33%
第二届全国优秀中篇小说评奖(1982)	《高山下的花环》(12)《人生》(4)《黑骏马》《那五》(2)《燕儿窝之夜》《射天狼》《流逝》《张铁匠罗曼史》《驼峰上的爱》	9	37.5%
第三届全国优秀中篇小说评奖(1983-1984)	《美食家》《烟壶》《神鞭》(3)《啊，索伦河谷的枪声》(2)	4	20%
第一届茅盾文学奖	《许茂和他的女儿们》(3)《东方》(2)《将军吟》(2)《李自成》(6)《芙蓉镇》《冬天里的春天》	6	100%
第二届茅盾文学奖	《黄河东流去》	1	33%
* 作品名后括号内数字为小说被改编版本的数量			

表 2　新时期连环画评奖绘画奖题材分类统计

		绘画一等奖	绘画二等奖	绘画三等奖
全国第二届连环画创作评奖	革命题材	《白求恩在中国》《白毛女》	《人欢马叫》《小骑手》《万里送马》《水牢仇》《冬梅》《女英雄刘胡兰》《无产阶级的歌》《东进东进》《闪闪的红星》《红日》《红岩》《伟大的历程》《沙家浜》《灿烂的星辰》《纸条儿和纸条儿》《周总理在重庆》《秋瑾》《战斗的历程》《黄继光》《烽火里程》《彩虹》《渔岛怒潮》《智捕大鲟鱼》《鉴湖女侠》	未评选
	历史题材	《十五贯》	《十五贯》《十二品正官》《万里送马》《丝路花雨》《驮炭记》《西门豹除巫》《灯花》《孙悟空三打白骨精》《李白》《李时珍》《李白和杜甫》《京郊之战》《宝船》《郑成功收复台湾》《咆哮的黑龙江》《卓玛找雨神》《将相和》《草原英雄》《海瑞罢官》《笑画》《唐赛儿》《清兵入塞》《烽火里程》《逼上梁山》《鉴真》《蔡文姬》	
	现实题材	《伤痕》	《失踪了的星星》《信任》《谁之罪》	
	外国题材		《在海上》《灰姑娘》《海的女儿》《热爱生命》《狼外婆》《勒肖和壮锦》《最后一课》《斯巴达克思》《警长的儿女》	
	现代文学	《白光》	《为奴隶的母亲》《伤逝》《阿 Q 正传》《药》	
	科幻题材		《三个法庭》《小灵通漫游未来》《地质之光》《假话国历险记》《迷岛》《魔鬼角的歌声》	
全国第三届连环画创作评奖绘画荣誉奖	革命题材			《红旗谱》《西安事变》《可爱的中国》《送棉被》《高山下的花环》
	历史题材	《罗伦赶考》	《辛弃疾》《钗头凤》	《长恨歌》
	现实题材	《人到中年》		《人生》《船过青浪滩》《达吉和她的父亲》
	外国题材		《雪雁》	《一个女人的刚毅》《周游世界》《斯诺西行》《小鼓手》
	现代文学	《月牙儿》		《王贵与李香香》《家》
	民族题材	《邦锦美朵》	《嘎达梅林》	

续表2

		绘画一等奖	绘画二等奖	绘画三等奖
全国第三届连环画创作评奖绘画创作奖	革命题材	空缺	《廖仲恺》《赵一曼》《陈赓大将》《李兆林将军》《淮海大战》《高山下的花环》《运河英豪》《长江三部曲》	《暴风骤雨》《罗瑞卿的青少年时代》《伟大的先驱》《革命先驱夏明翰》《三家巷》《川江怒涛》
	历史题材		《长生殿》《李慧娘》《水浒》《梦中缘》《镜花缘》《龙女牧羊》《尤三姐》《兰亭传奇》《棒槌姑娘》	《红楼梦的故事》《打渔杀家》《蛇郎》《李时珍》《牡丹亭》《长恨歌》《中国历史演义故事画—宋史》
	现实题材		《黑骏马》《赌据的风波》《要是我当县长》	芙蓉镇》《山月不知心里事》《烟壶》《哦，香雪》
	外国题材		《贵妇还乡》《伊利亚特的故事》《带阁楼的房子》《一个儿子》	《海伦凯勒》《莱特湾大海战》《神秘岛》《林肯》
	现代文学		《铁木前传》《小二黑结婚》《老通宝》《微神》《生死场》《丰收》	《幻灭》《子夜》
	其他			世界上最小的乐器-口弦

表3　新时期连环画评奖脚本奖题材分类统计

		脚本一等奖	脚本二等奖	脚本三等奖
全国第二届连环画创作评奖	历史题材	《中国成语故事》	《十五贯》《十二品正官》《小谢》《三打祝家庄》《东郭先生》《连心锁》《金绣娘》《京郊之战》《李自成(上美/天美)》	
	革命题材		《白求恩在中国》《长白之子》《挺进报》《朝阳沟》《白毛女》《红岩》《周恩来的青少年时代》	
	现代文学	《胆剑篇》		
	现实题材	《草原上的小路》	《白卷先生》《谁之罪》	
	外国题材		《唐人街上的传说》《爱迪生》《敦厚的诈骗犯》《悲惨世界》《鲁滨孙漂流记》《斯巴达克思》	
	童话/通俗题材		《英雄的雁》《青铜宝剑》《飞碟之谜》《在密林中》《碧血凝剑》	

续表3

		脚本一等奖	脚本二等奖	脚本三等奖
全国第三届连环画评奖脚本奖	历史题材	《中国诗歌故事·钗头凤》	《红楼梦人物故事》《龙女牧羊》《敦煌壁画故事》	《镜花缘》《金瓯缺》《通俗前后汉演义》《唐代历史故事》《海灯法师》《百万富翁林汤元》《中国历史演义故事画—宋史》
	革命题材		《长江三部曲》《红旗谱》《苦海恩仇》	《袁世凯窃国记》《冼星海在巴黎》《演习提前结束》《血染盘龙》《抓来的"老师"》
	现实题材	《人到中年广告楼》	《要是我当县长》《啊！枪声》	《牧马人》《二度姻缘》
	外国题材		《拿破仑传》《燕妮和马克思》	《吝啬鬼》《玛丽娜一世》
	现代文学		《家》《老通宝》	
	民族题材		《嘎达梅林》《七进阿佤山》	
	童话\通俗题材		《乐叔和虾仔》《舒克贝塔历险记	《小巧儿的巧算》《野狼谷》《知识童话》《云南白药始末记》

（作者单位：上海交通大学人文学院）

回家的诱惑

——论洪深留美戏剧《为之有室》的性别叙事与跨种族表演①

周宏亮

洪深在美国先后求学于俄亥俄州立大学（下文简称 OSU）和哈佛大学，但目前国内资料对他这两段经历的描述都语焉不详，对于洪深在 OSU 哥伦布校区的三年留学时光更是一笔带过。俄亥俄州立大学是美国戏剧创作、表演和研究的重镇。洪深于 1916 年赴美留学，攻读 OSU 陶瓷工程专业的学士学位。在哥伦布留学期间，他积极参加学生社团，比如说大都会俱乐部（Cosmopolitan Club）②、俄亥俄州中国学生俱乐部（Ohio State Chinese Students Club）、青年基督徒协会（Young Men's Christian Association）和足球队（Soccer League）③ 等。大都会俱乐部旨在促进国际学生的跨文化交流，也正是在和社团成员的交往互动之间，洪深在异国他乡确认了自己的种族、性别与母国文化之身份认同。洪深以自己是中国人而自豪，在 OSU 积极宣扬中华文化。“洪深在俄亥俄联盟（Ohio Union）④ 组织中华文化交流活动，以汉语角和讲座的形式向美国同学讲授中国的语言、文学和教育。”⑤ 洪深的热情分享为其在学校赢得了良好的人缘与声誉，“1918 年，洪深被选为了大都会俱乐部的主席”⑥。学生活动的组

① 本文系国家社科基金重大项目“中国近现代话剧文献补遗与集成研究”（22&ZD270）阶段性研究成果。

② *Cosmopolitan Club*, The Ohio State Lantern, 1 January, 1919.

③ *Foreign Men Want Team*, The Ohio State Lantern, 10 October, 1919.

④ 俄亥俄联盟（Ohio Union）是俄亥俄州立大学哥伦布校区的一座大型建筑，专门用于开展学生活动与管理工作。同时，它也是学生和老师友好交流的公共空间，能为舞台表演、美食制作、朋友聚餐、心理咨询、电影放映、宗教朝拜、情感交流、勤工俭学、职业规划、学术讨论等多元文化活动提供场所。

⑤ *Society Holds Chinese Night*, The Ohio State Lantern, 13 April, 1919.

⑥ *Cosmopolitan Club to Elect*, The Ohio State Lantern, 30 September, 1919.

织经验及其积累的人脉资源为洪深日后的剧团搭建和演员邀请打下了坚实基础。

“洪深作为第一位在西方系统学习并实践戏剧艺术的中国人，他在美期间获得的专业知识与演剧经验深刻地改变了现代中国戏剧发展的路径。”① 他人生第一次成功的商业戏剧演出实践就发生在俄亥俄州。《为之有室》（*The Wedded Husband*）这部剧本是洪深1913年在OSU参与路易斯·库珀（Louis Cooper）教授的英文写作课所写的课程作业。该剧于1919年4月11日和12日在哥伦布校区的大礼堂公开商演。《为之有室》是世界戏剧史上第一部由中国人主编、主导和主演的、顺性别和跨种族表演的现代话剧。“该剧除了语言不是汉语，服装舞美和表演程式都是典型的中式风格，本质上是一出原汁原味的中国戏剧。”②《为之有室》早已超出了校园演剧的范畴，主创人员的中国色彩使其吸引了当时全美众多知名学者的好感与注意。“演出前，古彻学院的高彻博士、哥伦比亚大学的华纳教授和哥伦布展览中心的顾笛博士等诸位外校专家都希望获得观摩赠票。这是本国（美国）有史以来第一次由外国留学生主创的校园演剧获得如此广泛的社会关注。”③ 这些专家学者们的应援，成了《为之有室》演出最好的广告。一时间，哥伦布市出现了万人空巷的盛况。当年的观剧记录显示“两晚的演出都座无虚席”④。

一、现代中国的陌生语法与（反）传统的审美眩晕

《为之有室》之所以深受当时美国观众的追捧和欢迎，与其内容的异域色彩与主创人员的国族认同紧密相关。“剧中的婚礼场景，以逼真的方式展示了传统中国的婚恋习俗，引人入胜。”⑤ 洪深以一种本土化的自我揭露的视角，满足了西方观众对于中国的猎奇心理与美学想象。当“后新文化运动”的中国“新青年”们，被所谓的现实主义所感召，试图在国内制造本土化的娜拉神话之时，远在美国俄亥俄州的洪深却对“出走的娜拉”展开了另辟蹊径的反思，他通过打破大团圆的结局模式和对于传统伦理道德与家庭观念的深描刻画，为现代中国戏剧创造了一种陌生的语法。

《为之有室》的故事背景设置在民国初年的天津，晚清的遗风尚未散去，剧中的人物都没有名字。洪深用大人、小姐、老爷和少爷这些带有鲜明旧时代印迹的称呼为

① Siyuan Liu. *Hong Shen and Adaptation of Western Plays in Modern Chinese Theater*, Modern Chinese Literature and Culture, 2015, Vol. 27, No. 2, pp. 106-171.

② *Cosmopolitan Club to Give Chinese Play*, The Ohio State Lantern, 20 January, 1919.

③ *Eastern Professors Request Play Tickets*, The Ohio State Lantern, 8 April, 1919.

④ *Capacity Audiences Sees Presentations of Chinese Hay*, Ohio State Lantern, April 14, 1919

⑤ *To Give Chinese Play in Chapel*, The Ohio State Lantern, 1 April, 1919.

剧中的角色命名。剧本的核心情节是王大人和陈老爷为自己的一对儿女王小姐和陈少爷指婚，王小姐却在定亲后爱上了在新式学堂接受过教育的杨先生（洪深本人饰演）。但出于对父亲的孝道，她还是选择了嫁给陈少爷。婚礼当天高朋满座，王小姐在辛苦应酬后不幸感染时疫，陈少爷不顾自身安危，衣不解带地为其侍疾。八个星期后，王小姐康复了，陈少爷却不幸因染病而身亡。眼看着女儿从鬼门关回来，王大人终于意识到女儿的健康和幸福比什么都重要。于是，王大人将杨先生召来并将女儿指婚给他。得知父亲回心转意，王小姐喜出望外，然而当女仆告诉她陈少爷是如何细心为其侍疾之后，王小姐动摇了。在经过思想斗争后，王小姐拒绝了真爱、没有选择跟随杨先生去内蒙古，而是选择留在天津为陈少爷守望门寡，做一名忠诚于婚姻的礼教囚徒①。洪深用脸谱化的方式将杨先生和陈少爷当成了文化天平里对立的两极，他们接受了新学和旧学两种截然不同的教育体系，象征着被夸张化突显的中西文明的分野。本剧中最吊诡的是女主角王小姐面对婚姻的两次抉择，都选择了偏向文化保守主义的那一个选项：她服从了父亲的第一次指婚，选择嫁给自己不爱的人；她反抗了父亲的第二次指婚，选择不嫁给自己的心爱之人。王小姐有着同娜拉相似的家庭与婚姻困境；她也有着出走的念头，可是缺乏走出第一步的决心。她不敢追求爱情，而是掩饰隐藏内心的真实想法，最终活成了一座肃穆而失语的贞洁牌坊。

在“后新文化运动”的时代，《为之有室》是极其特殊的，它不仅违背了现代中国话剧里娜拉出走的社会思潮，也颠覆了同时代百老汇戏剧盛行的英雄和恶棍的二元对立模式。无论是放在中国戏剧史，还是美国戏剧史，这部作品都称得上空前。剧本里的角色没有典型坏人，也没有典型好人。所有人都是身不由己，王大人和陈老爷出于爱子之心为子女包办婚姻，王小姐、陈少爷和杨先生也又困于自己所坚信的价值观而不得已伤害了自己且辜负了他人。没有人应该为故事里的悲剧而背锅，所有的角色都活在一种身不由己的伦理旋涡当中，他们同创作者本人一样充满了人性复杂的多重面向。无论是染病身亡的陈少爷，还是为礼教而守寡的王小姐，又或者是自我流放于沙漠的杨先生，他们的悲惨遭遇在美国观众眼中都属于咎由自取，带有着自我感动的东方主义式抒情。这些角色（连同舞台上扮演他们的演员）以暧昧的形状和难以定义的光谱，给予异国剧场的观众一种审美的眩晕。

洪深在1919年的俄亥俄州借用一对无法自由恋爱的青年男女的爱情悲剧，用最委婉的笔调、批判了大洋彼岸由“出走的娜拉”而引发的艺文喧嚣。但是他鉴于国内汹涌的进步潮流，并不敢直接表达他的保守主义之异见，而是在演出前和演出后反复向

① 剧情概括是笔者根据OSU戏剧系Stratos Constantinidis教授发来的原版剧本自行总结的。

观众强调："他无意代表中国，更无意抹黑同胞的进步形象。"① 根据 OSU 的档案，1919 年 4 月 11 日一位美国观众在看完《为之有室》的首演后留下了生动的观剧记录："洪深在演出正式开始之前站在幕前向观众强调本剧不能准确地描述和表达正处于激烈变化的中国。本剧虽然在尽力刻画民国早期的风土人情，但本剧纯属虚构，并不是真实的历史记录。"② 之所以如此刻意地解释，是因为《为之有室》刻画的包办婚姻与当时我国新文化运动后热烈展开的男女平等运动和婚姻自由的社会风气是背道而驰的。在 20 世纪早期的中国，现实主义创作思潮在戏剧界掀起了壮阔波澜，易卜生的"娜拉出走"激励和鼓舞了一代有识之士以笔为枪，号召中国女性站起来、勇敢争取恋爱自主与婚姻自由。以胡适的《终身大事》为代表的社会问题剧频繁涌现，成了易卜生式娜拉在中国土地上的翻版。这些戏剧借由《新青年》杂志等思想阵地，引起了当时国人的热议，展示了受过西方教育的中国知识分子们"对于根深蒂固的儒家礼法制度与压迫人的官方话语的反抗"③。

当洪深的戏剧家同胞们都在追求进步、呼唤自由的时候，为何他会别出心裁地创造出这样一部保守主义戏剧作品，已经变成了中国话剧史上难以回答的难题。也许是洪深本人厌恶了当时中华戏曲里流行的大团圆结局，试图用传统的方式去反对传统，从而发现和探索现代中国戏剧美学的新大陆。又或者洪深是试图用矫枉过正的方式去感化西方观众，教导他们中国的情、伦理与传统家庭观。更有可能的是，"反娜拉"式女主角的出现，是洪深家族政治倾向的美学再现。仔细查阅洪深留美期间的资料，不难发现他在 1916—1922 年间的文化保守主义倾向称得上自始至终。"1920 年洪深在《戏剧艺术》(*Theatre Arts*) 杂志发表论文《当代中国戏剧》(*The Contemporary Chinese Theatre*) 并将传统戏曲称之为最受欢迎、最具生命力的当代中国戏剧（而不是新生的话剧）。1921 年洪深在张彭春的帮助之下、在美国纽约和华盛顿连演了八场《木兰从军》。"④ 洪深在论文里表达的对戏曲的推崇及其《木兰从军》里忠孝情怀的价值宣扬，连同 1919 年演出的《为之有室》，成为他保守戏剧思想的最集中体现。

---

① 洪深曾于 1919 年 4 月 9 日给 OSU 校报主编写信，抗议校方在宣传《为之有室》时制作并张贴的"中国龙"海报，因为海报中的龙形象给西方观众一种威慑感，违背了演出旨在促进中美文化友好交流的初衷。

② *Capacity Audiences Sees Presentations of Chinese Hay*, Ohio State Lantern, April 14, 1919.

③ Xiaomei Chen. *Occidentalism: A Theory of Counter－Discourse in Post-Mao China*, New York: Oxford University Press, 1995, p. 123.

④ Liang Luo. *Reading Hong Shen Intermedially*. Modern Chinese Literature and Culture, 2015, Vol. 27, No. 2, pp. 208-248.

二、苦闷的青年、暧昧的民主与复杂的时代隐喻

约瑟华·金德斯坦（Joshua Goldstein）认为从晚清到民国的现代中国戏剧本质上是“民主体制的化身”①，观众身处现实的社会，演员创造的是象征的舞台。观和演的双相场域彼此渗透，戏剧表演以现实主义为准绳、以唤醒普罗大众为使命，在大众传媒尚未普及的时代里无形之中承担了启迪民智的功能，从而与迫在眉睫的社会问题产生了激烈的互文与共振。深受西方文化洗礼与爱国主义感召的中国知识分子试图用文艺创作的方式去直面半殖民地半封建社会的“惨淡的人生与淋漓的鲜血”，进而投射并再造一个他们心中的理想中国。他们从“救救孩子”到“解放妇女”，试图唤醒更多在“黑屋子”里“沉默的国人们的魂灵”。在一个以“民主科学”为政治口号的时代里，备受鼓舞的中国娜拉们换上了现代服装，走上北京和上海的街头。然而离散异域的洪深却在努力地劝说她们回家。因此，在现代中国很多激进的戏剧改革者的眼中，描摹女性出走失败的剧本《为之有室》是落后于时代的。

洪深在创作时的美学取向展现了他潜意识的保守主义政治态度，这和他的家庭背景：从小接受的家教紧密相关。洪深的父亲洪述祖是著名的“宋教仁案”的主要凶手。瓦特·梅瑟夫（Walter Meserve）和鲁斯·梅瑟夫（Ruth Meserve）的研究证明了“洪深的父亲在辛亥革命之后就是袁世凯坚定而忠实的支持者。1915 年袁世凯得以复辟称帝离不开洪述祖的积极筹谋与奔走活动”②。1919 年 4 月 5 日，当洪深的父亲因刺杀宋教仁一案被处以死刑的时候，洪深正在俄亥俄州紧锣密鼓地排练《为之有室》的演出。洪深幼承庭训，深受他父亲的影响。因此他笔下的“反娜拉”式女主角形象也是他潜意识中继承家族意志的体现。袁世凯复辟闹剧的失败，也证明了民主共和之进步观念在中国早已深入人心。文化保守主义随着洪深父亲的身首异处，也预示着一个旧时代的寿终正寝。洪深本人对此心知肚明，所以他才会在演出前用英语向美国观众解释自己的作品无法代表一个“正在进步”的中国，他学成回国以后也对自己在哥伦布的这一次大胆（或者说创新的）戏剧实践而有意回避、讳莫如深。

洪深作为一个旧中国的保守家庭出来的留洋新青年，他的洋和他的新，皆根植于深厚的中华传统文化与洪氏家族的教育，他终其一生都无法同洪氏家族的过去一刀两

---

① Goldstein Joshua. *Drama Kings: Players and Publics in the Re-creation of Peking Opera*, 1870-1937. Berkeley: University of California Press, 2007. p. 73.

② Walter Meserve, Ruth Meserve. *Hung Shen: Chinese Dramatist Trained in America*. Theatre Journal, 1979, Vol. 31, No. 1, pp. 25-34.

断。他在异域的离散经历，无意之间使得他的婚姻故事成为旧中国家庭的猎奇范本。从作家研究的角度来看：娜拉就是洪深本人的真实写照。洪深同他笔下的女主人公一样，未曾脱离原生家庭的桎梏。他不能够旗帜鲜明地为了进步而进步，做不到为了推到一切而推倒一切。他也无意抛弃历史、从母国数千年的文化中“出走”。《为之有室》的保守主义倾向并不能单纯地理解为身兼作家、导演和演员数职的洪深对于娜拉出走之社会风尚的委婉拒绝。该剧还在华人离散异域的跨文化背景之下，将传统中国带向并走进了所谓的现代世界，使得当时和后世的观众对于洪深本人及其现代中国戏剧的理解有了更为丰富且复杂的内涵，在西方个人主义泛滥的语境之下、人为地凸显了中国文化对于家庭观念的重视和集体主义的遵循。

《为之有室》中美丽娴静而严格遵守中国传统伦理教义的女主角王小姐是出走的娜拉的反义词。对于现代中国戏剧来说，“娜拉出走（Nora's Home-leaving）的主题包涵了女性对于父权和夫权的双重逃离。这业已成了中国在新文化运动和五四运动之后新女性群体（及其男性知识分子代言人）追求个人自主与恋爱自由的核心修辞与文化隐喻”①。留美青年洪深在剧本里通过将王小姐心甘情愿留守于家庭，表达了他对于现代中国文化场域里狂飙突进的关于“出走”的反思。他在西方文明的现代大本营（美国），用最国际化的语言（英语）展示了中国现代话剧在都市生活中的另一层面向。王小姐的爱情选择是洪深本人婚姻观的生动折射。虽然洪深出生显贵，但他本人却是封建包办婚姻的受益者。“1916 年，洪深赴美留学之前接受父母的包办婚姻，迎娶常州余氏女为妻。两人十分恩爱，直至 1932 年余氏因肺结核不幸去世。”② 洪深依据本人甜蜜的婚后生活，臆想出包办婚姻的好处与合法性，进而在戏剧创作的过程中试图为本该被时代所抛弃的婚恋价值观而正名。

中国传统礼教中对于父母的孝顺和婚姻契约的忠诚，成了洪深在剧本中用力刻画的情感格式塔。如在第一幕中，洛莲娜扮演的王小姐与玛德莲扮演的女仆有一场在闺房里清点和欣赏订婚礼物的戏。两位白人女性身穿刺绣的汉服，试图模仿中国古典仕女的言行举止，用英语介绍旧中国的婚姻六礼。中国的传统文化以一种美的形象展现在舞台上，给剧场里的华人观众带来了久违的乡情愁绪，也给美国观众带来了可视化的东方主义之文化奇观。洪深以婚礼仪式为窗口、以复杂的三角恋爱为路径，表达了他对于戏剧改革和全盘西化的社会风气之剧变的思考。他借由故事中暧昧不清的爱情

---

① Shuei-may Chang. *Casting off the Shackles of Family: Ibsen's Nora Figure in Modern Chinese Literature*, 1918-1942. New York: Peter Lang Publishing Inc., 2004, pp. 25-49.

② Xuelei Huang. *Hong Shen in the Popular Press*. Modern Chinese Literature and Culture, 2015, Vol. 27, No. 2, pp. 9-50.

纠葛，试图为迷茫、苦闷而打破一切，推到一切、渴望新生蜕变的现代中国开出一剂文化保守主义的治病良方。值得肯定的是，他以传统的方式去反对“传统”，并没有陷落于“东弱西强”和“西方英雄拯救东方美女”的叙事窠臼，而是以顺性别与跨种族表演，解构了当时西方戏剧盛行的“傅满洲”式的迷思。

三、反亚情结的扮装与“反傅满洲”的跨种族表演

美（帝国主义）文艺界对于非西方文明的丑化和“他者化”由来已久，“这已经成了文化研究与后殖民研究里的老调重弹”①。20 世纪早期的美国，正饱受东方主义和“反亚情结”的困扰。“商业戏剧舞台上由白人扮演的中国人角色往往以弱智无能或者心狠手辣的反面形象而出现。对于普通美国人来说，中国只是一个充满异域风情的远东文化符号。”② 在当时东、西海岸的大城市里绝大部分关于中国的戏剧作品之中，中国是作为东方主义的异域景观和文化符号而出现在美国观众的眼前。中国人无法表达自己，他们只能作为“他者”而被白人所表述。“自从伏尔泰 1755 年的法语剧本《中国孤儿》于 1767 年被亚瑟·墨菲（Arthur Murphy）改编成英文戏剧、在费城的南瓦克剧场首演以来，由白人演员画黄脸饰演中国人角色的扮装模式就已成为美国戏剧舞台的演出惯例。”③ 戏剧舞台上的中国人形象由美国（白）人以一种夸张的表演方法和东施效颦的妆容打扮呈现在观众眼前，这些演出虽然冠以所谓的“中国故事”，实际上都是如假包换的“美国传奇”。

在 20 世纪早期的美国（尤其是以俄亥俄州为代表的内陆地区），同印度裔、非洲裔和东南亚裔相比，华裔族群由于语言的隔膜（再加上当时复杂的、难以言喻的国际局势），被美国主流社会当成了不被接纳的“永远的外来者”④ （Perpetual Aliens）。“萨义德的东方主义（Orientalism）尖锐地指出了在西方话语体系中广泛存在的种族主义（Racism）。”⑤ 这样一种对于华人的歧视与污名，在 20 世纪初期的英美到达了顶

---

① Charles. J. Rzepka. *Race, Region, Rule: Genre and the Case of Charlie Chan*. Publications of the Modern Language Association of American, Vol. 122, No. 5, 2007, pp. 1463-1481.

② Esther Kim Lee. *A History of Asian American Theatre*, Cambridge: Cambridge University Press, 2007, p. 14.

③ Esther Kim Lee. *A History of Asian American Theatre*. Cambridge: Cambridge University Press, 2007, p. 8.

④ Shoba Sharad Rajgopal. "*The Daughter of Fu Manchu*": *The Pedagogy of Deconstructing the Representation of Asian Women in Film and Fiction*, Meridians, Vol. 10, No. 2, 2010, pp. 141-162.

⑤ David Scott. *Kipling, the Orient and Orientals. "Orientalism" Reoriented?*, Journal of World History, Vol. 22, No. 2, 2011, pp. 299-328.

峰。“1906 年，美国作家杰克·伦敦（Jack London）发表了科幻小说《空前入侵》（*The Unparalleled Invasion*），故事背景设置在 1976 年，假想中国崛起以后对地球的其他文明产生威胁。1913 年，作家萨克斯·罗梅尔（Sax Rohmer）创作了……傅满洲（Fu Manchu）形象”①，两位知名作家的巨大感召力和影响力，随着出版和传媒技术的发明改进，迅速传播到了西方诸国的各个角落。从此“黄祸论”（Yellow Peril）以及对中国人的负面印象在美国普罗大众间深入人心。以傅满洲为代表的典型角色，在舞台和荧幕上不断强化着中国作为“他者”的存在，满足美国观众的猎奇心理与被文化所规训的傲慢与偏见。美国人从这些“黄皮白心”的舞台角色身上获得了一种人类学教育的心理优越感与观看怪奇秀的惊异感。那些粉墨登场的美国白人演员们在舞台上以中国人的身份插科打诨、装疯卖傻，以自轻自贱的姿态戏仿他者，进而完善并实现美国（白人）至上和美国（白人）优先的叙事逻辑。正如知名学者詹姆斯·莫伊（James Moy）所论述的那样：“在有血有肉的中国人出现在美国之前，美国观众通过戏剧舞台上那些异域风情的符号和白人涂黄脸的假中国人形象，获得了对于中国及其文化的刻板印象。”②

《为之有室》之所以在世界戏剧史上占据一席之地，就在于它的演出“破天荒”地采用了当时难得一见的种族表现模式：中国人洪深扮演英俊威武的杨先生，另一位中国男留学生小林（C. C. Lin）扮演儒雅的陈少爷。“两位美国白人女生洛莲娜·沃格尔（Lorena Vogel）和玛德莲·托比亚斯（Madeleine Tobias）担任女主角和女配角。”③ 剩下的三位中国男留学生负责扮演剧中的其他配角。剧组里的所有演员都是洪深邀请的好朋友，根据 OSU 馆藏档案显示：“他们都是出生于名门望族的年轻绅士。比如说来自浙江的蒋姓同学（C. T. Chiang）在剧中扮演王大人一角，蒋的亲人是民国的军事将领。”④ 这是一个非常耐人寻味的阵容设置，剧本中的男性角色全部由中国人扮演，女性角色则由美国女生扮演。洪深当初为什么没有找到中国女留学生来参与演出呢？他本人并没有对此正面回答。但考虑到当时中国留学生的家庭背景以及戏子仍是带有污名的职业，特别是俄亥俄州的演出，戏剧的观众不仅是中国男性同胞，还包括异族、异文化且充满种族优越感的白人男性，这导致粉墨登场的中国女性不得不遭受性别与种族的双重“凝视”，因此那些留美的名门之女对登台表演的婉拒也不难理解。

---

① Stephen Hong Sohn. *Introduction: Alien/Asian: Imagining the Racialized Future*. MELUS, Vol. 33, No. 4, 2008, pp. 5–22.

② James S. Moy. *Marginal Sights: Staging Chinese in America*, Iowa City: University of Iowa Press, 1993, p. 9.

③ *Parts in Chinese Play Taken by Orientals*, The Ohio State Lantern, 10 April, 1919.

④ *Chinese Men to Give the Wedded Husband*, The Ohio State Lantern, 4 April, 1919.

然而从政治经济学的角度来看，更大的可能性是当时洪深并没有熟悉的中国女同学。因为“1875—1945 年间，美国严格限制中国女性入境”①。1919 年的 OSU 中国学生会的大合照也从侧面证明的这一点：“中国留学生总计 20 个，清一色为男性。”② 不管是出于哪种原因，洪深最后都邀请了他的两位美国白人女同学参与《为之有室》的演出。有了她们的加入，在男强女弱的社会语境里，性别与种族的张力在舞台上得到了前所未有的彰显。诚然，王小姐是来自中国的女性角色，可是舞台上的女性并不是真正的中国人。美国的主流社会喜欢“用白人的眼光（White Gaze），凝视非白人之物（Non-White Object）”③。对于那些信奉“美国优先”的白人至上主义者来说，所有非西方的他者，都是非人之物。可是在《为之有室》里，饰演“非白人之物”的白人女演员却是地地道道的“自己人”（Self）。洛莲娜小姐的金发碧眼（没有用颜料涂黄脸），以及同洪深相比极度流利的英文表达，时刻提醒着观众：他们在舞台上看到的是一个美国白人女性。表演者与角色之间由于生理差异和文化背景所形成的鸿沟，导致在场的观众无法获得身临其境与以假乱真的审美接受体验。布莱希特戏剧理论的间离效果在多年以前的《为之有室》的演出中，得到了“先见之明”的理论阐释。

在一个中国完全被白人代言和被白人叙述的戏剧场域里，在一个“华人形象晦涩阴暗、傅满洲无所不在”④ 的文化语境中，洪深以及《为之有室》的横空出现，第一次在美国的舞台上发出了属于中国人自己的声音。洪深在剧中饰演的杨先生是英俊、浪漫的，他和他饰演的正面角色在美国众声喧哗的种族文化里（试图）打破了傅满洲式的“黄祸论”和指鹿为马的自欺欺人。“《傅满洲博士的秘密》（*The Mystery of Dr. Fu-Manchu*）本质上是惊悚的恐怖故事，傅满洲企图用异教力量征服世界的野心让读者和观众恐惧不已。”⑤ 当西方文艺试图用傅满洲形象对群众进行洗脑和“恐吓式宣传”的时候，洪深以及他笔下的角色，以真爱之名和人类共通的情感诉求安抚了美国群众因为傅满洲而反感和惧怕中国的心。

洪深之所以能大胆地做出中国人演中国人的创举，很大程度上源于 OSU 对于文化多元的包容政策以及校方对于演出的支持。在当时反华情绪高涨的美国，白人（不涂

---

① Teng Emma Jinhua. *Eurasian: Mixed Identities in the United States, China, and Hong Kong*, 1842-1943. Berkeley: University of California Press, 2013. p. 8.

② *Chinese Students Club*, The Ohio State Lantern 1, January 1919 .

③ Sheng-mei Ma. *Orientalism in Chinese American Discourse: Body and Pidgin*. Modern Language Notes, Vol. 23, No. 4, 1993, pp. 104-117.

④ Rebecca Wingfield. *Gazing on Fu-Manchu: Obscurity and Imperial Crisis in the Work of Sax Rohmer*. Studies in Popular Culture, Vol. 31, No. 1, 2008, pp. 81-97.

⑤ Urmila Seshagiri. *Modernity's (Yellow) Perils: Dr. Fu-Manchu and English Race Paranoia*. Cultural Critique, Vol. 4, No. 62, pp. 162-194.

黄脸）扮演中国女性且与中国男性恋爱的表演极其稀少且新奇。别开生面的卡司组合吸引了当时哥伦布市的众多市民，首演之日至少有超过1300名的观众前来剧场观看，好评如潮，一时之间成了俄亥俄州的热点文化事件。OSU的路易斯·库珀（Louis Couper）教授看完演出后赞叹不已："这部戏剧由一个中国男留学生编创和主演，体现了新颖独创的场域气氛与人物设置，这是我们国家（美国）有史以来第一次大获成功的跨文化、跨种族的戏剧演出。"①

《为之有室》里的女主角王小姐不仅是"反娜拉"的，更重要的是，她是"反傅满洲"的。她对父母长辈的尊敬、对爱情的忠贞、对朋友的真诚，对下人的关怀与善良；她待人接物的落落大方和知书达理，都展现了人性的光辉和柔软。也正是因为美国白人女性的戏剧参与，使得洪深创作和主演的《为之有室》有了比"出走的娜拉"更为大胆而激进的先锋意义。他用一种东方的礼教，企图挑战和颠覆西方白人中心主义的错误价值观与种族霸权主义。他以离散者的身份、用母国文化的传统去反抗另一种西方根深蒂固的传统。

在风起云涌，殖民主义甚嚣尘上的20世纪早期，现实世界里的美国以男性的姿态进入和侵入东亚诸国的领土，用暴力的手段非法攫取和侵占我国的合法权益。然而在美国演出的《为之有室》的舞台上，美国人却以手无寸铁的、弱势的女性出现在中国男人的旁边。她们无法捍卫自己的权益，无法表达内心的想法，进而无法掌握和操控自我的人生。洪深用男尊女卑的（错误的）保守心态，将舞台角色的王小姐和现实世界的洛莲娜进行物化和低能化，大胆拨弄着美国观众们敏感的神经。在当时当地的特定语境之中，中美双方维持着表面的友好。现实世界里的波诡云谲转化为了舞台上的暗流涌动。洪深用性别与种族的双重隐喻，解构并重新架构了中美两国的复杂关系，表现了他作为一名在异域漂泊的离散者的家国想象与不切实际的文人情操。洪深试图以中国男人和美国（白）女人的角色配对，在舞台上展现一种正面、积极且占据主导地位的性别与种族之身份认同。

四、戏剧的跨文化交流与中国戏剧现代"性"的建构

洪深于1919年4月创作与演出的《为之有室》对他本人的职业生涯及中国现代戏剧的发展来说，都至关重要。正是因为这次在俄亥俄州演出的大获成功，才促使洪深从OSU陶瓷工程系退学，前往哈佛大学跟随乔治·皮尔斯·贝克（George Pierce Baker）教授系统学习戏剧，进而走上了职业戏剧家之路。《为之有室》于1921年正式

① *Petitions for Office Must Be on File*, The Ohio State Lantern, 8 April, 1919.

在《诗人传说》（*Poet Lore*）杂志上全文发表，被美国戏剧届公认为史上第一部由中国人创作、排练和演出的跨文化戏剧。虽然在洪深之前，“1915—1916 年间，张彭春在北美中国学生基督徒协会（Chinese Students Christian Association in North America）主办的《留美青年》（*Liu Mei Qingnian*）杂志上发表过《入侵者》（*The Intruder*）、《穿灰衣服的人》（*The Man in Grey*）以及《唤醒》（*Awakening*），但这些剧本从来都没有被搬上舞台表演过”①。也就是说，《为之有室》的可贵之处不仅在于他的中国文化主体性，更重要的在于它是经得起市场检验的、真正的跨文化戏剧作品。

《为之有室》的演出成功，标志着中国留学生校园演剧的成功转型。在此之前，中国留学生在美国的戏剧活动仅限于华人圈子的自娱自乐，从未面向真正意义上的美国大众。然而《为之有室》的演出却依托于 OSU 的资源支持，面向全美观众公开售票，做到了商业化运作和宣传，让中国戏剧人的声音被更广范围的文化圈层所接收。根据 OSU 的馆藏档案记载：“《为之有室》演出对外公开售票。一楼坐席票价为 50 美分，二楼坐席票价为 35 美分。”② 作为中国戏剧史乃至世界戏剧史上第一部真正意义上的中美合演的商业性话剧作品，《为之有室》的商演成功不仅可视为中美戏剧跨文化交流的里程碑和中国戏剧“走出去”以及“走进去”的先驱实践。从家国情怀的角度来看，舞台上复杂的跨种族表演也已成为中美关系的艺术想象与美学表征。洪深和他的朋友们，通过让中国人饰演男主角和男配角的方式（这一点即使在当今的好莱坞电影与百老汇戏剧中都极为罕见），打破了东方主义思潮与反华情绪高涨的时代背景下，美国戏剧雷打不动的白人中心论。洪深试图用自己表演的杨先生一角，展现英俊、阳光、强壮的中国年轻男性形象。他在尽最大努力维护他心中理想的国家形象。

如果说跨种族表演是洪深对于 20 世纪美国无孔不入的种族歧视的反抗，那么顺性别表演则是他对于中国传统演艺套路及其审美惯性的背离。洪深旗帜鲜明地反对我国在日留学生校园演剧的跨性别表演。他认为戏剧舞台上的演员应该各司其位，女性角色就应该由女演员扮演。他的这一戏剧主张明显抛弃了中华戏曲里男扮女装的男旦传统，也彰显了他试图融入西方主流文化生态的创作野望。在 20 世纪早期充满东方主义刻板印象的戏剧舞台上，亚洲人形象总是以女性的、被动的角色出现在故事中。《蝴蝶夫人》虽然是罕见的双男主模式，但亚裔男性的形象依然是以夫人的身份依偎在白人丈夫的身边，用一厢情愿的性别转换来实现戏剧世界里东方对于西方的献媚与附庸。西方观众将这一种扭曲的自我矮化，称之为情感的浪漫。洪深的《为之有室》勇敢地

---

① Man He. *When S/He is Not Nora*: *Hong Shen*, *Cosmopolitan Intellectuals*, *and Chinese Theaters in 1910s China and America*. Modern Chinese Literature and Culture, 2015, Vol. 27, No. 2, pp. 51-105.

② *Parts in Chinese Play Taken by Orientals*, The Ohio State Lantern, 10 April, 1919.

突破和再造了中西文明在戏剧舞台上男强女弱、男尊女卑的性别隐喻。中国人（现实世界的演员和艺术世界的角色）登堂入室，成了故事里的掌权者和话事人。他们不再是以弱势、失语的状态来满足西方白人的殖民主义之意淫，而是以男主角和男配角的身份实现了对于西方白人女性的操控与收编。洪深和他的中国男同胞们在舞台上气势汹涌地命令、指责甚至精神控制那些由美国白人饰演的女性角色，颠覆了 20 世纪初期美国主流文化语境下关于中国的东方主义叙事套路。这是在美的中国留学生群体对于美国社会无孔不入的隐性种族歧视的舞台艺术之反抗，又是 20 世纪我国戏剧先驱们在风起云涌的时代背景之下，对于中国戏剧（乃至中国形象）的现代性与现代“性”的建构。

结　语

洪深是我国现代话剧的先驱和奠基人之一，国内关于他的研究大多集中在洪深在华（尤其是在上海）的戏剧活动，对于他在美期间的戏剧创作与演出却较少涉猎。其实洪深戏剧创作的技巧、风格及其美学取向，皆能在他 1916—1922 年的留美经历中找到先声与痕迹。比如说，洪深回国后所提倡的顺性别表演、导演中心制的排练制度以及对于西方经典剧本的改编模式，都可以追溯到他留美期间的演剧经历。在俄亥俄，洪深表现出了对戏剧艺术的强烈兴趣。1916—1919 这三年是他职业生涯的转折点。正是在 OSU 的戏剧创作与演剧经历，促使他最终从“实业救国”（陶瓷工程）转向了文艺救国的人生理想。因此，本文依据俄亥俄州立大学与哈佛大学所提供的档案资料，从中美两国跨文化戏剧的角度梳理洪深的戏剧创作及其思想，也就有了正本清源、兼听则明的镜鉴意义。

（作者单位：长沙理工大学文学与新闻传播学院）

“地方画框”中的中国形象

——《中学生》《中学生文艺季刊》“地方印象记”专栏研究①

吴　昊　　李永东

20世纪30年代，随着南京国民政府对地方政制的调整与改革，考察纪行之风开始盛行，“地方治理与建设”“西北开发”等话题不断涌现和发酵，中国知识分子的地方意识也得到增强，由此，大量书写地方风景、呈现地方生态、反映地方问题的文艺作品应运而生，文坛逐渐形成了一股地方叙事的潮流。在此潮流中，一些期刊不甘落伍，在种种缘由的驱使下，相继推出与地方叙事相关的文艺特辑或征文活动。其中，最引人瞩目的当属《中学生》《中学生文艺季刊》在1934—1937年间精心打造的“地方印象记”专栏。

《中学生》《中学生文艺季刊》由开明书店主办。《中学生》杂志自1934年第41期起，开始设立“地方印象记”专栏，要求“用随笔的体裁写出国内的几个重要都市的各方面”②，为此向茅盾、巴金和郑振铎等名家约稿。专栏设立的当年，一共刊发了八位名家书写南京、上海、北平等大都市的印象记，引起了读者的热烈反响。许多青年读者在来信中，对这一栏目给予了正向积极的评价，并提出了不少改良精进的意见。基于读者的阅读需求和培养青年学子的办刊宗旨，《中学生》编辑部及时调整了这一栏目的用稿策略，以征文的方式替代了约稿。自1935年始，该栏目刊发的皆为自由来稿，所刊稿件书写的“地方”不再限于车水马龙的现代大都市，那些名不见经传的“弹丸之地”亦有进入公众视野的机会。但来稿数目之多，远远超出了编辑部的预期。

---

① 本文系国家社科基金项目“半殖民与解殖民的中国现代文学研究”（20BZW138）研究成果。

② 《中学生》编辑部：《开明书店发行〈中学生〉诞生第五年纪念》，《中学生》1933年第40期。

为了不影响《中学生》的整体运行和确保作品刊登的时效性，1935 年 3 月，以叶圣陶为首的开明人决定改换发表园地，将“地方印象记”整体“搬迁”到刚刚由年刊转变为季刊的《中学生文艺》杂志上，并将这一栏目改名为“游记·地方印象记”①。自 1935 年的春季号开始，“游记·地方印象记”成了该刊不定期推送的栏目，一直持续到 1937 年抗日战争全面爆发的前夕。此外，1935 年开明人还从已刊发的地方印象记中择取部分优良之作，编纂成《都市的风光》② 一书出版。

在 20 世纪 30 年代中期波谲云诡的历史语境之下，“地方印象记”专栏中的叙事文本不只是涂抹地方情形，“反映社会‘真实’的中性文本，而毋宁更是特定社会认同与权力关系借以确立、再生产，并相互竞争、协商（negotiate）的场域”③。在这个场域内，外来者的审视与在地记忆的甄别筛选、个人的文化趣味与集体的感觉结构、现代观念与地方知识、知识分子的启蒙思维与乡土社会的生存逻辑，两两碰撞融合、交接对峙，生产出残留着不同话语痕迹的地方景观和地方叙事。“地方印象记”专栏刊发的文章，作为一种话语实践“丰富了历史进程中的‘周边’和‘瞬间’”，为我们审视和返顾 20 世纪 30 年代中国的文学文化生态和社会历史动向提供了“一种具体的‘地方’视角”④ 和“还原‘地方’作为历史主体性”⑤ 的契机。有鉴于此，本文立足于文史互动的视野，尝试将《中学生》《中学生文艺季刊》的“地方印象记”专栏植入历史语境中，深入勘察这一栏目出现的个中缘由，推究相关作品的生产机制、书写策略和叙事旨归，质询其地方叙事的表意实践与各种时代话语之间的内在关系，探讨这一栏目擘画出了怎样的中国图景以及它如何借助“地方画框”呈现出 30 年代纷繁复杂的中国形象。

① 为了叙述的方便，笔者在行文过程中仍将其称为“地方印象记”专栏。

②《都市印象记》一书收录了来自“地方印象记”专栏中的朱璟（茅盾）的《上海》、鲁彦（王鲁彦）的《厦门》、马琴（巴金）的《广州》、健先（王统照）的《青岛》、靳以的《哈尔滨》、朱自清的《南京》、郁达夫的《杭州》、西缔（郑振铎）的《北平》、竹衍（王佐良）的《武汉》、张春桥的《济南》、谷梁的《保定》、马质夫（马识途）的《万县》、曹斗禾的《重庆》、吴邦宪的《福州》、仲冈的《贵阳》和刘德澄的《南宁》。

③ 沈松侨：《中国的一日，一日的中国——1930 年代的日常生活叙事与国族想象》，台湾《新史学》2009 年第 1 期。

④ 罗文军：《纪行、苦难与“地方”表现：1940 年前后的川北叙述》，《当代文坛》2024 年第 1 期。

⑤ 李怡：《从地方文学、区域文学到地方路径——对“地方路径”研究若干质疑的回应》，《探索与争鸣》2022 年第 1 期。

一、“地方印象记”专栏的出场与中国形象的皴染

《中学生》《中学生文艺季刊》的“地方印象记”专栏中刊发的文章，体裁多样，以游记、速写、旅行指南、地方志为主，但也存在着几种文体杂糅的形式；内容广泛，包罗万象，涵盖了各地的天文气候、地理位置、风景名胜、文物古迹、民俗习惯、政治经济动态和文化教育状况，可谓是以“地方”为画框对当时中国的自然与人文面貌进行了立体化、多维度的描绘。作者的身份多样，既不乏朱自清、郁达夫这样声名赫奕的文坛大家，也有诸如王佐良、马识途此类初试啼声的后起之秀，从来自五湖四海的中学生到出身各行各业的社会人士，作者身份跨越多个阶层，遍布各个群体。而且，他们书写的对象、诉诸的视角也具有大都市与小县城、沦陷区与半殖民地、城中人和外来者的差异性。以上各种纷繁复杂、断然不同的元素交织叠合在一起，把“地方印象记”专栏形塑成了一个众声喧哗的文学场域。这种众声喧哗的特征不只停留于具体文本的内容表达和形式建构层面，也显现在栏目的生成缘由和作者的书写动机上。

“地方印象记”专栏出台的目的和来稿的书写动机纠合了开明人的思想观念、青年的知识需求和政治意识、旅行与游记创作的时尚、当局的政治话语建构等多重元素，正因如此，专栏的相关作品能够在“地方画框”中皴染出地理中国、风景中国和政治中国叠加的多元中国形象。

首先，“地方印象记”专栏的推出是为了补足中学生的地理知识，并由此构设了文化地理中国的图景。这是编辑部基于服务对象的需求，围绕《中学生》杂志的办刊宗旨——“替中学生诸君补校课的不足；供给多方的趣味与知识”① 进行的一次实践。开明人对中学生地理知识匮乏这一现象的关注由来已久，在此之前，他们就在《中学生》第 13 期的《编辑后记》中明言：“地理是最有趣味、最与人生有关涉的一门学科。但是据我们所知道，学生诸君关于该学科的成绩并不十分好。”② 尔后，在第 43 期的“卷头言”中，他们又重提中学生的地理知识已“坏到无以复加”，认为造成这种现象的根祇在于中学生深受教材和课堂上“平面地理学”的戕害，“太注意于书本上的刻板的问答而忽略了实际的地理知识”，因而倡导中学生学习、钻研“活的地理学”“立体的地理学”③。“地方印象记”专栏的适时推出，就旨在“为中学生之地理

① 《中学生》编辑部：《发刊辞》，《中学生》1930 年创刊号。
② 《中学生》编辑部：《编辑后记》，《中学生》1931 年第 13 期。
③ 《中学生》编辑部：《卷头言：地理科也可以如此》，《中学生》1934 年第 43 期。

研究辟一新园地”①，所刊发的作品提供了一种建构“活的地理学”和“立体的地理学”的叙事范例。

“地方印象记”专栏中的作品为读者提供了大量地方特性鲜明的地理常识，如：贵阳四处都是山；北平的春天黄沙飞舞；佛山特产各种铁器和家具，盲公饼、酝猪蹄和柱侯食品是当地颇负盛名的美味佳肴；南宁缺少矿石，建筑物多由人造砖堆砌而成，广西人强健耐劳，热爱步行，黄包车和轿子在南宁街头几乎绝迹……从空间位置、气候条件、地形地势、建筑风格到人们的衣食住行、精神风貌，应有尽有、不一而足，弥补了读者“对于超出他们熟悉范围的区域的认知缺憾”②，强化了国民的版图意识，使他们对历史悠久、源远流长的中国形象和地大物博、民俗各异的“民族国家地理空间”有了具象化的“体认和丈量”③。专栏作品还充分展示了以当时中国各地的社会形态和政治格局为主要内容的时事性地理知识，如天津的繁荣昌盛被英、法、日、意四国租界所垄断，鼓浪屿上飘舞着日本和英美等国的旗帜，万县的河湾里停泊着“外国的商船和兵舰”④，侵略者们在这片土地上制造了惨绝人寰的大屠杀；益阳完全被文化殖民的阴影所笼罩，其属下的桃花仑俨然成了耶教的大本营；这些作品中的地理叙事荟萃叠合在一起，形塑了一个被列强蚕食、领土破碎、主权失序的中国形象。对于广大读者而言，他们或许无法目睹到天津、厦门等城市惨遭殖民荼毒的现实境况，但是“地方印象记”专栏中的相关作品却缔造出了一幅具有“殖民地识别标志”⑤的文学地图，引导他们去观照民族国家的整体形象，进而萌生出民族主义的思想悸动和反殖民的爱国热情。

其次，“地方印象记”专栏的推出应和了当时的旅行、游记书写和旅游指南编纂的热潮，呈现了风景中国的形象。自1927年国民大革命获得阶段性胜利、中华民国定都于南京后，国内政局渐趋稳定，交通建设迅猛发展，中产阶级的休闲消费文化日益繁荣，中国现代旅游业步入了前所未有的黄金期。各式各样的旅行类报刊、推介风景名胜的印刷品如同雨后春笋一般浮出了历史地表。进入30年代以后，游记写作热、旅行指南和导游丛书出版风潮持续升温，达到了一个极点。开明书店此刻推出“地方印

---

① 《中学生》编辑部：《开明书店发行〈中学生〉诞生第五年纪念》，《中学生》1933年第40期。

② 林铁：《风景的现代性：旅行与现代文学关系的三种考察方式》，《中国文学研究》2012年第10期。

③ 倪伟：《刻画江山，铭写自我——郁达夫1930年代游记新论》，《中国现代文学研究丛刊》2023年第7期。

④ 马质夫：《万县》，《中学生》1935年第51期。

⑤ [美]本尼迪克特·安德森：《想象的共同体：民族主义的起源与散布（增订版）》，吴叡人译，上海人民出版社2011年版，第172页。

象记”专栏，既不失时机地汇入到了这股声势浩大的浪潮之中，又解决了青年读者的当务之需。正如陈旹所言：“青年人都喜欢旅行，住在上海的人很想明白青岛是个什么的地方，最好能够到各地方去玩他一个痛快，但事实上往往是多数人——可说是每个人——都办不到。为了要补救这一项缺陷，我们都欢迎这‘地方印象记’一栏，能借助几位先生的记述而达到‘卧游’的目的。”① “地方印象记”专栏中的作品叙述几乎涵盖了全国各地的风景名胜和文史古迹，青年读者可以足不出户，从纸上获得游目骋怀、卧观天下的体验和饱览祖国大好河山的乐趣。

正如温迪·J·达比所言，“旅行往往就是寻求如画风景”②，“地方印象记”专栏的作者出于旅游宣传的目的，在构设地方印象时，往往会自觉或不自觉地产生一种对自然风景进行“如画”描绘的冲动，以诗性的眼光观照当地的一草一木、一山一水，采用各种编码程序，调动多方感官，描绘出一幅又一幅丹青水墨画卷，给读者带来画境游的审美体验。与此相关的文本例证比比皆是：“你如果步上园中最高的楼阁，可以从暮色中依稀看见长沙全部的轮廓。要是晚霞特别红，那景致才迷人呢，全市的房子像一幅苍老的中国古画，湘江的水也平静得像镜子样的，还有那觅宿的帆船，如飞鸟，也如浮云”③，“菱湖夜月”是安庆最美的风景，“像牛乳般的月光泻在稀松的荷叶上面，在湖心亭上立着，晚风微拂，飘来一阵荷香”④ ……在民族主义思潮风起云涌的时代，自然风景的书写，时常蕴含着创作主体的江山家国之思，具有“为民族国家这个‘想象的共同体’赋形”⑤ 的作用，“地方印象记”专栏中的相关作品亦作如是观，它们建构出了一个风光旖旎，如诗如画的中国形象。在中国美学的视域中，如诗如画的风景修辞不仅可以播散出视觉和形式层面的审美愉悦，也能带来思想观念的联结和情感维度的唤醒。职是之故，这些风景书写不只是招揽游客的广告式文本，还是一个“过程”，一个重新发现中国美景、创造富含中国气派的美感经验的过程，作家的“社会和主体性身份”认同“通过这个过程形成”⑥，读者也从中生发出强烈的爱国意识和民族向心力。

最后，青年作者的政治心态、开明人的思想观念和国民党的方针政策，也介入了

---

① 陈旹：《谈一九三四年的〈本志〉》，《中学生》1935 年第 51 期。

② ［英］温迪·J. 达比：《风景与认同：英国民族与阶级地理》，张箭飞、赵红英译，译林出版社 2011 年版，第 57 页。

③ 林岳松：《长沙——地方印象记》，《中学生》1935 年第 55 期。

④ 苏绍业：《安庆》，《中学生文艺季刊》1935 年第 1 期。

⑤ Stephen Daniels. *Fields of Vision: Landscape Imagery and National Identity in England and the United States*. Princeton University Press, 1993, p. 5.

⑥ ［美］W. J. T. 米切尔编：《风景与权力》，杨丽、万信琼译，译林出版社 2014 年版，“导论”第 1 页。

“地方印象记”专栏的出台运行以及相关作品的创作过程，绘制了政治中国的侧影。《中学生》1932年第30期发起了一场名为“本志应怎样改进”的讨论，读者“吻心”提出了“以文字作分析现实指导现实的工具，以文字作民族斗争社会斗争的武器”①这一改进原则。该原则并非这位读者的首倡，而是时任《中学生》编委的胡愈之在《东方杂志》复刊时发出的口号与吁求，它集中体现了开明人审时忧世、爱国启蒙的思想观念。在20世纪30年代，中国的有志青年普遍蕴蓄着过量的政治焦虑急需释放，阅读和创作“分析现实指导现实”、进行“民族斗争社会斗争”的文学作品成了他们孜孜以求的排解政治郁结的渠道。《中学生》《中学生文艺季刊》推出的“地方印象记”不仅向读者展示了丰富的地理知识、华美的地方风景，也对每一地的政治经济状况、文化教育水平、社会现实问题和风俗陋习予以了展览和评议。如：大萧条的梦魇从沿海城市蔓延至内陆腹地，汕头被帝国主义经济蚕食，银庄商店陆续倒闭，自杀现象屡有所闻；在汉口的街头，商品贱卖、货物倾销的场面随处可见；农村经济大规模破产，就连居住在“世外桃源的西宁农民”也被“天灾人祸的交相煎迫”“弄得缺衣乏食，困苦不堪了”②；民族工业衰败不振，汉阳铁厂早早地关闭了，徒留“黑黑的大起重机”朝着大江东去的河水“感叹着英雄无用武之地”③；经济的动荡带来了各种时代症候，保定的教育十分落后，学生大多面临着辍学的困境，世风日下，“画着鬼脸”④抢钱的腌臜事件在这里时有发生；一些封建保守的社会弊病仍在暗中作祟，正定县的“乡民思想闭塞”，妇女们仍然固守着三从四德⑤。由此可见，“地方印象记”是绝佳的“分析现实指导现实的工具”和“作民族斗争社会斗争的武器”。开明人出台该栏目，既满足了青年学子“指点江山，激扬文字”的现实需求，也深入贯彻了他们所持守的思想观念。

从已有的研究资料来看，国民党的政治话语与“地方印象记”专栏的出台、运行之间似乎没有直接的关联，但我们不能因此而武断地排除这一重要因素的影响力。《中学生》《中学生文艺杂志》推出“地方印象记”专栏，是在国民党文艺管控、报刊审核最为严苛之时，其中大量针砭时弊的作品能够得以成功发表，没有被扼杀在摇篮里，这固然与编辑的努力息息相关，但更重要的缘由或许还在于该栏目整体上符合国民党“剿匪”“备战”、实现大一统、提倡民主主义文艺的战略需求。此外，国民党所倡导的民族主义文艺思潮，也渗透到了该专栏的生产过程之中，对专栏创作产生了不同程

① 陈企霞、吻心等：《第十五次讨论：本志应怎样改进》，《中学生》1932年第30期。
② 王生海：《西北的一个省会：西宁》，《中学生文艺季刊》1936年第4期。
③ 竹衍：《武汉》，《中学生》1935年第51期。
④ 谷梁：《保定》，《中学生》1935年第51期。
⑤ 田丕郁：《正定漫谈》，《中学生文艺季刊》1936年第2期。

度的规约和影响，相关作品所呈现出来的丰富多元的中国形象，有意无意地激发了读者的民族主义激情。

“地方印象记”专栏的出台缘由、生产机制及其形塑的中国镜像，不仅折射了30年代纷繁多样的中国社会现实，也揭示了有待补足的历史真实，为我们认识和了解学生刊物的生存环境、话题设置与营销策略，以及地方叙事与民族主义话语的内在张力，乃至30年代的政治秩序、经济形势与文学制度，都提供了重要参照。

二、地方风景的政治想象与抗战动员的危机叙事

随着“九一八”事变和“一二·九”运动的爆发，民族危机日益加重，中国又一次进入了风雨如晦的历史时期，抗日救亡成为时代主潮。开明人并没有置身其外，他们将《中学生》《中学生文艺》打造成了抗日救亡热潮中极为亮眼的文化风景线。在这种语境中诞生的“地方印象记”专栏，被“救亡压倒一切”的时代主调所规约和统摄。专栏作者面对关河萧索、家园沦胥的现实情境，总是心有戚戚焉，发出了和时代主调相一致的声音，加入到了抗战建国叙事的合奏之中。

“地方印象记”专栏的文章征用各种历史文化资源、调动多种美学、政治的表意修辞，对地方景观施以意识形态层面的想象与形构，由此传递抗战救亡的创作题旨，达到情感动员的目的。具体而言，地方风景的政治想象与抗战动员的叙事路径，可以概括为以下几个方面：

其一，赋予自然风景意象丰富的政治意涵。其中最为典型的个案为王统照的《青岛》。在这篇文章中，他不仅对中山公园的海棠花做了白描式的刻画，还在海棠与樱花之间进行了一番比照：海棠“丽红粉白的花朵，其实比满树灿烂的樱花好看”①。海棠花和樱花被作者赋予了政治隐喻意义：海棠作为中国名花之一，承载着多种传统文化精髓，中华民国的地图亦状若海棠，海棠在某种意义上可以看作是中华民族的化身，而樱花则是日本帝国及其文化的象征。当时的青岛虽然由国民政府主政，不再是日寇的殖民地，但曾经遭受日本殖民文化影响和心理同化的本地居民，头脑深处仍然残留着“自我殖民化”的意识，王统照强调海棠比樱花好看，既出于解殖民叙事的考量，也旨在重塑大众的民族文化自信心理，为抗战动员肃清情感结构和思想层面的障碍。

其二，着重表现和描绘伟人陵墓、英雄祠和纪念碑等具有民族图腾意味的人文景观。所有经受了革命文化熏陶的历史遗址，承载了先辈们抵御外侮、捐躯国难、视死如归精神的烈士陵园与英雄纪念碑，都是具有神圣性质的民族志风景，蕴藏着民族内

① 健先：《青岛》，《中学生》1934年第45期。

部所有个体共有、共享、共通和共铸的“精神谱系和情感记忆”，可以在最大程度上树立和坚定民族文化的主体自信，激发、培育和凝聚民族主义意识，构建起“团结协力共纾国难”的政治文化基础①。在当时，最能凝聚国家记忆和民族认同的民族志风景无疑是中山陵。在“地方印象记”专栏中，朱自清的《南京》和中学生翔甫的《首都记游》都对中山陵的形貌特征做了细致的描绘，极力凸显其崇高壮丽的一面，进而强化读者对辛亥革命历史的记忆和对中华民国的认同。除了中山陵以外，其他同类型的民族志风景也成了专栏文章竞相观照、摹写的对象。周之铨的《湖州》就对武昌起义元老陈英士的寝穴进行了运镜特写：“陈公英士墓在南门外碧浪湖畔，岘山之麓，其庄严伟大，情形竟像一个缩小的中山陵。”② 无独有偶，谷文邦的《吴兴》也涉笔于陈英士墓，他既着力渲染烈士陵园的幽美，还对时人的玩乐心理和麻木情态进行了鞭挞。两位以湖州（旧称吴兴）作为素材进行印象记书写的作者，都对陈英士陵墓情有独钟。究其缘由，不仅因为它是当地极具特色的政治地理景标，还在于它能够唤起理想读者重拾辛亥烈士取义成仁的革命精神，进而激发他们的爱国热情和奋斗意志。成群的《无锡》一文，在谈到九龙山时，对民族英雄岳飞在此地抗击金兀术的历史予以了详细叙述，并表示“我们想到那时候先烈驱杀外国人的情形多么有味”③，其勾连古今以达到抗战动员效果的意图显露无遗。陈机峰的《天津》则浓墨重彩地介绍了晚清名将聂士成的殉身埋骨之所——聂公祠，将袁项城为其撰写的挽联原封不动地抄录了下来：“勇烈贯长虹，想当年马革裹尸，一片丹心化作怒涛飞海上；精诚流碧血，看此日虫沙万劫，三军白骨悲歌乐府战城南”，并告诉读者，“如果你到那里的话”，或许还能看到这副挽联，它和岳飞的《满江红》“同样的澎湃雄壮”④，以此营造出一种强烈的民族主义氛围。以地方人文景观作为媒介，连带出岳飞等具有影响力和感染力的民族英雄，进而弘扬一种铁血丹心、精忠报国的民族精神，俨然成了“地方印象记”专栏作品惯用的抗战动员的叙事逻辑。

其三，追忆历史古迹的往日繁华，哀悼战乱兵燹之下荒草萋萋的人文风光，展现出一种怀古伤今、感时忧世的美学视野，在今不如昔的比较中抒发了民族主义情感的创痛，以激荡民众的爱国热情。历史古迹寄托着本民族的集体文化记忆，既能整合过去的历史经验，也能提供当下的民族认同，甚至在特殊情境下还可以充当国家象征物。然而，随着时代的更迭和社会的变迁，它们逐渐风流云散、繁华不再。“地方印象记”

① 林铁：《风景的现代性：旅行与现代文学关系的三种考察方式》，《中国文学研究》2012年第10期。

② 周之铨：《湖州》，《中学生》1935年第52期。

③ 成群：《无锡》，《中学生》1935年第52期。

④ 陈机峰：《天津》，《中学生文艺季刊》1935年第2期。

专栏作者对历史古迹的怀古伤今，既是个体哀悼情绪使然，也蕴含与时代主潮进行对话的现实考量。他们试图通过描绘沧桑颓圮的历史文化遗迹，回望已然失落的华夏文明，唤醒集体历史记忆与民族共同体观念，“激发国民对当下时局的共同审思和承担”①。例如凫痴在《成都》一文中，既回溯了武侯祠、望江楼和浣花溪等人文景观往昔所承载的诗酒载风流、名士写华章的繁盛场面，又对它们当下残破不堪、“只足以供人凭吊”的凄凉状况予以哀叹和惋惜。面对昨是今非的皇城，作者更是悲从中来：“谁还记得这是皇城呢？回想当年‘五云楼阁凤城间，花木长新日月闲，三十六宫连内苑，太平天子住岷山’的盛况，与现在禾黍离离的景像相比较，沧桑之感，不禁油然而生。”② 作家的怀古伤今书写，既继承了中国文学黍离麦秀之悲的抒情传统，又将地方人文风景的凋敝和中华民族整体的衰微联系起来，使读者陷入哀愁的同时，也引起他们对时事国难的反思。

斯维特兰娜·博伊姆认为，“怀旧的迸发既强化了正在出现的爱国主义和民族精神的概念，又对它提出了挑战”③。国难当头时刻的怀古伤今叙事也应作如是观，一方面，它在巩固由集体文化记忆建构而成的民族共同体，另一方面，它又是那么不合时宜，因为它使人沉溺于悲恸的情绪之中无法自拔，削弱了抗战救亡的情感动员力量，对民族主义的进一步生成提出了挑战。因而王佐良在《武汉》中写道：“我们面前站着的是一个怎样艰险的时代呢？现在早不是吟诗怀古的时候了。”④ 诚然，在30年代中期，要缔造怀古伤今行为的合法性，就必须使它和抗战救亡等现实性的口号直接挂钩。为了实现这一目的，专栏中的部分作品另辟蹊径，把怀古叙事和日本帝国主义这一“他者”“闯入/破坏”的政治语境⑤黏合在一起，从而使怀古伤今叙事不再是需要“改造的对象”和亟待超克的感伤形式，而是具备了充分的合法性。黄微波对寒山寺的怀古书写，就摆脱了惯常的叙事套路，在笔锋的腾转挪移之间，将“人事有代谢，往来成古今”的感喟哀怨情绪置换成对日寇罪行的控诉，把言说的进程导向了抗日动员话语的生产轨辙：“寒山寺，位置在离城有十里的西北角上，为了唐时张继老先生的一句诗，‘姑苏城外寒山寺，夜半钟声到客船’平白的把这荒野的一所孤寺，牢牢的印入了大众的心坎；寺檐正中央悬着一口老旧的大铜钟，钟虽在而面目却非了，张老

---

① 林铁：《风景的现代性：旅行与现代文学关系的三种考察方式》，《中国文学研究》2012年第10期。

② 凫痴：《成都》，《中学生文艺季刊》1935年第1期。

③ ［英］斯维特兰娜·博伊姆：《怀旧的未来》，杨德友译，译林出版社2010年版，第5页。

④ 竹衍：《武汉》，《中学生》1935年第51期。

⑤ 蔡翔：《革命/叙述：中国社会主义文学-文化想象（1949—1966）》，北京大学出版社2018年版，第31页。

先生所说的那口钟，早已为东邻倭朋友盗去，高挂在东京帝国博物馆中。”①

其四，控诉日寇、汉奸的暴行与罪证，揭露沦陷区侵略者的法西斯专政，秉笔直书同胞们的苦难与屈辱，涂抹出各种风雨飘摇、危机四伏的现实图景。具体而言，“地方印象记”专栏的作品，一方面以义愤填膺的笔调陈述日寇在北中国开设洋行、贩卖鸦片，推行愚民教育，企图在肉体和精神上对中国人民进行双重奴役和荼毒戕害的丑陋行径。在靳以的笔下，日本宪兵、日本密探和为日本人做走狗的汉奸，在沦亡之后的哈尔滨肆意妄为，残害百姓，更可恨的是，奸险狡诈的日寇用“无数鸦片烟馆来引诱中国人”，“用以消磨中国人的意志”，使其“都成为面黄无力的瘦汉”②。另一方面，再现了写作者在日本帝国主义入侵过程中的亲身见闻或遭逢到的悲痛经历和屈辱体验。南京中央大学的学生木儿用大量笔墨描述了日本侵略者的盛气凌人和北平同胞所遭受到的惨痛蹂躏，其文字中的瞋目切齿情绪可谓力透纸背：“参观故宫时，遇着百多个红边帽的仇兵，那铁钉皮靴骄横地鞑鞑鞑践踏在午门内的白石广场上”，“仇兵演习后，进城在大街上游行示威时”，“一个数岁的小女孩，情不自禁地高呼着打倒××，立刻被他们置在坦克车的铁轮下压成肉酱，当时那女孩子的哥哥立刻变成疯子”③。综合来看，专栏作品充分利用“诉说同胞苦难”和“表征国族耻辱”的叙事策略，建构起了一整套情感动员机杼，把读者投掷到一个不反抗就会沦为亡国奴的文本情境之中，以此激发他们强烈的民族主义情绪，使抗战救亡的合法性不可动摇，从而召唤出底层群众的抗战情感结构。

综上所述，无论是对地方风景进行政治化的想象和形式赋魅的改写，还是多向勾勒日寇铁蹄之下地方日常生活的苦难面影，都呈现了“地方印象记”专栏作者为抗战动员助力赋能的拳拳之心。他们充分发掘地方基层所蕴蓄的抗战潜能，引导青年读者祛除忧郁沉沦的思想情绪，锻造昂扬向上的战斗意志，召唤出顽强坚毅，忍辱负重的“地方—国家”形象，进而凝聚起民族奋进的力量。

三、文本内外地方知识与权力话语的协商抗辩

蔡翔在讨论“革命中国”及其相关的文学表述问题时指出，在中国革命的历史进程中，“尽管阶级政治始终是一种主导性的权力诉求，但并没有也不可能完全排除其他

① 黄微波：《苏州》，《中学生》1935年第52期。

② 靳以：《哈尔滨》，《中学生》1934年第46期。

③ 木儿：《国防前线——从北平到归绥》，《中学生文艺季刊》1937年第1期。

的政治性诉求以及相关的文学—文化想象”①。诚哉斯言，这一看待问题的视角同样也适应于“地方印象记”专栏的解读。该专栏中的相关文本大多被民族主义的政治话语所主导，但这并不意味着没有为其他意识形态的表述预留空间。事实上，该专栏是一个众声喧哗的文学场，在文本内外勾连了国家与地方、知识分子与民间的多元互动关系，缠绕着民族主义与阶级主义、现代性观念与地方性知识、殖民思维与解殖话语、官方意志与个人情感的复杂纠葛。无论是知名作家，还是青年学子，都以能动的叙事策略，与民族主义的政治话语进行互动和协商，也展开抗辩与反转。

为了达到抗战动员的目的，“地方印象记”专栏的作品往往将“地方风景”的叙述升华到“民族主义”表征的高度，以此来“构筑共同体内部的‘共通的感情’”，但是这种写法会遮蔽阶级之间的矛盾以及由这一矛盾所造成的痛苦事实。为了拒绝在“民族—国家的表征中达成阶级的和解”②，写作者把阶级斗争的话语移植到地方叙事的框架中来，尝试制造出反帝爱国与阶级解放协商统一的叙事结构。靳以的《哈尔滨》通过对“萝卜党”这一群体的书写，完成了民族话语与阶级话语的协商合流。“萝卜党”是外红内白的白俄人，他们“具有浓厚的帝制思想”“永远怀念着旧日的帝国”③，好吃懒做，不愿意劳动，既难以见容于中华民族的反帝爱国运动，也是阶级革命中需要改造的对象。作者在同情这一群体的同时，也从民族主义和阶级主义的双重立场出发，对他们进行了鞭挞和讽刺。

在现代民族国家的建构中，最为重要的文化政治任务就是把广大民众“从封建社会的‘臣民’转化为现代意义上的‘公民’”，然而“在这一过程中，‘地方’或由‘地方’体现出来的‘地方性知识’（比如宗族、迷信、政治结构乃至生产方式，等等），往往会被视为实现现代化”，建构现代民族国家的障碍④。南京国民政府成立后的最初十年，是建构现代民族国家的黄金期，蒋介石及其属下的政府部门为此制定了一系列方针政策，在全国范围内推行民俗改良活动和新生活运动，改造和重塑国民性。从“地方印象记”专栏的相关作品来看，这些方针政策在向民间下渗的过程中，其所携带的现代民族国家观念和科学启蒙知识不可避免与地方生存逻辑产生了碰撞冲突。

为“地方印象记”专栏撰稿的作者，深受“五四”以来现代性启蒙思潮的影响，

---

① 蔡翔：《革命/叙述：中国社会主义文学-文化想象（1949—1966）》，北京大学出版社 2018 年版，第 28—29 页。

② 蔡翔：《革命/叙述：中国社会主义文学-文化想象（1949—1966）》，北京大学出版社 2018 年版，第 31 页。

③ 靳以：《哈尔滨》，《中学生》1934 年第 46 期。

④ 蔡翔：《革命/叙述：中国社会主义文学-文化想象（1949—1966）》，北京大学出版社 2018 年版，第 25 页。

对新生活运动和当局移风易俗、破除封建迷信的举措抱有期待，参与到了对这一运动的叙事中来。因此，专栏中的绝大多数作品都对当地保守落后的风俗礼仪和令人堪忧的卫生习惯进行了具体入微的描述与展示：烟台封建的风味很浓厚，被“旧礼教残余的势力”包围着，当地人“倘若是碰到困难的时候，他们没有别的，只是烧香叩头，求玉皇大帝的保佑，降福给他们”①；当鼠疫泛滥成灾，厦门的民众只相信神明，对政府推行的防疫运动和大扫除置之不理，到处“把菩萨抬了出来”②；无锡人“很不讲卫生”，“‘臭无锡’可谓名副其实”③；绍兴存在着各种不卫生的积习，“无量数的细菌”和病毒悄无声息地滋长蔓延着，人们“在臭气当中过活”④……相关作品以写实的笔调呈现了信奉迷信、肮脏破败、生存艰难的中国社会镜像。

值得注意的是，尽管以上作品的发表时间几乎是在新生活运动和民俗改良大纲在全国范围内实施以后，所呈现的现实状况却如此不尽人意。南京国民政府所推行的一系列大刀阔斧的改革在很多地方都没有取得预期的成效。造成此种现象的原因，一方面是这些改革只浮在表面。另一方面，则是没有从根本上解决国家与地方、现代性观念与地方性知识之间的矛盾。专栏作者在叙述这些问题时，总体上是立足于启蒙者的现代眼光，对地方进行居高临下的审判，但也常常从启蒙话语的罅隙中逃逸而出，以一种萌生于阶级本位的同情观念和针砭时弊的批判意识，对底层民众的生存逻辑予以深入的思考和分析，并由此带来对国民党宣传话语和现代文明观念的反转与部分超越。从这些作品的叙事话语来看，迷信作为一种“地方性知识”，是底层民众“求生的具体表现”，是“出自特殊语境下”的一种乡土社会行为，是他们面对生存难题，获得精神慰藉的唯一手段。⑤ 对于厦门、烟台的居民而言，在生死攸关之际，他们除了“烧香叩头”“把菩萨抬出来”以外，再无其他实际的办法，与其将希望寄托于国民政府，还不如求神拜佛。至于国民肮脏不洁的卫生习惯之所以屡禁不绝，固然和他们头脑中根深蒂固的落后腐朽的思想观念息息相关，但最直接的缘由还在于其非人的生存境况无从改善。作者若森显然意识到了这一点，他在《绍兴》中对当地居民卫生习惯的反思，并没有仅仅停留在国民劣根性的批判层面，而是指向了更为深层的现实问题；既看到了这群无告者思想的愚昧，也体味到了他们生存的艰辛，进而发出“谁来拯救

---

① 秉钧：《烟台》，《中学生文艺季刊》1935 年第 2 期。

② 鲁彦：《厦门》，《中学生》1934 年第 42 期。

③ 成群：《无锡》，《中学生》1935 年第 52 期。

④ 若森：《绍兴》，《中学生文艺季刊》1937 年第 1 期。

⑤ 罗文军：《纪行、苦难与“地方”表现：1940 年前后的川北叙述》，《当代文坛》2024 年第 1 期。

这些迷失在苦境里的人啊”① 的呼告。

当然，在“地方印象记”专栏的写作中，也不乏知识分子与地方性知识的隔膜现象。大多数专栏作者与他们所描写的对象之间存在一定的“距离”，他们或是因为求学、工作的目的寓居此地，亦或是到此游玩旅行。因此，他们总是以外来者的视角来观照当地的人事风物。况且他们常常基于特定的意识形态诉求，对地方性元素进行自以为是的评价，以至于“‘地方性’的核心——边缘性与异质性”在“讲述的过程中被置换，转化为主流社会议题的一部分，服务于单一性叙事的建构”②。总而言之，各种客观存在或主观生成的视差，让这些知识分子的地方叙事难以接近地方性知识的本真面貌。吴邦宪在评述福州民间妇女的装饰品“三条簪”时，就带有强烈的意识形态色彩：“所谓‘三条簪’，是乡间农妇的一种野蛮遗传的装饰，小小的匕首般，长约八寸的三把簪，银质的，交叉插在脑后髻上。”③ 黄微波则认为苏州是“一班自命风流的诗人雅士的产生地点；那种所谓风流的，自大的，好吃喜懒的风气，一直遗传到如今”④。无论是把“三条簪”看作“野蛮遗传的装饰”，还是将苏州的文人风流视为“好吃喜懒的风气”，在本质上，都延续了近代以来的国民劣根性批判理路，是知识分子的启蒙观念与国家权力、民族主义话语合谋的产物，呼应了新生活运动和抗战动员的“内在需要”⑤。他们为了服务于主流社会议题的叙述，人为地忽略了地方风俗本有的边缘性与异质性，将其形塑成了落后腐朽的认识性装置。

事实上，依照特定的意识形态或基于个体的思想倾向，对地方性知识和风景进行偏至性想象和书写，在文本内外衍生出知识权力话语冲突的现象，在“地方印象记”专栏中层出迭见，连名作家也不能避免。巴金在撰写《广州》时，对海珠桥的相关情况进行如是叙述：“听说建筑费是三千万，而进了经手人的钱袋里去的至少有十分之一。一切材料都是从德国（?）来的。据说这座桥本来是在德国某城市里，后来因为嫌它陈旧不适用，所以拆下来卖给中国。”⑥ 关于这一段叙事，巴金后来在回忆中提及，他并没有进行相关考证，而是照搬了来自朋友的道听途说。正因为如此，这篇文章在当时引发了轩然大波，广州市政府对此极为不满，不仅力证了这一传闻的虚假性，还与《中学生》杂志进行交涉，迫使巴金本人和《中学生》杂志在《申报》上联合发

① 若森：《绍兴》，《中学生文艺季刊》1937 年第 1 期。
② 韩欣桐：《“地方性”：文学书写的远征与重生》，《十月·长篇小说》2023 年第 4 期。
③ 吴邦宪：《福州》，《中学生》1935 年第 51 期。
④ 黄微波：《苏州》，《中学生》1935 年第 52 期。
⑤ 李永东：《民国城市的文学想象与民族国家观念》，人民文学出版社 2021 年版，第 162 页。
⑥ 马琴：《广州》，《中学生》1934 年第 43 期。

表道歉说明①。笔者认为，这一桩公案的产生与作家本人的思想倾向息息相关。青年巴金信仰无政府主义，反对专制和强权，追求个性自由，朋友口中的传闻完全符合他对国民政府的心理预期，固有的成见影响了他的认知与判断，使他未经取证，就把这一虚假的传闻当做了与真相大体接近的现实予以呈现。他这篇印象记的整体基调是谴责和贬斥国民政府的腐败无能与专制独裁，海珠桥这一则材料，展现了当地国民政府官员的中饱私囊，为他的谴责和贬斥提供了有力的支撑。基于这样的缘由，巴金有意无意地对海珠桥这一地方性风景进行了偏至性的想象与书写，从而使文本内的形象表征与文本外的事实真相产生了严重的错位。

“殖民与解殖民同时进行”“是半殖民地中国的表征”②，虽然“地方印象记”专栏在整体上高举民族主义的旗帜，解殖民话语在此间“大行其道”，但也有一些文本呈现出了殖民话语和解殖民意识缠绕纠葛的现象，安民的《大连之游》就是其中一例明证。安民写这篇文章的本意是唤醒沦陷区堕落昏聩的中国民众，使其参与到抗战救国中来，进而重建民族国家的主体性。但他的话语表述——“中国人本来是没有出息。日本人画个圈，中国人就跳不出去”③ 却陷入了一种典型的受殖者思维，即依照帝国主义的殖民话语、种族优劣观和“他者”眼光来进行自我定位，由此矮化自我，拔高对方。正确有效的解殖民叙事逻辑应该是解构殖民宰制话语，形塑出中国人并不弱于日本人的认知观念，消除“亡国灭种”的焦虑心理，强化民族自尊心和自信心。这种意图与形式的错位，殖民主义和民族主义的合谋，使安民及其笔下的地方叙事陷入了解殖民的迷思之中。

结　语

《中学生》《中学生文艺季刊》杂志推出的“地方印象记”专栏是多方因素协商、联动的产物，它的生产、运行与传播，历历刻写了20世纪30年代青年学子的知识补足需要、开明书店的办刊宗旨、异峰突起的旅游时尚、抗战动员的时代风潮和官方的意识形态话语，这诸多元素既彼此联合又相互抗衡。“地方印象记”专栏折射了地方叙事与国族全景展示之间辩证统一的关系，它以地方为画框，绘制了多幅面孔叠加的中国形象，广泛再现了全面抗战之前中国社会的政治经济状况和思想文化风貌。地方

① 参见巴金：《探索之三》，《巴金全集》（第16卷），人民文学出版社1991年版，第182页；《上海广州开明书店与马琴向广州市政府道歉启事》，《申报》1934年3月24日。

② 李永东：《文化间性与文学抱负：现代中国文学的侧影》，人民出版社2019年版，第9页。

③ 安民：《大连之游》，《中学生文艺季刊》1935年第1期。

风景的发现、制造与书写，本就因人因时因地而异，而国家与地方、知识分子与民间始终处于榫合对接与错位滑动的动态关系之中，地方印象记也自然呈现了由各种话语主导的多元化、异质性的中国想象。与此同时，开明人和专栏作者利用地方叙事的契机，充分挖掘地方人文风景与历史传统中所蕴含的动员潜能和精神力量，关注地方生活的苦难与屈辱，使一切人事景物都统摄于抗战救亡的旗帜之下，为建构家国想象、凝聚民族意志、铭刻身份认同提供了重要的情感支撑和经验视野。从这个层面来看，“地方印象记”专栏不啻为我们贡献了一份观照20世纪30年代中国知识分子和青年学子在思想、文化和教育层面展开备战工作的历史档案。我们在阅读这一份宝贵的历史档案时，不仅要看到地方画框呈现了哪些风景，勾勒出怎样的中国形象，还应该思考它采用了何种取景的画框，怎样把风景安放在画框中，风景是否逸出了固定的画框，如此方能洞见“地方印象记”专栏文本内外多重权力和知识话语的缠绕。

（作者单位：西南大学文学院）

从科举革废看第一篇现代白话小说的归属之争

——以《大公子》《一日》及《儿时影》为例[①]

罗维斯

鲁迅的《狂人日记》是中国新文学史上的第一篇现代白话小说——这曾是中国现代文学史的常识。伴随着20世纪80年代重写文学史的浪潮及90年代以后围绕“现代性”这一核心概念对晚清文学和现代文学的重新梳理，中国文学现代化的缘起从新文化运动前移至晚清，《狂人日记》的首创地位开始受到质疑。陈衡哲的《一日》、刘韵琴的《大公子》、李劼人的《儿时影》相继被指为第一篇现代白话小说。“第一”背后指向的是中国现代文学的起点问题。第一篇现代白话小说应是一种新与旧的分界点，须在语言形式和思想内容上与“旧”的白话小说有着根本性的区别。“第一”从常识变为争议也是对原有“新”“旧”划分标准的质疑。这三篇被指为“第一”的作品发表于1915—1917年——即非晚清“被压抑的现代性”，也不是“文学革命”的产物。现有言说体系很难为界定这三篇小说的起点意义提供充分的阐释框架。因此，我们有必要寻找另一种新与旧的分野来审视这三篇小说。

这三篇小说的作者看似经历各异，却有一个可称之为“新”的共同点——都接受了新式教育。新式学堂的学生尤其是女学生对中国现代文学发生、发展的影响已受到一些学者的关注。但这种新式教育中“旧”的成分却往往被忽略。实际上，新式教育的发展与科举的变革、废止之间关系匪浅。在很长一段时期，新式教育都被视为科举的某种替代品。清代科举关涉甚广，即便在内忧外患之下饱受诟病，也几经变革，但直至1905年才在争执不下中艰难废止。正如史学家所指出的那样：“1905年是新旧中国的分水岭，它标志着一个时代的结束和另一个时代的开始。必须看到，它是一个比

---

① 本文系国家社科基金青年项目“科举制度的革废与中国现代文学研究”（17CZW046）阶段性成果。

1911 年革命更为重要的转折点。"① 如若探讨中国文学与文化的新旧分野，科举的变革与废止不失为一个有效的视角。刘韵琴、陈衡哲和李劼人都在不同程度上受益或受限于科举的变革、废止及其后续效应，并在这种新旧交错中完成自己早期的白话小说创作。

肇始于隋代的科举在明清两代的意义已完全超过一种文官选拔制度。明清科举在沿袭前代的基础上不断细化、完善，为读书人提供了看似稳定的晋身之阶。对儒家典籍的谙熟和高超的文言文写作技能可通过科举转化为社会、政治地位及一定的经济收入。由此，儒家学说与文言文写作的正统地位得以确立，士农工商亦能与政权建立较为牢固的纽带。围绕科举而建的各级书院以及官方、民间对科考优异士子的奖励也使儒家思想文化和特定的文言文写作方式在全社会广泛传播。科举及其长期浸润而产生社会氛围深刻形塑了中国旧式知识精英的知识结构、语言习惯和思想文化观念。

除娼、优、堕民、乐籍等少数受歧视群体以外，科举考试相对公平地给予了全体读书人以知识资本换取政治资本和经济资本的机会。在晚清科举的调整和变革中，新式学堂毕业或公派出国留学者也可被授予科举功名②。然而，女性却几乎始终被排斥在这一关乎社会阶层晋升的文官选拔制度和教育体系之外。刘韵琴和陈衡哲均成长于科举改章至废止的新旧之交，并因此得以接受新式教育，成为“女学生”。尽管已有不少学者注意到“女学生”对于中国现代女作家产生的影响。“女学生”产生背后更深层的社会历史背景——科举革废——却并未得到充分认识。在科举革废中产生的“女学生”能否获取与“男学生”相近的教育资源和职业选择呢？这一时期的女学生群体内部有怎样的差异，这些差异又如何影响了她们的文学创作呢？探究刘韵琴的《大公子》、陈衡哲的《一日》这两篇白话小说恰能有助于推进我们对清末民初女性文学创作者的认识。另一方面，清代科举虽对男、女两性而言极不平等，但又以学额分配等方式保障不同地域及家庭背景的男性读书人拥有相对公平的竞争机会。至晚清科举改章，科考试题出现了西学、西艺和时政方面内容③，加之新式学堂兴起，经济发达地区尤其是口岸城市的士人开始取得优势。谈及新文学的发生，我们也习惯将目光聚焦于得风气之先的大城市、口岸城市。李劼人笔下带有鲜明蜀地色彩的小说创作就一度被认为带有封闭性和边缘性。李劼人身处西部内陆时所作的白话小说《儿时影》又是否担得起“第一”之称呢？本文将围绕科举革废及其后续效应来探讨中国第一篇现代白话小说的归属问题。

---

① ［美］吉尔伯特·罗兹曼主编：《中国的现代化》，国家社会科学基金“比较现代化课题组”译，上海人民出版社 2010 年版，第 229 页。

② 王小静：《试论科举废除之前的学堂毕业奖励制度》，《兰州学刊》2008 年第 8 期。

③ 关晓红：《清季科举改章与停废科举》，《近代史研究》2013 年第 1 期。

一

《大公子》是刘韵琴发表于1915年的纪实短篇小说①。小说写的是安徽某县被逐出京的戴姓议员听闻有大人物要拥立皇帝，便卖掉家产换钱财来四处活动，期望走通袁大公子的关系，将来谋官职；不料计划意外落空，戴某债台高筑，自尽身亡的故事②。这篇小说创作于袁世凯复辟帝制的倒行逆施之际，是作者一系列讨袁“檄文”中的一篇。无论是创作动机还是行文风格，刘韵琴的《大公子》都更趋近于晚清的政治小说。《大公子》采用白话文写作，明显是为了达到更好的宣传普及效果，而并非出于有意识的语言革新。否定《大公子》第一篇现代白话小说的地位其实并不困难。但当我们对刘韵琴的生平及创作稍加考察，就会发现在“第一”的争论之外，《大公子》背后还有更值得玩味的问题。

从现有资料可知，刘韵琴1884年出生在江苏兴化。其祖父刘熙载为道光年间进士，近代著名学者、教育家、文艺理论家；其父为光绪年间举人；其母许氏为山东泰安府通判许宝箴之女。刘韵琴由能读书写字的寡母抚养长大③，也是有家学可承的。刘韵琴虽出身科举望族，自幼便显现出才华，但身为女性，她走不了科考仕途，寻个门当户对的夫婿嫁了似乎便是唯一的选择。而婚后刘韵琴与丈夫感情不甚和睦，曾离家赴南京某女校求学。之后，她东渡日本求学，做过新闻记者，只身赴马六甲的华侨学校任校长……④刘韵琴的经历颇为传奇。她既有文言小说、白话小说和译作，还能在当时拥有独立的职业身份。较之那些虽有才情，却依旧只能依附丈夫、儿子发表作品的旧式贤媛才女，刘韵琴显得十分独特而耀眼。某程度上说，她并非没有文学革新的才能。然而，作为接受过新式教育的女学生，刘韵琴这篇发表于1915年的白话小说《大公子》不仅没有体现出新的语言特质，甚至在思想内容上都有过于浓重的晚清气味。包括《大公子》在内的一系列带有鲜明时政色彩的小说是刘韵琴为与袁世凯复辟

---

① 李西亭：《中国新文学的第一篇小说〈大公子〉——从陈衡哲的〈一日〉谈起》，《中国文化》2002年第19、20期。

② 刘韵琴：《大公子》，见刘韵琴：《韵琴杂著》，泰东图书局1916年版，第55—96页。

③ 李西亭：《刘韵琴传略》，兴化市政协文史资料委员会编：《兴化文史资料》（第12辑），江苏兴化印刷厂1982年版，第40页；马勤勤：《隐蔽的风景　清末民初女性小说创作研究》，南开大学出版社2016年版，第185页。

④ 参见李西亭《民国女记者刘韵琴》，《新闻研究资料》1988年第1期；马勤勤：《刘韵琴及其爱国启蒙的反袁小说》，《南京师范大学文学院学报》2015年第1期。

帝制的倒行逆施斗争而作。共和危机解除后，她也似乎放弃了此类创作①。《大公子》等一系列讨袁檄文式的小说带有晚清的国家主义倾向。反观同时期《甲寅》杂志的文言小说，已开始出现有关“我”的话语，并表现出一种从国家主义到个人主义的思想流变②。相较之下，刘韵琴在《大公子》中所表现的思想内涵已滞后于同时代的知识精英群体。

从人生经历来看，刘韵琴与“五四”时期的“新女性”相比毫不逊色。较之日后出走的“娜拉”，她觉醒得更早，走得更远也更坚实。刘韵琴没有返回“旧家”或堕落，而能以职业女性自立、自强。这些人生轨迹完全可作为新文学中那种典型的女作家自传体小说的素材。可惜的是，刘韵琴的个人经历、感怀仅在其旧体诗词中有所表现。刘韵琴似乎并未意识到在白话小说中书写个人体验及自己作为独立女性个体的价值。她自身的小说观念也趋近于晚清的“小说界革命”③。颇富才情和勇气的刘韵琴为何未能完成从“受到现代教育的新式女学生”到现代文学史上较早一批女作家的身份转变④，进而浮出历史地表呢？透过刘韵琴及其白话小说《大公子》，我们恰能看到晚清时期对男女两性区别对待的新式教育之于文学和文化的影响。

在科举改章至废止之后的很长一段时间，新式学堂被视为科考进仕的替代品而令男性读书人趋之若鹜。但是，“士绅阶层重礼教大防，提倡三重四德，所以女学一直没有合法地位。甚至20世纪初清政府正式颁布学制时，仍然排斥女学。直到1907年，才勉强允许女子接受初等教育”⑤。作为官绅之家的女性，刘韵琴赴南京女子师范学堂求学大致在1907年⑥，可算是当时第一批受官方认可的新式学堂女学生。清廷虽在1907年颁布了《女子小学堂章程》和《女子师范学堂章程》，其中却带有对女性教育的歧视：男女学堂不得混设，只重视女子的初等教育而忽视高等教育，学习内容也简单、粗浅……⑦不难想见，刘韵琴当时在南京接受的新式学堂教育并不优质。且对于

① 马勤勤：《隐蔽的风景　清末民初女性小说创作研究》，南开大学出版社2016年版，第205—208页。

② 邓伟：《转型与创新：五四文学语言研究》，中国社会科学出版社2018年版，第20页。

③ 马勤勤：《隐蔽的风景　清末民初女性小说创作研究》，南开大学出版社2016年版，第200页；马勤勤：《刘韵琴及其爱国启蒙的反袁小说》，《南京师范大学文学院学报》2015年第1期。

④ 张莉：《从“女学生”到“女作家”———第一代女作家教育背景考述》，《中国现代文学研究丛刊》2007年第2期。

⑤ 桑兵：《晚清学堂学生与社会变迁》，北京师范大学出版社2020年版，第37页。

⑥ 马勤勤：《隐蔽的风景　清末民初女性小说创作研究》，南开大学出版社2016年版，第187页。

⑦ 刘绍春：《晚清科举制度的废除与新式教育的兴起》，中国社会科学出版社2015年版，第142页。

这些已成年甚至较年长的女学生而言，她们已经形成了自己的语言和思维习惯，更难改弦易辙。晚清时期女学生彼此间的年龄、婚育状况各异，也不容易像庐隐、谢冰莹等人那样在新式学校找到志同道合的同性友人组成小团体①。她们所承受的压力、非议远大于之后更年轻一代的女学生。以刘韵琴为例，她 1913 年赴日留学时依旧遭受“一个大家闺秀，只身留洋，成何体统”的骂声②。对于同时代的男性而言，进入新式学堂或出国留学都可获得科举功名或官职。而女性即便有幸成为新式学堂的女学生，却还是被排除在了这种社会阶层晋升渠道之外。这种制度性的排斥极大限制，甚至剥夺了女性参与公共事务及提升个人学识、素养的权利和机会。即便科举变革直至废止以后，男性知识精英依旧能够以既定的求学路径通过知识资本换取政治资本，自然而然地承担国家兴亡。女性则尚需努力逾越性别角色，甚至抹杀客观存在的性别差异才能以主体身份建构起个人与国家的权力和责任空间③。

刘韵琴仰慕身着男装、崇尚铁血的秋瑾，在言行与旧体诗创作中表现出那种男性知识精英意识主导下的“女英雄”气味……也都与科举这一对男女两性区别对待的社会阶层晋升通道及其所形成的社会文化心理有关。尽管，刘韵琴当上记者，书写时政报道和评论，在文学上获得一定声名，但这些更多是建立在一种知识精英对国家责任的承担之上而不是对她作为独立女性个体的价值肯定。刘韵琴的个人经历其实与早期新文学作品对女性的期待十分吻合。而她从旧家出走，接受新式教育，成为经济独立的职业女性——这种作为独立女性的意义在当时并未得到应有的社会认可，或许连她自己都没有真正意识到其中的价值。在刘韵琴进行白话小说写作时，她所关注的依旧是对国家体制的责任与义务，而非女性的个体价值或是对白话文的自觉意识。《大公子》这样一篇在语言观念和思想内容上更趋近于晚清的作品很难被称之为第一篇现代白话小说。某种程度上说，刘韵琴错失了在语言和思想上进行革命性写作的潜在机遇。

二

还有学者认为新文学的第一篇小说是陈衡哲 1917 年发表于《留美学生季报》上的

---

① 张莉：《从“女学生”到“女作家”——第一代女作家教育背景考述》，《中国现代文学研究丛刊》2007 年第 2 期。

② 参见李西亭《刘韵琴传略》，兴化市政协文史资料委员会编：《兴化文史资料》（第 12 辑），江苏兴化印刷厂 1982 年版，第 43 页。

③ 乔以钢，刘堃：《“女国民”的兴起：近代女性主体身份与文学实践》，《南开学报（哲学社会科学版）》2008 年第 4 期。

小说《一日》。此说最初由海外学者夏志清提出①，并有胡适为陈衡哲小说集《小雨点》所做的序为佐证②。不过，这种观点受到国内不少学者的否定。反对者认为《一日》叙述零散，缺乏故事情节和明确主题，在文体上不能归为小说；从语言上看《一日》半文半白算不上是现代白话小说；且《一日》的发表对国内文坛的影响微乎其微；《一日》也没有体现出五四新文化运动反帝反封建的革新精神③。还有学者指出夏志清贬抑鲁迅的文学史地位而特意推出陈衡哲取而代之，其“反鲁”目的也需要考虑④。不过，也有支持者认为“五四运动与《一日》的发表时间相距两年之久，当初《文学改良刍议》仅限于白话文，定义上自应在这范围内认定，实不能苛求陈氏眼光要与鲁迅一样深远，能体现‘五四’精神革新。史学家既公认胡适的新诗属新文学作品，与此同性质的《一日》，自然也是属新文学作品，而它早于《狂人日记》发表，故，自是《一日》无疑”⑤。这些争论背后关涉了对新文学起源的不同认识以及对新文化运动的理解等复杂议题。

既然，“现代白话小说作为一种全新的体式，经由文学革命的发酵区别于传统白话叙事文学，但它不存在天然的定义，而是通过不断地辩驳与实践，在‘运动’中成型的”⑥。那么，我们似乎不应在文体上对《一日》有所苛责。我们也有必要抛开夏志清本人的动机来客观考察《一日》的文本本身。《一日》的语言虽有旧的痕迹，也有新的色彩。这是新文学草创之初的共同特征。更有意思的是，《一日》的主要内容是以汉语口语甚至中国方言的形式呈现发生在美国大学宿舍内的英文对话。若将其中的对话转化为声音，我们甚至会发现小说中女大学生的对话与译制片配音的“翻译腔”有相似之处。陈衡哲显然是在有意识地运用口语进行创作。我们很难否认这种语言尝试的创新价值。

---

① 参见夏志清：《新文学的传统》，台北时报出版公司 1979 年版，第 125 页。

② 胡适：《小雨点·序》，陈衡哲：《小雨点》，（根据上海新月书店，1928 影印），上海书店 1985 年版，第 1 页。

③ 参见万平近：《中国现代文学史上第一篇小说是〈狂人日记〉还是〈一日〉》，《鲁迅研究》（第 8 期），中国社会科学出版社 1983 年版，第 235—254 页；倪墨言：《陈衡哲的〈一日〉》，《现代文坛偶拾》，学林出版社 1985 年版，第 10 页；房向东：《〈狂人日记〉的“缺点”、地位及其他——夏志清对鲁迅的偏见》，《鲁迅研究月刊》1997 年第 12 期；王思琪：《〈狂人日记〉与〈一日〉：“中国现代第一篇白话小说”的地位之争》，《兰州教育学院学报》2018 年第 34 卷第 7 期。

④ 罗执廷：《“离中向西”与中国现代小说的开端——以〈儿时影〉〈大公子〉〈狂人日记〉等为中心》，《小说评论》2021 年第 1 期。

⑤ 蔡辉振：《中国现代文学史上第一篇小说为谁》，《绍兴文理学院学报（哲学社会科学版）》2001 年第 3 期。

⑥ 李扬：《“运动”的另一种轨迹——作为“白话小说”的〈一日〉》，《中山大学学报（社会科学版）》2022 年第 2 期。

当我们谈及《一日》思想性不高的时候，往往有意无意地将《狂人日记》作为参照物。或许我们更应考量《一日》本身是否蕴含了新的思想文化。《一日》写了美国女子大学一日的琐事。其中，女大学生们写论文、谈论学业的艰苦，中国女留学生教美国女生讲中国话……都是中国女性前所未有的生存经验。此前，刘韵琴那样的女性知识精英们往往需要通过与国家大义建立联系来获得价值认同。她们需要努力成为男性知识精英崇尚的"索菲亚"式的女英雄，才有可能获得一种至少看似平等的待遇。而《一日》已表现出了新一代女性知识精英对自身个体价值的关注。《一日》在一定程度上重塑了晚清民初小说中被脸谱化、负面化的女学生形象①。今日看来，《一日》所述的女大学生生活似乎平平无奇，但在当时却已极大地突破了旧制度、旧文化为女性设置的藩篱。这种突破也与陈衡哲独特的个人经历密切相关。与许多旧式才女贤媛相似，陈衡哲也出身于"耕读世家"：祖父陈钟英任过知县，两个伯父一个在京城任翰林院编修，一个中了举人，在江西为官；其父陈韬考取举人之后屡试不第，靠捐纳异途做了实缺的知县。陈衡哲的母亲庄曜孚亦出身书香门第，颇富才情。陈衡哲自幼聪慧，便由父亲亲自教导。陈韬几乎是将女儿作为学者来加以培养②。科举之下，陈衡哲身为女性，施展才华的空间终究有限。陈衡哲虽不像姐姐一样早早嫁人，却依旧遭遇了包办婚姻的压力。但陈衡哲通过自己的抗争拒婚，又在求学过程中获得了舅舅这样开明的旧式知识精英的帮助和支持，在 1905 年进入江南制造局提调李平书创办的女子中西医学堂读书，成为该校的首批学生③。这种专业教育旨在培养女性的职业技能，远不同于晚清盛行的那种培养国民之母的新式学堂。与那些成年甚至婚育后才进入新式学堂的女性相比，多次因年龄太小被学校拒收的陈衡哲能在写作习惯和思维方式尚未定型的青少年时代就接受了系统的现代教育。更重要的是，1914 年陈衡哲遇到了清华大学留美专科首次提供少量的女性名额这样偶然的机缘，并能以自身才学考取优异成绩，获得与男性一样的赴美留学机会，拥有了早期女学生难以企及的广阔天地。这样难得的独特经历使陈衡哲有机会成为胡适提倡白话文时最早的同志，成为与那些男性新式知识精英地位平等的同学、朋友和日后的同事。陈衡哲也因此能参与关于文学与文化的先锋性讨论，拥有了文学革新的思想资源。陈衡哲的家人能为她成功考取"庚子赔款"第一批赴美的女性留学生资格而感到骄傲，并在家庭经济并不宽裕的情况下为她提供资金支持。这在当时相当难得！当陈衡哲以 24 岁"高龄"留学时，尚

① 李扬：《"运动"的另一种轨迹——作为"白话小说"的〈一日〉》，《中山大学学报（社会科学版）》2022 年第 2 期。

② 江淼：《陈衡哲传》，上海远东出版社 2010 年版，第 1—11 页。

③ 黄湘金：《陈衡哲早年史迹考索》，《中国现代文学研究丛刊》2015 年第 5 期。

未有成婚生育的经历。这样的幸运在同时代相似家庭背景的女性中也是少有的。《一日》写的大学课业论文，中国女留学生教外国大学生讲汉语、说方言等内容对当时的中国女性而言亦是鲜有的经历。《一日》虽不深刻，却又切实带有革命性的意味。

《一日》是陈衡哲以创作实践对当时胡适提出的白话文文学这一革命性设想的同情与支持。《一日》在语言上有刻意作俗白的痕迹——使用未经提炼的口语甚至是方言，与日后新文学同人对白话文文学的理论提倡和创作实践其实存在差异。至少在小说这一文体上所使用的语言并不是口语的书面化。诚如鲁迅所言："采说书而去其油滑，听闲谈而去其散漫，博取民众的口语而存其比较的大家能懂的字句。"①那种明显经过智识阶层加工、提炼的白话文实质上构成了新文学小说创作的主流。从这个意义上看，陈衡哲的《一日》并不具备《狂日日记》那样的文学史意义，但也不失为一篇独特的早期现代白话小说习作。

三

还有学者认为，中国现代文学的第一篇白话小说当属李劼人的《儿时影》②。这篇小说于 1915 年 7—9 月发表在《四川公报特别增刊·娱闲录》，从发表时间看的确早于鲁迅的《狂人日记》。尽管早就有学者肯定《儿时影》中的语言、心理描写、倒叙、插叙都与旧小说存在巨大差异，并已具备了现代小说的若干特色；但从小说在当时所处的地位和影响来看，《儿时影》不足以标志着中国现代小说的正式诞生③。也有一些观点认为《儿时影》在语言上带有旧小说的特点，半文半白，因而不能算是中国现代文学的第一篇白话小说。

从《儿时影》初刊本来看，小说的语言残留了一些"旧"的语法特点，例如依旧保持汉语中大量省略主语的习惯。由于小说中看不到创始于新文化运动的第三人称性别区分④以及"底"这类新兴的副词⑤，所以乍一看去，会让人感到《儿时影》在语言上不够新。但细究起来，《儿时影》在语言上已带有不少新文学作品的"欧化"特

① 鲁迅：《关于翻译的通信》，《二心集》，《鲁迅全集》（第 4 卷），人民文学出版社 2005 年版，第 393 页。

② 贾剑秋：《现代白话小说第一人辨》，《西南民族大学学报》（人文社科版）2005 年第 26 卷第 11 期。

③ 伍加伦：《他呼唤着新小说的诞生——关于李劼人"五四"前的白话小说》，《河北师院学报》（哲学社会科学版）1986 年第 4 期。

④ 王力：《汉语史稿》，中华书局 2013 年版，第 268 页。

⑤ 王力：《汉语史稿》，中华书局 2013 年版，第 316 页。

征。文中出现了“甜蜜”“活动”这样依西洋词义创造的新词①。小说中，还有不少受西文语法影响而增加的系词②，如“天地间虽不定说读书便乐，但也不能说读书是苦”③，“平常所穿的旧布衣裳，大都是破了又补，绽了又缝”④。西洋语法影响下产生的从属部分后置的词序⑤也能在《儿时影》中看到：“算我们的，只要你放大胆去弄!”⑥ 将“着”字作为一般动词的后附体这种现代欧化文章中的用法⑦也能在《儿时影》中找到。例如，“每每邀着老师出去吃茶饮酒”⑧，“我此时也跳下座来，同着众人去抢题纸”⑨。从语言层面看，《儿时影》自然可算是采用现代白话创作的小说。

《儿时影》以孩童虎儿的视角讲述了幼年私塾生活和家庭生活的种种经历。小说对私塾中的“蛮子老师”着墨颇多，细致描绘了塾师简单粗暴的教学方式令学生们苦不堪言以至于厌学、逃学。尽管有学者指出在晚清小说中常出现这类恶塾师的形象，因此李劼人的《儿时影》并无新意⑩。但《儿时影》中对塾师的表现却不似晚清小说那样侧重于讽刺塾师本人的迂腐、乖张。《儿时影》全篇都贯穿着科举之下的“官本位”思想和功利教育观念对作为个体的人的戕害。《儿时影》在思想内容上与晚清同类题材小说其实有着本质差异。《儿时影》开篇写“我”早起上学，去买汤圆做早餐，卖汤圆的张幺哥对“我”说：“小学生好勤学，恁早就上学了，明年科场怕不抢个大顶子戴到头上。”⑪ 塾师每隔三两日就说一次的训词也是：“读书人三更灯火五更鸡，举人进士岂是宴起迟眠做得到的。”⑫ 有举人功名在身的大舅为“我”行发蒙仪式时说：“今后读书，立志入学中举，会进殿翰，出仕扬名，报答君亲。”⑬ 爸爸教“我”背词《鹧鸪天》，说的也是“昔人少年中了状元做的，你看他说来多少荣华，多少光耀，凡人幼年好生读书，长大了入学中举，会进殿翰，不说中了状元有十分体面，就只殿了翰林，也是凤凰池上的贵人”⑭。就连“我”喜欢的一位老师在“我”行完拜

① 王力：《王力文集》（第2卷），中国现代语法，山东教育出版社1985年版，第463—464页。
② 王力：《王力文集》（第2卷），中国现代语法，山东教育出版社1985年版，第474—477页。
③ 老懒：《儿时影》，《娱闲录》1915年第2卷第2号。
④ 老懒：《儿时影》，《娱闲录》1915年第2卷第1号。
⑤ 王力：《汉语史稿》，中华书局2013年版，第362页。
⑥ 老懒：《儿时影》，《娱闲录》1915年第2卷第2号。
⑦ 王力：《王力文集》（第2卷），中国现代语法，山东教育出版社1985年版，第491、492页。
⑧ 老懒：《儿时影》，《娱闲录》，1915年第2卷第1号。
⑨ 老懒：《儿时影》，《娱闲录》，1915年第2卷第1号。
⑩ 杨剑龙，张晓英：《中国现代小说“第一燕”之甄别与思考》，《小说评论》2021年第1期。
⑪ 老懒：《儿时影》，《娱闲录》1915年第2卷第1号。
⑫ 老懒：《儿时影》，《娱闲录》1915年第2卷第1号。
⑬ 老懒：《儿时影》，《娱闲录》1915年第2卷第1号。
⑭ 老懒：《儿时影》，《娱闲录》1915年第2卷第1号。

师礼后说道：“好生读书，长大了入学中举，会进殿翰，好出来做官为宦。”① 当同窗哭生被塾师的体罚折磨得苦不堪言，向“我”坦言宁愿去学手艺。而“我”还是认为：“何必哩，你读了书，以后入学中举岂不好吗？却甘愿去学手艺。”② 在一次次经历自己和同窗们被学业、塾师折磨后，哭生又一次哭诉自己宁愿做乞丐也不想去私塾。这时，“我”的想法也在发生变化。“我”开始对科举之下功利的教育观念有了一些懵懵懂懂的反思：“中国小儿，每于读书之初，父母之期望、师兄之劝勉，千言万语总不理做官两字。好似人生一世，除了做官一事外，更无他种高大希望。”③

相比之下，不少新文学早期创作者对科考功名的态度颇有点暧昧，甚至有些许留恋。如叶圣陶的《马铃瓜》与《儿时影》皆是带有自传色彩并以第一人称的孩童视角叙述。但《马铃瓜》把科场的种种写得饶有意趣，透出津津乐道的意味。《儿时影》中的孩子虎儿却在父亲讲述了考取科举功名的种种好处后，对读书应举提出疑惑：“读书果有这些好处，怎么许多人尚去种田做生意？怎么不都去读书呢？”④ 甚至忍不住问老师：“难道我来读书，只为的官宦吗？”⑤ 这样在父亲看来“讨打”的问题。年幼的虎儿与父亲之间已经产生了思想观念上的差异，新文学中习见的父子冲突也未尝不可萌芽于此。

晚清虽有大量对科举的批判，但大都是站在国家立场指责作为抡才大典的科举误国误民。清末民初，即便也有嘲讽科场和有功名士人的小说，却鲜有如《儿时影》这般关注作为个体的“人”的感受。《儿时影》中，“我”因家里时常给蛮子老师“孝敬”而没有吃太多苦头，但却愿意给予饱受塾师暴虐的同学哭生极大的同情。小说反映出的对人生意义的探寻和对“人”的同情、关照也与新文化运动的精神内核十分相近。不仅如此，与新文学中那种对被侮辱、被损害人物的描绘不同，《儿时影》中受蛮子老师体罚的学生们也时时显出“川耗子”式的狡黠。小说更是以插叙的方式表现了塾师在学生的顽劣和肆意捉弄下逐渐暴虐的过程。这种对人物复杂性的呈现以及川人性格特点的描绘也延续在李劼人日后的大河小说创作中，成为李劼人独特的文学风格。

彼时，李劼人地处西南一隅，发表在地方性小刊物上的《儿时影》也未能对文坛有所影响。但是，《儿时影》可以说完全不失为以白话文写作的“人的文学”。《儿时

① 老懒：《儿时影》，《娱闲录》1915 年第 2 卷第 1 号。
② 老懒：《儿时影》，《娱闲录》1915 年第 2 卷第 1 号。
③ 老懒：《儿时影》，《娱闲录》1915 年第 2 卷第 1 号。
④ 老懒：《儿时影》，《娱闲录》1915 年第 2 卷第 1 号。
⑤ 老懒：《儿时影》，《娱闲录》1915 年第 2 卷第 1 号。

影》在思想内容上对于旧文化、旧制度的反叛与早期的新文学作品相比并不逊色。当然，此文的目的并不在于辨析中国现代白话小说谁是第一。问题在于“创作《儿时影》的李劼人尚未脱离内陆腹地的生存环境，他的文学资源也还主要来自晚清文学，所谓的外来文化冲击/引发模式在他这里肯定是非常不典型的”①。那么，《儿时影》中那些新的语言和思想又从何而来呢？

李劼人于 1891 年出生于四川成都。其父应过县考，曾以塾师为业，对科考功名抱有执念，而后耗光积蓄以捐纳入仕，直至客死他乡。这样的童年经历使李劼人与鲁迅等人一样对于旧制度、旧文化有着切肤之痛。李劼人曾在母舅的私塾发蒙读书两年，如无时代变动，他将延续科考进仕的老路。伴随着科举变革，尤其是清政府 1904 年颁行了修订后的《奏定学堂章程》（即“癸卯学制”），新式学堂开始在全国普及②。李劼人正是在这一年进入父亲任职地的官立小学读书。李劼人 1907 年考入四川华阳中学，退学后 1908 年考入四川高等学堂附属中学。郭沫若于 1910 年从乐山转学到成都，与李劼人成为同班同学。李劼人在新式学校接受了包括英语和数理化方面的教育。作为科举替代品并在清王朝制度法令保障下发展起来的新式学堂教育，使李劼人拥有了与许多新文学早期创作者相似的教育背景。李劼人与其他生长于清末民初的现代作家一样在青少年时期经历了科举的变革与废止，并在新式学校教育中具备了成长为现代知识精英的条件。这些本土的现代经验同样能为李劼人以新的语言形式书写包含新思想内容的文学作品创造了条件。无论是从思想内容，还是语言形式来看，李劼人的小说《儿时影》都称得上是一篇现代白话小说。

四

这几篇被指认为早于《狂人日记》的现代白话小说——刘韵琴的《大公子》、陈衡哲的《一日》、李劼人的《儿时影》——其作者当时都处于某种弱势或边缘的地位。我们在关注新式学校教育对新文学发生的影响时，往往容易忽略在晚清科举变革和废止之下发展起来的新式教育有其自身的限度。晚清新式教育逐渐取代科举对读书人及文学与文化的一些负面影响也值得审视。

科举曾是一种先进文官选拔制度，但看似公平的考试却将女性排除在外。这种惯性也一直延续至科举废止后的新式学堂教育。以至于刘韵琴这样出身旧式知识精英家庭且颇富才情的女性也未能更好地通过新式教育完成思想文化的现代转型。在《大公

① 李怡：《成都与中国现代文学发生的地方路径问题》，《文学评论》2020 年第 4 期。

② 张晓灵：《晚清西书的流行与西学的传播》，《档案与史学》2004 年第 1 期。

子》中，刘韵琴隐匿性别，并在形式和内容上切近晚清新小说的要求。她在旧体诗中的个人经历、情绪几乎没有在白话小说这种文体上有所体现。《大公子》所关心的民主共和是政体问题，而非作为个体的“人”的觉醒与解放。陈衡哲则在各种机缘巧合之下，以自身的不断努力获得了接受海外优质高等教育的机会。这使得陈衡哲在现代女性作家中成了一种独特的存在。陈衡哲的文学创作既无旧式贤媛才女的闺怨愁绪，也不像同辈女作家那样有较强的自传色彩。陈衡哲有的作品甚至写的就是外国人。她的《一日》在语言上受到了当时留美学生群体语言习惯的影响①。在一定程度上说，陈衡哲对文学与文化的现代体认是在海外完成的。《一日》中女性形象的自信、舒展、健康、独立在新文学早期作品中并不多见。“五四”文坛上几乎代表了新文化新女性观全部标准的女性形象是娜拉②。无论是文学作品还是现实，都涌现出了不少出走的“娜拉”那样追求独立、自由，离家出走的女性。《一日》里女性的“出走”有别于新文化运动中的那种“进行时”，而是以一种“完成时”的状态呈现，并且走得更远，更顺遂。《一日》的精神气质与新文化运动的反传统诉求是有距离的。《一日》中的中国女学生包括陈衡哲本人都完成了“五四”时期觉醒的女性以生命为代价都未必能争取到的机会和权利，突破了在科举变革废止中发展起来的新式教育和社会文化对女性的局限，也因此失去了典型的时代意义。

与陈衡哲相反，李劼人所遭到的“冷遇”恰恰是因为科举变革与废止使不同地区之间失去了调节政治、经济、文化差异的制度性保护。他的“大河小说”虽被同乡郭沫若盛赞为“近代中国的华阳国志”，却也往往仅被视为表现西南一隅地域文化的作品而未能在文学史中获得应有地位。其实，晚清时期借助科举发展起来的新式学堂在一定时期内保持了各地之间教育水平的相对均衡。这使得长居西南内陆的李劼人与新文学早期创作者有了许多相似的背景。受到科举废止，地方自治发展和国家政局变动等因素的影响，全国各地的教育、文化发展差距增大。李劼人所热衷书写的是巴蜀的风土人情。他对于中国现代化的认识与文学风格也表现出了与身处口岸城市的现代作家相异的志趣。

陈衡哲的《一日》和李劼人的《儿时影》都是带有革命性的现代白话小说。他们在未经新文化运动洗礼之前就已在语言或思想文化上趋同甚至超越了不少新文学早期作品。当然，无论是海外或是西南内陆似乎都不是新文学发生、发展的地理中心。陈衡哲的《一日》和李劼人的《儿时影》也都未能对早期现代白话小说的创作产生影

① 赵静：《形式、语言与情感：第一篇白话小说的三个维度》，《中山大学学报（社会科学版）》2022年第62卷第2期。

② 孟悦、戴锦华：《浮出历史地表》，北京大学出版社2018年版，第51页。

响。正如有学者所指出的那样："所谓'第一'，往往具有超越群体的独立特征，它固然可以成为某种历史趋向的显现，但是，单一的作品也很可能是作家独立探索的一种结果，没有更丰富的同道者的呼应和参照，有时也难以成为某个明确的文学思潮与运动的完全恰当的证明。"① 因此，本文无意于"第一"的争夺，并以此提早中国文学"现代性"的发生时间。我们应该注意到，科举是传统中国社会和政治动力的枢纽②。科举的变革、废止打破了女性实现自身价值的制度性障碍。在失去了科举对知识、思想、文化的统摄力及平衡地区间教育发展差异的调控力之后，中国各地在文化现代化进程中的地位并不平等。具有现代意义的知识精英正是在这样的时代背景之下产生。这些新兴的知识精英阶层构成了新文学最初的创作者和读者。而不同地域、不同性别的新式知识精英对现代的感知及其在新文学中的表现也不尽相同。所以，除了我们所熟知的以北京、上海为中心的新文学传统之外，那些虽处边缘却以全新的语言形式书写承载着新思想、新文化的文学创作也值得被发掘和肯定，并以此实现中国现代文学自身的丰富性和完整性。

（作者单位：南开大学文学院）

① 李怡：《谁是"第一"：一个超越了时间刻度的问题——专题导语》，《中山大学学报（社会科学版）》2022 年第 2 期。

② ［美］吉尔伯特·罗兹曼（Rozman，G.）主编：《中国的现代化》，国家社会科学基金"比较现代化课题组"译，上海人民出版社 2010 年版，第 229 页。

新月聚餐会、新月社、新月社俱乐部成立时间新考

付祥喜

在中国现代文学史上产生过重要影响的新月社何时成立？一直存在不同的说法。十多年前，我曾考辨新月社若干史实，认为新月社成立于1923年3月。近日，读到陈子善先生在《中国现代文学研究丛刊》2023年第4期发表的《张彭春、新月社的诞生及其他》和刘肖琴在《现代中国文化与文学》2021年第2期发表的《新月聚餐会、新月社俱乐部相关史实考》，深受教益，也启发了我进一步探究相关问题。徐志摩说："最初是'聚餐会'，从聚餐会产生'新月社'，又从新月社产生'七号'的俱乐部。"① 此言被广为征引。但是聚餐会始于何时？多久聚餐一次？在哪里聚餐？何时演变成新月社？新月社何时发展为新月社俱乐部？三者之间有何种关系？诸多问题，尽管多年来学界做了不少研究，至今还是语焉不详或说法不一。最近两年，我和朋友合作整理张彭春日记，发现一些鲜为人知的新月社史料。根据新发现的张彭春日记等文献史料，重新考辨新月聚餐会、新月社和新月社俱乐部成立时间，所得结论与陈子善、刘肖琴提出的有差异，故而不揣浅陋，撰文呈献于此，请学界同人批评指正。

一、新月聚餐会成立时间

徐志摩说"从聚餐会产生'新月社'"，这说明聚餐会和新月社之间前后相继但有区别。欲知新月社何时成立，可以从探求聚餐会何时开始着手。为了与平常的聚餐相区别，下文以"新月聚餐会"指称具有社团性质、以新月社成员为主体的聚餐会。关于新月聚餐会开始的时间，迄今为止主要有四种说法：

第一种说法认为始于1922年底。周晓明在《多源与多元：从中国留学族到新月

---

① 徐志摩：《剧刊始业》，《晨报副刊·剧刊》第1期，1926年6月17日。

派》一书中提出这种说法①，不过他只提及这个时间，并未给出理由或依据。

第二种说法认为始于1923年3月。2007年，付祥喜在《新月社若干史实考辨》一文里提出：“《胡适日记》最早提到梁启超、徐志摩等参加的聚餐会，是在1923年3月。”②

第三种说法认为始于1923年底。尹在勤在《新月社的形成——新月派研究之一》一文里提出这种说法③，但同样没有给出具体的论据和推理。

第四种说法认为始于1923年11月17日。2021年刘肖琴发表《新月聚餐会、新月社俱乐部相关史实考》一文，以周作人日记、《论并非睚眦之仇》一文等为主要文献资料，经过排比、考辨，认为“聚餐会首次出现于1923年11月17日”④。2023年陈子善先生根据张彭春的1923年11月12日日记、19日日记和周作人的1923年11月17日日记提到“聚餐会”，将新月社的诞生时间“定格在1923年11月17日”⑤。

第一、三种说法，因提出者没有给出具体论据和理由，姑且不论。第二种说法，尽管流传甚广，不少徐志摩传记和新月派研究论著持此观点，但也没有提供令人信服的证据。查阅《胡适日记全编》和《胡适全集》，均无胡适1923年3月日记，更未见胡适在1923年3月提到聚餐会。此说因无实据而难以置信。

刘肖琴排比《周作人日记》（影印本）记载的聚餐会和《晨报》1923年至1924年4月所载聚餐会启事，发现二者记载的“时间、地点完全吻合”，这是一个重要的发现。不过，恐怕还不能直接得出“《晨报》上所刊的‘聚餐会同人公鉴’启事，就是新月聚餐会启事”。排比《周作人日记》（影印本）记载的聚餐会和《晨报》1923年至1924年4月所载聚餐会启事，只能肯定周作人多次参加晨报聚餐会，尚不能认定晨报聚餐会就是新月聚餐会。即使1923年11月17日周作人日记载，“午至来今雨轩，赴张欣海、陈通伯、徐志摩约午飡”，即周作人、徐志摩等都参加了这天的晨报聚餐会，仍然不能确定这就是一次新月聚餐会。因为，现代作家经常参加多种聚餐会、茶会等活动，有时甚至同一天参加几种活动。周作人日记中的聚餐会是否就是新月聚餐会，尚待有力证据和进一步考证。子善先生以周作人的1923年11月17日日记为据，也存在同样的问题。至于子善先生以张彭春的1923年11月12日日记、19日日记提到“聚餐会”作为重要证据，自然没有问题。遗憾的是，他没有区分新月聚餐会和新月社。他见到的香港开源书局出版有限公司2020年3月出版的《张彭春清华日记

① 周晓明：《多源与多元：从中国留学族到新月派》，华中师范大学出版社2001年版，第245页。

② 付祥喜：《新月社若干史实考辨》，《中国现代文学研究丛刊》2007年第6期。

③ 尹在勤：《新月社的形成——新月派研究之一》，《四川大学学报》（哲学社会科学版）1983年第1期。

④ 刘肖琴：《新月聚餐会、新月社俱乐部相关史实考》，《现代中国文化与文学》2021年第2期。

⑤ 陈子善：《张彭春、新月社的诞生及其他》，《中国现代文学研究丛刊》2023年第4期。

（1923—1924）》《张彭春清华日记（1925）》两书，只是张彭春这一时期日记的大部分，并不完整，缺漏了一些涉及新月社重要史实的日记。

张彭春日记手稿存放在两处图书馆。一是哈佛燕京图书馆藏18册张彭春《日程草案》，二是南京图书馆藏42册《清华大学某教师日记》。前者由香港开源书局出版有限公司分为两册在2020年3月出版。后者或因手稿本身并无题名，而所记内容涉及清华大学校务，南京图书馆曾长期以“清华大学某教师日记”命名之。2021年张诗洋博士发现并撰文披露南京图书馆收藏的42册日记，经排比考订后，指出其系张彭春日记①，如今这42册日记已更名为《张彭春日记（1924—1929年、1932年）》（馆藏号GJ/EB/352105）。我和一位朋友出于兴趣，搜集两处图书馆的张彭春日记手稿，合二为一，整理完成《张彭春清华日记全编》。其中，1923年至1925年日记多次提到聚餐会和新月社。从日记里的聚餐会的参与人来看，可断定此聚餐会即为新月聚餐会。如此，只要排比《周作人日记》（影印本）记载的聚餐会、《晨报》1923年至1924年4月所载聚餐会启事和张彭春日记中的新月聚餐会，便可知三者之间有无关系或者有何关系。现依据相关文献，绘制三者所载1923年至1924年聚餐会信息表如下：

《晨报》“启事”所载聚餐会②	《周作人日记》（影印本）所载聚餐会③	张彭春日记所载聚餐会④
	1923.11.17（星期六）午至来今雨轩，赴张欣海、陈通伯、徐志摩约午餐。同坐十八人。四时返。	1923.11.17（星期六）本月12日预计参加本日聚餐会的有：周作人、鲁迅、张凤举、徐祖正、陈通伯、丁燮林、张欣海、胡适之、袁昌英、郁达夫、陈博生、蒋百里、陶孟和 、沈性仁、徐志摩

① 张诗洋：《新发现张彭春日记的文献价值考述》，《文献》2021年第5期。

② 1923年的“启事”依次出自《晨报》（人民出版社1981年影印版）第27分册，第482、494、582、590、598、606页；1924年1月开始的“启事”，依次出自《晨报》第28分册第6、110、118、226、234、282、290、298、394、402、414、510、518、526页；从1924年4月开始的“启事”依次出自《晨报》第29分册第30、38、142、150页；从1924年5月4日至1924年6月7日的“启事”，依次出自《晨报》第29分册第250、258、266、274、370、378、542页；从1924年9月开始的“启事”，分别出自《晨报》第30分册第694、702页；从1924年10月开始的“启事”，依次出自《晨报》第31分册第78、182、190、198、274、282、290、298、306、410、418页；1924年12月31日的“启事”出自《晨报》第31分册第734页。表中阿拉伯数字和标点，均为引者所加。

③ 所引述之周作人日记中聚餐会，以该表先后为顺序，依次出自《周作人日记》（中册），大象出版社1998年影印本，第336—337、339、340、368、370、374、376、388、405、415页。

④ 本表中1924年2月17日及之前的张彭春日记，见于《张彭春清华日记（1923—1924）》（开源书局出版有限公司2020年版）第175、213、236、254页；1924年2月17日之后的日记，未收入开源书局出版有限公司出版的《张彭春清华日记（1923—1924）》，可参阅付祥喜、曾祥金整理的《张彭春清华日记全编》（未刊稿），或参见南京图书馆藏《张彭春日记1923—1929年、1932年》（第1—9卷）。

续表

《晨报》“启事”所载聚餐会	张彭春日记所载聚餐会	
聚餐会同人公鉴:第二次聚餐会 [地点]中央公园来今雨轩 [时期](1923 年)十二月一日正午十二时	1923.12.1(星期六) 午至公园赴聚餐会,共二十二人,各出一元半	
聚餐会同人公鉴:第三次聚餐会 [时期](1923 年)十二月十五日上午十二时 [地点]中央公园来今雨轩	1923.12.15(星期六) 午至公园聚餐共十一人	(1923 年 12 月 15 日)聚餐会,我没进城去。新月社的戏稿,当于志摩不在此地的时候,恐不能有成
聚餐会同人公鉴:第三次[①]聚餐会 [地点]中央公园来今雨轩 [时日](1924 年)一月五日星期六正午十二时		昨天(1924 年 1 月 5 日)在聚餐会,适之到,长谈
聚餐会同人均鉴:第五次聚餐会 [地点]中央公园来今雨轩 [时间](1924 年)一月十九日(星期六)正午十二时	1924.1.19(星期六) 午至来今雨轩,赴聚餐会,共八人	
聚餐同人公鉴:第六次聚餐会 [日期](1924 年)二月二日(星期六) [地点]中央公园来今雨轩	1924. 2.2(星期六) 午至来今雨轩聚餐,共九人	
聚餐会同人公鉴:第七次聚餐会定在西山旅馆举行。到者请先期函告秘魔崖胡适之先生为盼。其日期及火车时间如左: [日期](1924 年)二月十六日正午十二时 火车:自西直门车站上车至黄村下车,乘驴或步行至西山旅馆		1924 年 2 月 17 日:“昨天,西山饭店,聚餐会。大谈戏剧。”
聚餐会同人公鉴:第八次聚餐会 [日期](1924 年)三月一日(星期六)正午 [地点]宣外米市胡同老便宜坊	1924.3.1(星期六)午至便宜坊,赴聚餐会,共十一人	
聚餐会同人公鉴:第九次聚餐会 [日期](1924 年)三月十五日(星期六)正午十二时 [地点]北海松坡图书馆是日公饯陶孟和先生,并欢迎徐志摩先生。务希准临为荷	1924.3.15(星期六) 午至北海松坡图书馆,聚餐送陶孟和夫妇南行	1924 年 3 月 15 日:“今天进城,聚餐会在北海。志摩回此来,孟和将南下。对于新月社要出力,怕是没有时光。” 1924 年 3 月 16 日:“昨天北海聚餐到的人廿一个,很畅。”
聚餐会同人公鉴:第十次聚餐会 [地点]清华学校大饭厅 [时期](1924 年)四月五日(星期六)正午(火车上午十时五十分从西直门开)		1924 年 4 月 4 日:“昨天《晨报》聚餐会的广告没登出来。我请客是作地主的意思。客人来就来,不来也无妨。”

④ 原文如此,实应为“第四次”。

续表

《晨报》"启事"所载聚餐会	张彭春日记所载聚餐会	
聚餐会同人公鉴：第十一次聚餐会 [地点]三贝子花园内豳风堂 [时期]（1924年）四月十九日正午 梨花，海棠，樱花盛开，万望准临		
聚餐会同人公鉴：第十二次聚餐会改在本星期日，并邀请泰戈尔先生莅会聚谈。准到者请于五月三日以前通知陈博生君为幸。 [地点]玉泉山玉泉旅馆 [日期]（1924年）五月四日（星期日）正午		1924年5月5日："昨天聚餐会在玉泉山。太谷尔讲美术的意义。"
聚餐会同人公鉴：第十三次聚餐会，除来宾专柬外，同人务希准临为荷。 [地点]中央公园来今雨轩十字厅 [日期]（1924年）五月十七日（星期六）正午		
聚餐会同人注意：第十四次聚餐会 [地点]中央公园来今雨轩 [时间]（1924年）六月七日正午十二时	1924.6.7（星期六）午至来今雨轩赴聚餐会，下午三时返	
聚餐会同人公鉴：今因陈博生、徐志摩两先生回京，定于本星期六（1924年9月）二十七日正午在中央公园来今雨轩餐叙。务希准时惠临		1924年9月27日："今天聚餐会，如进城，晚必归。"
聚餐会同人公鉴：（1924年10月）十一日（星六）正午十二时在北海快雪堂聚餐，盼携邀柬入门，如有不能来者，并盼电知西局一七一五，以便计数备席	1924.10.11（星期六）午往北海赴聚餐会	1924年10月13日："十一日早进城。午北海聚餐会。晚宿城内。"
聚餐会同人均鉴：本届聚餐定在城南公园藕香榭（先农坛内）星期日（[1924年]十月二十六日）中午。并约张君励、胡适之先生谈话。概不发柬。至希准临 聚餐会同人均鉴：现因藕香榭饮食不便，今日（1924年10月26日）午间改在石虎胡同七号松坡图书馆聚餐。特此通知		
（1924年）十一月八日（星期六）为蔡公松坡八周年忌日，同人等于是日下午二时至四时在西单石虎胡同七号松坡图书馆设位致祭。特此通知。		
聚餐会同人公鉴：本届定在石驸马大街太平湖饭庄星期日（二十三日[1924年11月23日]）正午，并备娱乐。不发柬		1924年11月23日："今天又大风，不进城去。（聚餐是今天。）"
新月社同人公鉴：本月（1924年12月）三十一日下午，自八时半起，在前内兵部窪松树胡同七号茶会，务乞惠临为盼	1924.12.31（星期三）晚新月社茶会，不去，寄志摩函	

通过对比上表，发现两点：

第一，表中三者都提到的聚餐会有3次：1923年12月15日、1924年3月15日、1924年10月11日的聚餐会。这3次聚餐会的时间、地点乃至重要参加人员都相同。

第二，仅《晨报》“启事”与《周作人日记》（影印本）提到的聚餐会有8次，仅《晨报》与张彭春日记提到的聚餐会有6次，仅《周作人日记》（影印本）与张彭春日记都提到的聚餐会有1次。凡是两者都提到的聚餐会，其时间、地点及主要人员大致相同。

三者所记之聚餐会，单独来看，不容易看出某一方与其他二者有无关系。通过把三者排列在一起的上表，尤其是综合上述第一、二点，可发现三者之间出现很多的吻合。为何三者出现很多吻合？比较合理的解释是，它们提到的聚餐会，有些是同一个。也就是说，晨报聚餐会就是周作人日记、张彭春日记提到的聚餐会。当然，这只是按照常理做出推断，若要使之可靠可信，还需要有相关证据并予以分析。

其一，据张彭春1924年4月4日日记：

> 昨天《晨报》聚餐会的广告没登出来。我请客是作地主的意思。客人来就来，不来也无妨。①

由于“昨天”（1924年4月3日）《晨报》没有刊登聚餐会的“广告”（启事），张彭春认为自己没必要担心客人因不知道消息而不来的问题，因为“客人来就来，不来也无妨”。这说明，聚餐会成员一般通过《晨报》提前获知聚餐会消息。也就是说，他日记里的聚餐会就是《晨报》聚餐会。

其二，虽说张彭春是新月社成员，甚至一度协助徐志摩组织新月社活动，但他日记里的“聚餐会”未必就是新月聚餐会，故仍须考证。查1923—1926年间张彭春日记，凡是与新月社有关的聚餐，均作“聚餐会”，而无关者写为“聚餐”。如，1924年11月29日日记载：“卅日，南开同学会聚餐”②，而1923年12月16日日记载：

> 昨日聚餐会，我没进城去。新月社的戏稿，当于志摩不在此地的时候，恐不能有成。③

---

① 《1924年4月6日》，付祥喜、曾祥金编《张彭春清华日记全编》（未刊稿）。或参见南京图书馆藏《张彭春日记（1924--129年、1932年）》（第2卷）。

② 《1924年11月29日》，付祥喜、曾祥金编《张彭春清华日记全编》（未刊稿）。或参见南京图书馆藏《张彭春日记（1924—1929年、1932年）》（第9卷）。

③ 张彭春：《张彭春清华日记（1923—1924）》，香港：开源书局出版有限公司2020年版，第213页。

他先说自己没有参加1923年12月15日的“聚餐会”，接着讲对这一次聚餐会情形的猜测，即因为徐志摩外出而没有参加此次聚餐会，“新月社的戏稿”“恐不能有成”。据此可知，张彭春日记里的聚餐会就是新月聚餐会。由此类推，《晨报》聚餐会和周作人日记提到的聚餐会，皆如此。

其三，比较《晨报》1924年5月至1924年11月所载“聚餐会启事”和《晨报》1924年12月至1926年所载“新月社启事”①，容易发现，二者的参与人包括徐志摩、陈公博、胡适、张彭春等，二者举办地点都有石虎胡同七号松坡图书馆，于是可知，前者提到的“聚餐会”就是新月聚餐会。由此类推，《晨报》1923年至1924年4月所载“启事”提到的聚餐会，也属于新月聚餐会。

确定以上史实之后，我们要明确新月聚餐会开始的时间，就只需要查阅《晨报》“启事”预告的第一次聚餐会时间即可。《晨报》“启事”预告聚餐会，从1923年12月1日举办的第2次开始，未见第1次聚餐会的预告。查阅周作人日记和张彭春日记，两人都在1923年11月17日参加了聚餐会，其地点、具体时间和参加人员几乎完全一致。尤其是参加此次聚餐会的张歆海、陈通伯、徐志摩等十余人，不但是之后周作人日记、张彭春日记所记聚餐会的常客，更是我们已知的新月聚餐会的常客。于是可断定，此即为《晨报》“启事”没有预告的第1次聚餐会。也就是说，新月聚餐会成立时间是1923年11月17日。关于这个日期，我们还可以反过来推算。新月聚餐会成立之初，每隔两周的星期六举办1次。据此计算，两周后的星期六（1923年12月1日）举办第2次聚餐会，这与《晨报》“启事”所记第2次聚餐会时间吻合。

二、新月社成立时间

关于新月社成立时间，学界也存在较大分歧，总体来说，有三类说法。

第一类，认为成立于1923年。这一说法，又细分为五种观点。文学史家瞿光熙“肯定新月社成立于一九二三年八月以前，或成立于一九二三年春”②；新月派研究专家梁锡华认为新月社成立的时间可推前至1923年10月③；在梁锡华的研究基础上，

① 参见刘肖琴所绘制的表三、表四（刘肖琴：《新月聚餐会、新月社俱乐部相关史实考》，《现代中国文化与文学》2021年第2期。

② 瞿乐熙：《新月社・新月派・新月书店》，《中国现代文学史札记》，上海文艺出版社1984年版，第259页。

③ 梁锡华：《且道阴晴圆缺：新月的问题》，原载1980年5月1日、2日台湾《联合报》。或者程新编：《港台・国外谈中国现代文学作家》，四川文艺出版社1986年版，第179—181页。

宋炳辉推断新月社的成立时间大约还在1923年10月之前①；付祥喜提出，新月社成立于1923年3月②；陈子善认为，新月社诞生于1923年11月17日。

第二类，认为成立于1924年。新月社成员之一的陈西滢回忆说：

> 新月的成立是在Tagore访华以后。泰戈尔是在1924年来游中国。四月到上海，月底到北京，五月底由上海到日本。在北平的时候，在史家胡同租了一栋洋式房子请他住，所以新月社那时还没有成立，要是已成立的话，不会不请他去参加集会的。新月社成立大约离泰戈尔离华不久以后。③

陈西滢说的这个成立时间很笼统，后来有研究者将其具体化。韩石山认为，新月社成立的时间应在1924年3月。刘肖琴认为："应当取新月社俱乐部的成立时间作为新月社的成立时间"，即极有可能是1924年12月7日④。

以上诸家说法，各有其理由，有的已有论者作出辩驳⑤。值得注意并需要讨论的，是目前最新的两种说法。第一种是陈子善提出的新月社诞生于1923年11月17日。他的依据，一是1923年11月17日的周作人日记，二是1923年11月19日张彭春日记。查周作人当日日记，我们只能确定他参加了新月聚餐会，而看不出在这次聚餐会上诞生了新月社。另一个重要依据是，1923年11月19日张彭春日记提到"又发生了新月社"，于是子善先生推理说：

> 它说明1923年11月17日的这个重要聚会不但按计划如期举行，而且张彭春也参加了，会上应该已把北京这批新文学作家的聚会名称定为"新月社"，否则他的日记中不会突如其来冒出一个陌生的"新月社"。⑥

由于张彭春没有在11月17日日记里提及聚餐会，而第二天（11月18日）的日记失记，我们恐怕不能把11月19日日记提到的"又发生了新月社"，与11月17日的

① 宋炳辉：《新月下的夜莺：徐志摩传》，上海文艺出版社1993年版，第137—138页。

② 付祥喜：《新月社若干史实考辨》，《中国现代文学研究丛刊》2007年第6期。

③ 陈西滢：《关于"新月"——复董保中先生的一封信》，台湾《传记文学》第18卷第4期。该文收入韩石山选编《难忘徐志摩》（昆仑出版社2001年版）。

④ 刘肖琴：《新月聚餐会、新月社俱乐部相关史实考》，《现代中国文化与文学》2021年第2期。

⑤ 参见刘群：《关于新月社成立的时间、地点及相关情况的考述》，《中国现代文学研究丛刊》2007年第3期。

⑥ 陈子善：《张彭春、新月社的诞生及其他》，《中国现代文学研究丛刊》2023年第4期。

聚餐会直接联系起来。因为，张彭春在写下“又发生了新月社”之前，先说了一句话：“昨天在城里。这几天因为常进城，不甚注意校里事。”① 这说明，他在 11 月 19 日日记里说的“又发生了新月社”，可能是 11 月 17 日的事，也可能是 11 月 18 日的事。因缺乏有力证据证明究竟是哪一天，子善先生把新月社的诞生时间“定格在 1923 年 11 月 17 日”，尚不能令人信服。他说：“可惜《张彭春清华日记》中的 1924 年日记只有 1 月至 2 月，3 月以后至年底均付阙如。”② 实际上，南京图书馆藏有这一段时间的张彭春日记，其中 1924 年 5 月 10 日的日记明确提到新月社成立时间（见下图。图片源自南京图书馆），现抄录如下：

新月社是去年十一月十七日组织的，在次女新月生后七日。③

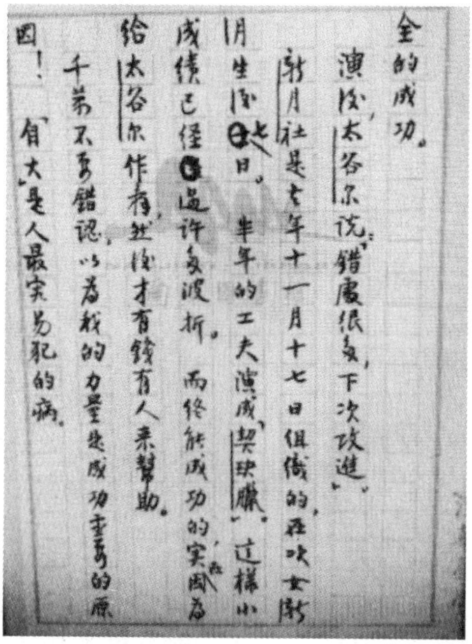
全的成功。
演後，太谷尔说：错處很多，下次改進。
新月社是去年十一月十七日組織的，在次女新
月生後七日。 半年的工夫演成《契玦臘》，這樣小
成績已經過許多波折。 而終能成功的實在因為
給太谷尔作壽，然後才有錢有人來幫助。
千萬不要錯認以為我的力量是成功重要的原
因！ 自大是人最容易犯的病。

有了这条史料，再加上陈子善先生的相关考证，我们把新月社的诞生时间“定格在 1923 年 11 月 17 日”。

查这一天的周作人日记，“午至来今雨轩赴张欣海陈通伯徐志摩约午飡，同坐十八

① 张彭春：《张彭春清华日记（1923—1924）》，香港：开源书局出版有限公司 2020 年版，第 185 页。

② 陈子善：《张彭春、新月社的诞生及其他》，《中国现代文学研究丛刊》2023 年第 4 期。

③ 《1924 年 5 月 10 日》，付祥喜、曾祥金编《张彭春清华日记全编》（未刊稿）。或参见南京图书馆藏《张彭春日记（1924—1929 年、1932 年）》（第 3 卷）。

人”①，那么，除了周作人、张歆海、陈西滢、徐志摩和张彭春五人外，胡适有没有参加？陈子善先生说：“胡适 1923 年 11 月的日记缺失，他是否参加这次聚会，也已不可考。”② 其实，此事可考。1923 年 11 月 13 日胡适致信梁启超：“戴东原生日纪念，我很想参加，日内即动身离上海，在南京尚有小勾留，约廿日可抵北京了。”③ 胡适曾在作于 1923 年 12 月 20 日的一篇序文的亚东版后面写下“我已回到北京了”七个字。查耿云志《胡适年谱》，1923 年 12 月条目下有“是月，回到北京”④。据此，胡适应该是 1923 年 12 月回到北京。既然如此，新月社成立时的 1923 年 11 月 17 日，胡适并不在北京，他没有参加这次重要的聚餐会。

第二种最新的说法是刘肖琴提出的。她认为，要“确定好应该以哪个阶段作为新月社的开始”，“1924 年 5 月 6 日和 1924 年 5 月 10 日出现在报纸上的‘新月社’，只是一个‘名称’，是‘出现’而非‘成立’”⑤。这是可贵的见解，但她最后不加区分地用新月社俱乐部成立时间作为新月社的成立时间，则混淆了口头意义、书面意义和实体意义的新月社及其与新月社俱乐部的关系。

徐志摩说：

> 新月初起时只是少数人共同的一个想望，那时的新月社只是个口头的名称，与现在松树胡同七号那个新月社俱乐部可以说并没有怎样密切的血统关系。⑥

由此可知两点：第一，先有成立新月社的设想，再有口头意义的新月社；第二，新月社与新月社俱乐部是不同的，二者“没有怎样密切的血统关系”。那么，何时有成立新月社的设想？何时出现口头意义的新月社？新月社之名何时首次在报刊上公开出现即有了书面意义的新月社？

查《张彭春清华日记（1923—1924）》，1923 年 11 月 12 日徐志摩不仅“想两星期聚会一次，互相鼓励”即打算成立新月聚餐会，而且“他还想组织一个戏剧社和读书团”，即有了成立新月社的设想。于是张彭春在 11 月 19 日日记里说“又发生了

---

① 陈子善：《张彭春、新月社的诞生及其他》，《中国现代文学研究丛刊》2023 年第 4 期。

② 《致梁启超》，《胡适全集》（第 23 卷），安徽教育出版社 2003 年版，第 358 页。

③ 胡颂平：《胡适之先生年谱长编（初稿）》（第 2 册），台湾联经出版公司 1984 年版，第 558 页。

④ 耿云志《胡适年谱》，四川人民出版社 1989 年版，第 126 页。

⑤ 张彭春：《张彭春清华日记（1923—1924）》，香港：开源书局出版有限公司 2020 年版，第 81 页。

⑥ 徐志摩：《欧游漫录·给新月》，《晨报副刊》第 73 号，1925 年 4 月 2 日。

‘新月社’”①。可见，在11月17日的聚餐上，徐志摩、陈通伯等与会者不但确定新月聚餐会的周期等事宜，还成立了“新月社”。11月23日，张彭春在的日记里说：“又加上新月社的发现，更要忙死了！”② 从张彭春在几天里两次重复这个意思来看，他实际性参与新月社事务，于是有“要用许多时间”“更要忙死了”之言。但是此时的新月社既没有固定社址，也没有公开出现在纸面上，只是口头意义的。

有一个问题必须解决，即：1923年11月17日之后举办的新月聚餐会，会不会就是张彭春在日记里提到的“新月社”？应该不是。1923年12月6日张彭春日记载：

> 昨日聚餐会，我没进城去。
>
> “新月社”的戏稿当于志摩不在此地的时候，恐不能有成。③

张彭春先说聚餐会，后说新月社，由此推断，二者是两个不同名称。理由一，假如聚餐会就是新月社，那么他何必分开说，而不是合在一起说或只说其一？理由二，从他后面的话可知，新月社有撰写戏稿的计划。既然如此，新月社不能等同于新月聚餐会。

最后一个问题：新月社之名何时首次在报刊上公开出现，即书面意义的新月社何时出现？

1924年5月6日的《晨报》刊登了题为《诞辰将近之泰戈尔》的新闻，其中有云：

> 本月八日为泰（戈尔）氏生辰，北京新月社同人，拟于是晚八时在协和大礼堂表演泰氏杰作契玦腊（Chitra）戏剧，剧中主角有林徽音女士及张歆海袁昌英女士徐志摩林宗孟蒋百里丁燮林诸君。④

“北京新月社同人”用了比较大的字体，以示强调、突出。四天后（5月10日），《晨报》详细报道新月社同人为泰戈尔祝寿的戏剧演出，称之“新月社（Crescent Moon Society）同人”“新月社”，既无“北京”二字，更没有使用较大字体。据此，如论者所断言：“‘新月社’的名称首次见诸报端是在1924年5月6日。”“‘新月社’

---

① 张彭春：《张彭春清华日记（1923—1924）》，香港：开源书局出版有限公司2020年版，第185页。

② 张彭春：《张彭春清华日记（1923—1924）》，香港：开源书局出版有限公司2020年版，第193页。

③ 张彭春：《张彭春清华日记（1923—1924）》，香港：开源书局出版有限公司2020年版，第213页。

④ 《诞辰将近之泰戈尔》，《晨报》1924年5月6日。

一词首次出现于社会公众面前的时间，当为1924年5月6日。”① 那么，是否“由上述种种，可推断新月社不可能成立于此时，只能说是‘出现’了这样一个口头的名称”呢？恐怕不能。口头名称是指当事人用语言文字表示就某一名称达成共识，而该名称不具备实体意义。此时尽管“新月社”是一个口头名称，没有组织机构、章程、社址等实体，但的确已经具备社团成立的以下条件。

其一，张彭春在日记里说自己承担了新月社排演戏剧等事宜，“一定要用许多时间”“更要忙死”，据此可知，不但新月社成员就该社名称、活动形式等达成了共识，而且该社成员已经开始履行义务；

其二，“新月社”的名称先是出现在个别成员日记里，随后出现在报刊，这说明“新月社”作为社团的名称已经确定。

考虑到“新月社”名称出现在社员口头上乃至张彭春日记，属于在小范围的私人空间传播，故而书面意义的新月社首次出现时间，以1924年5月6日“新月社”在报端公开亮相为准。至于这年5月8日新月社为泰戈尔祝寿而公开排演戏剧，虽说是新月社成员首次公开亮相，但毕竟只是该社开展的一项具体活动，不宜视为该社成立的标识。

书面意义的新月社，显然不同于且不能代替实体意义的新月社。两者的根本区别在于有无固定社址。由徐志摩、陈西滢等当事人的相关表述可知，新月社的固定社址在北京石虎胡同七号，挂牌“新月社俱乐部”。那么，新月社俱乐部成立，也就意味着新月社脱离口头意义和书面意义阶段，进入实体意义的新月社时期，这个成立时间极有可能是1924年12月20日（详后）。

三、新月社俱乐部成立时间

关于新月社俱乐部成立的时间，目前主要有四种意见：

第一，2001年周晓明在《多源与多元：从中国留学族到新月派》一书中说：“1924年，新月社的成员人数和聚餐的规模皆有所扩大。于是，大约在当年下半年，由徐申如（徐志摩之父）和黄子美垫付开办费，他们在松树胡同7号租了一间房子，延聘厨师，正式成立了‘新月社俱乐部’。”②

第二，2004年韩石山在《缘分的天空：徐志摩与陆小曼》一书中认为新月社俱乐部成立于1925年1月，证据有二：“1925年3月在《给新月》中，徐志摩说过这么一句话：‘我们几个创始人得承认在这两个月内我们并没有露我们的棱角。’这句话的意

① 刘肖琴：《新月聚餐会、新月社俱乐部相关史实考》，《现代中国文化与文学》2021年第2期。

② 周晓明：《多源与多元：从中国留学族到新月派》，华中师范大学出版社2001年版，第246页。

思，是说已有了这么好的条件，而我们没有做出大的成绩。从这个意思中，可以推勘出，黄子美就是两个月前找下房子布置起来，也就是说，新月社是在1925年1月间成立的。”另外，韩先生认为，胡适在1925年1月16日和1925年1月19日的日记中提到的胡适在“俱乐部”请客吃饭，也比较符合新月社俱乐部刚开张应有的气象①。

第三，付祥喜在《新月社若干史实考辨》一文中说：“1924年初，更名为‘新月社俱乐部’，简称‘俱乐部’或‘新月社’。”②

第四，刘肖琴在《新月聚餐会、新月社俱乐部相关史实考》一文提出，新月社俱乐部成立时间，“极有可能是在1924年12月7日这一天”③。

以上意见，第一种（“大约在1924年下半年”）过于笼统，第二种（“成立于1925年1月”）虽然以徐志摩、胡适之言为据，但是如刘群所指出：“关于俱乐部成立的时间，韩氏猜测的语气比较多，当还有待于进一步证实。”④ 第三种（“成立于1924年初”），其谬误已承蒙刘心琴指正。

第四种（“极有可能成立于1924年12月7日”）须作详细辨析。论者通过细致考梳，将新月社俱乐部成立时间逐步缩小范围至1924年11月23日至1924年12月26日，这是可信的，令人钦佩。但是，单凭任鸿隽致胡适信里一句“我们接到你们十二月七号聚餐的通知，都非常高兴。一面又很怪你们，明知我们不能到会，偏要拿这样好的请帖来使我们生气，这是多么大的罪恶”⑤，尚不能得出12月7日的“聚餐”与新月社俱乐部成立之间的关联。聚餐是一种很普遍的交际方式，胡适经常发请帖邀请不同的人聚餐。胡适发给任鸿隽的请帖及其内容，未见于胡适书信集和《胡适日记全编》，由于缺乏佐证，尚不能通过任鸿隽信中“十二七号聚餐”六个字来判断其与新月社俱乐部的关联。退一步说，倘若如论者得出的结论所言，“本次发出的请帖，即12月7日的聚餐会意义非凡”，那么为何胡适日记没有相关记载？任鸿隽信中为何随意地称之为“聚餐”而只字未提新月社俱乐部？如此“意义非凡”的聚餐，徐志摩怎么可能说它是“无聊中消遣的方法”⑥？如果这次聚餐真是新月社俱乐部成立，“意义

---

① 韩石山：《缘分的天空：徐志摩与陆小曼》，团结出版社2004年版，第87页。韩石山：《悲情徐志摩》，同心出版社2005年版，第90页。

② 付祥喜：《新月社若干史实考辨》，《中国现代文学研究丛刊》2007年第6期。

③ 刘肖琴：《新月聚餐会、新月社俱乐部相关史实考》，《现代中国文化与文学》2021年第2期。

④ 刘群：《关于新月社成立的时间、地点及相关情况的考述》，《中国现代文学研究丛刊》2007年第3期。

⑤ 中国社会科学院近代史研究所民国史研究室编：《胡适来往书信选》（上册），社会科学文献出版社2013年版，第206页。

⑥ 中国社会科学院近代史研究所民国史研究室编：《胡适来往书信选》（上册），社会科学文献出版社2013年版，第206页。

非凡”，那么张彭春日记应该提及。然而，查 1924 年 12 月 7 日及前后几天的张彭春日记，没有提到聚餐会或新月社俱乐部。

综上，以上四种意见，或过于笼统，或猜测成分过重，或存在谬误，或缺乏有力证据。新月社俱乐部究竟成立于何时，尚待进一步考证。

要确定新月社俱乐部究竟成立于何时，须先搜寻、爬梳徐志摩等人在松树胡同七号举办活动的相关史料，然后依据相关材料，逐步缩小新月社俱乐部成立时间的范围。以下详述之。

如果新月社俱乐部已成立，正常情况下，活动地点就在俱乐部，聚餐会尤其如此，这是因为，新月社俱乐部是很好的聚餐点。徐志摩说：“（新月社俱乐部）房子不错，布置不坏，厨子合适，什么都好……”① 陈西滢的回忆证实这一点：“新月社是一栋花园平房，有一间大房是可以开会等用，一间小饭厅，可以用来请客，可以摆下一个圆桌，有一个大师父，做的菜很好。”② 然而，查《晨报》所载聚餐会“启事”，截至 1924 年 11 月 23 日聚餐会，新月聚餐会的地点多数在中央公园来今雨轩，其次有西山旅馆、石虎胡同七号、玉泉旅馆等，未见在俱乐部地址松树胡同七号举办。这说明，直到 1924 年 11 月 23 日，新月社俱乐部尚未成立。据《晨报》所载“启事”，1924 年 12 月 31 日新月社举办茶会、1925 年 2 月 1 日新月社举办茶会、1925 年 2 月 7 日新月社举办元宵节赛灯会、1925 年 3 月 7 日新月社举办“当代名人书画展”，其地点都在松树胡同七号。这一系列以“新月社”名义举办的活动，都在固定场所即松树胡同七号，说明此时新月社俱乐部已经成立，而其成立时间最迟在 1924 年 12 月 31 日。关于这一点，有徐志摩的一句话和张彭春日记、胡适日记为佐证。徐志摩在写于 1925 年 3 月 14 日的《给新月》里谈到新月社俱乐部时说：“我们几个创始人得承认在这两个月内我们并没有露我们的棱角。”③ 根据他写此文的时间推算，“这两个月内”指的是 1925 年 1 月左右，也就是说，新月社俱乐部成立时间在 1924 年 12 月或 1925 年 1 月。又，张彭春在 1925 年 1 月 2 日的日记里说：

> 在新月社请客。回校。④

---

① 徐志摩：《欧游漫录·给新月》，《晨报副刊》第 73 号，1925 年 4 月 2 日。

② 陈西滢：《关于“新月社”——复董保中先生的信》，韩石山编《难忘徐志摩》，昆仑出版社 2001 年版，第 78 页。

③ 徐志摩：《欧游漫录·给新月》，《晨报副刊》第 73 号，1925 年 4 月 2 日。

④ 《1925 年 1 月 2 日》，付祥喜、曾祥金编《张彭春清华日记全编》（未刊稿）。或参见南京图书馆藏《张彭春日记（1924—1929 年、1932 年）》（第 10 卷）。

他在1925年1月23日的日记里说：

因新月社会费十元又起意见不合。①

“在新月社请客”，说明此处的“新月社”是一个地点，而非口头名称的“新月社”。“新月社会费十元”，说明此时的“新月社”已有缴纳会员费的规定。综合这两点可知，此时张彭春日记里的“新月社”是有社址、有缴纳会员费规定的社团，亦即新月社俱乐部，而其成立时间在1925年1月2日之前。再有，据胡适日记：

十四，一，十八（S.）在俱乐部吃午饭，同席的有章行严、林宗孟、许隽人、汤斐予等。②

十四，一，十九（M.）今天为在俱乐部请一班朋友吃饭。③

章士钊、林长民等都是新月社成员，据此可断定胡适在1925年1月18日日记提到的“俱乐部”，即为新月社俱乐部。次日胡适请客的“俱乐部”，自然也是新月社俱乐部。

综上所述，再加上刘肖琴对新月社俱乐部成立时间范围的考述，可将新月社俱乐部成立时间范围缩小为1924年11月23日—12月31日。又，如论者所揭示，1924年12月26日《晨报》刊登《新年之两展览会》云，北京将举办两个展览会，其中一个叫阿博洛学会绘画展览会：

现闻该会又定于本年阳历年假举行第三届作品展览会，并已借定前门内北新华街松树胡同“新月社”社址为展览会会场。至展览日期，已定于十四年一月三日至五日。④

阿博洛学会是1921年创立于北京的美术团体，该会成员不是新月社成员，该会也

---

① 《1925年1月23日》，付祥喜、曾祥金编《张彭春清华日记全编》（未刊稿）。或参见南京图书馆藏《张彭春日记（1924—1929年、1932年）》（第10卷）。

② 曹伯言编：《胡适日记全集》（第4册）（1923—1927），安徽教育出版社2001年版，第202页。

③ 曹伯言编：《胡适日记全集》（第4册）（1923—1927），安徽教育出版社2001年版，第203页。

④ 《新年之两展览会》，《晨报》第31分册，第698页。

与新月社几乎没有瓜葛。① 可见，阿博洛学会拟在“新月社”社址举办为期三天的展览，纯属借用。

《晨报》所载《新年之两展览会》这一则史料，透露了三方面的重要历史信息：一是“新月社”不但有了松树胡同这个社址，还通过《晨报》向社会公开地址，说明这个社址已经固定；二是本社之外的社团可短期借用“新月社”这个社址场所，说明“新月社”拥有这个社址场所已有一段时间，若是刚拥有或即将拥有，按照常理不会借用给他人；三是可断定此“新月社”就是1925年3月徐志摩在《给新月》里说的“现在松树胡同七号那个新月社俱乐部”。基于这三方面历史信息，“新月社俱乐部成立时间再进一步缩小为1924年11月23日—12月26日”②。

再来看张彭春1924年12月16日的日记：

> 适之生日，晚进城，住石虎胡同。③

张彭春晚上进城为胡适祝寿，自然是参加胡适生日宴。“北平有两个石虎胡同。一在北城，一在西城。”④ 当晚所“住石虎胡同”，是哪一个石虎胡同？应该是北京西单牌楼北的石虎胡同，即松坡图书馆所在的石虎胡同七号。石虎胡同七号好春轩，是徐志摩1922年底回国后几年的北京住处。之前张彭春几次进城，都与徐志摩同住。张彭春与同为克拉克大学校友的徐志摩颇为要好。1923年7月24日张彭春在日记里写道：“今天同志摩谈的很多，我觉出一种特别的力量从他精神上涌出来。”⑤ 张彭春十八岁出国留学，自感中文写作功底很差，在与徐志摩数次交谈后，解除一些困惑，缓和了中文表达焦虑，知道根源在于“一来因为读的书少，二来是天赋的缺欠”⑥。他自述颇受徐志摩的才情鼓舞。1923年7月26日的日记载：“昨天同志摩谈，对文字我是一个哑

① 参见朱伯雄、陈瑞林编著：《中国西画五十年（1898-1949）》，人民美术出版社1989年版，第234-235页。

② 刘肖琴：《新月聚餐会、新月社俱乐部相关史实考》，《现代中国文化与文学》2021年第2期。

③ 《1924年12月16日》，付祥喜、曾祥金编《张彭春清华日记全编》（未刊稿）。或参见南京图书馆藏《张彭春日记（1924—1929年、1932年）》第9卷。

④ 蒋复璁：《石虎旧梦记》，《旧梦：表弟眼中的徐志摩》，江西教育出版社2017年版，第57页。

⑤ 张彭春：《张彭春清华日记（1923—1924）》，香港：开源书局出版有限公司2020年版，第88页。

⑥ 张彭春：《张彭春清华日记（1923—1924）》，香港：开源书局出版有限公司2020年版，第178页。

子！文字上此人都不能润泽畅快，也天生然。”① 次日，又说：“文学兴趣因同志摩谈，又来叩门。”② 12 月 16 日，他再次说：“自从与志摩谈后，对于文学兴趣复燃。”③ 故而，他喜欢住在徐志摩处，两人常彻夜长谈。如，“志摩同行。夜谈至二时许”④。就此诸种情形推断，张彭春那晚住在石虎胡同七号，应该是因为徐志摩住在这里。也就是说，直到 1924 年 12 月 16 日，徐志摩仍然住在石虎胡同七号。而据曾协助徐志摩操办聚餐会事务的表弟蒋复璁回忆，位于松树胡同的房子租好后，徐志摩搬迁入住，以便主持“固定的新月社”⑤。由前述张彭春日记及其推理可知，徐志摩仍然住在石虎胡同七号而非松树胡同，那就说明，直到 1924 年 12 月 16 日新月社俱乐部尚未成立。如此，则新月社俱乐部成立时间范围，再进一步缩小为 1924 年 12 月 17 日—26 日。至于具体在这期间的哪一天成立？因为相关材料缺乏，无法确证。陈西滢说：“‘新月社’成立，并没有多少人聚集开会，讨论名称宗旨等等。”⑥ 也许，因为口头名称的新月社早在一年前已经成立，新月社在 1924 年 12 月下旬的落址松树胡同七号并挂牌“新月社俱乐部”，没有大张旗鼓，而是悄然发生了。

四、新月聚餐会、新月社、新月俱乐部之相互关系

关于新月聚餐会、新月社、新月俱乐部成立时间，之所以长期存在争议，主要原因是留下来的相关文献史料很少，而徐志摩、陈通伯（西滢）等新月社成员的回忆或语焉不详，或因年代久远而记忆模糊乃至自相矛盾。除此之外，也与三者之间扑朔迷离的关系有关。事实上，多数争议源于对三者关系的理解混淆不清。不少研究者把“新月社俱乐部”的成立视为“新月社”成立的标志，或者以为“新月社”是“新月社俱乐部”的简称，忽略了它们之间的区别。既然上文廓清了三者成立时间的谜团，

① 张彭春：《张彭春清华日记（1923—1924）》，香港：开源书局出版有限公司 2020 年版，第 90 页。

② 张彭春：《张彭春清华日记（1923—1924）》，香港：开源书局出版有限公司 2020 年版，第 91 页。

③ 张彭春：《张彭春清华日记（1923—1924）》，香港：开源书局出版有限公司 2020 年版，第 213 页。

④ 张彭春：《张彭春清华日记（1923—1924）》，香港：开源书局出版有限公司 2020 年版，第 202 页。

⑤ 蒋复璁：《徐志摩先生轶事》，《旧梦：表弟眼中的徐志摩》，江西教育出版社 2017 年版，第 51 页。

⑥ 陈西滢：《关于“新月社”——复董保中先生的信》，韩石山编《难忘徐志摩》，昆仑出版社 2001 年版，第 79 页。

那么不妨以其成立时间为立足点，从时间先后、组织关系、活动内容这三个方面区分三者。

其一，从时间先后来看，徐志摩早已明言："最初是'聚餐会'，从聚餐会产生'新月社'，又从新月社产生'七号'的俱乐部。"① 三者在成立时间上的先后次序明晰。由前文可知，新月聚餐会和口头意义的新月社始于1923年11月17日，书面意义的新月社首次出现在1924年5月6日，而实体意义的新月社即新月社俱乐部成立于1924年12月下旬。

其二，从组织关系来看，"从聚餐会产生'新月社'，又从新月社产生'七号'的俱乐部"。徐志摩这句话容易给人一种错觉，以为聚餐会、新月社、新月社俱乐部之间是先后替代的关系。我在《新月社若干史实考辩》一文里便认为，聚餐会"为新月社的筹备性组织"，"1924年初，（新月社）更名为新月社俱乐部"。其实，只不过口头意义的新月社在聚餐会上产生，尚无材料证明书面意义的新月社和实体意义的新月社成立于聚餐会，所以不能笼统说聚餐会"为新月社的筹备性组织"。新月社成立后，新月聚餐会和新月社并行不悖，也说明了这一点。1923年11月17日口头意义的新月社成立后，一方面，"聚餐会"和"新月社"多次同时出现在张彭春日记里；另一方面，《晨报》刊登的聚餐会"启事"，直到1924年12月31日止，一直被称为"聚餐会"而非"新月社"；再者，据张彭春日记，"聚餐性质近只娱乐"②，而新月社举办了演戏、灯谜会等文艺活动，徐志摩也曾提醒新月社诸君，结社绝非只为了娱乐："有一个要得的俱乐部，有舒服的沙发躺，有相当不错的书报看，也就不坏；但这躺沙发决不是我们结社的宗旨，吃好菜也不是我们的目的。"③ 这说明新月社不等同于聚餐会，聚餐会只是新月社在新月社俱乐部及其他地点举办的活动之一。

新月社和新月社俱乐部存在什么关系？较早辨析二者关系的周晓明的结论是："（新月社）发展为新月社俱乐部。"④ 二者之间真是前后替代的关系吗？

徐志摩是新月社的主要发起人和核心人物。在他的有关陈述中，"新月社"和"新月社俱乐部"是两个不同的概念，指称的是不同事物。新月社俱乐部成立一年后，徐志摩指出：

---

① 徐志摩：《剧刊始业》，《晨报副刊·剧刊》第1期，1926年6月17日。

② 《1924年11月22日》，付祥喜、曾祥金编《张彭春清华日记全编》（未刊稿）。或参见南京图书馆藏《张彭春日记（1924—1929年、1932年）》（第8卷）。

③ 徐志摩：《给新月》，1925年3月14日书信，《徐志摩书信新编》，浙江古籍出版社2017年版，第406页。

④ 周晓明：《多源与多元：从中国留学族到新月派》，华中师范大学出版社2001年版，第248页。

> 新月初起时只是少数人共同的一个想望，那时的新月社也只是个口头的名称，与现在松树胡同七号那个新月社俱乐部可以说并没有怎样密切的血统关系。①

既然“可以说并没有怎样密切的血统关系”，当然也就没有“（新月社）更名为新月社俱乐部”，两者之间不存在先后替代关系。

查《晨报》刊载的“启事”，从1924年12月31日开始，抬头全是“新月社同人公鉴”。这个“新月社同人公鉴”的“新月社”，究竟是作为口头名称的新月社，还是新月社俱乐部的简称？经查阅，仅1924年12月31日《晨报》刊登的“启事”附有活动的具体地址，即“内兵部窪松树胡同七号”。之后的“启事”无具体地址，均称“本社”。不标明详细地址而仅称“本社”，自然是因为这个地址固定并且为参与者众所周知。这个地址，就是12月31日《晨报》“启事”已经明示的“内兵部窪松树胡同七号”。据此，既然“新月社同人公鉴”的“新月社”有固定社址，断不可能是作为口头名称的“新月社”。再查阅徐志摩、胡适等当事人相关文献，都以“俱乐部”简称新月社俱乐部，在他们笔下，新月社和新月社俱乐部是分别表述的，徐志摩就明确说过，新月社俱乐部只是“新月社的俱乐部”②。因此，“新月社同人公鉴”的“新月社”并非新月社俱乐部简称。那么，就只剩下一种可能，即：新月社俱乐部是且仅是新月社举办活动的场所。俱乐部（又称会所；英文名Club），人们聚集在一起进行娱乐活动的组织团体或者其场所。俱乐部起源于17世纪欧洲大陆和英国，是民间社交场所。进入现代以后，俱乐部才具有营利性的组织团体之意。徐志摩、胡适等崇尚英美文化，故而新月社俱乐部是社交场所，而不是社团组织，这是与新月社的根本不同点。正因为此，徐志摩才说新月社和新月社俱乐部之间“并没有怎样密切的血统关系”。

基于以上，陈述史实如下：20世纪20年代初期，徐志摩、陈通伯、胡适、张彭春等欧美派现代知识分子在多次举办聚餐会后，成立了一个既有同人聚餐也有演戏等活动的新月社；然而这个口头意义的新月社终究不便，于是由徐申如（徐志摩父亲）、黄子美（银行家）赞助，租用北京松树胡同七号为社址，有了这个固定场所，自然与之前口头意义的新月社不同，遂称为新月社俱乐部，并在俱乐部门口挂牌。基于此，新月聚餐会、新月社、新月俱乐部之间的组织关系如下：聚餐会是新月社成立前后一直举办的活动，新月社俱乐部是实体意义的新月社举办聚餐会、茶会、元宵节灯谜会等文艺活动的场所。

---

① 徐志摩：《欧游漫录·给新月》，《晨报副刊》第73号，1925年4月2日。

② 徐志摩：《欧游漫录·给新月》，《晨报副刊》第73号，1925年4月2日。

其三，从活动内容看，三者虽各有侧重，但都以文艺为旨趣。据张彭春日记，1923 年 11 月 12 日徐志摩、陈通伯等商议成立新月聚餐会，其出发点是“集合一些对于文艺有兴趣的人”。新月社成立的初衷也是为了文艺，故而排演戏剧一度是口头名称阶段的新月社的重头戏，不但张彭春承担了排戏任务，为泰戈尔祝寿时还公演泰氏杰作契玦腊（Chitra）戏剧。至于实体意义阶段的新月社，就其在新月社俱乐部举办的活动来看，有茶会、元宵节赛灯会、字画展等，还有诗歌朗诵，如 1924 年秋天沈从文、王赓等人在松树胡同七号听了徐志摩朗诵诗歌①。

综合以上三点可知，不宜用“新月社”笼统称呼新月聚餐会和新月社俱乐部，必须区分三者而不是混为一谈；至于新月社的性质，确实如我在《新月派若干史实考辩》文末所说，“新月社只能是文艺沙龙，而不是文学社团或者文学流派”。

陈寅恪说：“一时代之学术，必有其新材料与新问题。取用此材料，以研求问题，则为此时代学术之新潮流。”② 以新材料更新观点、推进学术发展，是学术研究的常态。多年以来，新月社研究进展缓慢，富有创见的成果不多。其中原因，与相关文献史料陈旧不无关系。新发现的张彭春日记不但“澄清了以往研究中存在的一些模糊乃至错讹的认知，为新月社成立及活动、清华大学改革等文化史、教育史事件之研究提供新的一手资料”③，而且记录了很多徐志摩、胡适、陈西滢等现代作家的信息，可补其年谱之阙。

（作者单位：云南师范大学文学院）

① 沈从文：《谈诗朗诵（一点历史回溯）》，《星岛日报·星座》1938 年 10 月 1 日至 10 月 5 日。按，此文提供了关于新诗朗诵的很多珍贵史料，收入沈从文《昆明冬景》（文化生活出版社 1941 年版），1949 年后沈从文的文集一般收录此文，但改动较大。

② 陈寅恪：《陈垣敦煌劫余录序》，《金明馆丛稿二编》，上海古籍出版社 1980 年版，第 236 页。

③ 张诗洋：《新发现张彭春日记的文献价值考述》，《文献》2021 年第 5 期。

从歌德到早期创造社：作为空间隐喻的现代隐士形象①

丛子钰

一、隐士形象在漫游与教育小说中的起源

漫游在中国文学和德国文学中都是一个历史悠久的主题。在中国先秦诸子散文中已经出现了关于漫游的作品，比如庄子的《逍遥游》虽然并未写人的漫游活动，但借鹏鸟的“适南冥”和列子“御风而行”，为后世漫游文学开了先河，并且提到了几位知名的隐士，如棘、许由、接舆等，这些人大多性格孤傲且有自己独特的抱负。屈原在《离骚》中将自己也描述为这样一个在贬谪中漫游的形象，使用各种植物隐喻作为政治理想的能指。中国古代隐士的漫游活动大多是因为政治压抑，在文学创作中借动植物、风景来实现托物言志、借景抒情的作用。漫游主题和隐士形象的兴盛始于魏晋，但按照鲁迅的说法，晋人的宽衣、漫游是因为服了五石散后全身发热，且皮肤易于磨破，只能如此，而非其品格高逸②。西方漫游文学起源于荷马史诗，在中世纪出现了德意志民族史诗《尼伯龙根的指环》，而对近代漫游文学影响最大的则是流浪汉文学《痴儿西木传》。德国文学史学者史腊斐（Heinz Schlaffer）认为，在这部以愚人为主角的作品中，“正因为他的愚笨痴呆而逃脱了常人通常要担负的社会责任。在他单纯愚蠢

---

① 本文系同济大学原创探索项目“阿多诺文学理论中的‘幻象’观念及其视觉隐喻问题研究”（22120230363）的阶段性成果。

② 鲁迅：《魏晋风度及文章与药及酒之关系》，见《鲁迅大全集》（第4卷），长江文艺出版社2011年版，第118页。

的外表下隐藏着对世事的洞察，这也解释了他为何最后离开了这个道德沦丧的尘世。"① 阿城小说《棋王》中的王一生、"脚卵"这两个类似的愚人形象，说明知青小说"上山下乡"题材也与这一传统相关。这些愚人形象后来逐渐发展成了艺术家小说的主人公，而且这些人物往往都具有隐士特征，他们行为怪诞，"远离尘世的中心，隐居于自在的乡间，为理想而生活"②。这些人活着的时候总是孤独的，死后却获得非凡的声名。史腊斐特别提到，"歌德的维特和威廉·迈斯特之后，艺术家和具有艺术家气质的人变成了德意志文学中最常见的形象"③。漫游、愚人、艺术家这些元素构成了歌德小说和诗歌中重要的内容。

根据博斯（Tobias Boes）的看法，第一个强调"教育小说"重要性的人是狄尔泰④，但他只有一次将教育小说与歌德联系起来："这部长篇叙事诗（注：指沃尔夫拉姆的《帕西法尔》）内隐藏着发展小说，它采用《威廉·迈斯特》里的相同艺术，在主要人物身旁添上其他人物作为加强对比和补充。"⑤《体验与诗》中主要谈到教育小说的部分是关于荷尔德林的《许佩里翁》。但无可置疑的是，"教育小说"（Bildungsroman）这个概念在歌德的创作中具有无可替代的位置，其中的"教育"也有"教化""构建""塑造"之意。威廉·迈斯特是歌德"教育小说"最重要的主人公，在其身上也体现了"教育小说"的含义，一个青年通过漫游活动来了解自己、改造自己，使自己成为一个完善的、理想的人类。斯坦纳则如此解释教育小说："灵魂在爱的苦难中成长，这是教育小说的关键主题：威廉·迈斯特和米格侬、大卫·科波菲尔和多拉、朱利安·索莱尔和热拉尔夫人，都无一例外。当初次品尝到欲望的苦涩与痛苦，当从对象不明的萌动到对某个人的专注，青春便留下了绿色的回响。在资产阶级文化中，这道成人仪式是决定性的程式，正如中世纪骑士戴甲守夜或巴布亚人的成年礼。从歌德到普鲁斯特，小说一直都在利用初次意识到成熟之爱作为顿悟。"⑥ 在创造社的笔下，青年的得不到满足的欲望总是被一写再写，这些人物在苦闷之中进行自我怀疑，他们的"灵魂在爱的苦难中成长"。主人公身体的虚弱也总是用来与祖国军事上的弱小形成比较，这种虚弱的主体性通过一系列欲望与理想的压抑逐步建立。卢卡奇和巴赫金后来都发现了教育小说中存在着个体认知与社会无意识之间存在的关联，并提出教育

---

① ［德］海因茨·史腊斐：《德意志文学简史》，胡蔚译，四川人民出版社 2023 年版，第 52 页。

② ［德］海因茨·史腊斐：《德意志文学简史》，胡蔚译，四川人民出版社 2023 年版，第 53 页。

③ ［德］海因茨·史腊斐：《德意志文学简史》，胡蔚译，四川人民出版社 2023 年版，第 54 页。

④ Karl Morgenstern. On the Nature of the Bildungsroman. Translated by Tobias Boes with an Introduction, PMLA, 2009, Vol. 124, No. 2, p. 647.

⑤ ［美］狄尔泰：《体验与诗》，胡其鼎译，生活·读书·新知三联书店 2003 年版，第 185 页。

⑥ 乔治·斯坦纳：《语言与沉默》，李小均译，上海人民出版社 2013 年版，第 315 页。

小说与历史小说在形式上的相似性。卢卡奇谈道，“在每一种内心深处的必然失败中，每一单个人的命运只是一段插曲，而世界则是由无数相互异质的、独立的插曲编排起来的，这些插曲只是把必然失败作为共同的命运一起分担下来”①。巴赫金将歌德之前的教育小说划为“漫游小说”“考验小说”“传记小说”三个阶段，这里的漫游小说主要指的是《痴儿西木传》一类的作品，而从漫游小说到考验小说是将被刻画的中心从外部环境转移到人物，卢梭的《爱弥儿》、菲尔丁的《汤姆·琼斯》在后二者之列。在巴赫金看来，“成长的是人，而不是世界本身。相反地，世界对发展着的人来说，只是一个静止不动的定向标。……教育小说把世界视为经验、视为学校这一观点，是富有成效的；它使世界的另一侧面转向了人，而这个侧面恰好是长篇小说此前所不熟悉的”②。陶德·孔捷（Todd Kontje）区分了作为创作与作为批评的教育小说，他认为教育小说在德国的兴起绝非偶然，而且它强调的“诗与思”的结合并非反政治的，而是与普鲁士政治高度相关③。莫莱蒂更进一步地将教育小说看作“现代性的象征形式”④。卢卡奇和巴赫金都试图证明教育小说与现代资产阶级主体性建立之间存在着不可分离的关系，甚至都以托马斯·曼的《魔山》、托尔斯泰的《安娜·卡列尼娜》、罗曼·罗兰的《约翰·克里斯朵夫》作为当代教育小说的例证。在威廉·迈斯特身上完整的自我认知过程，在郁达夫的小说中却是破碎的，直到最后也没有实现自我的确认，按照文学社会学的观点来看，正是因为民国社会关系的破碎性造成了作家小说中形象主体的崩溃。

德国“教育小说”的概念与中国现代文学史上通常被称为“教育小说”的作品有所不同，后者指的是在晚清和民国受教育业发展影响而诞生的一批以教师和学校为中心的小说，比如叶圣陶的《倪焕之》，甚至钱锺书的《围城》也可以包括在内⑤。当然因为战乱，在这些作品中主人公也经历了漫游，但空间的变化并没有凸显出来，比如《围城》中的三间大学就没有环境描写，而创造社小说中的环境描写却比比皆是。

---

① ［匈］格奥尔格·卢卡奇：《小说理论》，燕宏远、李怀涛译，商务印书馆 2012 年版，第 123 页。

② ［苏联］巴赫金：《教育小说及其在现实主义历史中的意义》，见《巴赫金全集》（第 3 卷），钱中文主编，河北教育出版社 1998 年版，第 232 页。

③ Todd Kontje. *The German Tradition of the Bildungsroman*. See *A History of the Bidungsroman*, ed. Sarah Graham. Cambridge: University of Cambridge Press, 2019, p. 10.

④ Franco Moretti. *The Way of the World: The Bildungsroman in European Culture*. London: Verso Press, 1987, p. 23.

⑤ 林培源在《“制造伟大的国民”——晚清教育小说〈苦学生〉的叙述者、海外空间与民族寓言》（见《华文文学》2020 年第 6 期）一文中“教育小说”概念在晚晴报刊中经由翻译进入中国进行了梳理，最早引进的欧洲教育小说是卢梭的《爱弥儿》，1903 年刊登于《教育世界》。

不仅如此，郭沫若和郁达夫等人都热衷写游记，小说中关于自然景物的描写和游记中的景物描写大多相似。郁达夫提到这种对自然的关注正是来自德国文学的影响：

由这大自然的迷恋，必然地会发生出一种向空远的渴望（就是德国人的所谓Sehensucht nach der Ferne），从这向空远的渴望中，又必然地会酝酿出一种远游之情（就是德国人的所谓Wanderlust）来。想来想去，这三重要素，大约是不已地使我想拿起笔来写些东西的主要动机。因为对现实感到了不满，才想讨回大自然的怀中，在大自然的广漠里徘徊着，又只想飞翔开去；可是到了一处固定的地方之后，心理的变化又是同样地摇起来的，所以转转不已，一生就只能为Wanderlust的努力，而变作着一个永远的旅人。①

郁达夫将自己的创作整个地与德国式的漫游联系在一起，为我们重新理解创造社的文学提供了一个新的方向。创造社的刊物上推荐的外国文学作品也常常出现欧洲教育小说的影子，如《创造》第3期介绍的《茵梦湖》《少年维特之烦恼》《道连·格雷的画像》等②。漫游虽然是一种空间活动，但本质上是为了通过位移来完成自我认知，所以教育小说主人公总是边漫游边试图完成一幅完整的自画像。法国学者贝尔曼提道，“构建作为一种旅行，也是对世界的‘异’的经验：自我在‘成为他者’的遮掩下，想要真正地‘变为自我’，它首先要获得非自我的经验，至少是表面上的‘非自我’”③。

事实上，创造社成员的自恋、热衷于写作自叙传和游记的倾向于德国教育小说的传统是一脉相承的。人们常常以为，浪漫的作家们通常都表现为极度自恋的。夏志清批评创造社“假浪漫主义为名，一味狂放，华而不实，作品没有丝毫规矩绳墨，言过其实。他们的唯美主义仅仅乎可以说是为感情的放纵而艺术而已”④。而托马斯·曼在评价歌德与托尔斯泰的成就时却称“爱自己往往是一个传奇式生活的开端”⑤。无论是卢梭、歌德、托尔斯泰，还是托马斯·曼都写过自传性的作品，或者说他们全部的作品都是一部自传性长篇小说的片段。郭沫若说：“我不是要学Augustine和Rousseau要

---

① 郁达夫：《忏余独白》，见《郁达夫全集》（第10卷），浙江大学出版社2007年版，第498—499页。

② 《创造社世界名家小说集》，见《创造》第1卷第3期，泰东书局，1922年，第6页。

③ ［法］安托瓦纳·贝尔曼：《异域的考验：德国浪漫主义时期的文化与翻译》，章文译，生活·读书·新知三联书店2021年版，第25页。

④ 夏济安：《中国现代小说史》，后浪出版公司2013年版，第107页。

⑤ ［德］托马斯·曼：《歌德与托尔斯泰》，朱雁冰译，上海译文出版社2013年版，第23页。

表述什么忏悔，我也不想是学 Goethe 和 Tolstoy 要描写什么天才。"① 但在他们的自传中，自恋与"对自我的敬畏"总是相伴而生。郁达夫评价自己是"败战后的国民——尤其是初出生的小国民，当然是畸形，是有恐怖狂，是神经质的"②。但在浪漫主义者的自恋和主观中透露出的信息，其实并非完全将自我的意志绝对化，而是感到自我与世界之间的分离，自传是将自我视为对象的文学形式。托马斯·曼如此解释这种浪漫的感伤者："人们可以将一个作为精神主体外在于自然的人，一个在他那种感伤的分离状态中，在他那种自然与精神的二元状态中得到其尊严和不幸的人，径直称之为浪漫主义的本质。自然是幸福的，或者他觉得自然是如此；因为已陷入悲剧性的自相矛盾中的他本身是一个患浪漫病的人。"③ 郁达夫小说中的主人公当然是厌世的，也是作者个人精神的表现。这种自叙传小说与日本私小说，从根源上都与卢梭所强调的"透明性"有所联系。斯塔洛宾斯基评价卢梭时说道，"对让-雅克·卢梭而言，避免危险的不透明性的唯一方法就是让自己变得透明，活在透明性当中，同时在受制于不透明的他人的目光中保持可见"④。在自叙传小说中，主人公透明性地剖析自己，将自己的内在袒露出来，以此形式来反对外部世界的不透明之罪恶。孤独者所厌恶的并不是纯然的社会，而是社会中不透明的关系，以及生活在这样不透明关系中的人们。从各个方面来看，这种思想都与古代的隐士形象有着千丝万缕的联系，同时又有所差别。隐逸首先是相对于入朝做官的，而孤独者则需要求职，如郁达夫笔下的孤独者除了遭受着性苦闷，同时也遭受着求职上的苦闷和政治上的苦闷。除此之外，讲述者往往也意识到，表达自己的苦闷并记录成文字，不过是另一种谋生的"差事"。然而当真正面对自然时，他们又常常表现出矛盾的心态来。在《沉沦》中，主人公一方面"在万籁俱寂的瞬间，在天水相映的地方，他看看草木虫鱼，看看白云碧落，便觉得自家是一个孤高傲世的贤人，一个超然独立的隐者"⑤。另一方面，这种对大自然的喜爱、对孤独的热衷其实只是对于城市社会生活的一种暂时的逃避，当他真正到了 N 市乡下，"四面并无邻舍，左首门外便是一条如发的大道，前后都是稻田，西面是一方池水，而且因为学校还没有开课，别的学生还没有到来，这一间宽旷的旅馆里，只住了他一个客

---

① 郭沫若：《我的童年·前言》，见《郭沫若全集·文学编》（第 11 卷），人民出版社 1982 年版，第 7 页。

② 郁达夫：《悲剧的出生——自传之一》，见《郁达夫全集》（第 4 卷），浙江大学出版社 2007 年版，第 257 页。

③ ［德］托马斯·曼：《歌德与托尔斯泰》，朱雁冰译，上海译文出版社 2013 年版，第 38 页。

④ ［瑞士］斯塔洛宾斯基：《透明与障碍：论让-雅克·卢梭》，华东师范大学出版社 2019 年版，第 86 页。

⑤ 郁达夫：《沉沦》，见《郁达夫全集》（第 1 卷），浙江大学出版社 2007 年版，第 44 页。

人。……他对于都市的怀乡病从未有比那一晚更甚的。”① 可以看出，这种对孤独的倾向只是城市生活的一种副产品。

对孤独的忏悔本身已经是自我教育的开始。“自己的自我感觉，作为一项使命，一种道德的、美学的、文化的责任被客体化，表现在自传体的教育和成长小说的主人公身上，被具体化为一个作者的自我借以成为引领者、指导者、教育者的你，前者与后者是同一的，同时又高于后者”②，在《沉沦》中，主人公虽然苦恼于自己的忧郁症和性苦闷，但他也强烈地表达出对于祖国弱小的爱。这种强烈的爱使得这些孤独者无法像古代的隐士那样享受惬意而舒适的生活。从历史处境来看，似乎郁达夫笔下的人物是出于民族情感和责任这些外在的条件而排斥古代的隐逸思想。但从内在冲动来看，一个生活在20世纪的青年也不可能采取传统的隐士生活。从歌德开始，现代作家大多对于时间和工作有着不同以往的伦理认识，也是从歌德开始，自然科学的事物在小说中得到了天才般的组合。“托尔斯泰在文学上探索死亡的天才是与歌德的自然科学的直觉相对立的。”③ 这种自然科学的直觉也吸引了创造社的作家，因为他们当时在日本所学的都是自然科学，而日本向西方学习科学也特别地效仿了德国。郁达夫写道：“日本的文化，虽则缺乏独创性，但她的模仿，却是富有创造的意义的；礼教仿中国，政治法律军事以及教育等设施法德国，生产事业效仿欧美，而以她固有的那种轻生爱国，耐劳持久的国民性做了中心的支柱。”④ 歌德不仅长期研究自然科学，写下了《色彩学》《动物变形论》《植物形态变化》等学术性的文章和著作，也将他对自然科学的理解运用到文学创作中，在本雅明看来，这首先是因为在歌德所处的时代，经验的贫乏已经开始了，所以才会出现这样的情况：“歌德时代比任何其他时代都想不到，生存最本质的内容淋漓尽致地在物质世界中展现出来，否则其内容达不到真正的完满。”⑤ 歌德在小说中用科学观察的方式去分析婚姻关系，性要素从婚姻的神圣之中抽离出来，成为其生物性的内容。不过本雅明在解释歌德小说中的科学要素时，将其视为自然神话对人类更加深刻的控制，相对于大地对植物在地面下的滋养而言，人对植物在地面上的栽培不过是一种模仿。“按照歌德深刻而预感丰富的直观，亲和力的奇妙运作并不

① 郁达夫：《沉沦》，见《郁达夫全集》（第1卷），浙江大学出版社2007年版，第54页。
② 托马斯·曼：《歌德与托尔斯泰》，朱雁冰译，上海译文出版社2013年版，第109页。
③ 托马斯·曼：《歌德与托尔斯泰》，朱雁冰译，上海译文出版社2013年版，第104页。
④ 郁达夫：《雪夜》，见《郁达夫全集》（第4卷），浙江大学出版社2007年版，第304页。
⑤ ［德］瓦尔特·本雅明：《评歌德的〈亲和力〉》，王炳钧、刘晓译，北京师范大学出版社2016年版，第5页。

能解释人物本质内在精神上的一致，而只是说明了较深的自然层次上的特殊和谐。”①这种特殊的和谐要求人类像自然界事物一样归于尘土，也就是接受死亡的厄运。应该说，这是在用叔本华式的悲观主义来解释歌德的人文主义，尽管二者都与19世纪的精神紧密相关。对末世论的拒绝让这种精神在获得了自然科学肯定的同时，世俗性也让死亡遮上了颓废的阴影：成功者的进取与失败者的绝望构成了生活之天平的两极——尤其是事业上的失败，意味着灵魂与肉体的全面堕落。新教伦理也带来了现代工作伦理，找不到工作或者被辞退的人不能像屈原一样发出“举世皆浊我独清”的感叹，而是陷入了深深的自我怀疑。针对现代隐居者的评价并非孤独的思想家，而是失业者、找不到出路的人。在郭沫若的《湘累》中，屈原被塑造成一个精神错乱的人，把自己妄想成虞舜，因为他们都是被放逐的人。科举制的消失意味着，所有中国知识分子都不再可能通过传统的路径获得地位，从这个意义上说，所有“五四”知识分子都面对着放逐的认同危机。而对于创造社的成员来说，屈原的放逐有双重含义：一方面是与庙堂的对立，表现出他个人性格上的狂狷和逃逸；另一方面是与故土的对立，而这些在异国他乡流浪的留学生对此会倍感熟悉。流浪、放逐、孤独共同构成了创造社文学形象的隐逸特征，然而我们应当看到，这种厌世性并不是个体性的，而是具有现代的普遍性，放逐者的隐逸意识与现代社会将个体与集体之间相分离的趋势是统一的，并因此而造成了浪漫青年的感伤特质。

自我教育和漫游风尚既构成了传统隐士与现代隐士的相似之处，也标志了二者之间的差异。正如斯宾格勒所说，世界的心灵是城镇的心灵，这种现代性的心灵与乡土的、永恒的心灵截然不同。在郭沫若、郁达夫、成仿吾等人的漫游中，自我完成了民族性的教育，他们首先意识到作为中国人在世界中的地位，同时也意识到作为知识分子在民国社会中的地位。他们向着自然的位移是从城市的职业生活中短暂地逃离，但是这种逃离注定是没有意义的。尽管他们也像古代隐士一样，纷纷寻找和树立自己心目中的隐居的圣人形象，然而圣人的行动也并不能解决他们的困惑。于是他们或者通过参与革命来选择另一种出路，或者只能做一个永远的多余人、零余者、漂泊者。然而无论选择哪条路，在德国教育小说中存在的个体与社会的矛盾性将不断在追求隐士风范的作家身上重新出现，并给他们带来心灵的折磨。教育小说与隐士形象身上这种循环性的现象也是浪漫主义以来，内在于现代性之中的矛盾。

---

① ［德］瓦尔特·本雅明：《评歌德的〈亲和力〉》，王炳钧、刘晓译，北京师范大学出版社2016年版，第17页。

二、现代隐士的疾病及其形象的空间隐喻问题

在《三叶集》中，宗白华、郭沫若、田汉围绕歌德而展开的讨论，很多是关于婚姻、恋爱和人生观问题的，这些问题也是歌德的《少年维特之烦恼》《浮士德》和《亲和力》所探讨的问题。现代隐士并不是清教徒，而是充满人性欲望的孤独者。在这些隐士形象中，第一个典型便是维特，而郁达夫小说中的零余者形象与维特形象有太多相似之处，维特的恋爱问题是现代人生观的一个表现，它在爱与死之间构建了一条桥梁，这也构成了歌德与创造社的一个联结。“一个病人多么需要绿蒂，我自己这颗可怜的心已经深有所感；它比起一个呻吟病榻者来，情况还更糟糕些。”① 维特谈到疾病，首先是看到他人的疾病。但老牧师的疾病显然没有女婿施密特的性格乖僻更加吸引维特的注意，他将坏脾气视为一种罪过，而未注意到自己爱动感情（sentimental）的浪漫病。对于维特来说，疾病在此之前已经夺走了他未婚妻的生命。

患病的隐士形象在中国古代有着比歌德小说更悠久的传统，在《高士传》中，子州支父就以“幽忧之病”回避尧的禅让。唐代王绩也“以疾罢归”。这后来成为知识分子、艺术家与世俗世界格格不入的一个标志。古代才子、隐士“皆远腾长往之士，危行言逊，重拨祸机，糠核轩冕，挂冠隐退，往往见之”②。郭沫若和郁达夫都有引为修身典范的古代隐士，在郭沫若笔下，这些隐士被刻画成英雄，强调其勇气和气节。由于学医的缘故，郭沫若常提到一些疾病，但他更多的是建立社会与疾病之间的关系，比如将资本家比作盲肠，他更关注如何尽快恢复健康，而非疾病对人的作用。郭沫若与郁达夫在隐士形象塑造上的两种偏好与歌德创造出的两个形象颇为相似，以此比之，郭沫若爱浮士德式的进取，郁达夫偏爱维特式的忧郁。这个对立性其实也揭示了现代性人物的两面性，田汉认为“我常以为‘欢喜’与‘悲哀’并非两元，实为物之两面”③，并以一首斯托达德（Stoddard）的译诗中的鸟和鸟笼做譬喻：“告诉我什么是悲哀呢？/那是一个阴暗的鸟笼。/有什么是欢喜呢？/那是从那笼中听得到她歌声的小鸟。”④ 按上面的二分法，田汉、郭沫若、成仿吾都是浮士德型人物，郁达夫、张资平

---

① ［德］歌德：《少年维特的烦恼》，杨武能译，人民文学出版社 2015 年版，第 26 页。

② ［元］辛文房：《唐才子传校笺》（第 1 册），傅璇琮主编，中华书局 2002 年版，第 15—16 页。

③ 田汉：《白梅之园的内外》，见《田汉全集》（第 13 卷），花山文艺出版社 2000 年版，第 335 页。

④ 田汉：《白梅之园的内外》，见《田汉全集》（第 13 卷），花山文艺出版社 2000 年版，第 336 页。

笔下则多为维特型人物。严家炎在反驳将郁达夫视作现实主义作家的时候提出，其实郁达夫写的普通人、零余者都是夸张的形象，带有很强的主观色彩，而且事实上浪漫派也被他分为两种倾向，“浪漫主义不一定都是以英雄的、理想的形态表现出来，也可以以感伤的忧郁的形态表现出来”①，这两种形态一种“英雄气”多一点，一种“才子气”多一点。

作为隐喻，疾病与隐士都传达了主体的一种缺席状态。人文主义通过人的对象化将人与自然相分离而提高了人的地位，但之后随着现代社会发展进程的加快，个体逐渐与社会也脱离出去，成为原子化的人，孤独不是个人所能做出的选择，而是必然的命运。“在稠人广众之中，感得的这种孤独，倒比一个人在冷清的地方，感得的那种孤独，还更难受。”② 与之相对立的是融入集体的努力，这种努力与诗歌的“雄浑”风格达成了一致。郭沫若的《凤凰涅槃》等诗歌和他的“泛神论”美学，都可以理解为摆脱孤独处境的一种产物。这种诗风并不是一开始就得到了支持，宗白华在理论和具体发表事务上的鼓励给了郭沫若帮助③。歌德也是一个孤独的人，终生未婚娶，而创造社的作家在私生活上却更像歌德的对手——耶拿浪漫派的作家。与失业者或者说无产者的状态相结合，我们也能看到为何后期创造社走向了左翼文学，因为在左翼的“团结”中，他们找到了脱离孤独的答案。由“无”中生出的创造，从早期的神话创造，发展成了后来的经济和政治上的创造。在《女神》中，神与神的斗争是由众人完成的，“雷电愈激愈烈，电火光中照见共工、颛顼及其党徒之尸骸狼藉地上。移时雷电渐渐迟缓，渐就止息。舞台全体尽为黑暗所支配。沉默五分钟”④。但是这种表达有时也只是为了故作狂放，“表示肤浅的乐观来抵消悲观”⑤，其精神的底子仍然是悲观的。而郁达夫的小说看似不如郭沫若的诗歌受到歌德的影响更直接，却在精神上更为贴近，正如夏志清所言，“郁达夫独独把个人的心灵用来表现文学的道德主题。他表现的当然是身边事，感伤气味重，也很颓废，可是却有把五四运动含蓄的个人自由推到极处的勇气”⑥。虽然夏志清的抑郭扬郁中可能有些主观成分，但在对郁达夫小说表现个人自由方面却是颇中肯的，尤其是提到郁达夫小说主人公虽然颓废，但这些孤独的浪子常常“面对人类悲哀和正直而产生了自惭而快乐的觉醒”⑦，而他们的觉醒和颓废都与礼

① 严家炎：《中国现代小说流派史》，人民文学出版社 1989 年版，第 83 页。

② 郁达夫：《沉沦》，见《郁达夫全集》（第 1 卷），浙江大学出版社 2007 年版，第 44 页。

③ 见《三叶集》中二人关于“泛神论”与歌德诗歌的通信。

④ 郭沫若：《女神》，见《郭沫若全集·文学编》（第 1 卷），人民出版社 1982 年版，第 12 页。

⑤ 夏志清：《中国现代小说史》，刘绍铭等译，浙江人民出版社 2016 年版，第 109 页。

⑥ 夏志清：《中国现代小说史》，刘绍铭等译，浙江人民出版社 2016 年版，第 115 页。

⑦ 夏志清：《中国现代小说史》，刘绍铭等译，浙江人民出版社 2016 年版，第 121 页。

教所赋予的责任有关。不过在这些渴望团体的人身上，依然保存着他们的主人公的那些矛盾特质，渴望人群又畏惧人群，渴望孤独又害怕孤独，郁达夫终于还是忍受不了左翼团体活动的压力和宣传任务，退出了组织。这一点使他与卢梭和波德莱尔的情况非常类似，体现了其身上的城市小资产阶级特征。或者说，现代早期的小资产阶级经验与放逐者的经验本来就是类似的，他们同时又都具有高度的英雄主义色彩，甚至可以用德国式的“忧郁”（Melancholy，郁达夫译为“梅兰刻烈”）来形容。在《南迁》中，主人公第一次出现时，作者就用这个词来描摹他的外形：“他穿着一套藤青色的哔叽的大学制服，头发约有一寸多深，因为蓬蓬直立在他那短短的脸面的上头，所以反映出一层忧郁的形容在他面上。”甚至连他的声音也有这样的特征：“他们讲的是英国话，声气很幽，有一种梅兰刻烈的余韵，与窗外的午后的阳光，和头上的万里的春空，却成了一个有趣的对照。”① 古典理论将古代医学中的“忧郁”视为一种天才和富有创造力的表现，这也构成了创造社将疾病视为天才表现的一个科学依据。有学者认为，“维特还能在抗争中呈现一抹英雄色彩，郁达夫的‘零余者’则因为忍受不了羞辱、悔恨、自怜的压抑而向命运屈服，是毫无英雄色彩的时代多余人”②。这个观点判断对了一半，结合夏志清和李欧梵的观点，或许才能得出郁达夫小说形象的全貌。李欧梵将郁达夫比为“维特式”的浪漫人物，认为正是“那股执意的‘沉沦’意识和‘生的闷脱儿’的心态令他无法解脱或超越”③。不过他认为并不能理解郁达夫如何从歌德的浪漫主义跳转到世纪末的颓废。李欧梵的老师夏志清则认为“颓废只是表面的”④，而郁达夫“以隐士自居，想远避这个当代俗市”⑤ 的气质与他作品中的人物形象是一致的，这一点让他的主人公与中国自古以来的狂人隐士形象之间建立了联系。

歌德与创造社成员笔下的病人形象往往同时是失业者，失去健康与失去职业比邻而居。19 世纪医生给肺结核患者开出的建议是让他们到乡间呼吸新鲜空气，因为这种病被认为与城市的污浊空气和紧张工作有关，在艺术家眼里，患结核病后对环境的敏感与艺术的敏感苏沪有关，反而增加了艺术家的自信，并构成了一个奇怪的循环，对现代生活方式的敏感是艺术家患病的原因，这种病症又加强了他们对环境的不耐受。然而在乡间的治疗过程有时会造成病情恶化，这在托马斯·曼的小说里颇为常见，歌

① 郁达夫：《南迁》，见《郁达夫全集》（第 1 卷），浙江大学出版社 2007 年版，第 91 页。

② 孙宜学：《郁达夫的中国式“感伤”与德国式“忧郁”》，《同济大学学报（社会科学版）》，2013 年 4 月，第 95 页。

③ 李欧梵：《引来的浪漫主义——重读郁达夫〈沉沦〉中的三篇小说》，《江苏大学学报（社会科学版）》2006 年第 1 期，第 6 页。

④ 夏志清：《中国现代小说史》，刘绍铭等译，浙江人民出版社 2016 年版，第 118 页。

⑤ 夏志清：《中国现代小说史》，刘绍铭等译，浙江人民出版社 2016 年版，第 115 页。

德、托马斯·曼、郁达夫等浪漫作家都深受结核病的折磨。

现在我们要着重考察的是现代隐士形象的空间隐喻特征，职业、疾病的空间性质已经一目了然，但它们跟漫游和教育是如何结合起来的？按照莱考夫对结构隐喻（一个概念通过另一个概念来建构）和方位隐喻（概念之间相互关联）的区分①，我们可以将隐士形象视为一种方位隐喻，漫游对应着远-近、教育对应着内-外、职业对应着前-后、疾病和情绪对应着上-下，概括起来就是近居远游、内省外交、前升后降、上乐下悲，在这个方位隐喻模型中，可以看出现代隐士和古代隐士基本的差别在于方位模式的变化，古代隐士一般采用两段式，分为放逐/贬抑和归隐两类，中国古代的隐士通常在被放逐/贬抑前会选择入仕，入仕不成才选择归隐，所以在中国古代隐士形象的方位隐喻中一般放逐/贬抑在先，其中一部分在放逐后落寞而死（如屈原、李白），另一部分则选择归园田居（如范蠡、陶渊明）。所以，古代隐士形象的模式不外乎这两种：

①逐而死：近-内-下→远-内-下

> 悲时俗之迫阨兮，愿轻举而远游。
> 质菲薄而无因兮，焉讬乘而上浮？
> ——屈原《远游》
> 欲渡黄河冰塞川，将登太行雪满山。
> 闲来垂钓碧溪上，忽复乘舟梦日边。
> ——李白《行路难》

②逐而隐：近-内-下→远-外-上

> 农人告余以春及，将有事于西畴。或命巾车，或棹孤舟。既窈窕以寻壑，亦崎岖而经丘。木欣欣以向荣，泉涓涓而始流。善万物之得时，感吾生之行休。
> ——陶渊明《归去来兮辞》

现代隐士则通常采用三段式（在城市-漫游-返回），分为更多的类型，但它们大多有一个共性：开始在城市里一定孤独且不快乐。离开城市后的过程既可能快乐也可能不快乐，返回城市后的结果也是既可能快乐也可能不快乐。以现代小说中的人物为

① ［美］乔治·莱考夫，马克·约翰逊：《我们赖以生存的隐喻》，何文忠译，浙江大学出版社2015年版，第61页。

例，可以分为以下几种：

序号	漫游	教育	身体、情感	职业	类型	案例
1	近	内	下	前	进取型	浮士德
	远	外	上			
	近	内	上			
2	近	内	下	前	投机型	奥利弗·退斯特
	远	内	下			
	近	外	上			
3	近	内	下	后	悲剧型	牛虻
	远	外	上			
	近	内	下			
4	近	内	下	后	忧郁型	维特
	远	内	下			
	近	内	下			

歌德小说中的隐士多属于进取型和忧郁型，进取型如浮士德和威廉·迈斯特，这种类型通常出现在教育成长小说中，后来也发展成了社会主义现实主义小说，在这一进取型隐士变体中，人物在漫游途中由孤独省思转变为与民众交往，并完成了自我改造，将改造后的自我重新投入到原来的生活中，最终获得成功，《钢铁是怎样炼成的》中的保尔·柯察金就可以看成这样一种通过革命漫游实现成长的形象，在这一类型的隐士身上，疾病是作为自然的考验而存在，它的功能是神话性的，将疾病或者身体残缺当作是人类为实现理想而做出的牺牲，类似的还有《平凡的世界》等。早期创造社小说中这一类形象还很少见，直到后期创造社和太阳社时期因为借鉴普罗文学的经验，才出现了更多的进取型形象，如蒋光慈的《少年漂泊者》。

我们还必须看到，在同一类型隐士形象中存在着空间隐喻的变体，如《少年维特之烦恼》的结构是：

人物	情节	漫游	教育	身体、情感	职业	类型
维特	在乡间认识绿蒂	远	内	下	后	忧郁型
	得知绿蒂已经订婚陷入绝望	近	内	下		
	借用阿尔伯特的枪自杀	近	内	下		

小说的开头省略了维特在城市里感受到的无聊："城市本身并不舒适，四郊的自然环境却说不出的美妙。也许这才打动了已故的M伯爵，把他的花园建在一座小丘上。类似的小丘在城外交错纵横，千姿百态，美不胜收，丘与丘之间还构成一道道幽静宜人的峡谷。花园布局单纯，一进门便可感觉出绘制蓝图的并非某位高明的园艺家，而

是一颗渴望独享幽寂的敏感的心。”① 所以事实上，维特形象的隐喻结构仍然是：

近	内	下	后
远	内	下	
近	内	下	

开头省略城市生活的孤独与无聊在隐士小说中是比较常见的做法，郁达夫《春风沉醉的晚上》也是如此，他的作品中大多是忧郁型隐士，早期创造社杂志上刊登的其他小说则混杂地使用了几种流浪汉/隐士形象类型，在《创造季刊》时期，张资平和郁达夫是小说创作的主力，郭沫若和成仿吾也提供了几个例子：

作品	作者	人物	类型
《她怅望着祖国的天野》	张资平	秋儿	忧郁型
《茫茫夜》	郁达夫	于质夫	忧郁型
《上帝的儿女们》	张资平	余约瑟	非隐士类型
《一个流浪人的新年》	成仿吾	流浪人	忧郁型
《风铃》	郁达夫	于质夫	忧郁型
《木马》	张资平	C 先生	非隐士类型
《恋爱初期之失败者》	黄业初	Y 先生	忧郁型
《残春》	郭沫若	爱牟	投机型

上表所呈现的是《创造季刊》第 1 卷小说主人公的隐士类型，张资平的小说以三角恋爱和四角恋爱为主要题材，其故事发生地点在城市中，通常其主人公不属于任何隐士类型。如《上帝的儿女们》中的余约瑟，虽然在情感和职业选择上，其形象都具有投机型的特征（类似于《红与黑》中的于连），但是因为没有发生空间变化，所以不能视为隐士。郁达夫小说中的主人公以忧郁型和悲剧型为主，极少出现进取型人物。郭沫若则与此相反，除了忧郁型隐士，其他三种隐士类型的模式在爱牟这一人物形象上都有体现。而在黄业初、陶晶孙、滕固等人的少量叙事作品中的人物形象则大多为忧郁型，题材为工作与恋爱的不顺利，滕固的《壁画》比较特别，崔太始应该归入悲剧型隐士。

这些以隐士为主人公的小说还通常会在开头使用借景抒情手法，用风景的转换来预示人物命运：

忽然起了一阵狂风，天色阴暗起来。再过一刻，下起雨来了。傍晚的时候，

① ［德］歌德：《少年维特的烦恼》，杨武能译，人民文学出版社 2015 年版，第 2 页。

雨下得更大，坐在近海岸的松林里一间茅屋里面，只听见波涛怒号，分别不出那一种声浪是松涛，那一种声浪是狂潮。霹雳的由那小小的窗口闪进一道青光，把茅屋里黄豆大的灯光吹灭了。①（《她怅望着祖国的天野》）

天上罩满了灰白的薄云，同腐烂的尸体似的沉沉的盖在那里。云层破处也能看得出一点两点星来，但星的近处，黝黝看得出来的天色，好像有无限的哀愁蕴藏着的样子。②（《春风沉醉的晚上》）

突然一声汽笛，劈空而鸣。接着一阵轰轰的车轮声，他知道是十二点钟的夜行火车过了。远远有海潮的声音，潮音打在远岸，在寒冷的夜空中作了一次轮回，又悠然曳着余音渐渐消逝。儿子们的呼吸声、睡在邻室的他女人的呼吸声，都听见了。他自己就好像沉没在个无明无夜的漆黑的深渊里一样。③（《未央》）

门司市北有座尖锐的高峰，名叫笔立山，一轮明月，正高高现在山头，如像向着天空倒打一个惊叹的符号（!）一样。我和S姑娘徐徐步上山去，俯瞰门司全市，鱼鳞般的屋瓦，反射着银灰色的光辉。④（《残春》）

早期创造社小说中的景物多为广积的云层、阴暗的月色、突然出现的闪光和噪音，以此来表达生活的艰苦和现代性的震惊感。值得注意的是，忧郁型、悲剧型隐士对应着自上而下的景物，如“天上罩满了灰白的薄云，同腐烂的尸体似的沉沉的盖在那里”，进取型、投机型隐士对应着自下而上的景物，如“门司市北有座尖锐的高峰，名叫笔立山，一轮明月，正高高现在山头，如像向着天空倒打一个惊叹的符号（!）一样”。在歌德小说中也是如此，如“下了一座小丘，来到一顶凉棚前，再走下二十步石阶，便可见大理石岩缝中涌出一泓清澈的泉水”⑤（维特-忧郁型）。《迷娘曲》中多出现向上的表述：“桃金娘静立，月桂梢头高昂”“我仰望苍穹，/向远方送去思念。”“时候到了，日出会驱散/黑夜，天空豁然明爽”⑥。因此可以将四种隐士类型根据空间再分为两类，忧郁型和悲剧型为一类（下降），进取型和投机型为一类（上升）。早期创造社向后期创造社转变，即小说中的形象由第一类向第二类转变，上文已提到，现代隐士在流浪途中受到革命运动的号召，通过与人民群众相结合，完成自我

① 张资平：《她怅望着祖国的天野》，载《创造季刊》第1卷第1期，泰东书局，1921年，第24页。

② 郁达夫：《春风沉醉的晚上》，载《创造季刊》第2卷第2期，泰东书局，1923年，第109页。

③ 郭沫若：《未央》，载《创造季刊》第1卷第3期，泰东书局，1922年，第16—17页。

④ 郭沫若：《残春》，载《创造季刊》第1卷第2期，泰东书局，1921年，第133页。

⑤ ［德］歌德：《少年维特的烦恼》，杨武能译，人民文学出版社2015年版，第3页。

⑥ ［德］歌德：《威廉·迈斯特的学习时代》，杨武能译，人民文学出版社，第136、337页。

教育，引入外部元素来解决现代性的内在精神危机。早期创造社小说虽然以忧郁型和悲剧型隐士形象为主，但按照现代性的发展规律来看，必然会向后期创造社的进取型和投机型隐士转变，歌德小说同样符合这一规律。

总体而言，两种内向型的隐士类型比外向型的隐士类型更接近古代隐士模式，可以简化为下-上-下或下-下-下，仅在相对古代隐士增加的漫游过程中有所差别。外向型的隐士类型更接近尤利西斯这一冒险家模式，简化为下-上-上或下-下-上，以外向型隐士类型为主人公的小说满足卢卡奇对现代小说的评价，他认为历史小说是现代性形式的代表，反映了资产阶级的精神特征，而社会主义现实主义相比较批判现实主义则更加强调乌托邦"远景"的作用，依据社会历史规律想象出一种必将发生的未来景观，来指导当下的现实。由此可见，空间隐喻不仅仅区分了现代小说与古典文学中的隐士形象，可能也是区分资本主义和社会主义文学类型的重要标准。

（作者单位：同济大学人文学院）

顾正红故事与现代中国动员文学的“哑炮”现象

汤艺君

动员文学是以工具论为基本文学观生产出来的文学类型，是诞生于现代语境，依赖于现代装置，服务于现代需要的文化文本。今天，文学研究界有关动员文学的研究，大体分为两种研究路径：一是从形式上总结和提炼现代中国动员文学在宣传活动方面形成的历史经验；二是在内容上寻找文本内外的相关性，使文本内的社会历史话题与文本外的社会历史生态形成呼应。于是，诸如语言改革、情感动员、声音图像等传播技术，民族国家、性别阶级等政治议题，纷纷围绕动员文学研究生长起来，为我们了解现代中国的历史文化实践提供了丰富的思路和素材。值得注意的是，在研究者热衷于挖掘史料、阐释文本的同时，很少有人追问，这些被认为提供了宝贵历史经验的文学作品，其动员实效究竟如何，何以值得我们汲取经验——在庞大的动员文学群里，其实还存在相当一部分“哑炮”。“哑炮”现象是现代中国动员文学的特有表现。概而述之，其基本内容有三：第一，文学理论的建构热火朝天，文本质量却难以令人满意。第二，动员书写的内容浪漫激情，动员实效却十分有限。第三，吸引了一批热忱的知识人参与写作，又反过来引发了知识人的沉默。本文试图讨论的顾正红故事，正是此类“哑炮”现象的代表。顾正红故事，指 1928—1932 年，集中出现在文坛的一组以“五卅”时期的顾正红惨案为底本改编而来的文学文本，如《黎明》《归来》《一九二五年的血——关于“五卅”的传闻》《顾正鸿》《潭子湾的故事》《顾正红之死》《五卅》等。以运动工人为目标、五卅运动为创作背景和动员符号的顾正红故事，在历史现场的昙花一现，为我们重审现代中国动员文学的创作提供了有效的参照。

一、造“炮”：作为工运文学的顾正红故事

1925 年 5 月 15 日，日本内外棉纱厂资本家枪杀中国工人顾正红，史称“顾正红

惨案”。日本内外棉纱厂是日本内外棉纺织会社创办于上海的一系列纱厂的总称。厂与厂之间在生产上建立了上下游式的合作关系，是一条工序完整、规模宏大的产业链。《申报》对顾正红惨案的发生过程作出了较为详细的记载：

此次罢工，起于劳勃生路第十二纱厂，该厂与第五、第七、第八、三厂，有连带关系，故第十二纱厂罢工后，五、七、八、三厂均不能开工。前日（十五）傍晚七时许，有工人五六百名，拥至第五纱厂，声言上工。第五厂大班日本人以其他各厂罢工事件未曾解决，拒绝开工。众工人因此遂起冲突，捣毁机器间，以及厂门。该厂日人见工人方面声势汹汹，遂即开枪示威。一时秩序紊乱。结果，工人受重伤者第五厂之胡培良、第七厂之顾正红、吴阿四、黄福奎四名。①

《大公报》亦有补充：

此次风潮实因厂主无故开除工人代表，及克扣银尾数。工人数次要求未蒙允许，以致第八厂首先罢工，渐次延及三、四、七等处。然八厂为纺纱厂，十二厂为织布厂。右十二厂向由八厂供给原料同，因八厂罢工。与他厂无关，要求继续工作。因工人要求入厂，工主拒绝，以致双方冲突。而日人开枪伤及工人。②

当时的大众媒体以“风潮”形容这场血案，意味着顾正红最初的被发现并不是作为一个独立惨剧，而是公共性、集体性的工潮血案。《申报》有记：“日人即开手枪打人，共打伤十余人，顾正红等三人受伤最重，即将毙命。周阿大等四人受伤比较次重，现该七人已由捕送入医院”“受伤人姓名，重者为顾正红（下部中四弹）、吴阿四（股际被刀伤）、王福全。受伤较轻者，为周阿大、徐阿平、李小龙、潘女工，尚有五六人轻伤，不知姓名”③。顾正红与其他受伤的工友以“伤员”的身份共存于媒体报道中，并未形成特别的独立意义。5月18日，《申报》刊载布告，公开表示“受伤工人顾正红昨日毙命”④。

使顾正红闻名的并非他生前的积极活动，而是他的死亡本身。同时期报刊有关顾正红的诸种有误报道，可见公众对于其人的陌生。比如《大公报》上一则商科学生会

① 《内外纱厂工潮之昨讯》，《申报》1925年5月17日。
② 《沪纱厂工人罢工中之茶话会　报告风潮经过》，《大公报》（天津版）1925年5月26日。
③ 《内外纱厂工潮酿成血案》，《申报》1925年5月16日。
④ 《内外纱厂工潮三志》，《申报》1925年5月18日。

的通报：“月前上海内外棉纱厂等同胞工人四万有余。……外人竟毫不问理由。遽行开枪轰击。当毙女工顾正红一人。伤者数十人。”① 再比如《申报》中《工人顾正洪伤毙之检验》：“据顾宝书投案诉称，死者顾正洪，系我之子，今年二十三岁，江北阜宁人。”② 又有《时事新报》报道顾正红“江北人，三十余岁”③。而根据后世证实，1925年的顾正红年龄应在20岁④。在有关顾正红的报道中，性别、年龄成谜的现象几乎使其成为一个神秘的烈士。

有意思的是，1928—1932年，这个在大革命时期籍籍无名、在劳资纠纷中不幸遇难的弱势的“无名之辈”，突然成为一部分文学作品热衷聚焦的知名英雄。田汉以“顾正红之死”为名创作话剧，文学性地还原了1925年从顾正红惨案到五卅运动的演进史；龚冰庐发表了题为“顾正鸿”的大众文学作品；鲍风虽未在《黎明》中直言“顾正红”，却也通过“老顾”之名间接致敬了顾正红其人。在田汉的《顾正红之死》中，顾正红以一个工人群众的“启蒙者”形象登场。在工人们为自己日常生活中的困难牢骚时，顾正红发表了一段总结性的说白：

> 对的，兄弟们，我们中国工人也要吼起来！东洋资本家，把我们当猪当狗，我们不是猪狗，我们要叫他们认识我们是一个个的人。但是，我们一个个的工人，无钱无势，不是资本家的敌手，尤其不是东洋资本家的敌手，我们要叫他们认识我们是有组织的一个阶级。⑤

富有组织力和煽动性的发言使顾正红占据了话语的制高点，成为话剧中与黄色工人李阿根开展正面较量、肩负群众信任的唯一领袖。类似的斗争英雄形象几乎在每一篇顾正红故事的文本中都能看到。《黎明》中顾正红挨打至死还在向工友们宣传斗争的必要性，他的发言颇具大义凛然的感染力：“兄弟们，这一鞭不是打我，是打我们工友的代表，我替兄弟们受了这一鞭，这光荣的一鞭。”⑥《潭子湾的故事》里顾正红是一个“在初开幕的时候”“便吻着死神的嘴”的“勇敢的战士”⑦。《五卅》里顾正洪

---

① 《商科学生会》，《大公报》（天津版）1925年6月7日。

② 《工人顾正洪伤毙之检验》，《申报》1925年5月19日。

③ 原载于《时事新报》1925年5月16日，转引自上海社会科学院历史研究所：《五卅运动史料》（第1卷），上海人民出版社1981年版，第554—555页。

④ 参见夏征农、陈至立主、熊月之等：《大辞海·中国近现代史卷》，上海辞书出版社2013年版，第525页。

⑤ 田汉：《田汉全集》（第2卷），花山文学出版社2000年版，第282页。

⑥ 鲍风：《黎明》，《泰东月刊》1928年第2卷第1期。

⑦ 孟超：《潭子湾的故事》，《拓荒者》1930年第1卷第4—5期。

被安排了“工会主席”的身份，他的“斗争”是出于童工被打死的见义勇为之举。顾正红形象英雄化的情况，在龚冰庐《一九二五年的血——关于“五卅”的传闻》中得到更加极端的表达。小说里，劳资纠纷转化为世界大战，顾正红直接化身为以拯救世界为己任的红孩儿，宣告：“这世界是他的，世界上的一切都是他的。因为工人造成了世界的一切，只有工人才是世界的主人，工人才配享受这现世的一切。”① 显示出对“工人”身份的无条件信任。

通过顾正红形象的英雄化表达对于顾正红工人身份的肯定，代表了国共合作及其破裂初期，国共双方围绕工人身份形成的意识形态话语权之争。对当时的共产党来说，工人阶级是其进行社会革命的主要依靠力量，工人运动是其组织开展社会斗争的基本方式；对当时的国民党来说，争取工人的支持则是他们调和劳资关系、发展民生事业的重要内容。如果说国民革命时期，国共双方以反帝为旗帜，在以鼓励工人运动之名，反抗军阀暴政的目标和方式上达成了共识，那么大革命结束后，国共双方面对工人的态度发生了明显的分野。国民党将以运动为主的工人政策转向了劳资调和，出版了大量劳工相关出版物，如《国际劳工机关概要》《劳工法的研究》《劳工法规汇刊》等，建设意图显著。文学则成为共产党鼓励工人运动、为无产阶级造势的主要工具。

顾正红故事以宣扬无产阶级意识形态为出发点的典型表现是，一些发生于1928—1932年的独特历史现象也出现在了顾正红故事这个以1925年历史为背景的作品中。比如新的语言表达方式的引进。田汉《顾正红之死》中的“黄色工人”之说，牵涉的另一个相关概念是“黄色工会”，关系到中共早期的色彩政治学。“黄色”是在国共对峙背景下流行起来的一种颜色政治术语。正如项英在《阶级斗争，我们的工作以及中心任务》中谈到“黄色工会的法西斯蒂化”：“在过去许多斗争中，黄色工会还用领导斗争的方法来消灭斗争，现在是完全不同了，黄色工会是在每个斗争中来实行压迫工人了，更加作为国民党资本家压迫工人的工具。”② 他进一步提出“黄色路线”“黄色倾向”“黄色领袖”等概念，强调反对黄色工会的“充分政治性”③。也就是说，1925年，“黄色工人”尚未成为时人描述工人的关键词，作者是将其建立在1927年以后的工运想象加之于他对顾正红故事的书写中。

在一定程度上，顾正红故事代表了1928—1932年，以工人运动为题材的无产阶级革命文学的一般特征：以短平快的语言手段肯定无产阶级的价值优越性，鼓励读者站在无产阶级革命的立场上，认同甚至参与无产阶级革命。不过，不同于无产阶级革命

---

① 龚冰庐：《一九二五年的血——关于“五卅”的传闻》，《流沙》1928年第4期。
② 项英：《阶级斗争，我们的工作以及中心任务》，《全总通讯》1930年第4期。
③ 项英：《阶级斗争，我们的工作以及中心任务》，《全总通讯》1930年第4期。

文学理论倡导者表现出来的兴奋与高昂，无产阶级革命文学的创作实践在文坛收获的反响并不理想。文学追求与文学实效的落差，成为现代中国动员文学“哑炮”现象的第一个表现。较早对这类文本提出反思的是30年代初期的左翼文坛。左翼对革命文学出现的公式化、概念化问题提出了集中的反思。其中，茅盾的反思尤具代表性：“一九二八到一九三〇年这一时期所产生的作品，现在差不多公认是失败。概要地说，其所以失败的原因，不外乎（一）缺乏社会现象全面的非片面的认识；（二）缺乏感情地去影响读者的艺术手腕。”① 茅盾的观点几乎代表了今天的文学研究界对于无产阶级革命文学的普遍看法。那么，茅盾所说的问题具体是如何体现在顾正红故事的文本中的？如何理解茅盾的评价？

二、以情为“炮”的失效动员：情动于中还是情动于形？

茅盾谈论了无产阶级革命文学的两个问题：一为写实的失败，二为情感表现力的匮乏。就顾正红故事而言，写实的失败明显表现为创作者对于顾正红惨案一系列现实细节问题的删改和回避。创作者为了达到运动工人的意图，不得不夸大顾正红惨案中“工人”的参与感，突出顾正红作为“斗争英雄”的悲壮性。不过，从文学的角度上讲，这并不构成真正的问题。如何通过描写社会现实把握社会真理，这是以茅盾为代表的现实主义文学家关心的问题，代表了现实主义文学观对于无产阶级革命文学的要求。可是，并不是所有的文学都需要以现实主义作为自身审美追求的标杆。脱离真相的虚构，并不影响文学自身艺术价值的实现。在相当多情况下，恰恰是超越真相的虚构性，使文学有了更高的艺术价值。如姜飞所说：“文学写作对主体的经验资源有选择性，文学叙述并不必然是真实存在和发生的具体事物，而常常表现为凌空蹈虚的虚构和想象，文学的审美性质将这种选择、虚构和想象判定为合法。”② 因此，“失实”或许是顾正红故事存在的一个明显特点，但尚不构成顾正红故事艺术质量低下的关键问题。

那么，如何理解顾正红故事情感表现力匮乏的问题？情感匮乏并不是情感元素的零度参与。事实上，如果回到文本本身，我们不难发现，顾正红故事，普遍擅长通过标点、节奏和腔调等元素的作用，营造文本整体的情感氛围，比如：

> 一年以前，他们在工厂里是多么的生动！多么的活泼！好像每个人的心里，

① 华汉：《地泉》，上海湖风书局1932年版，第14页。

② 姜飞：《经验与真理：中国文学真实观念的历史和结构》，巴蜀书社2010年版，第13页。

都怀着一个可爱的前途似的，生气勃勃的把眼前的穷苦都抛在半天云头去了！①

群众的力紧了，湧，湧，湧，紊乱地。乒……乓……乓……排枪。有人倒下了，死，一会儿的工夫。他叫顾正红，一个勇敢的战士！在初开幕的时候，他便吻着死神的嘴。牺牲了，虽然容易被有钱的人，绅士，委员们忘却的，可是穷苦的工人的史册上，这成了一件伟大的事件，一个不朽的人物。②

回到1925年历史现场，如果没有“五卅”叙述框架的加持，以运动工人为指向的顾正红惨案，未必能获得充分的传播力。顾正红惨案发生后，尽管纱厂工人、工会开展了发放传单、组织宣讲等抗议活动，但这些行为由于受到工部局的限制，“新闻纸既不为之传载，国人自亦置若罔闻”③，仅仅在小范围流传。“五卅”以后，“顾正红惨案”被当作南京路惨案的导火线得到持续广泛的传播，一般新闻对顾正红惨案的定位为“惨案导火线”，对惨案的描述也颇具全面性：

五月十五号薄暮，沪西日商第五第七等纱厂发生之风潮，日人开枪将工人顾正鸿击伤身死，并伤多人。事后普陀路捕房将所受轻重伤之伍阿四、徐阿炳、周阿大、王小龙、丁阿三、周老三、高阿二、王福金、胡佩洪、胡佩亮，及当场所拘之徐书林、王明左、万开元等，提起公诉。其所控案情，为于五月十六号下午六时在澳门路互相滋扰，并在第五纱厂内鼓动工人恐吓及毁坏厂物、殴击印捕，业经公共公廨论准，胡佩洪且结出外候訊，余均押候訊特别订訊。此案实为五卅惨案之导火线。④

1925年5月30日以后，《申报》有关顾正红惨案的报道未曾断绝。但比起顾正红惨案本身，报道者显然对惨案的周边更感兴趣。发生的原因、导致的结果、顾正红的身份特点，以及后续的收尾工作，均超越顾正红惨案的本事，成为公众的关注焦点。国民革命时期，“顾正红”成为一个不需要故事，只需要凝练于“日本人枪杀中国工人”“引发五卅惨案”等事件命题中的符号存在。当时的报刊媒体甚至连“顾正红”三个字如何书写都不十分确定，“顾正红”“顾正洪”“顾正鸿”之类的姓名表述常常

① 华汉：《归来》，《现代小说》1930年第3卷第4期。

② 孟超：《潭子湾的故事》，《拓荒者》1930年第4—5期。

③ 原载于梅电龙编述《上海英日帝国主义者屠杀同胞之经过》，上海工商学联合委员会印行，转引自上海社会科学院历史研究所：《五卅运动史料》（第1卷），上海人民出版社1981年版，第593页。

④ 《惨案导火线之顾正鸿案》，《五九》1925年第8期。

出现。可见“惨案”本身作为公共时事的社会吸引力要远高于人们关于“顾正红”其人的好奇。在顾正红故事里，先发生的顾正红惨案没有表现出很强的独立性，反而作为五卅惨案的序曲，成为五卅文学的开场情节。比如《潭子湾的故事》以时间为界分为四部分，第一部分写顾正红的牺牲，第二部分写顾正红公祭活动，第三部分写五卅风潮，第四部分写五年后的潭子湾。再比如《黎明》以“黎明”为题，实际上书写的是两个晚间的片段。第一个片段讲的是作为顾正红代表的老顾之死，第二个片段讲的是老贵之死与五卅事件。顾正红故事，俨然已经成为五卅故事的分支，是借社会纪念“五卅”之势，获得自身的传播之力。

“五卅”的动员力，主要落脚在两个方面：一是符合大众捍卫人道主义、反抗强权的热情，二是满足大众建设民族国家、打倒帝国主义的激情。就前者而言，五卅血案的发生是一场突发事件。突发的冲击与血腥的刺激带给知识分子的是强烈的震惊感。由“惊”而“醒”是许多知识分子遭遇五卅惨案当头一棒后的复原反应。因震惊而增生的愤怒、屈辱、无力成为一种全民心态，“抗争”的情绪很快在全社会流散开来。比起在创击中沉默，许多知识分子选择了爆发与复仇。忍无可忍的呐喊在这一时期的“五卅”速写中比比皆是，从“沉睡”中“起来”并“反抗”几乎成为一种生命本能。另一方面，作为由英日帝国主义屠杀中国无辜开启的血案风潮，“五卅”刺激的是现代中国人决心自强、建设新中华民国的民族主义神经。五卅惨案以后，学生组织、学校等团体编定了一系列五卅惨案相关的文化读物，比如上海学生联合会组织编定的《五卅血案实录》《五卅后之上海学生》《五卅》，清华学生会编定的《五卅痛史》，北京民国大学的《五卅惨案调查记》，国立广东大学的《五卅纪念》等，大多带有铭记历史、匡扶正义、奋发图强的意旨。在社会，大众对于五卅惨案的文化回应形式如纪录片的拍摄。徐碧波曾回忆过纪录片《五卅沪潮》的拍摄经过，呈现了上海电影业风起云涌的背景下新创办的友联公司及时参与拍摄五卅惨案的故事。另一部新闻片《上海五卅市民大会》由长城画片公司拍摄制作，同样涵盖了许多珍贵的镜头。

“五卅”在情感动员上发挥的作用，有时甚至脱离五卅惨案本身，成为纯粹的民族主义或人道主义情感的表达。以“五卅”爱国诗歌为例。在《学生文学丛刊》关于“五卅”爱国主题的诗歌刊载中，旧体诗大多是以借“五卅”抒发感时忧国的宽宏感喟，多沉郁、肃穆、严整之作，在结合时事、征用新词的同时，聚焦度不高。比如刘景岚《五卅杂感》：“黄浦江干魂欲销，落花飞去雨萧萧。半天云雾飞磷火，十里烟花涌怒潮。赤血殷然鹃泪急，黄须易得马蹄骄。无端国事增惆怅，搔首西风驿路遥。”①诗歌以“五卅杂感”为题，但掩去标题之后，诗歌从内容上其实并不能看出过多的

① 刘景岚：《五卅杂感》，《学生文学丛刊》1927年第4卷第5期。

"五卅"痕迹，反而更像一首普遍意义上的爱国感怀之作。诗人追想黄浦江边发生的人事怒潮，自然而然为国家的命运前途产生担忧惆怅之感。五卅惨案看似是这类诗歌的主角，实则是被抽空了具体社会历史内涵所指的情感动员符号。

在"五卅"情感动员的作用下，顾正红故事常常提供给读者一种"一呼百应"的印象，好像工人运动是一桩领袖振臂一呼、便有应者云集的活动。事实果真如此吗？刘一梦的工运小说《车厂内》，以坚实的现实主义立场和笔法，还原了一场人为发动的困难重重的罢工斗争活动，可为我们理解工人运动提供良好的参照。整篇小说虽以罢工为主题，但全文实际上将关注的重心聚焦于罢工发动者张茂才的心理，更像是一篇有关罢工的心理小说。罢工发动之初，张茂才显得强势而激越，所以"'罢工'！大家听到了这两个字后，仿佛受了一种意外的感觉"①，并且自然而然地开始质疑罢工的原因。计划受阻之后，张茂才又"现着只让别人赞成不让别人反对的神气"②，等进一步宣传罢工目标后，"全身动作起来，带有煽动，鼓舞和愤激的表情"③，在罢工开始的前夜"像刚吃过酒一样的兴奋"④，在罢工当天疑心惴惴，直到看到外国人的暴行，才在激愤之中枪杀外国人。整个罢工的过程充满偶然性和曲折性。

从史实上看，工人罢工与复仇的行动也未必纯粹出乎反抗的需要。王奇生在探讨上海的中共地下党时注意到"在普通工人眼里，工会是一个救济机关""除失业救济外，中央和上海区委还为基层党员干部的'雇佣劳动化'现象而苦恼"⑤ 的现象。工人暴动之所以可以实现"运动一起，应者云集"的局面，离不开工会救济制度的参与。救济金的存在甚至在一定程度上成为工人斗争的诱因，超越了政党的理性控制范畴，造成严重的混乱。五卅时期，尽管罢工作为援助沪案的有力手段获得了社会各界的支持，但与此同时罢工救济本身也给社会带来了压力。罢工强制培养了一大批"不劳而食"者。对工人而言，救济金的存在与否是他们能否坚持罢工的重要条件。比如1925年《申报》发布题为"昨日济安会未给码头工人救济费"的新闻：

浦东浦西各洋栈，昨日仍继续罢工，其情形与前日大致相同。惟闻昨日临时济安会对于关闭二十二洋栈之二万八千左右之码头工人，均未曾发给救济费。据该会职员云，暂停发给数日，再定行止。故今明日之码头工人，是否能继续罢工

---

① 刘一梦：《车厂内》，《太阳月刊》1928年第2期。
② 刘一梦：《车厂内》，《太阳月刊》1928年第2期。
③ 刘一梦：《车厂内》，《太阳月刊》1928年第2期。
④ 刘一梦：《车厂内》，《太阳月刊》1928年第2期。
⑤ 王奇生：《革命与反革命——社会文化视野下的民国政治》，社会科学文献出版社2010年版，第148页。

或发生变化，尚难断定云。①

其风险也为时人敏感地捕捉到：“此次惨案发现，群情愤激，一致罢业，以为交涉后盾。解决之期，迄无把握，沪上房屋租价奇昂，米珠薪桂，罢工者日多，若不设法安置，后患何堪设想。”②

对工人而言，他们参加工人运动的根本目的，在于改善自身待遇，提高自身生活水平。在顾正红故事里，五卅运动被书写为群众完全自发的义愤之举，其“运动性”“组织性”的一面却被略而不谈。这在极大程度上忽视了对于工人真实心境和现实处境的体察。以顾正红故事为代表的工人运动文学，是以运动工人的先在任务，决定文学创作在内容、形式、节奏等方面的表现，看似熔铸了大量的情感元素，内在却显示出了无视动员对象的情感缺位的问题。由此构成了动员文学“哑炮”现象的第二个表现。如果工人从根本上没有被动员者“看见”，又何以能够与这些“纸上谈兵”的文字产生真正的共情？换言之，即便同为情感动员型作品，里面仍然存在真动人和不动人的区别。真动人的文学一边强调文学为“人的自然的歌潮与哭声”③ 的真切性，一边愿意以美来要求文学，按照沈从文的说法，作家需要常做“情绪的体操”④。它内在的肯定情、珍惜情，愿意通过曲折的艺术形式在终极处通达情。不动人的文学以情感的泛滥为喜，着意通过情感元素的刻意叠加和情感符号的不断放大，实现更高的动员效力，然而往往只能引起外在、皮毛的情绪效应。

三、谁的“哑炮”：“现代文学”视野下的真伪文学之辨

风生水起的动员文学未必把工人运动起来，运动起来的反而是一部分斗争经验有限、热忱天真的知识青年，比如龚冰庐。龚冰庐是无产阶级革命文学时期，书写工运题材的重要作家。他曾就学于南通大学纺织科，毕业后在上海纱厂任技师。由于“对于固定的生活不能满足，便又往日本研究美学”⑤，归国后，在同族于青岛经营煤矿的伯父的帮助下，他被招往当地工人子弟学校担任校长。“他在青岛，由于与工人子弟接近，更与煤矿工人接近，熟悉他们的生活，同情他们的困苦，因而萌发写作情绪，从

---

① 《昨日济安会未给码头工人救济费》，《申报》1925 年 8 月 12 日。

② 《关于募捐救济之消息》，《申报》1925 年 6 月 13 日。

③ 西谛：《新文学观的建设》，《文学旬刊》1922 年第 37 期。

④ 沈从文：《沈从文全集》（第 17 卷），北岳文艺出版社 2002 年版，第 216 页。

⑤ 陈学稼：《悼龚持平先生：龚持平小传》，《读书杂志》1945 年第 1 卷第 5 期。

热忱的激动与实际的观察中，写成《炭矿夫》这部小说。”① 沉潜在矿区的工作经历，使他的工人观察，尤其是煤矿工人观察，表现出更强的细节感和真实性。他的工人书写，也表现出了高度的写实性和深切的同情心。按照张全之的说法：“他用冷峻而又细腻的语言描写矿工们穷困、麻木而又时时面临死亡的生存状态，也描写他们身上可贵的反抗精神。他不简单地宣扬阶级斗争观念，不塑造脸谱化的人物，不喊空洞的口号，但其作品中的阶级斗争意识和不屈的斗争精神还是充盈而丰沛的。”②

不过，就是在这个作家笔下，顾正红惨案先后以两种面貌行诸文本，成为龚冰庐创作谱系中极为异样的两个存在：一是《一九二五年的血——关于“五卅”的传闻》（1928），二是《顾正鸿》（1930）。两篇文本一反龚冰庐日常工人书写所具有的细腻真切的写实风格，或者以“传闻”命名，在文末特意附上“命题写作”的后记解释：

> 近来神经衰弱，夜来失眠。以致本刊五月号的文字到今天才能交卷。真是对不起得很。恐怕因了这一点不必要的东西而误了出版的日期。至于这一篇东西的成因，我在这里也有附带说明的必要。题目是由编者给我的，这是不成问题。全篇的结构，颇有些像一篇俄国小说。我记得二三年前曾经读过一篇萨甫里娜的短篇小说（?），由这一篇小说遗留下来的残余印象而形成了我这篇小东西。③

或者在简单传播了所谓无产阶级革命理论有关“工人阶级”的解读以后就匆匆作结，草草了事，甚至不惜以“资料”形容自己的创作，显示出一种局促混乱的创作状态：

> 顾正鸿死了已经五年多了，那时是一千九百二十五年。这也许是大家知道的事。我们每年纪念五卅的时候，谁都会把顾正鸿的事告诉我们的。今年的五卅又近了，所以我们不妨来把顾正鸿作为故事的资料。④

在《一九二五年的血：关于“五卅”的传闻》里，尽管主观上写实的创作习惯与客观上对于顾正红事件的陌生使龚冰庐选择通过征用民间资源重塑顾正红故事，以救

---

① 陈学稼：《悼龚持平先生：龚持平小传》，《读书杂志》1945 年第 1 卷第 5 期。

② 张全之：《反抗地狱的绝叫——论龚冰庐对山东煤矿工人斗争的书写》，《区域文化与文学研究集刊》2020 年第 1 期。

③ 龚冰庐：《一九二五年的血——关于“五卅”的传闻》，《流沙》1928 年第 4 期。

④ 樱影：《顾正鸿》，《大众文学》1930 年第 2 卷第 5—6 期。

世英雄红孩儿的形象设想传递阶级斗争的逻辑和理想，但他又在基本的阶级叙述之余，刻意凸显了自己的旁观者视角，与阶级化的顾正红形象拉开距离。可以说，动员文学虽然激动了知识青年写作的热忱，但也反过来造成了一部分知识青年写作的困顿。这是动员文学“哑炮”现象的第三个表现，与知识青年对于动员文学价值定位的把握不清有关。

1930年，杨立三在《陕西教育周刊》发表话剧《顾正洪》。《陕西教育周刊》由陕西省教育厅教育周刊处编辑，坚持“中华民国之教育，根据三民主义，以充实人民生活，扶植社会生存，发展国民生计，延续民族生命为目的。务期民族独立，民权普遍，民生发展以促进世界大局”①。《顾正洪》的发表表明了编辑对于作品合乎其教育宗旨的肯定。在这部剧中，顾正洪等工人直接被日本厂方称呼为“亡国奴”，厂方则被工人形容为“日贼”，可见创作者以顾正红惨案为题材，竭力突出其中民族矛盾的意图。此外，尽管以“顾正洪”为题，这出三幕剧真正描写的有关顾正红惨案的内容仅仅占据文本中第一幕的篇幅。文本的第二、三幕，是对五卅惨案的集中描写。话剧最终落幕于众人“打倒英日帝国主义”“中华民国万岁”② 等呼声中。可见，以顾正红故事为代表的动员文学，就是以形式主义为本位的文学工具论的产物。

宏观来看，对于文学现实功用性的追逐，贯穿了中国现代文学的始终。梁启超《论小说与群治之关系》就是试图通过新文学而新国民的早期代表。白话文运动的发生，是出于知识分子对文言文作为语言表达工具跟不上现实表达需求的不满。“人的文学”的提倡，天然包含了借文学改良国民性的社会现实愿景。文学大众化和大众语运动的发生，是知识分子着意调和文学在“普及”与“提高”之间的矛盾，使文学效用真正能输入更大范畴的平民阶层，调动一般工农积极性，扩大革命队伍的尝试。延安时期解放区文学有关民族文艺形式问题的论争，更是以满足边区政府的文化建设和军事需求为核心目的……如果我们否认文学工具性的客观存在及其必要性，就没有办法理解文学史的许多演进脉络。

与此同时，动员文学的“哑炮”现象，也提示文学研究者对工具化的文学保持必要的警醒，因为这里面极可能存在一些“伪文学”的圈套。以顾正红故事为例。这组故事在形式技法的意义上直观看去，似乎应该被纳入“文学”的行列：重要的历史元素显示出的强烈的现实关怀，失真的文学叙述显示出的大胆的虚构精神，惨案斗争等情绪色彩浓烈的意象组合形成的情感氛围，无不标示出写作者“创作文学”的努力。然而，正如龚冰庐忍不住用“资料”“传闻”之类的术语描述他所写下的顾正红故事，

---

① 《中华民国教育宗旨及其实施方针》，《陕西教育周刊》1929年第78期。

② 杨立三：《顾正洪》，《陕西教育周刊》1930年第3卷第28期。

顾正红故事与现代知识分子构想的“真文学”实则存在根源性的差异。“真文学”是现代的新文学。新文学的发生建立在新文化知识人对于传统文学“无情”问题的批判上。“无情”并不是控诉传统文学作品情感元素或抒情意识的不足，而是指相当一部分传统文学中真挚、诚爱精神的缺位：“中国人向来因为不敢正视人生，只好瞒和骗，由此也生出瞒和骗的文学来。”①“新文学”之所以被称为“现代文学”，就是要“传达人间底真挚、自然、而且普遍的情感，而结合人和人底正当关系”②。茅盾以为无产阶级革命文学“情感匮乏”的核心，也是对其从情动于中到情动于形的不满。

对动员文学这类工具性文本而言，情感动员的本质是传播者借情感符号进行的形式游戏，形式游戏的基本特点就是取消意义的恒常性和内容的实在性。这才是文学工具论可能引发的危险所在——如果放弃了内在的坚实的精神诉求，使文学成为空余语言技法的行尸走肉，那么这与新文学家试图推倒的“雕琢的阿谀的贵族文学”“陈腐的铺张的古典文学”③又有什么本质区别呢？动员文学是中国文学进入现代世界后，出现的一种特殊的文学类型。它诞生于现代的社会文化语境，关联着阶级、民族国家、性别等现代社会特有的重大政治议题，运用着或先锋或通俗的现代艺术技法，服务于现代化的历史发展需要。但是，但这并不意味着动员文学一定是“现代文学”。回到“五四”新文化运动时期，我们能清晰地看到当时的新文化知识分子对于“现代文学”的构想初衷：

> 真正的中华民国必须建筑在新思想的上面。新思想必须放在新文学的里面；若是彼此离开，思想不免丢掉他的灵验，麻木起来了。所以未来的中华民国的长成，很靠着文学革命的培养。文学原是发达人生的唯一手段。既这样说，我们所取的不特不及与人生无涉的文学，并且不及仅仅表现人生的文学，只取抬高人生的文学。凡抬高人生以外的文学，都是应该排斥的文学。④

“现代文学”内在于新文化知识人对于现代民族国家的构想蓝图中。知识人是先有了现代的思想与价值观念、现代的生命体验，然后才有现代的文学实践。而文学之所以可以成为中国走向“现代”的工具，是因为真的文学，本身就具有关乎人生、发达人生的品质。“现代”召唤人的启蒙，“真文学”是“人的文学”，两者能在内在的

---

① 鲁迅：《论睁了眼看》，《语丝》1925年第38期。
② 俞平伯：《诗底进化的还原论》，《诗》1922年第1卷第1期。
③ 陈独秀：《文学革命论》，《新青年》1917年第2卷第6期。
④ 傅斯年：《白话文学与心理的改革》，《新潮》1919年第1卷第5期。

精神秉性中寻找到深切实际的共鸣。就现代中国庞大的动员文学传统而言，以人为本的动员作品，是现代中国留给今人重要的文学遗产。搁置了“人”的工具性写作，则更适合用传播学的眼光，而不是文学的态度进行有价值的审视与考察。事实上，在顾正红故事的研究中，还有一个非常值得探讨的问题——故事的创作者和接受者对待故事的态度是否存在不同。这在相当大程度上有助于我们进行作品动员实效的评估。然而，说有容易说无难。笔者目前尚未发现相关文献，因此并不能推导出确凿的结论，在这里仅做问题提出。

（作者单位：四川大学文学与新闻学院）

阶级与国家的双重诉求

——“丁玲左转”的过程性与主体性

刘显沁

“丁玲左转”作为一个被充分讨论的热点话题，似乎已经题无剩意，但如果仔细看一下既往研究，不难发现大家只是对“左转”这个事实本身没有异议，对其何时“左转”却众说纷纭，总的来看，主要有三种观点：第一种认为丁玲是从文坛“摩登女郎”到“渐渐接近革命阵营，并最终加入左联”①，显然这是将加入“左联”当作了丁玲转向的界标；第二种认为“发表在《北斗》杂志创刊号上的中篇小说《水》，则成为丁玲立场转变的标志性作品”②；第三种则认为“胡也频的死是丁玲人生的一大转捩点，这之后，丁玲参加了中国共产党”③，这一判断表面上强调胡也频的遇害为“丁玲以全新的姿态向‘左’转提供了个人经历的契机”④，实则是用“入党”这一行为来对丁玲的转向进行标记。这三种看法虽然差异很大，但思维模式其实并无二致，都是将丁玲的转向视为一种“突变”，只是各自认定的节点不同。由此就留下了后遗症，使得学界在讨论“丁玲左转”这一问题时，常常将“艰难”作为转向的修饰语，以强调丁玲的“硬转”姿态，进而说明其被动性和不彻底性。

在此视野中的丁玲转向，无疑都和研究者“去革命化”的当下判断有关，在其价值立场中，重要的已经不是“左转”本身，而是“左转”的后果。显然，对于“丁玲

---

① 刘盼佳、李广益：《从文学青年到革命作家——论胡也频与丁玲早期创作的相互影响》，《中国现代文学研究丛刊》2018年第3期。

② 贺桂梅：《知识分子、革命与自我改造——丁玲“向左转”问题的再思考》，《中国现代文学研究丛刊》2005年第2期。

③ 吕晴：《延安作家思想改造之考察——以何其芳、丁玲为中心》，文史哲出版社2016年版，第38页。

④ 魏颖：《历史漩涡中的身份嬗变：丁玲小说创作研究》，中南大学出版社2008年版，第73页。

左转”的认识不能从当下的研究者出发，而应该回到丁玲和历史本身。如果我们回到对象自身的逻辑，就很容易发现，这三个节点的存在其实是“丁玲左转”复杂性和过程性的反映。从时间线索来看，丁玲先于1930年5月加入“左联”，而后在1931年夏秋之际创作并发表作品《水》，最后在1932年3月加入中国共产党，这三个阶段实际反映了“丁玲左转”有一个“渐变”的过程，在其犹豫选择的背后，更折射出丁玲转向革命的主体性。所以，我们有必要将“丁玲左转”这个问题从突变和被动，处理成渐变和主动，将转变的重要节点连成一条线，历时地展开其转向选择的“过程”脉络，进而把握丁玲自身的革命主体性逻辑。

一、加入“左联”：从“不算太红”到“新的小说”

实际上从一开始，丁玲就在加入“左联”这一决定上犹豫迟疑。据丁玲回忆，她和胡也频在1930年5月加入左联，是出于应对现实情势的考虑，由于胡也频在济南省立高中教书期间，参加了学校的一些斗争，为此他遭到山东省政府的迫害，险被逮捕，这段经历让丁玲和胡也频意识到加入“左联”的重要性。具体过程是：

> （潘汉年）先问了一些我们在山东的情况，然后向我们谈了上海文艺界的情况，自然他详细介绍了左联。我们觉得他的介绍是比较公正的。他对鲁迅的评价很高，对鲁迅领衔领导左翼文化运动认为得人，很有信心。这些都很合我们的心意。①

从丁玲的回忆不难看出，她当时加入“左联”更多是顺势之举，是潘汉年主动向其抛出橄榄枝，并且基于她对鲁迅的倾慕。正是这种有些被动的心理，导致丁玲在加入“左联”后有些跟不上节奏，她对比了胡也频，意识到自己在革命事业上的落后：“他被选为左联的执行委员，担任工农兵文学委员会主席。他很少在家。我感到他变了，他前进了，而且是飞跃的。我是赞成他的，我也在前进，却是在爬。我大半都一人留在家里写我的小说《一九三〇年春上海》。”② 丁玲自言《一九三〇年春上海》是她“参加左联后向读者的献礼”，意在“描绘知识分子群在大浪潮中的彷徨、苦闷、挣

① 丁玲：《回忆潘汉年同志》，《丁玲全集》（第6卷），河北人民出版社2001年版，第207页。

② 丁玲：《一个真实人的一生——记胡也频》，《丁玲全集》（第9卷），河北人民出版社2001年版，第70—71页。

扎、斗争、前进和颓退”①。这段话在一定程度上也可以视为丁玲的自剖，折射出她在转入左翼轨道的初期其革命心态是犹疑的。

直到胡也频遇害，丁玲的转向才迎来了加速的契机，她的心态是“也频已经牺牲了，我应该继续冲向前去”②。一方面，丁玲主动向前来慰问的潘汉年和冯雪峰提出要前往江西苏区（这个要求之后被传达给中共中央宣传部部长张闻天）；但另一方面，丁玲又致信冯雪峰，向其坦白：“我不是说我一换了个地方，我才有前途，然而恐怕事实是这样，丁玲不是一个强有力的人，她须要环境给她帮助，所以我是在从看见了闻（张闻天）起，便感觉得非常快乐。”③ 从这段话里不难看出丁玲的矛盾心理，她有积极革命的倾向，但更多是害怕没有苏区环境的影响和带动，自己会在革命道路上不进反退，因为实情确实是胡也频的遇害造成了她精神的颓落。

但是丁玲并没有如愿，“中央宣传部经研究，决定要她留沪创办并主编左联机关刊物《北斗》”④。关于自己被选中去主办《北斗》的原因，丁玲有着明确的自我认知：

> 叫我来编辑《北斗》，不是因为我能干，而是因为左联里的有些人太红了，就叫我这样还不算太红的人来编辑《北斗》……尽量地要把《北斗》办得像是个中立的刊物。因为你一红，马上就会被国民党查封。⑤

显然，“不算太红”既是党对丁玲的总体定性，也是此时丁玲思想状况的总体反映。虽然加入“左联”后，丁玲通过《一九三〇年春上海》等作品表达了自己转向革命的立场，但钱杏邨认为她那时的创作“表现革命的力量却深感不足”，希望“在革命的认识上，她要有更深入的而不是止于概念的理解”⑥。

在冯雪峰看来，丁玲的突破是从《水》开始的。这篇反映了1931年多达十六省大水灾的小说，虽说是丁玲为了完成主编《北斗》的任务而写的急就章，但冯雪峰随即以“丹仁”为名发表了《关于新的小说的诞生——评丁玲的〈水〉》，认为《水》“首先着眼到大众自己的力量，其次相信大众是会转变的”。《水》不再像丁玲之前的

---

① 丁玲：《序〈丁玲自选集〉——写给香港的读者》，《丁玲全集》（第9卷），河北人民出版社2001年版，第131页。

② 丁玲：《魍魉世界》，《丁玲全集》（第10卷），河北人民出版社2001年版，第4页。

③ 原信藏于上海鲁迅纪念馆，转引自李向东、王增如：《丁玲传》，中国大百科全书出版社2015年版，第79页。

④ 李向东、王增如：《丁玲年谱长编》，天津人民出版社2005年版，第69页。

⑤ 丁玲：《我与雪峰的交往》，《丁玲全集》（第6卷），河北人民出版社2001年版，第270页。

⑥ 方英（钱杏邨）：《丁玲论（下）》，《文艺新闻》第25期，1931年8月31日。

作品《田家冲》那样，认为农民的觉醒仍需借助“三小姐”这一外在力量的启蒙，同时也在小说的最后展示农民开始有了切实的反抗行动。也正因此，冯雪峰将丁玲的创作之路描述为“从离社会，向‘向社会’，从个人主义的虚无，向工农大众的革命的路”①。冯雪峰高度赞许和定性的目的，是想借“对《水》进行解读，使‘十一月决议’获得了具体化的实践”②。“十一月决议”是指冯雪峰与瞿秋白等共同起草，发表于1931年11月的《中国无产阶级革命文学的新任务》，它明确提出了“大众化”的无产阶级文学方向，标志着“左联”的战略转变，即由此前盲动的政治斗争转变为以文学为阵地的战斗。

按时间线索，丁玲的《水》动笔于1931年夏，并在同年的9、10、11月的《北斗》上连载，其创作和发表时间在“十一月决议”之前，由此可知，《水》的创作动机并非是为了遵循组织决议。而且，冯雪峰的说法并不符合丁玲创作前的真实心态，1931年5月她在光华大学讲演时还表示：

> 我也不愿写工人农人，因为我非工农，我能写出什么！我觉得我的读者大多是学生，以后我的作品的内容，仍想写关于学生的一切。③

但是随着冯雪峰文章的发表，丁玲开始接受他所言的“《田家冲》至多不能比蒋光慈的作品更高明。作者在《田家冲》之后，要能够写出《水》来，她必须更经过更其艰苦的对于自己的一切旧倾向旧习气的斗争”④ 的说法。顺着冯雪峰的思路，丁玲也表示：“在写《水》以前，我没有写成一篇东西……我讨厌我的‘作风’……我以为它限制了我的思想。”⑤

冯雪峰在丁玲转向的过程中充当着督促者的角色，他不但能发现丁玲的进步，更能觉察她的不足。冯雪峰认为《水》存在着“巨大的缺点”：“《水》里面灾民的斗争没有充分地反映着土地革命的影响，也没有很好的写出他们的组织者和领导者。”⑥ 这

---

① 丹仁（冯雪峰）：《关于新的小说的诞生——评丁玲的〈水〉》，《北斗》1932年第2卷第1期，1932年1月20日。

② 吴舒洁：《“旧的东西中的新的东西的诞生”：二十世纪三十年代左翼文学运动中丁玲“转变”的辩证法》，《文艺理论研究》2021年第1期。

③ 丁玲：《我的自白》，《丁玲全集》（第7卷），河北人民出版社2001年版，第4页。

④ 丹仁（冯雪峰）：《关于新的小说的诞生——评丁玲的〈水〉》，《北斗》1932年第2卷第1期，1932年1月20日。

⑤ 丁玲：《我的创作生活》，《丁玲全集》（第7卷），河北人民出版社2001年版，第16页。

⑥ 丹仁（冯雪峰）：《关于新的小说的诞生——评丁玲的〈水〉》，《北斗》1932年第2卷第1期，1932年1月20日。

个批评也让丁玲意识到自己没有鲜明的阶级意识，以及没有运用阶级分析的方法，所以她自我批评道："我写农民与自然灾害作斗争还比较顺手，但写到农民与封建统治者作斗争，就比较抽象，只能是自己想象的东西了。"① 在《水》的结尾处，灾民抱怨说："那些米行的米呢，他们藏起来了，他们要有好价钱才肯卖呢！我们的东家老板，他们的谷子不是装满了仓吗，怎么不拿点出来给我们吃，从他们的祖宗就都是靠我们过活的呢！"② 虽然此处已经预示了灾民即将掀起"抢米"风潮，但由于缺乏充分的阶级意识，丁玲实际只是潦草收尾，小说的后续情节并未沿着阶级斗争的方向发展。在有的研究者看来，《水》的情节与"中共《决议》精神基本符合"③。如果查1931年9月15日共产党发布的《关于全国灾荒与我们的策略的决议》会发现，就《决议》的整体内容来看，《水》其实远未达到高度切合的程度。共产党的决议不仅仅是为了批判，更是主张"只有推翻帝国主义国民党的统治，建立苏维埃政权，这一灾荒问题才能得到根本的解决"④，但丁玲在《水》中欠缺的，恰恰是冯雪峰所批评的"没有很好的写出他们的组织者和领导者"。

总的来看，冯雪峰在左翼阵营所处的领导位置，加之亲近的私交，使丁玲接受到的转向感召力聚合叠加，从而促成了其心理的转变，丁玲开始主动接受来自组织的规范。"十一月决议"对作家的描写对象提出过几条要求，其中一条是："作家还必须描写农村经济的动摇和变化，描写地主对于农民的剥削及地主阶级的崩溃，描写民族资产阶级的形成和没落，描写工人对于资本家的斗争，描写广大的失业，描写广大的贫民生活，等等。"⑤ 基于这一规定，丁玲在创作上有了新的追求，1932年1月，《北斗》在第2卷第1期上发起"创作不振之原因及其出路"的征文讨论，作为主编的丁玲在总结中说道：

> 要产生新的作品，除了等待将来的大众而外，最好请这些人决心放弃眼前的，苟安的，委琐的优越环境，穿起粗布衣，到广大的工人、农人、士兵的队伍里去，为他们，同时就是为自己，大的自己的利益而作艰苦的斗争。⑥

---

① 丁玲：《谈自己的创作》，《丁玲全集》（第8卷），河北人民出版社2001年版，第81页。

② 丁玲：《水》，《丁玲全集》（第3卷），河北人民出版社2001年版，第433页。

③ 杨慧：《灾荒中的艰难"向左转"——再论丁玲的〈水〉》，《吉林大学社会科学学报》2011年第3期。

④ 《关于全国灾荒与我们的策略的决议》，《红旗周报》1931年第17期，1931年9月15日。

⑤ 《中国无产阶级革命文学的新任务》，《文学导报》第1卷第8期，1931年11月15日。

⑥ 丁玲：《对于创作上的几条具体意见》，《丁玲全集》（第7卷），河北人民出版社2001年版，第9页。

这既是丁玲对作家们的建议，也是其自我要求，这预示着丁玲会朝着写工农大众的创作方向迈进，日后也将积极投入到阶级的话语之中。

二、入党：从阶级革命到国家革命

"丁玲左转"不光来自她对阶级革命的认同，也来自她对国民政府的失望。如果细读《水》的文本，可以发现它虽以"新的小说"之名象征着左翼文学的范式转变，但其中对封建地主阶级的描绘尚少，小说中农民苦难的最直接来源其实是水灾。实际上，丁玲对农民所承受之剥削也是有排序的，正如小说中一个农民对其生存状况的诉苦：

> 处处的老鸦一般黑，哪里种田人有好日子过？水要淹死你，旱要干死你，土地是我们的命呀！好容易这年的谷子收了，他妈的衙门里的人来了；老子一股儿种了他妈的三斗六升田，喝稀饭还不够，哪里容得他们左捐右捐；再不是，东家老板来了，他们一动也不动，不出种谷，不出肥料，坐在高房子里拿一半现成的还不够，还要恃凶来讹诈，哼，你敢哼一声吗，有牢给你坐的！①

可以清楚地看到，在剥削农民的次序上，"衙门"排在"东家"的前面。也就是说，比地主阶级剥削更先到来且更严重的是国家统治的压迫。而农民这个认识的形成，在《水》中有一个渐进的过程，在开始的救灾阶段，他们还对统治者怀揣着希望，面对被洪水冲破的堤防，有人自我安慰道："快天亮了！天亮了，县里会派人来修堤，那就不怕了！"但同时也有人意识到问题所在："他妈，有他们赚的，年年的捐，左捐右捐，到他们的鸟那儿去了。可是，现在不要骂，把堤救住了再说……"②

令灾民们气愤的是，国家的收益最后并没有反哺老百姓。救灾无果后，一渡口的灾民流离失所，想着前往镇上寻求帮助。此时的灾民仍然认为统治阶级不会不顾他们的死活，而直到得知提前他们一批的灾民的真实处境，幻想才总算落了空：

> "喂，你们往哪里去？"憔悴了的群里有人在问。
>
> "到镇上去，找镇长，局长也好，先给我们一些吃的，我们是昨夜晚上遇难的。"
>
> "他管你吗？我们的人都不准上街，他们比防土匪还怕我们呢！"

---

① 丁玲：《水》，《丁玲全集》（第3卷），河北人民出版社2001年版，第431页。
② 丁玲：《水》，《丁玲全集》（第3卷），河北人民出版社2001年版，第417页。

“真的吗？那我们怎么得了呢？……”①

就故事情节的发展来看，丁玲想突出的重点是小说后半部分国家统治者对灾民的残忍镇压以及灾民的觉醒，质言之，她借由《水》的写作真正想传达的是政府在水灾中的失职问题。

国民政府的失职，同时也表现在此时的抗战之中。先是1931年“九一八”事变的发生，彻底击碎了许多人所持有的政府能够被依赖的幻想，丁玲通过小说《多事之秋》，传达出民众在“九一八”事变后对政府的失望乃至愤恨之情，他们在演说中激情呼吁：“自己起来！”“自己来打倒日本帝国主义！”“不依赖政府！”“打倒无抵抗的政府！”② 然后，在1932年“一·二八”事变后丁玲所写的一篇未完结小说中，士兵们也将矛头直指国民政府的“不抵抗主义”，抱怨道：“这样打仗我真气急了，你正追的高兴，眼看着那些鬼子都要完了，却又下令不准追过去，怕什么外国人！”③ 国民政府从内忧到外患的不作为、不抵抗，最终让丁玲对其丧失了希望。“九一八”事变后不久，共产党组织了要求政府出兵抗日的市民大会，国民政府却派出巡捕殴打要求抗日的市民。当时参与游行的丁玲“站在路旁，凝视着这幕由帝国主义、反动派相勾结共同镇压中国人民抗日救亡运动的罪行，胸中燃起了仇恨的怒火”④，这让她萌生了加入中国共产党的想法。丁玲自白：“‘一·二八’之后，我有了参加中国共产党的要求。那时我觉得，光是写几篇文章是不行的。只有参加党，才能了解社会。”⑤

丁玲之所以是在“一·二八”事变之后，而非在“九一八”事变之后入党，不仅仅是因为淞沪会战发生在上海，让她切身体会到国民政府的无能，更因为共产党在1931年11月成立了中华苏维埃共和国临时中央政府，他们积极宣扬“夺取这一战争的领导，在战争中加紧反帝国主义与反国民党的宣传鼓动，大规模的组织群众与武装群众，来推翻国民党，建立民众的苏维埃政权，以取得民族革命战争的胜利”⑥。正是这种阶级革命与国家革命的双重主张，吸引了丁玲，成为其入党的逻辑动力。比较而言，既有研究对丁玲投身共产革命的讨论更多局限在阶级革命的范围，忽视了她的国

① 丁玲：《水》，《丁玲全集》（第3卷），河北人民出版社2001年版，第422—423页。

② 丁玲：《多事之秋》，《丁玲全集》（第3卷），河北人民出版社2001年版，第458页。

③ 丁玲：《无题》，《丁玲全集》（第4卷），河北人民出版社2001年版，第63页。

④ 丁玲：《入党前后的片段回忆》，《丁玲全集》（第10卷），河北人民出版社2001年版，第247页。

⑤ 丁玲：《入党前后的片段回忆》，《丁玲全集》（第10卷），河北人民出版社2001年版，第250页。

⑥ 《中央为上海事变给各地党部的信》，中央档案馆编：《中共中央文件选集》（第8册），中共中央党校出版社1991年版，第114页。

家革命诉求，即对一种理想型的国家和政府的期盼。其典型表征就是丁玲完成于1932年6月的《某夜》，这篇小说是为了纪念胡也频等被害烈士，丁玲在小说中特别安排了一个即将赴死的革命者大声吼道：

> 同志们，起来！不要忘记，现在我们虽要死去了，可是在另外一个地方，就在今天正开着盛大的代表会，我们的政府就在今天成立了，我们庆祝我们的政府，我们的政府万岁！①

不仅如此，小说还描述了革命者们临刑前的精神寄托："于是黑暗逃走了，展在眼前的是一片灿烂的光明，是新的国家的建立。"② 可见，国家革命对丁玲的转向所起的重要作用。

阶级与国家的双重诉求明显地呈现在丁玲入党后的创作之中，她写于1932年3月的小说《法网》便是如此。《法网》主要讲的是两个工人顾美泉和于阿小从友好到交恶，再到和解的故事。顾美泉和于阿小本是同一个烟厂的工人，两人既是同乡又是邻居，一开始关系很好。于阿小没有帮顾美泉向工厂请假，致使后者失业，两人关系交恶。后来顾美泉为了报复，在冲动下失手杀死了于阿小的妻子，开始逃亡。因抓不到元凶，警察便将顾美泉的妻子阿翠作为替罪羊进行了拘捕。于阿小仍不甘心，又向侦缉队许下赏钱，誓要将顾美泉抓捕以为他妻子报仇。最终，顾美泉在上海被捕并判处死刑，阿翠受此打击也病死在牢里，而于阿小因支付不上赏钱被关进监狱。对顾美泉和于阿小来说，这无疑是一个两败俱伤的结局。实际在临近小说结尾，两人已经达成了和解，只是事情的发展已完全不受他们控制。顾美泉在逃期间给于阿小写了两封求和信，在第二封信中，他说出了所领悟到的整个事件的本质：

> 你也不必恨我，因为杀你的老婆的不是我，同使我失业的不是你一样。你虽说忘记了替我请假，但是开除我的是剥削我们的老板。杀死你老婆的虽说是顾美泉，但是顾美泉是因为失了业，找不到饭吃才失错干出来的。我错恨了你，才干出那糊涂的事，现在一想起这些，我就更恨那个使我们这样悲惨的势力！你一定还不明白这些，还是恨我。我希望你不要一眼只认定我是你的仇人，我们原来是弟兄，都是贫苦的弟兄啊！③

① 丁玲：《某夜》，《丁玲全集》（第3卷），河北人民出版社2001年版，第362页。
② 丁玲：《某夜》，《丁玲全集》（第3卷），河北人民出版社2001年版，第362页。
③ 丁玲：《法网》，《丁玲全集》（第3卷），河北人民出版社2001年版，第492—493页。

顾美泉在信中提及的“剥削我们的老板”与“贫苦的弟兄”，对应的是残酷的资本家与被压迫的工人。不消说，这正是丁玲身为左翼作家的“规定”所在，因为对于左翼作家来说，写工人就是为了表现阶级矛盾，不但要反映阶级压迫还要反映工人的觉醒与抗争。只是顾美泉顿悟式的觉醒，使得这一人物揭示的主旨有些缺乏说服力。因为仅通过小说的描述，还看不到太多资本家对工人的剥削。换言之，小说并没有具体展现资本家对工人的压迫。其实，小说中资本家对工人的残酷并非主要体现在压榨上，而是“无情”。顾美泉最在意的是资本家让他失业，导致他失去生活的经济来源，而不是资本家在他在业期间对他的剥削。并且，从整个故事的发展来看，也不能将工人的惨剧仅归结于资产阶级对工人阶级的压迫。故而，通过小说人物之口揭示的主旨与作者实际想要传达的主题是有错位的。

以“法网”命名小说，一定程度上表明了丁玲的批判立场。小说中极具主旨意味的一句话，是众人对阿翠无辜入狱的愤慨：“只怨恨这无理的法律。”① 在小说结尾，于阿小被捕入狱，原因是他付不起赏钱，因为“侦缉队员并没有替他捉人的义务”②。而顾美泉之所以被成功捕获，主要也不在于他的逃犯身份，而是因为他在上海投入了反对日本帝国主义的义勇军。上海侦缉处“因为奉了命要防止反日的活动，解散了一些义勇军，又怕这些队员们还暗中活动，便更加紧暗地监视。因为对被解散的义勇军的侦察，顾美泉被他们打听清楚了”③。这里，顾美泉的罪因从“杀人”变换为“反日”，足见丁玲意在讽刺的问题指涉。因而，《法网》与其说是描写受资产阶级剥削的工人阶级，不如说是述说“受‘法网’坑害的孤立无援的牺牲者”，以及批判“谁也无法逃避这个压迫穷人的腐败的整个社会制度”④。如此，丁玲虽略过了她不熟悉的阶级斗争，却以揭露国家制度的方式达成其写作意图，即以阶级革命为起点而通向了国家革命。

三、丁玲革命的逻辑：阶级与国家的叠合

从加入“左联”到创作小说《水》，再到加入中国共产党，“丁玲左转”实现了一个完整的过程，而后丁玲走向延安，则成为验证她在30年代初转向完成的重要依据。其中的逻辑是，如果没有之前的转向，丁玲之后又怎么会去往革命中心呢？然而，以

---

① 丁玲：《法网》，《丁玲全集》（第3卷），河北人民出版社2001年版，第496页。
② 丁玲：《法网》，《丁玲全集》（第3卷），河北人民出版社2001年版，第498页。
③ 丁玲：《法网》，《丁玲全集》（第3卷），河北人民出版社2001年版，第497页。
④ ［美］梅仪慈：《丁玲的小说》，沈昭铿、严锵译，厦门大学出版社1992年版，第105页。

走向延安判定丁玲转向的事实也存在这样一个问题，即只看到她后来走向延安的结果，而忽略中间她被困南京的经历。以走向延安的结果去要求丁玲，那么1933—1936这囚居南京的三年，在其政治生命史上就显得格外突兀，因而丁玲在此期间的一言一行必然会被放大审视，这也导致南京经历成为她一生都难以消除的“阴影”。但如果我们以彼时丁玲的视角展望其革命前路，就会发现南京也可被视作她转向成效的检验场，正是因为南京经历最终没有成为她通往革命中心的障碍，其“左转”事实的确立才足够具有信服力。

关于丁玲的南京历史，1984年中共中央组织部发布的9号文件给出了最终定论：“丁玲同志在被捕期间，敌人曾对她进行威胁、利诱、欺骗，企图利用她的名望为其做事，但她拒绝给敌人做事、写文章和抛头露面，没有做危害党组织和同志安全的事。”① 经过南京一劫，丁玲没有叛变已是不争的事实。尽管丁玲是不完美的幸存者，但这本就是个伪命题，既然已经幸存下来，就不可能完美，因为那是独属于牺牲者的名状。不过，作为幸存者的丁玲能在被困南京期间做到如上这些，已实属不易。30年代初，国民党制造的白色恐怖颇为严重，共产党员的叛变其实并不鲜见，在丁玲身边就有两个，一个是其丈夫冯达，另一个是昔日同事姚蓬子，他们后来都去了国民党特务机关工作，就连在南京找丁玲谈话的国民党特务顾顺章，也是有名的叛徒。亦有虽不存在叛变的实质行为，却也算为国民政府效劳的例子，比如和丁玲一同宣誓入党的田汉。1935年2月，国民党特务在上海逮捕田汉，而后押往南京，五个月后田汉被保释出狱，但仍受监视居于南京。在软禁期间，田汉组织公演了《回春之曲》《洪水》《械斗》等剧目。公演时，田汉和阳翰笙曾去医院探望病中的丁玲，丁玲“知道他们也被捕，在南京演了戏，她很痛心，开始不想相见，怕徒增双方的难过，后来还是让他们进了病房，坐了5分钟”②。可以看出，丁玲在关键问题上始终坚守着底线，她没有投靠国民党的阵营，为其主持的国民政府效劳。

丁玲对国民党的排斥源于对其所走的资本主义道路的不认可，对应的正是“后五四”丁玲所面临的难题：如何从资本主义式奴役中解脱出来。这既是社会结构问题，也是国家制度问题，构成了难题的一体两面。由于共享反对资本主义这一目标理念，丁玲在“后五四”的革命道路中认同的是共产党领导的阶级革命。不过，这种阶级认同只是丁玲投身共产革命的必要条件，而非充分条件。仅凭此底层逻辑，丁玲无法实

① 《关于为丁玲同志恢复名誉的通知》，丁玲：《丁玲全集》（第10卷），河北人民出版社2001年版，第103页。

② 陈明：《我与丁玲五十年：陈明回忆录》，查振科、李向东整理，中国大百科全书出版社2009年版，第70页。

现革命的突破，尽管“左联”指认其阶级叙事，却难以真正将她吸纳进政党之中。据考证，丁玲早期“在思想上有无政府主义倾向，参加过一些活动”，这让她“对从事政治活动的人（包括共产党人），怀有明显的排斥情绪”①。因为无政府主义“不仅反对政治权力，而且反对一般意义上的权力，最主要的是日常生活中的权力机构和语言”②。受此影响，丁玲不仅反对国民政府，对于具有政党组织形式的共产党，她最初也存在抵触情绪。丁玲这般形容自己早期的思想状态：“我那时候的思想正是非常混乱的时候，有着极端的反叛情绪，盲目地倾向于社会革命。”③ 这里的社会革命是指无政府主义式的反对一切权力的革命。于早期的丁玲而言，革命应该取消一切政治权力，那么共产党那种带有组织形式的革命，自然与她的心意不符。

实际上，“以接受无政府主义和各种空想社会主义的影响为起点，最后走向马克思主义，这是‘五四’时期一个比较普遍的现象”④，这种普遍性的转变之所以会发生，主要是因为两种主义的目标具有一致性。但可以发现，在丁玲投身革命的初衷里是缺失终极理想的，这与她早期受无政府主义思想影响有关。无政府主义的本质决定了这种思想倾向不需要设定终极理想，因为它的起点即终点。而马克思主义的共产社会是一个终极理想，尽管“同样是无阶级、无政府、无国家的最自由的社会”，但要达成这个目标，必须要“最尖锐的阶级斗争，以至无产阶级专政”⑤。而简化“丁玲左转”的思维线索可得出，她是从“不要政府”到“需要政府”。所谓“不要政府”，其实蕴含着“要而不得”的失望，质言之，既有的国民政府并没有达到她心中的合格标准，这使她在置身革命风潮的早期偏向了无政府主义。这一思想根底影响着丁玲转向之际的创作，使得其间作品更多呈现的是对统治阶级的反抗情绪。而“需要政府”之于丁玲则是其国家意识的体现，它对“丁玲左转”起着引领的作用。丁玲在1932年3月入党，其直接原因是上海爆发的“一·二八”事变，因为丁玲终于明白，“有了党的领导，才能更好地和敌人斗争”⑥。如果说阶级认同是加速丁玲转向的底层逻辑，那么国家意识就是完成丁玲转向的顶层逻辑。

---

① 张全之：《中国近现代文学的发展与无政府主义思潮》，人民出版社2013年版，第256页。

② ［美］阿里夫·德里克：《中国革命中的无政府主义》，孙宜学译，广西师范大学出版社2006年版，第265页。

③ 丁玲：《一个真实人的一生——记胡也频》，《丁玲全集》（第9卷），河北人民出版社2001年版，第66页。

④ 蒋俊、李兴芝：《中国近代的无政府主义思潮》，山东人民出版社1991年版，第239页。

⑤ 瞿秋白：《多余的话》，姚守中、马光仁、耿易编：《瞿秋白年谱长编》，江苏人民出版社1993年版，第463页。

⑥ 丁玲：《入党前后的片段回忆》，《丁玲全集》（第10卷），河北人民出版社2001年版，第250页。

由此，我们可以厘清丁玲革命的逻辑，其实质阐释为阶级与国家的双重诉求，阶级认同与国家意识分别作为丁玲投身共产革命的底层逻辑和顶层逻辑，二者相叠合，共同构成了“丁玲左转”的实际内容。如果没有阶级认同这一底层逻辑，单凭国家意识的引领，丁玲的革命路径大抵只能归于一种国家革命，而这在此前的中国革命实践中已经连遭败绩，并不能给予她更多的希望。反之，如果没有国家意识这一顶层逻辑，仅以阶级认同作为驱动，丁玲很可能会一直徘徊在革命的政党组织之外，以致无法全情投入到革命之中。丁玲投身革命的关键点在于，她经历了从无政府主义到马克思主义的转变。其中，马克思主义之于丁玲不仅是一种阶级意识，还包涵一层由民族危机所激发的国家意识。因为民族危机，共产党改造并整合了国家意识，“把知识分子后备军的民族主义诉求和农民的利益（包括有效抗击日本和在地方性的政治经济生活中消除士绅的权力）最终成功地协调起来”①，从而切合了像丁玲这类知识分子的革命主体性逻辑，最终成功将其吸纳进了政党组织之中。

有研究者认为丁玲“左联时期的‘向左转’只是一种自觉的追求，并未真正触及灵魂深处的思想根系”，而她的彻底转变是发生在延安整风时期，是受助于“强大的政治驱动力和外在的运动压力”②。这样的看法固然考虑到了内外两方面因素，却仍是将外部压力置于丁玲的内在动力之上，尽管能够部分解释延安整风前丁玲创作上出现的“两副笔墨”问题，却解释不了丁玲为何会心甘情愿地接受这份外部压力对她的施加。事实上，丁玲是有机会改弦易辙的，如果她主观上不愿意，再强大的政治驱动与运动压力恐怕都难以左右其意志。着眼于丁玲的革命历程，“从未简单地从‘革命’退回到‘五四’”表明“从无政府主义式的个人革命到马克思主义的社会革命的转向，成为丁玲走出黑暗期的克服方式”③。这意味着，丁玲的转向既在于其自身革命的逻辑，即对阶级与国家的双重诉求，也归因于中国革命本身的属性。可以说，中国革命本身蕴含的阶级革命与国家革命的双重属性，为身处革命历史结构中的丁玲提供了转向的动力，助力她达成从个人革命到共产革命的思想跃进。

（作者单位：西南大学文学院）

---

① ［美］西达·斯考切波：《国家与社会革命：对法国、俄国和中国的比较分析》，何俊志、王学东译，上海人民出版社2015年版，第309页。

② 张全之、金智贤：《工人题材小说与丁玲创作的艰难转向》，《文艺争鸣》2023年第3期。

③ 贺桂梅：《丁玲主体辩证法的生成：以瞿秋白、王剑虹书写为线索》，《中国现代文学研究丛刊》2018年第5期。

论20世纪40年代后期汪曾祺对沈从文的解读

——以“转业”问题为中心

邱 悦

20世纪40年代是沈从文和汪曾祺师生交往最频繁、最密切的十年①。西南联大期间，汪曾祺选修了沈从文的三门课“各体文习作”“创作实习”“中国小说史”；课堂外，汪曾祺向沈从文借还书、陪他逛街，亲身感受他的性格、生活习惯、家风等。即使在1946年7月沈从文离开昆明至1948年3月汪曾祺抵达北平与沈从文会合这段时间，两人也一直通过书信保持联系。当前研究谈及40年代这一对师生关系时，以比较研究和影响研究为主，多集中于沈从文的作品和课堂教学对汪曾祺文学创作的影响、二者文学创作的相似性。但除此之外，汪曾祺如何反思前辈作家的世界观、人生观和价值观，如何在摆脱“影响的焦虑”后做出独立思考的选择，也值得注意。例如，在对国家时局和个人命运关系的认识、在1946—1949年的易代之际的职业选择上，二者截然相反：沈从文放弃写作而转业至文物研究领域，汪曾祺则坚持文学创作至1962年②。段美乔曾在《投岩麝退香——论1946—1948年间平津地区“新写作”文学思潮》一书的“尾声”部分简要分析了以沈从文为代表的前辈作家和以汪曾祺为代表的“新生代”作者“在面对外来压力时的完全不同的选择”源于二者对文学与人生的关系、写作与日常生活的关系认识的迥异③，但囿于该书论题限制，作者未能结合二者

① 虽1948年后二人的常住地都是北京（平），但至少在1980年前，汪曾祺对于接触、评说沈从文稍有忌惮，没有40年代那么自如。邓友梅回忆，中华人民共和国成立后“曾祺虽已出过小说集，是沈从文先生入室弟子，但这没给他戴上光环，倒还挂点阴影，被认为曾是另一条道上跑的车”。参见邓友梅：《漫忆汪曾祺》，《文学自由谈》1997年第5期。

② 1962年，汪曾祺完成小说集《羊舍的夜晚》的撰写，正式进入以改编戏剧、与人合作“样板戏”为主的另一写作和人生阶段。

③ 段美乔：《投岩麝退香——论1946—1948年平津地区“新写作”文学思潮》，秀威资讯科技股份有限公司2008年版，第248页。

彼时留下的具体文字记录对该问题展开论述。

如延续已有研究的思路，将沈从文和汪曾祺的职业选择对象化，平行比较二者择业的原因，结合二者在中华人民共和国成立后的命运遭际、地位起伏的“后见之明”来分析，则难免落入对二人选择正确与否、境界高低的价值评判的窠臼。但如将其中一方视为主体，分析沈从文如何看待汪曾祺对写作的坚守，或汪曾祺如何看待沈从文的“转业”，则对任一作家研究都大有裨益。例如论述后一话题有助于梳理“作家汪曾祺”生成路径的更多细节：沈从文是汪曾祺崇敬仰慕的恩师，但后者并没有效仿前者放弃写作，如何理解师承关系的多重向度？汪曾祺对沈从文的搁笔决定抱有怎样复杂的情感？汪曾祺如何反思沈从文的决定，是什么因素导致前者做出和后者不一样的、坚守本业的选择？汪曾祺如何看待沈从文后来所选择的博物馆研究员这一职业？为何会有这样的看法？这一系列解读如何影响汪曾祺在中华人民共和国成立初期（1949—1962 年）的创作？

与 20 世纪 80—90 年代汪曾祺对沈从文的系统性解读①不同的是，40 年代前者对后者的解读较为零散，部分并未见诸文学创作。检阅《汪曾祺全集》中 40 年代后期提及“沈从文”的篇目，仅有 1947 年致沈从文的一封书信。1948 年《大公报 · 星期文艺》所刊《今日文学的方向——“方向社”第一次座谈会记录》中，汪曾祺对沈从文的观点有过一段回应。此外，在 90 年代杨鼎川与汪曾祺的访谈中，后者承认 1947 年《绿猫》中的“张先生”形象以沈从文为原型，主人公“栢”对张先生的看法可直接理解为汪曾祺对沈从文的看法②。另外，沈从文在 40 年代后期曾多次为汪曾祺谋职，并最终为他谋得北平历史博物馆馆员的差事；汪曾祺的职业体验，也可在一定程度上视作对沈从文热心帮助的回应。上述材料大多与汪曾祺对沈从文“转业”问题的解读有或多或少的关联，并有助于解答上文提出的若干问题。

一、“难过”和“凄恻”：对搁笔预言的共情

早在 1947 年，沈从文已对自己的搁笔有所预感，并在该年 7 月左右致信汪曾祺时表达了类似的意思。汪曾祺回信说道：“信上说，‘我的笔还可以用二三年’，（虽然底下补了一句，也许又可稍久些，一直可支持十年八年）为甚么这样说呢？这叫我很难过。我是希望您可以用更长更长的时候的，您有许多事要作，一想到您的《长河》现

① 参见凌云岚：《“夫子自道”——汪曾祺的沈从文解读》，《南方文坛》2019 年第 6 期。

② 汪曾祺、杨鼎川：《关于汪曾祺 40 年代创作的对话——汪曾祺访谈录》，《汪曾祺全集》（第 11 卷），人民文学出版社 2021 年版，第 431—438 页。

在那个样子，心里就凄恻起来。"①"《长河》现在那个样子"一方面指该小说历经国民党书报检查制度的多次删削和扣押后才得以于1945年出版单行本，且该单行本只是整部小说的第1卷，直至1947年仍尚未续写；另一方面指小说发表、出版后应者寥寥，贬大于褒。

沈从文的搁笔预言于汪曾祺而言首先是一大打击，"难过"和"凄恻"的共情状态是后者最直接的反应；而在同样写于7月的《绿猫》中，汪曾祺则通过塑造"张先生"形象将这一情绪具象化：张先生是一位已坚持写作二十年、著作等身却屡遭外界批评和误解的作家，笃信"大凡作者用心深致处读者即恰恰容易忽略"② 的文学观。

"难过"和"凄恻"的情绪主要体现为汪曾祺对沈从文写作事业未竟的惋惜和对后者知音寥寥的寂寞处境的切身体验，而这又建立在40年代后期汪曾祺的艺术风格、创作意图与沈从文趋近，前者从而重新发现后者创作的"深致"的前提下。在《长河·题记》中，沈从文将其创作主题概括为"民族品德的消失与重造"："《边城》中人物的正直和热情，虽然已经成为过去了，应当还保留些本质在年青人的血里或梦里，相宜环境中，即可重新燃起年青人的自尊心和自信心。"③ 40年代后期的汪曾祺同样善于挖掘农民、小贩、手艺人等底层小生产者身上的职业伦理和美好品性。但当前研究在谈及40年代沈从文和汪曾祺创作的相似性时，多将后者视为一个整体，而忽视了十年内后者创作风格从空灵走向平实的嬗变；杨早、凌云岚则敏锐地捕捉到这一变化，并将1946年作为汪曾祺小说"平实"的主体风格的起点④。按理说，汪曾祺于1939—1944年就读西南联大期间便耳濡目染沈从文的文学教育，但此时期他受以意识流为代表的西方现代派创作手法的影响更为深刻。直至1945年，汪曾祺离开西南联大前往中国建设中学教书，这成为他介入社会的开端，他也因此得以近距离体察底层平民的困窘与艰辛。1946年，他从昆明来到上海，并接连遭遇失业、师生星散、伴侣及好友分离等一系列冲击。因此，当其所要书写的情境由单纯的大学校园转为复杂的社会现实时，其所受文学教育的另一面便由此凸显并发挥作用。从汪曾祺在西南联大聆

① 汪曾祺：《$\frac{470715}{16}$致沈从文》，《汪曾祺全集》（第12卷），人民文学出版社2021年版，第28页。

② 汪曾祺：《绿猫》，《文艺春秋》1947年8月15日第5卷第2期。

③ 沈从文：《长河题记》，《大公报·战线》（重庆）1943年4月21日。

④ 杨早、凌云岚：《1946年：汪曾祺小说主体风格的起点——以〈老鲁〉为例》，《文艺争鸣》2020年第12期。

听过的沈从文演讲《小说作者和读者》和沈从文“各体文习作”课程的三篇讲义来看①，沈从文在课堂上反复强调写作要“贴住‘人’”②“贴近人情”“以‘人性’作为准则”，能够深切理解人的情感反应的共性和差异性，准确刻画人的特殊与类型③。沈从文离开昆明之际，郑重地对汪曾祺说“千万不要冷嘲”，对后者为人和为文都是“一个非常有分量的警告”④。

40年代前期汪曾祺的小说未曾专注于写人，但到了后期却能在部分小说中将叙事笔触对准一个或几个小人物，通过描写他们高度艺术化、身心合一的劳动场景，展现他们诚实、耿直、勤劳的品德，寄托对于优美健康人性的审美理想。从1941年受沈从文指导的《灯下》到1946年修改为《异秉》，汪曾祺从描写群像到将叙事笔触对准王二一个小人物，态度由对众人以他人甘苦作为谈资消磨时光的嘲讽转为对王二的同情和悲悯。虽此时阅历尚浅的汪曾祺还未能理解沈从文“民族品德重造”的宏大关怀，但他隐约觉得这便是沈从文“要作”的“许多事”，且在上海经历了机器大工业生产的裹挟后，其笔下对于象征其童年生活和整个乡土社会的一系列小生产者及其劳动过程的刻画，寄托了浪漫派的家园想象及对现代文明的反思，多了一层在未来社会保存、抢救手工艺和手工生产方式的意味。因此他深知沈从文还需把笔“用更长更长的时候”，如续写《长河》，方能培养全国读者“抽象健康观念和有传染性的高尚情感”⑤，使《边城》《长河》中人物的正直热情品性于现代再生。

事与愿违的是，在整个40年代，沈从文所创作的包括《长河》在内的一系列寄寓民族与国家重造思想的作品一直未获理解和重视。1943年，桂林开明书店拟重印沈从文修订过的作品，原计划出版包括《长河》在内的30余种作品，但最终仅出版13种，《长河》书稿在运输途中丢失。对此，巴金在80年代回忆，沈从文曾告诉他“丢失的稿子偏偏是描写社会疾苦的那一部分，出版的几册却都是关于男女事情的。‘这样别人更不了解我了’”⑥。书稿丢失本属“天灾”，但如此惊人的巧合却又难免让人怀

---

① 当前部分研究以“要贴到人物来写”作为1940年代沈从文对汪曾祺的写作指导的论据并不严谨。汪曾祺最早提到这句话是在1980年；且据郜元宝考证，这句话有可能是在1960年代初，沈从文对前来拜访他的汪曾祺和林斤澜才第一次提出。参见郜元宝：《“要贴着人物写”——“这是小说学的精髓”》，《南方文坛》2019年第4期。

② 沈从文：《由冰心到废名》，《国文月刊》1940年10月16日第1卷第3期。

③ 沈从文：《小说作者和读者》，《战国策》1940年8月15日第10期。

④ 汪曾祺：《与友人谈沈从文——给一个中年作家的信》，《汪曾祺全集》（第9卷），人民文学出版社2021年版，第140页。

⑤ 沈从文：《编者言》，《益世报·文学周刊》1946年10月20日。

⑥ 巴金：《怀念从文》，《长河不尽流——怀念从文》，湖南文艺出版社2018年版，第21页。

疑有人为的痕迹①。此外，《长河》发表、出版后几无反响，虽在汪曾祺致信沈从文的后一年即 1948 年，萧金发表《长河》的书评，肯定沈从文的创作态度和作品的艺术性，但却直指作品思想的局限性："但作者却没有告诉我们一条路，如何使农村健全起来，繁荣起来。"② 无独有偶，40 年代汪曾祺的影响力仅大致局限于后期京派和西南联大作家群，其"用心深致处"仅有完成于 1948 年、但迟至 1990 年才面世的唐湜《虔诚的纳蕤思——谈汪曾祺的小说》等极少数评论才能体会。

1947 年前后，沈从文所发表的《从现实学习》《一种新希望》等若干政论杂文相继遭到左翼文学界批判。李健吾和巴金见状，想劝沈从文"不要写这样的杂论，还是写他的小说"③，并由汪曾祺将这一建议写成书信。需注意的是，彼时汪曾祺对于批判背后复杂的意识形态和政治权力话语的斗争尚未能充分理解，但他在上海也直觉感知到文坛热闹表象下创作风气浮躁、派系斗争等问题，并在 1947 年致沈从文的书信中借上海木刻界对黄永玉的嫉妒和打压一事，隐含表达他对自己和沈从文的艺术趣味和文学命运的忧虑："因为他聪明，这是大家都可见的，多有木刻家不免自惭形秽，于是都不给他帮忙，且尽力压挠其发展……有人批评说这是个不好的方向，太艺术了。（我相信他们真会用"太艺术了"作为一种罪名的。）"④ 在汪曾祺看来，此般排挤不仅有人事上的纠纷，更有上升至对这些作品在艺术性背后"有罪的""反动的"思想倾向的批判，而这将在极大程度上影响一个作家/艺术家的创作生涯，使沈从文在"二三年内"做出搁笔决定。随后一两年内更频繁、杀伤力更大的批判验证了汪曾祺的预感：1948 年 3 月郭沫若《斥反动文艺》为沈从文定性"一直是有意识地作为反动派而活动着"⑤；1948 年 4 月，公孙龙子率先发起对黄永玉木刻的批判，并与沈从文小说相联系，认为二者是在"有目的地灌输或散播某种思想或毒素"⑥；而汪曾祺作为沈从文的追随者，其《鸡鸭名家》也于 1949 年被楼适夷直指存在"幻美的迷力"背后"把人引离现实世界"⑦ 的"恶意"企图。

---

① 李端生：《报刊情缘——沈从文投稿与编辑活动探迹》，中国文联出版社 2002 年版，第 106 页。

② 萧金：《长河　沈从文著》，《兰州和平日报周刊》1948 年 7 月 28 日第 4 期。

③ 汪曾祺：《沈从文转业之谜》，《真善美》1989 年 1、2 期合刊号。

④ 汪曾祺：《$\frac{470715}{16}$ 致沈从文》，《汪曾祺全集》（第 12 卷），人民文学出版社 2021 年版，第 29 页。

⑤ 郭沫若：《斥反动文艺》，《大众文艺丛刊》1948 年 3 月 1 日第 1 期。

⑥ 公孙龙子：《谈黄永玉的木刻倾向》，《同代人文艺丛刊》1948 年 4 月 20 日第 1 卷第 1 期。

⑦ 适夷：《一九四八年小说创作鸟瞰》，《小说》（香港）1949 年 2 月 1 日第 2 卷第 2 期。

二、为何写作："事业"与"职业"之辨

相较1947年，到了1948年底，中国革命形势已发生决定性的变化：继辽沈战役、淮海战役取得胜利后，解放军又于1948年11月29日发起平津战役，北平随即处于被包围状态。毛泽东在1948年12月30日所写的新年献词里，以乐观、自豪而坚定的口吻写道："中国人民将要在伟大的解放战争中获得最后胜利，这一点，现在甚至在我们的敌人方面也不怀疑了。"① 此时全国人民，尤其是包括沈从文、汪曾祺在内的北平人民都鲜明地意识到，中国即将发生巨变。

面对此般巨变，沈从文却对现实的政治斗争感到迟疑和忧虑，并如此表达他对时局的理解和对自己前途命运的分析："人近中年，情绪凝固，又或因性情内向，缺少社交适应能力，用笔方式，二十年三十年统统由一个'思'字出发，此时却必需用'信'字起步，或不容易扭转，过不多久，即未被迫搁笔，亦终得把笔搁下。"② 再闻沈从文的搁笔预言，汪曾祺再次联想到自己，并认真回顾了过往的创作及接受情况。他深知自己如想要延续写作生涯，必须接受易代之际从"思"到"信"的写作观念的变化，改变原有的创作题材和写作方法。因此，沈从文的搁笔预言于他而言又是一种希望。1948年11月，"方向社"举行的"今日文学的方向"座谈会上，汪曾祺更是勇于挑战"权威"，对沈从文的观点提出异议：

> 沈［从文］：驾车者须受警察指导，他能不顾红绿灯吗？
> 冯［至］：红绿灯是好东西，不顾红绿灯是不对的。
> 沈［从文］：如有人要操纵红绿灯，又如何？
> 冯［至］：既然要在路上走，就得看红绿灯。
> 沈［从文］：也许有人以为不要红绿灯，走得更好呢？

汪［曾祺］：这个比喻是不恰当的。（因为承认他有操纵红绿灯的权利［力］即是承认他是合法的，是对的。那自然得看着红绿灯走路了，但如果并不如此呢？）我希望

---

① 毛泽东：《将革命进行到底——新华社一九四九年新年献词》，《将革命进行到底》，新华书店1949年版，第1页。

② 沈从文：《致吉六——给一个写文章的青年》，《沈从文全集》（第18卷），北岳文艺出版社2009年版，第519页。

诸位前辈能告诉我们自己的经验①。

从上述对话可知，“红绿灯”即“信”，即新社会的创作对象、创作方法和文学批评标准，而汪曾祺承认“红绿灯”的存在即合理，作家必须按照其指示来写作。然而，“但如果并不如此呢?”及向前辈虚心请教的态度，又似乎表明他对不按“红绿灯”走路、也即文学另一种发展的可能性抱有幻想，对将来是否要遵从“信”的写作观念存在犹疑。

座谈会结束后，沈从文于1948年最后一天写下“三十七年除日封笔试纸”②，做出搁笔决定，并于次年8月将人事关系转至北平历史博物馆，正式转业至文物研究领域。汪曾祺则在1949年3月加入解放军第四野战军南下工作团，希望借此为将来的写作积累生活体验和创作素材。那么，汪曾祺为何并未效仿沈从文的选择？首先要追问的是，沈从文已“凝固”的情绪是什么？在40年代杂文中，沈从文将银行职员和写作分别定义为“职业”和“事业”，前者的特征是单调而沉闷、安定有保障，工作目的是“为衣食谋”③ 的养家糊口；后者的特征是沉重艰苦、神圣庄严，从事者不能有丝毫“功利思想和投机打算”“必需把整个生命放上去”④，工作目的是反对保守腐败势力、重造国家。在1946—1948年平津文坛“打开一条生路”的建国构想讨论中，相较其他参与者，沈从文尤为强调文学革新与思想革新、社会革新的关联，并进一步阐发写作这项“事业”的严肃性、独立性。若与1947—1948年沈从文多次撰文纪念“五四”、呼吁“怀疑否认”“天真和勇敢”⑤ 的“五四”精神回归相联系，不难看出其所受“五四”新文学的“志业”理念的深刻影响：根据文学研究会的宣言“我们相信文学是一种工作，而且又是于人生很切要的一种工作；治文学的人也当以这事为他终身的事业，正同劳农一样”⑥，姜涛进一步分析，“‘终身的事业’即是一种‘志业’，它不同一般的职业、工作，而是包含着一种内在召唤，在持续不断以至‘终身’的承诺中，具有强烈的价值投入感”⑦。20年代的“志业”理念要求写作者将文学视为不以谋生为目的、超功利的审美行为，并为他们提供身心安顿之感，正是沈从文写

① 《今日文学的方向——“方向社”第一次座谈会纪录》，《大公报·星期文艺》1948年11月14日。

② 沈从文：《题〈出师颂〉条幅》，《沈从文全集》（第14卷），北岳文艺出版社2009年版，第498页。

③ 沈从文：《找出路——新烛虚二》，《民族文学》1943年7月7日第1卷第1期。

④ 沈从文：《事业和职业》，《大公报》（香港）1942年7月7日。

⑤ 沈从文：《纪念五四》，《益世报·文学周刊》1948年5月4日。

⑥ 《文学研究会宣言》，《时事新报·学灯》1920年12月17日。

⑦ 姜涛：《公寓里的塔——1920年代中国的文学与青年》，北京大学出版社2015年版，第24—25页。

作“事业”观的题中应有之义。

作为新文学传统下成长起来的“最后一个文学青年”①，汪曾祺在《绿猫》中将隐含作者“栢”的写作源泉视为“快乐”，将“栢”的写作过程称为“沉酣”②，意味着“一种对内在生命的极致状态的感知，一种对艺术的极致之道的体念”③，不难看出其所受沈从文文学观的影响。在《短篇小说的本质》一文中，汪曾祺提出了对待文学应秉持的“业余”态度。他反对文学沾染上“职业气”，写作者一方面不能被场所、权威、批评家等拘束而致无法畅所欲言，另一方面不能有“玩儿票的派头”，失之严肃。汪曾祺试图通过短篇小说克服文学的职业化，只因理想的短篇小说家不在乎毁誉和销量，而把写作看作内在的生活态度，与读者保持“并排着起坐行走”的姿态④。由此可见，与沈从文的“事业”观相似，汪曾祺的“业余”观同样强调写作的严肃性、去功利化，这便使得后者在前述座谈会对写作者可能在“红绿灯”的指示甚至是操纵下，遭受过多限制心存忧虑。

1946—1949年，汪曾祺居留时间最久的城市是上海。当审美化的文学理想与汪曾祺的都市体验相遇、碰撞时，便不免产生裂隙甚至变形，“业余”观显现其内在危机。沈从文《长河》的故事背景是抗战初期的湘西，以“上等纸烟和各样罐头”“外来洋布煤油”⑤为代表的所谓“现代文明”充斥其间；但到了40年代后期的上海，其商品经济的发展程度和城市化进程已不可和前者同日而语。汪曾祺及其笔下人物面临的首要挑战是机械文明的进逼。例如，文学创作不再是作家和一二知己之间的事情，作品的完成还需与编辑、排字工的通力合作；在《短篇小说的本质》中，汪曾祺即表达了对将他的作品“拆得东一块西一块的”、随便分栏、加花边等的排字工人的不信任，而要“为了他的文章命运而争”⑥。汪曾祺幻想着作家、作品和读者之间保持直接稳定的关系，但在上海的都市环境中，其作品的最终呈现效果却每每与其自身意愿相背离。又如《戴车匠》中的戴车匠能将木匠活做到庖丁解牛般的状态，呈现出人与劳作相交融的境界，但在目睹戴车匠看着儿子和别人比射，“又没有甚么意义的摇摇头”后，

---

① 张千可：《“旧上海”与“新时期”——在“小生产者”视角下重读汪曾祺》，《文艺争鸣》2017年第12期。

② 汪曾祺：《绿猫》，《文艺春秋》1947年8月15日第5卷第2期。

③ 裴春芳：《雅致的恣肆与生命的沉酣——汪曾祺早期佚文校读札记》，《上海文学》2014年第8期。

④ 汪曾祺：《短篇小说的本质——在解鞋带和刷牙的时候之四》，《益世报·文学周刊》1947年5月31日。

⑤ 沈从文：《长河题记》，《大公报·战线》（重庆）1943年4月21日。

⑥ 汪曾祺：《短篇小说的本质——在解鞋带和刷牙的时候之四》，《益世报·文学周刊》1947年5月31日。

隐含作者却有所顾虑："或者戴车匠是最后的车匠了。那么他的儿子干甚么呢？也许可以到铁工厂里当一名练习生吧。"① "铁工厂"与现代社会的机器生产相勾连，是对小生产者的无情驱逐，戴车匠的手艺活即将因再无后人传承而成为绝学。由此可见，与沈从文呈"凝固"形态的"事业"观不同的是，汪曾祺的"业余"观在与变动不居的社会现实磨合、协商的过程中，并不能得到自始至终的贯彻；相反，"业余"观内部的矛盾不时显现。

另一挑战则是战争对普通人生活秩序的全面破坏。抗战胜利后，大批抗战期间内迁的青年学子回到收复区城市寻求就学与就业机会，但却面临"僧多粥少"的困境。不久后内战爆发，国内政治局势日趋动荡、经济形势日趋恶化，青年的失学、失业问题始终难以解决。当时便有读者致信《中国青年》控诉青年的出路问题："毕业即失业，知识青年苦闷彷徨，难道让他们全去堕落，全去自杀吗？"② 另一方面，与 20 年代进入文坛的沈从文等京派师长不同的是，仅拥有丰沛的文学艺术才华已不能为汪曾祺这一代文学青年提供相应的职业准入和晋升渠道，大学文凭才是求职的必要条件。汪曾祺本应于 1943 年大学毕业，但因英文和体育不及格需补考而留级至 1944 届，后又因该届学生全部被征调为随军译员，且校方有不服从征调不予毕业的规定，并未应征的汪曾祺未能取得大学毕业证书。在战时"毕业即失业"的社会环境中，肄业生更是难寻出路。从 1944 年大学肄业、1946 年奔赴上海到 1948 年抵达北平，汪曾祺先后三次体尝失业和经济困顿之苦。在这些煎熬的日子里，由写作投稿赚取的稿费成为其重要的经济来源，虽无法完全维持生活，但至少不必再因身无分文而落入忍饥挨饿之窘境③；而当汪曾祺接连求职无门及频繁更换工作时，没有准入门槛的写作反而成为他较为稳定的生活状态。由此可见，于多次失业的汪曾祺而言，其所坚持的写作，反而与沈从文所定义的以谋生为目的、安定有保障的"职业"概念相吻合。

而 40 年代后期的沈从文并不以卖文为生，其除了写作外还担任大学教授和平津地区若干文学副刊的主编，收入来源多样。虽内战时期国民生活普遍拮据，但沈从文一家在衣食住行等方面尚能维持较高的生活质量。在 1947—1948 年的家书中，沈从文多次和妻子提及食物、煤、炉子等生活必需品的购置问题："我们有了火锅，菜易准备。有面粉一大袋，六十多斤。下月又还可买二袋，这问题不用担心。"④ 即使是在"照我

---

① 汪曾祺：《戴车匠》，《文学杂志》1947 年 10 月第 2 卷第 5 期。

② 江厚桂：《智识青年往何处去》，《中国青年》（重庆）1947 年 7 月 25 日第 5 期。

③ 1944 年 5 月 7 日，汪曾祺因身无分文，已经十二个小时没有吃饭。参见杨早、徐强、李建新：《汪曾祺 1000 事》，河南文艺出版社 2023 年版，第 95 页。

④ 沈从文：《致张兆和》（19470123），《沈从文全集》（第 18 卷），北岳文艺出版社 2009 年版，第 464 页。

想物价还要上去，比银价快”“菜钱只够一天用了”的艰难时刻，沈从文也能及时通知妻子“带点款来”，维持正常生活秩序的运转①。因此，此时期基本没有后顾之忧的沈从文便能心无旁骛地写作与思索；相较柴米油盐、物价飞涨等眼前琐事，他更愿意发扬罗素“‘远虑’是人类的特点”② 的观点，更倾向于与民族、国家的未来密切相连的写作“事业”观。

汪曾祺在理论建构和审美趣味上自然更倾向于沈从文的“事业”观，但在40年代后期的都市体验中，在工业文明的崛起和战争环境下失学失业潮的双重夹击下，写作在汪曾祺眼中得以祛魅，而成为一名失业青年的普通的生活方式。作为“日常生活”的写作既能为汪曾祺提供生存所需，又能使其获得“快乐”与“沉酣”。对于沈从文来说，将写作视为“事业”是其不可动摇的创作信念和底线，此可谓“情绪凝固”。但对汪曾祺来说，相较不愉快的中学教员和博物馆馆员经历，写作更像是一份理想的工作，“红绿灯”的设置意味着工作要求的改变，如果遵从要求便能继续工作下去，“人格观念又尚未凝定成型”③ 的他非常乐意学习新的创作方法和文学批评标准。因此，在对于个人之“思”与群体之“信”的关系、写作是“事业”还是“职业”的看法上，师生必然产生分歧。

三、博物馆办公：“消耗生命”

当汪曾祺在上海教书不愉快及其初抵北平再度失业时，沈从文曾先后尝试向南京中央博物院和北平历史博物馆介绍汪曾祺，推荐理由是“书读得很好，会画，能写好文章”“对画有兴趣”④。1948年5月，经沈从文与杨振声介绍，汪曾祺进入北平历史博物馆担任办事员，主要工作内容是保管仓库、为藏品写说明卡片、充当讲解员等。从其任职期间的书信来看，其体验并不愉快。在1948年10月致某兄的书信中，汪曾祺痛陈其对在博物馆办公的厌倦：“所谓‘办公’即消耗生命，一天莫名其妙就混过去了。身体被限制在伟大而空洞的建筑之中，也毫无‘内心生活’可言。……觉得此身如一只搁在沙滩的废船似的，转觉得上海的乱烘烘的生活也自有一种意义，至少看

① 沈从文：《致张兆和》（19480729），《沈从文全集》（第18卷），北岳文艺出版社2009年版，第499页。

② 上官碧（沈从文）：《烛虚》，《战国策》1940年7月25日第8期。

③ 沈从文：《致吉六——给一个写文章的青年》（19481207），《沈从文全集》（第18卷），北岳文艺出版社2009年版，第519页。

④ 沈从文：《复李霖灿、李晨岚》（194702月初），《沈从文全集》（第18卷），北岳文艺出版社2009年版，第465页。

得出人怎么来抢夺生命也。"①"身体被限制"而"无内心生活""消耗生命"，意味着"身"与"心"的分离，其双手每日麻木地从事机械性的、重复的工作，虽身为美术爱好者，但从未感受过内心的波澜与悦乐，从未感受到生存的价值和意义，而另有所向往。在致黄永玉的书信（全文已散佚）及同年11月致黄裳的书信中，汪曾祺都表达了他住在空旷的午门时慌乱不安的内心感受："我觉得全世界都是凉的，只我这里一点是热的。"②"你知道这个大院子里，晚上怪静的，真是静得'慌'。"③黄裳曾劝他回上海，黄永玉曾邀他到香港乡下住一段时间，但他都未成行，而只是"以写作限制自己耳"④，聊以自慰。1949年3月，他离开博物馆随军南下，也是希望借此学习新社会的创作规范，写出为即将建立的新政权所认可的格调刚劲的作品。

有趣的是，当汪曾祺离开博物馆，沈从文也于同年转业，于1949年8月进入同一博物馆的陈列组，与旧日的汪曾祺承担相同的工作。因此，汪曾祺的上述感想既可看作他对沈从文介绍的新工作的回应，又可视为他对沈从文的新职业的看法。

可与汪曾祺感到"消耗生命"相对照的是，沈从文在转业前的几个月曾写下《关于西南漆器及其他》，回顾四十余年来美术与自身创作、生活之间的关系，指出其对美术的兴趣实际上是以"物"见"人"，是对美术作品背后作者的勤劳、愿望、热情和素朴的心的热爱，这些情感都"复轮流浸润于生命中"⑤。而在此前的1948年10月，延续"打开一条生路"讨论中"专家政治"和"美育重造政治"的思路，沈从文相继发表两篇讨论北平"文物保卫"和"艺术革命"问题的杂文，呼吁专家学人通过编印美术史文化史参考图录等琐碎的工作，整理中国文化美术史，带头挖掘工艺美术文物的教学价值、学术研究价值、生产价值和文化普及价值，继而在全社会培养"爱"以"丰饶民族历史情感"，进而将这种情感"广泛浸润于政治哲学或实际生活"，使民族命运出现新的转机⑥。由此可见，沈从文将个人的生命体验和看似"无意义"的基础工作与"研究考订""民族文化整理、普及与传承"等抽象的概念和活动联系在一起，

① 汪曾祺：《481018致某兄》，《汪曾祺全集》（第12卷），人民文学出版社2021年版，第41页。

② 汪曾祺：《午门》，《大公报》（香港）1987年5月12日。

③ 汪曾祺：《$\frac{481130}{1201}$致黄裳》，《汪曾祺全集》（第12卷），人民文学出版社2021年版，第43页。

④ 汪曾祺：《$\frac{481130}{1201}$致黄裳》，《汪曾祺全集》（第12卷），人民文学出版社2021年版，第43页。

⑤ 沈从文：《关于西南漆器及其他》，《沈从文全集》（第27卷），北岳文艺出版社2009年版，第23页。

⑥ 沈从文：《关于北平特种手工艺展览会一点意见》，《大公报》（天津）1948年10月9日。

试图提出一种代替武力与党争、以美育为中心的政治理想和社会规划，更倾向于从“过去”推测“未来”，从抽象、宏观、整体的角度谈论生命的价值和生存的意义。对于沈从文这种其在50年代家书称为“事功”① 的取向，汪曾祺并不理解，而更着眼于“当下”，更习惯于遵从个人的意愿和现实感受。他对于写作的“业余”态度并不完全等同于沈从文的“事业”观，前者剥离了后者与“经国之大业”② 相勾连的部分，更强调写作是出于个人的兴趣，纯粹地为己。相较抽象概念和不可知的未来，汪曾祺更感兴趣的是现实生活具体可感的一个个新鲜的“活动”“事件”：前文已述他在上海曾切身体验当地的文坛斗争，虽觉“乌烟瘴气”③ 和“乱烘烘”，但这种生命的消磨毕竟最后以可视化的效果呈现（批判多为报刊文章形式）；汪曾祺在上海并未直接参与过中共革命，但却罕见地在1947年《年红灯（二）》中塑造了一位革命女性形象；至于1949年随军南下，汪曾祺并不完全理解背后的政治意义④，但新奇的部队生活以及推进历史进程的参与感，无疑令其年轻的心跃动不已。

师生间的这种代际差异在西南联大期间便初露端倪。可以追问的是，沈从文觉得什么事情才“消耗生命”？沈从文在40年代发表了大量批评青年人沉迷于衣、食与打牌而致生命无意义消耗的文字。如在《烛虚》中，沈从文以两个女大学生用梨骨打闹却无意砸到“我”身上和某女大学生将大部分金钱用于吃食且衣着时新二事为例，批评现代教育培养的所谓“新女性”对衣食的过分关注，而这将影响她们用“头脑”去思索，影响新社会中新人格的建立。沈从文关心的是国家的抽象性问题，而衣、食都属物质需求，与个体的日常生活相勾连。反观汪曾祺，具有正面意义的饮食意象在其40年代创作时有出现。如在《老鲁》中，大量本不具备食用价值的动植物意象如小米菜、灰藋菜、豆壳虫等相继入文，但“我们”却觉得“味道实在极好”，豆壳虫“这东西是颇高雅的”“味道略如清水河条米虾”⑤。这些于从外省内迁至昆明的“我们”而言十分罕见的救荒“食物”不但解决了饥饿问题，还为备受经济压力、漂泊感和死

---

① “人人都说爱国家人民，但是如何爱，以及如何去证，实在大有不同。从历史看，管仲、晏婴、张良、萧何、卫青、霍去病对国家当时为有功，屈原、贾谊……则为有情。”参见沈从文：《致张兆和》（19520129），《沈从文全集》（第19卷），北岳文艺出版社2009年版，第335页。

② 曹丕：《典论·论文》，《曹丕全集：汇校汇注汇评》，崇文书局2021年版，第230页。

③ 汪曾祺：《$\frac{470715}{16}$致沈从文》，《汪曾祺全集》（第12卷），人民文学出版社2021年版，第29页。

④ 汪曾祺的子女回忆，“爸爸参加南下工作团，并不是思想觉悟有多高，想要为解放全中国出一份力。他的‘动机’可以说相当‘不纯’：一是改变小职员的生活，二是走南闯北，丰富自己的生活经验，当一个作家。”参见汪朗、汪明、汪朝：《老头儿汪曾祺：我们眼中的父亲》，中国青年出版社2016年版，第66页。

⑤ 汪曾祺：《老鲁》，《文艺复兴》1947年4月1日第3卷第2期。

亡威胁困扰的“我们”带来了无限乐趣。因此，对于沈从文《烛虚》对青年学生的批评，汪曾祺大概不会接受，因他更倾向于从能够调动各种感官的日常生活求索生存的意义。

此外，前述汪曾祺书信提到的“身体被限制在伟大而空洞的建筑之中”一语也值得注意。对于当年的住宿情况，汪曾祺在1987年《午门》回忆，“我住的房间在右掖门一边，据说是锦衣卫值宿的地方”，而夜晚天安门、端门、左右掖门都会上锁，“我独自站在午门下面的广大的石坪上，万籁俱静，满天繁星”①。无论是“博物馆”这一室内空间，还是多重门禁之下带来的寂寞、森严感，都指向了与外界缺乏交流的封闭性。而这却是40年代沈从文的常态，其一方面沉溺于写作的形式试验，试图在小说这一文体塞入过于复杂的思想和情感，但并不成功，反而“因用笔构思过久，已形成一种病态”②；一方面沉湎于文物世界，在昆明用三年收集到大小百十件漆器，“几几乎把陈列市上能买的全买到了”③。沈从文虽也写作了大量政论杂文，但对内战的任何一方都不看好，认为政党之争只可能使中国走向毁灭。40年代“向内转”的沈从文仿佛生活在一个非实体的“隔音空间”④ 中。沈从文的学生萧凤在1947年《初见沈从文先生》一文便指出，彼时的沈从文只顾沉醉于自我的“小天地”，而和以外的现实脱节，“再也不愿听外面那些凄厉，辛酸，压人心头的声音”⑤。这些声音大概指的是国共内战形势的变化、全国各地风起云涌的学潮等。相反，汪曾祺向往的无疑是开放、流动、自由的生活状态，博物馆沉睡的文物于其而言无疑是过时的，外界瞬息万变的政治局势牵动着他的心，即便他并不归属任何一个党派；他对内战最终将带领这个国家及其人民走向新生保持乐观态度，而无过多的疑虑和执念。萧凤和汪曾祺也有类似的感受，批评沈从文面对外界现实时的“冷淡”态度，认为沈从文应担当起“一个青年灵魂的建造者”、扶植新生代青年的“导师”的责任，去“抚慰和鼓励”“这千万颗跳动的心”⑥，因而他们都对沈从文对于日新月异的政治形势的迟钝，甚至有些“落伍”心生了些许不满。

师生的这一分歧或与沈从文的“中年心态”相关。经历抗日战争和国共内战后，

---

① 汪曾祺：《午门》，《大公报》（香港）1987年5月12日。

② 沈从文：《四月六日》，《沈从文全集》（第19卷），北岳文艺出版社2009年版，第31页。

③ 沈从文：《关于西南漆器及其他》，《沈从文全集》（第27卷），北岳文艺出版社2009年版，第36页。

④ 袁一丹将“隔音空间”定义为戏院、电影院、茶馆、公园这类市民娱乐场所，这些生活空间在战争期间能起到一定的隔音功能，可以降低炮火声的侵扰，给普通人提供暂时的心理庇护。参见袁一丹：《戏继续演：沦陷北平的“隔音空间”》，《文艺研究》2024年第3期。

⑤ 萧凤：《初见沈从文先生》，《平明日报》1947年3月19日。

⑥ 萧凤：《初见沈从文先生》，《平明日报》1947年3月19日。

沈从文等生理年龄已至中年的知识者普遍生发存在主义感伤，怀疑自身建构国家的能力：“个人生命即或业已由悲剧性的半生挣扎，转入行将退休的暮境，将依旧心无凝滞，湛然虚明，深信进步理想，可望由下一代年轻少壮证实。”① 在“向左转”的时代氛围中，知识者普遍感到丧失左右局势的力量，缺乏应对日趋热烈的革命潮流的能力。因此，他们毫不掩饰“历史中间物”的退场姿态，而将重造国家的希望寄托于青年：“作家新的课题，将必然是在这一个新原则下，对更年青一代，给以种种新的鼓励，使之各在分定工作上，充满热情和信心，来各自克服面前困难。”② 从这个角度来看，汪曾祺不满沈从文为其安排的博物馆工作而随军南下，恰是对后者对青年作家利用手中之笔建设新中国的期冀的践行。沈从文在1949年7月致黄永玉的书信中，即以汪曾祺参军一事，鼓励黄永玉北上或随军下工厂，迈出建设新时代的第一步路③。

上述40年代后期汪曾祺对沈从文“转业”问题的解读可见前者对后者文学传统的继承、反思和超越，而这对中华人民共和国成立初期“作家汪曾祺”的生成有着重要影响，并集中体现于其1956—1957年散文和1963年小说集《羊舍的夜晚》的创作。延续沈从文“贴近人情”的平实的美学风格，结合随军南下、下放劳动等更广阔的生活经验，汪曾祺的对话、叙述和描写语言与笔下人物更加协调。不同于沈从文的是，由于有意学习新社会的创作规范并取得实绩，汪曾祺在京派传统之外塑造出一系列具备社会主义性质的“新劳动者”形象，这被严家炎视为“京派在社会主义条件下的一种发展”④。在京派抒情传统的一脉相承之外，汪曾祺还为自身创作注入“通俗”的因素，遂形成“通俗抒情诗人”⑤ 风格。在其小说中，饮食意象成为笔下人物安置烦忧、聊以自慰的“逋逃薮”，并一直延续至其新时期创作。此外，值得注意的是，与国计民生关联甚少的写作的“业余”态度使汪曾祺在西南联大期间并未效仿沈从文发表大量政论杂文，其随军南下也并非出于政治觉悟的觉醒，这便使其从40年代、“十七年”到新时期的创作都不如沈从文创作般具备一定的思辨性和哲学层面的抽象思考。

---

① 沈从文：《一种新希望》，《益世报》（上海）1947年10月21日。

② 沈从文：《致吉六——给一个写文章的青年》（19481207），《沈从文全集》（第18卷），北岳文艺出版社2009年版，第520页。

③ 沈从文：《我们这里的人只想做事》，《大公报》（香港）1949年8月11日。

④ “无论是《羊舍一夕》中的四个孩子，或者是《大淖记事》中的巧云与十一子之间坚贞的爱情，都是在一定程度上沐浴着新的思想阳光的新的形象。这也许可以看作京派在社会主义条件下的一种发展。”参见严家炎：《中国现代小说流派史（修订本）》，高等教育出版社2014年版，第193页。

⑤ 汪曾祺：《门前流水尚能西》，《天津文学》1986年第11期。

结　语

将汪曾祺作为主体，探究其对师长沈从文“转业”问题的解读，可以打捞其从“文学青年”到“文学家”的生成路径的更多细节。初闻沈从文的搁笔预言，结合自身向沈从文趋近的创作风格、创作理想及相似的文学接受的窘境，汪曾祺表现出“难过”与“凄恻”的共情心理。于北平解放前再闻沈从文的搁笔预言，汪曾祺一方面认可沈从文对写作严肃性的坚守，另一方面又对后者的选择做出反思：他结合自身在都市对工业文明的席卷和失业潮的感知，综合了写作的“业余”性带给他的生命的沉酣和作为“职业”带给他的温饱所需，把写作转变为一种可以灵活变动调整的生活方式。对于博物馆办事员这一沈从文介绍的工作及沈从文后半生乐此不疲的新职业，汪曾祺只觉厌倦，这是因为相较前者对生活生命的抽象感知和相对封闭的工作状态，汪曾祺更倾向于以开放、自由的姿态，调动各种感官感受鲜活的、“正在进行时”的生活。由上述解读可见，自40年代后期起，汪曾祺便开始展开对沈从文文学传统的继承和超越，并在其中华人民共和国成立初期创作的人物形象、意象、语言等方面有了初步体现。

可以与之对照的是，80年代的汪曾祺再次对沈从文的“转业”问题进行解读，最具代表性的当属1989年《沈从文转业之谜》。彼时汪曾祺的文坛位置已由40年代末的“边缘”走向80年代末的“中心”，围绕“沈从文为何放弃写作”，其言说姿态有了较大变化；并且，目睹近四十年来沈从文在文物研究领域取得的众多开拓性成果，汪曾祺对于沈从文“从古”的看法，与40年代后期相比也迥然不同。

（作者单位：首都师范大学文学院）

人力车夫生命轨辙背后的政治牵系

——重审《骆驼祥子》的社会时代背景

张书杰

关于《骆驼祥子》的时代背景，早期的研究一般认为是不够具体明确的。如王瑶就认为其“和社会背景的联系还嫌过于模糊”，“时代背景的描写比较薄弱，与那个时代的社会重大变化缺少联系”①。樊骏也认为“由于缺少强烈的时代气氛，小说叙述的故事发生在什么时期，一直是个众说纷纭的问题”②。吴永平根据作品最后一章中，阮明组织洋车夫的活动及被祥子出卖这一情节内容，联系历史上的北平洋车夫暴动事件，认为小说结束的时间是1929年③。而陈永志、刘祥安的考证则认为祥子第一次丢车及同年冬天被侦探跟踪和敲诈是1928年，与国民党军队的二次北伐进占北京有关，小说从第二章开始主要情节的时间跨度是1928年到1931年这四年的时间④。上述看法虽然已经有一个认识上的从模糊到具体的深化过程，已经逐步认识到其与“那个时代的社会重大变化”的联系，但是在时间认定上仍然存在明显的龃龉，研究者对小说的社会时代背景的认识仍然远没有实现明晰和统一。

实际上，如果深入考察20世纪20年代北京的政治历史，并深度挖掘其与小说文本所暗示内容的有机勾连，则可以发现，小说的社会时代背景不仅是明晰的，而且与彼时诸多重大历史事件有着密切关系，甚至可以说，老舍正是依赖对此种社会政治背

① 王瑶：《中国新文学史稿》（节录），《老舍研究资料》，知识产权出版社2010年版，第655页；王瑶：《中国新文学史稿》（上），上海文艺出版社1982年修订重版，第171页。

② 樊骏：《论〈骆驼祥子〉的现实主义——纪念老舍先生八十诞辰》，《文学评论》1979年第1期。

③ 吴永平：《〈骆驼祥子〉：没有完成的构思——文本细读及文化社会学分析》，《江汉论坛》2003年第11期。

④ 陈永志：《〈骆驼祥子〉反映的年代新证》，《文学评论》1980年第5期；刘祥安：《〈骆驼祥子〉故事时代考》，《中国现代文学研究丛刊》2001年第3期。

景的精心设定，来表达其对人力车夫人生命运的艺术思考的。

一、祥子第一次失车隐含的战争背景是1926年直奉军阀对国民军的驱逐

首先是关于祥子被抓夫和出逃时间的认定，即是在哪一年、在什么样的战争背景下发生的。说是春天和初夏，应该没有疑义，因为作品中有明确的时间标记，“祥子的新车刚交半岁的时候，正是麦子需要春雨的时节”①，为了多挣钱而无视战争危险的祥子，把车拉出了西直门，结果被抓。而祥子从“兵们”手中逃脱则是初夏，作者用此时北京“已到妙峰山开庙进香的时节”进行了明确的标记。北京的这一风俗有着悠久的历史，趋之者甚众，而且有固定的时间，对此刘祥安已经进行了详细的说明，那就是每年的农历四月初一到十五②。虽然是“战争的消息与谣言几乎每年”都出现，北洋军阀统治时期北方也确实是军阀混战频繁，但既然联系上了妙峰山这个地理位置以及庙会的会期，这场战争还是应该有具体所指。

细绎文本，可以推知这场战争应该是1926年直奉军阀对于冯玉祥领导的国民军的驱逐，与第二次直奉战争和冯玉祥的国民军的崛起关系甚大。1924年9月15日，奉系张作霖向直系宣战，而在直奉战争难解难分之时，由于当时尚为吴佩孚之部属的第三军总司令冯玉祥认为自己受到吴的不公平对待，于10月23日率嫡系部队回到北京，发动北京政变。冯玉祥的这一举措彻底打乱了吴的军事部署，奉军乘机大举反攻，吴军大败，曹锟、吴佩孚控制的直系中央也随之垮台。北京政变后，中央政府暂时被冯玉祥的国民军③所掌控，并于11月5日将“废帝”溥仪驱逐出宫。后冯玉祥与奉系张作霖达成妥协，共同推举段祺瑞为临时执政，11月24日段正式任职。但战争一结束，奉军与国民军之间在地盘分配等问题上又开始了新的争夺④。张作霖并不满足于自己

---

① 老舍：《骆驼祥子手稿》，北京出版社2018年版，第15页。本文所引作品内容皆来自这一版本，后文不再一一注明。

② 刘祥安：《〈骆驼祥子〉故事时代考》，《中国现代文学研究丛刊》2001年第3期。

③ 北京政变后，冯玉祥将自己和胡景翼、孙岳的部队改名为“国民军”。关于“国民军”这一名称，冯玉祥自称是为了表明所部“拥护中山先生主义”，为国为民的意思。段政府于1925年1月3日任命冯玉祥为西北边防督办，从此国民军主要以西北为地盘，世人亦渐称其为“西北军”。王奇生：《国共合作与国民革命》，江苏人民出版社2013年版，第114—115页。

④ 此一时期，冯玉祥虽然与中共、孙中山的国民党以及苏联都有接触和交往，但“政治倾向明显处于一种游移不定的状态”，“故中共在肯定他接近民众的同时，仍将其视为‘军阀’的一部分，称之为军阀中的‘左派’，以区别于军阀中的‘反动派’”。王奇生：《国共合作与国民革命》，江苏人民出版社2013年版，第120页。

在关内日益扩大的地盘，仍想将占领京师各要地的国民军驱逐。1925 年 5 月中旬，奉军大批入关，以“以巩卫中枢”为名，分布北京近畿。冯玉祥考虑到国民军势力较弱，决定退让。于是奉军进驻北苑、西苑，国民军保留南苑①。此后，郭松龄反奉战争打响，国民军又将驻扎在北苑等地的奉军李景林部驱逐，重新全面占领北京。但国民军基于利益得失的衡量而导致的一系列战略判断的失误，又导致奉直结盟共同对抗国民军的态势。郭松龄反奉失败后，1926 年 1 月 11 日，张作霖通电出兵关内。1 月 19 日，吴佩孚在汉口召开军事会议，20 日发出讨冯通电。与此同时，晋系阎锡山也伺机出击。1926 年 3 月初，河南的国民军在吴佩孚的进攻下失败。吴佩孚占领郑州后，令靳云鹗分三路向北挺进，3 月 18 日，前锋抵达石家庄。国民军见形势日非、三面受敌，被迫将津浦、京奉线军队一律向北京撤退，放弃天津。直鲁联军和奉军则乘胜追击，直逼北京。此后国民军向奉系、直系求和的谋划和努力皆告失败。直、奉、晋三方高层此时达成一致消灭国民军的共识。国民军无奈，于 4 月 15 日撤离北京。国民军撤离北京后，吴佩孚和张作霖于 6 月底在北京会晤，决定由吴佩孚亲自指挥南口一线直奉联军与国民军决战。战争主要是在北京外围发生的。

关于这次战事的情况，上海的《申报》于 1926 年 7 月和 8 月间，有过多次比较详细的报道。据记者对田维勤的采访，田说明奉直鲁各军与田军右翼衔接之处在白流河、白羊城、妙峰山、难儿峪、八里庄等处。在京西门头沟一带与撤退中的国民军交战的过程中，直系吴佩孚手下的田维勤部右翼陈鼎甲旅（原系国民军二军史可轩部）原来在河南属冯玉祥的军队，在进攻时部分军人叛变，投入西北军中。田军派该旅第 79 团（团长贾自温）和第八十团（团长马宗融）进行追击，但这两个团受陈鼎甲部“煽惑”，再次叛变，投入西北军方面。田军随即联络其他军队对其追击围剿，叛军遂逃向妙峰山，并受到西北军的接应。至记者 7 月采访时，“叛军”基本上已经被“剿除”②。

对照《骆驼祥子》里面对于那年春季到初夏战争的描写和祥子的出逃路线，在具体地理方位上③和时间上都非常符合这场战事的具体情况。至于祥子是被哪只军阀部队抓去，似乎难以判断。根据小说后面的描写，应该是进入妙峰山的贾马“叛军”。

关于这场战事，在其他作家的文章中也是有所反映的。张恨水发表于 1927 年 5 月 6 日北京《世界晚报》中的一篇小文中说：“我们虽没有上妙峰山，但看城里，这些插花游街的香客，也知道妙峰山的娘娘威灵不小。不过有一层，在去年（按：指 1926

---

① 见王奇生《国共合作与国民革命（1924—1927）》，江苏人民出版社 2013 年版，第 122 页。

② 见上海《申报》《国内要闻 · 田维勤赴长辛店谒吴》一文中田对某社记者之谈话。《申报》1926 年 8 月 1 日。

③ 老舍在小说中甚至还写道：“炮声是从南边来的，即使不是真心作战，至少也是个‘此路不通’的警告。”

年）的这个时候，我们并没有看见这种插花的香客，同时也没有一个人提起上妙峰山进香的事。至于妙峰山三个字，报上倒是有，不过是谈到那个地方，为贾马两团所盘踞。妙峰山的香火，也就为叛兵耽搁了。”①

而顾颉刚在1928年出版的《妙峰山》一书中也提到了这场战事。1925年，其曾经对妙峰山进香的情况进行过民俗学调查，写出的调查报告于1928年结集出版。在该书《自序》中，作者感叹：“我们这一年去得真巧！次年的进香期（按：即1926年），正是奉军打下北京，人心极恐慌的时候，听说烧香的只剩数十人了。这两年中，北方人宛转于军阀的铁蹄之下，哪有展眉的日子。今年虽把军阀驱除了，但因迁都之故，报纸上常说北平快成为一座废城了。无限的失业者把这座大城点缀得更荒凉了。”②

因此，完全有理由认为，祥子被抓夫并丢车这一情节隐含的战争背景是1926年奉直军队对于国民军的驱逐。尤其是冯玉祥的国民军退出北京后进驻的地区是张家口，而买骆驼的老者则说其不敢到“口外”去“放青”，因为那里也“闹兵”。

其实，刘祥安已经注意到顾颉刚的这个序言，但仍然基本认同陈永志的看法，认为祥子被抓夫是1928年国民党军队二次北伐到达北京之时，祥子或者是败退的张作霖的军队或是其他败退的军阀军队掳去。其如此认定的原因在于阮明向“党部”告密和曹先生被侦探跟踪，而1926年国共还没有分裂，党部是合在一起的，向党部告密只有国民党的北伐军接管北京后的1928年才有可能③。真实的情况如何呢？

二、阮明告密源于国民党右派对中共领导下的国民党左派党部领导权的争夺

1924年1月国民党召开第一次代表大会，实现了国共合作，会后，在北京成立了国民党北京市执行部，即国民党北京市党部，具体位置在翠花胡同八号④。其负责人名义上是国民党左派人士徐谦等人，实际上是李大钊以国民党中央特派员的身份负责领导。当时共产党的独立组织名为北京市地委，为着大力开展对国民党党组织和国民党党员的统一战线工作，中共北京地委成立了国民运动委员会，从法国勤工俭学回来的陈毅主持日常工作。中共北京地委在做好国民党改组工作的同时，紧密团结左派，

① 张恨水：《妙峰山娘娘又出来了》，《世界晚报》1927年5月6日。

② 顾颉刚：《自序》，《妙峰山》，上海科学技术文献出版社2014年影印版。

③ 刘祥安：《〈骆驼祥子〉故事时代考》，《中国现代文学研究丛刊》2001年第3期。

④ 乐天宇口述：《我所知道的中共北京地委早期的革命活动》，赵庚奇、梁湘汉整理，《文史资料选编》（第11辑），北京出版社1981年版，第24页。

孤立右派，与国家主义派（又称醒狮派）、西山会议派等右派作斗争①。

1925年3月8日，中国国民党党员冯自由、张继、张知本等人乘孙中山病危之际，在北京大学第三院召开成立大会，成立“中华民国国民党同志俱乐部”。通过简章7章29条，公开登报宣布“中国国民党中央执行委员会一切事项，暂由本俱乐部代行”。该俱乐部从事破坏国共合作，反对孙中山三大政策的活动，并从组织上分裂中国国民党，并组织“北京市工界联合会”，与国共合作下的左派党部分庭抗礼②。1926年奉系军阀入驻北京后，张作霖疯狂反共，制造白色恐怖。“三一八”惨案发生后，北京的白色恐怖更甚。中共无法存身的大批党员，从北京转移到张家口。此时张家口已成为冯玉祥国民军的大本营。1926年3月底，李大钊和国共两党的北方领导机关一起，迁入东交民巷苏联大使馆西院的兵营内。即便如此，1926年冬到1927年春，中共组织领导了北京的“左派联席会议”，以巩固革命的统一战线，孤立国民党右派。1927年1月，在国民党北京特别市党部的选举中，左派全胜。中共北方区委所提出的“将党权（国民党党权）交给左派”的号召得到了完全实现③。

小说在交代阮明告密的动因时，说道：“成绩是无可补救了，停学也无法反抗，他想在曹先生身上泄泄怒气。既然自己失了学，那么就拉个教员来陪绑。这样，既能有些事作，而且可以表现出自己的厉害。阮明不是什么好惹的！况且，若能由这回事而打入一个新团体去，也总比没有事可作强一些。”由这样的叙述，明显可以推断，曹先生仍然可以在大学讲堂上发表所谓的“过激”言论，不然就轮不到阮明去告密了。而在1928年的冬天，国民党接收北平已经好几个月，这种情况是完全不可能发生的。可见，阮明是向国民党右派的党部告的密，而国民党右派就是他依托的所谓“新团体”。1926年冬天（实际上，按照作品的叙述，是祭灶的那天下午祥子觉察到有人跟踪，那已经是公历1927年的1月26日），也正是张作霖统治北京并制造白色恐怖正厉害的时候。但此时国民党二次北伐还没有到达北京，国民党右派即使反共，也不可能有自己的警察和侦探来打击对手。而最大的可能是国民党右派接到阮明的告密信息，把信息透露给了奉系军阀控制下的警察署和侦缉队，而且他们这样做是有先例的。

这发生在右派内部的一次领导权的争执。据杨奎松的研究，1925年11月国民党右派邹鲁、谢持等人欲在北京西山召开中央全会，当同志俱乐部的冯自由等人要求联

---

① 乐天宇口述：《我所知道的中共北京地委早期的革命活动》，《文史资料选编》（第11辑），北京出版社1981年版，第24页。

② 杨奎松：《国民党的“联共”与“反共”》，广西师范大学出版社2016年版，第103页。

③ 乐天宇口述：《我所知道的中共北京地委早期的革命活动》，《文史资料选编》（第11辑），第25页。

合开会被拒绝后，为确立自己的正统形象，阻止国民党中央执行委员会行使职权，冯自由、邓家彦等 17 日特派江伟藩等前往邵元冲、戴季陶等下榻的西山香云旅社，质询并威胁。遭到训斥后，于 19 日，竟纠集数十人到旅社殴打、绑架了戴季陶和沈定一两人。“邵与同室的谢持商量，立即分别通知香山第五巡警分署及侦缉分队。”1926 年 3 月 29 日至 4 月 10 日，支持西山会议的国民党人齐集上海，宣布召开中国国民党第二次全国代表大会，并另立中央。“但无论西山会议，还是上海的‘二大’，与会者都还公开承认共产党为‘革命友党’，而下层支持西山会议的党员却越来越多地开始将共产党视为‘反革命’了”①。因此，西山会议派在北京地方党部的工作人员利用张作霖的“反共”，将阮明的告密内容透露给奉系军阀控制下的侦缉队是非常有可能的，应该是国民党右派下层党员借张作霖的白色恐怖打击对手的卑劣做法。至于作品中的“左先生”，我认为老舍暗示的正是国民党的“左派”人物，其在北京有足够的人脉关系，并深知此时警察和侦探的手法和利益诉求，侦探们才不敢得罪他，也不想得罪他，因此他也才能够保护曹先生。

同样需要注意的是小说中这样的描写，“寒假是肃清学校的好机会，侦探们开始忙着调查与逮捕”，但曹先生并不感到害怕，而且还觉得可笑。原因一方面固然是他“知道自己的那点社会主义是怎样的不彻底”（按：但侦探们未必知道啊），另一方面，他也“不肯将计就计的为自己造成虚假的名誉”。于是他去找左先生，而这个左先生认为“他们还不至于搜查我来！”作品中说，“左先生认识人；人比法律更有力”。左先生甚至对曹先生说：“你上这儿来住几天，躲避躲避。总算我们怕了他们。然后再去疏通，也许还得花上俩钱。面子足，钱到手，你再回家也就没事了。”而孙侦探们“不敢得罪左先生，而得吓唬就吓唬曹先生。多咱把他赶到左宅去，他们才有拿钱的希望，而且够面子”。“敲祥子，并不在侦探们的计划内。”这就未免有些儿戏了，实在不符合国共分裂后国民党南京政府基于其政治立场而实行严酷的特务统治的特点②。

而且在两年以后，此时虎妞已死，明显感觉到自己向下溜的祥子，仍然没有放弃自己。虎妞的这个障碍已经消除，他又孤身一人，满可以重新开始。“祥子你得从此好好干哪！”的内心呼声使他再次到西长街试试看，去找曹先生。而曹先生实际上早已经回来，并且还住在原处。据曹先生自己的解释，那回，他有点儿太慌，他和太太到上

① 杨奎松：《国民党的“联共”与“反共”》，广西师范大学出版社 2016 年版，第 103、104、108 页。

② 1927 年 4 月 26 日，南京中常会决议通令各级党部彻底实行清党。据有关记述，从 1927 年 4 月到 1930 年，在蒋介石以清党为名的白色恐怖中，有数以十万计的人被杀害，而“被捕被杀的非共产党员人数远远超过了中共党员人数”。见王奇生《国共合作与国民革命（1924—1927）》，江苏人民出版社 2013 年版，第 388、390 页。

海住了几个月，其实满可以不必，左先生早给说好了，那个阮明现在也做了官，对他还不错。这场政治风波下人身危机的化解如此简易，就更令人费解了。尤其是上海正是蒋介石发动“四一二”政变之地，白色恐怖比北方更甚，如果是1928年的话，曹先生反倒去上海躲避，不是更不合情理吗？更有意味的是，孙侦探称曹先生是“乱党”而非“共党”或“共党分子”，如果抠字眼的话，不是更像奉系军阀治下“讨赤”的口吻？

因此，小说这个情节牵连的政治事件是1926年奉系军阀在北京制造的白色恐怖，以及国民党右派对国民党左派的攻击，而阮明就是因此投机其中的。

三、祥子对阮明的“出卖”牵涉着1929年国民党改组派在北平的政治活动

小说中写到“阮明做了官以后，颇享受了一些他以前看作应该打倒的事”。而阮明则正是在1926年后的大约两年后即1928年冬做的官，这是此时祥子找曹先生时，曹先生亲口告诉他的，而且曹先生说阮明对他“还不错”。而1928年的冬天国民党二次北伐成功，已接收了北京。可以肯定，正是因为阮明向国民党右派党部告的密，才在此时国民党右派得势后，其投机得以成功。也许是为了“感谢”曹先生给他的不及格吧，他才得以“荣身”，或者怕曹先生揭穿他的老底，他此时反而对曹先生“还不错”。

但是，贪图享受的阮明，当钱不够用了，“又想起了那些激烈的思想”，“想用思想换点钱来”。而“急于宣传革命的机关，不能极谨慎的选择战士，愿意投来的都是同志”。所以阮明很快又投身到新的“革命”阵营，“参加了组织洋车夫的工作”，而“祥子呢，已是作摇旗呐喊的老行家；因此阮明认识祥子”。这实际上牵涉的是以蒋介石为主导的南京政府成立后国民党改组派在北平的政治活动。

国民党改组派是1928年冬天开始形成的，正式名称为“中国国民党改组同志会”，是“公开主张按照1924年改组精神重新改组国民党、实际上反对国民党党内军事独裁倾向的政治集团”①。主要领导人物是汪精卫及其主要拥护者。改组派在上海成立总部后，立即利用国民党原有地方组织的关系和人脉，筹建和发展其组织，在全国很多省份都设有支部，包括北平。其发展对象多为国民党各级机构的干部和被蒋系清除出党的国民党党员、干部及青年知识分子。他们也是号称“革命”的，退出共产党后转而追随汪精卫的陈公博，于1928年5月在上海创办的周刊即为《革命评论》。在政治主

---

① 杨奎松：《内战与危机（1924—1927）》，江苏人民出版社2013年版，第171页。

张上其从一开始就标榜自己既不同于南京的蒋派国民党中央，又不同于中国共产党的政治立场，并充分运用报刊传媒进行宣传，使其在大革命后的较短时间内迅速扩大了政治影响力，一跃而成为国民党内最大的反蒋政治力量①。因此，本无什么坚定的信仰而又贪图享受的阮明此时又“寻机”进入这个“革命的机关”，并轻易地加入改组派阵营，进行组织洋车夫的工作。

改组派涉及城市市民生活的主张包括：国民党要代表革命的农工、小市民的利益，重新恢复农民、工人、商民运动。在城市建立工会和地方合作事业，减低工人的生活费，厉行工人强制保险法，设立工人艺术补习学校，促进工人生产知识，奖励商人的投资，保护和奖励私人资本等②。正因为如此，在作品中，祥子“听着阮明所说的，十分有理”。但此时已经对生活彻底绝望的祥子“看阮明的享受也十分的羡慕”。“阮明要的是群众的力量，祥子要的是更多的——像阮明那样的——享受”。而且此时的祥子还从阮明的反复无常中，颇学会了一些投机的“窍要”，因此出卖阮明以获取钱财，而这实际上又与1929年10月北京发生的洋车夫打砸电车事件有着密切联系。对此作品中有着这样明确的暗示：“这样的新闻来了！电车刚由厂里开出来，卖报的小儿已扯开尖嗓四下里追着人喊：枪毙阮明的新闻，九点钟游街的新闻！”作者在这里明显是在有意强调“电车”的出现，目的就是要隐含这样一个历史背景，从而引起读者对于洋车夫暴动事件的联想。

而这一事件的发生恰恰与国民党北平市党部改组派的活动大有关系。其主要是北京国民党党部内部改组派与正统派（即右派）之间争夺北京市工会领导权所导致的结果。他们表面上是为了维护人力车夫的利益，实际上是为了自己的权位，因此利用人力车夫对电车开行的不满而引发的。对此学者们已经多有研究，尤其是历史、档案学者，其研究更为详细、具体③。

当然，1929年的洋车夫打砸电车事件，老舍在小说中并没有具体呈现，只是进行了暗示。关于此点，老舍曾说，由于杂志刊载对于作品内容长度的限制，“使我最不满

---

① 妥佳宁：《“夹攻中之奋斗”——国民党改组派的舆论宣传与成效》，《现代中国文化与文学》2021年第1辑。

② 《中国国民党改组同志会第一次代表大会宣言》（1929年2月），《中国现代政治史资料汇编》（第13册），国家图书馆出版社2020年版。杨奎松：《内战与危机（1927—1937）》，江苏人民出版社2013年版，第174页。

③ 如杜丽红：《从被救济到抗争：重析1929年北平人力车夫暴乱》，《社会科学辑刊》2012年第1期。[美] 史谦德：《北京的人力车夫——1920年代的市民与政治》，周书垚、袁剑译，江苏人民出版社2021年版，第十一章“机器捣毁者：1929年10月22日电车风潮”。张秋生、陶小康：《贾春山与北平“人力车夫暴动”事件》，《北京党史》1986年第6期。

意的是收尾收得太慌了一点”，“事实上，我应当多写两三段才能从容不迫的刹住”。① 其原因或更在于1936年下半年和1937年初，抗战形势日紧，全民抗战的时代氛围也影响了老舍的写作，再写党派纷争对于人物命运的影响似乎不合时宜。而老舍对于这部小说因为是成竹在胸的，基本上是边写边发表的，否则老舍很可能会把1929年北京人力车夫事件比较充分地写进小说中。

但无论如何，作品中写出的部分也已经显示出老舍是有意将北平改组派的政治活动与祥子人生命运的关系暗示出来，从而成为祥子走向彻底堕落的一个重要社会政治背景。

四、老舍如此设置小说政治历史背景的思想艺术追求

显然，如果能够充分联系20世纪20年代国内尤其是北京的政治变化史，并与小说中暗藏的蛛丝马迹结合起来，可以发现这部小说社会政治背景的设定是十分明确的。小说的故事情节不仅与那个时代的重大历史事件有着联系，而且联系得还十分紧密，甚至可以说，如果没有这样的联系，小说的叙事是很难进行下去的，正是这些隐含的重大政治历史事件所引发的后果构成祥子人生轨迹的各个重要节点，并且它们环环相扣成为推动小说叙事的各个阶段性支点。基于此，可以透过故事的感性内容，来进一步探查老舍在这部作品中的思想艺术追求。

首先，通过精心的政治历史背景的设定，老舍要写出自己对彼时国内政治的观察和思考，因此并不是在一般的意义上写出军阀士兵、警局侦探对于底层贫民的欺压和掠夺，而是将民国政治之不良深刻地扭结到祥子这样的底层人力车夫的生活和命运之中。祥子第一次失车源于直奉军阀对于国民军的驱逐，祥子第二次失掉买车的钱与奉系军阀占领北京期间进行的白色恐怖和国民党右派对于孙中山路线的背叛间接联系在一起，而祥子第三次失车固然是因为虎妞之死，但也暗示着国民党二次北伐对北京的接收并没有给祥子们的命运带来改变，重新燃起的希望之火再次被浇灭，带来的反而是更大的打击。而同样是为了钱，为了没有灵魂的物质生活，国民党改组派阵营中的阮明恶劣的示范效应则终于促使祥子走向了最后的堕落。特别是祥子出卖阮明的情节作为作家总体构思中的重要组成部分，不仅表明作家对于彼时国民党党派之争的深刻洞察，甚至是具有某种政治预见性的，后来堕落为汉奸的汪精卫、陈公博等国民党改组派领导人，其政治立场的反复无常，不是与阮明有着极大的相似性吗？

---

① 老舍：《我怎样写〈骆驼祥子〉》，《老舍文集》（第15卷），人民文学出版社1990年版，第208页。

其次，作为底层旗人贫民出身的老舍，通过这样的政治历史背景的设定，也要表现出对于彼时北京底层贫民尤其是旗人贫民生活与命运的特殊关注，要在更深的层面写出他们绝望与无告的政治历史根源。历史发展到了20世纪20年代，北京底层旗人的生活进一步恶化，而这与北京的政治时局有着密切的关系。尤其是1924年9月，直奉战争爆发后，北京政变发生，黄郛内阁在修改了的《优待条例》中虽仍规定每年“特支二百万元，开办北京贫民工厂，尽先收容旗籍贫民”，但“很快证明是一个空头支票。不久旗人粮饷彻底停发”①。不仅如此，1926年鹿钟麟带领国民军撤出北京前，又从由北京绅商支撑的“治安维持会”那里拿走了200万元的“撤离费”，治安维持会还要为奉系军阀的入城部队送去食物和礼金②，而这势必要影响到进城难民和城市贫民的社会救济。1928年北京被封为“故都”后，对于那些主要从事服务业的底层旗人的生活来说无疑更是雪上加霜。据1928年的一项北京贫困人口的统计数据，贫困人口主要分布在北京内城，而非外来人口相对集中的工商业区，其中满人集中居住的皇城和内城北部，贫困人口比重都相当高③。这也是小说中老舍对于底层市民令人触目惊心的恶劣居住环境和生存条件进行表现的重要依据。

有社会调查者认为，旗人致贫除了存在家庭人口多、有残疾老幼外，更有着清朝入关后“予满族以特殊待遇，使之养尊处优，不劳而获”制度性原因而养成的种种恶习的影响，并因而使得很多旗人的“个性”中存在如骄惰、狂傲、不耐劳、不能吃苦等缺陷④。老舍在小说中对此在某种程度上无疑是承认的，作品中着意营构的虎妞与祥子复杂的欲望与情感纠葛、祥子与二强子一家人的交往，乃至虎妞、二强子这样的人物形象塑造都在力图说明这一点。但老舍更是通过上述政治历史背景的设定，来说明由于彼时社会政治的不良，使得北京旗人尤其是北京底层旗人并没有顺利融入国民群体之中。为此老舍特意将祥子设定为一个由北京外三营进城的旗人⑤，其保持着旗人的体面、要强、勤俭和不惜力气等优秀品质，并坚执地要通过自己的劳动有一辆自己的车，以获得生活的独立和自由。而其到底还是不能顺利进入民国社会，获得有保障、有尊严的生存，反而走向了彻底的堕落，这就显然意在揭示彼时社会政治的窳败对于底层旗人人性的剥蚀。

---

① 刘小萌：《清代北京旗人社会》，中国社会科学出版社2008年版，第846页。

② ［美］史谦德：《北京的人力车夫——1920年代的市民与政治》，江苏人民出版社2021年版，第240页。

③ 袁熹：《清末民初北京的贫困人口研究》，《北京档案史料》，新华出版社2000年版。

④ 刘小萌：《清代北京旗人社会》，中国社会科学出版社2008年版，第846页。

⑤ 关纪新认为小说中的祥子、刘四爷、虎妞、二强子等人物都是旗人出身，并进行了极有说服力的论证。见关纪新《老舍评传》，北京出版社2019年版，第292—296页。

不仅如此，由于底层人物无力抵挡来自政治的溢出效应，为了生存，或者说为了在同类中有更好一点的生存，底层人物中间也存在着对彼此的挤压，而受挤压的又往往是同类中的更弱小者。极度贫穷的军阀士兵甚至换去了祥子的衣裤，孙侦探只能敲诈祥子，而不敢对曹先生怎么样；祥子第一次丢车后，开始“不要脸”地去抢座；二德子则是通过逼迫自己的女儿小福子卖身以买酒纾解自己的所谓“痛苦”；祥子首先要考虑的是自己的生存，才间接地将小福子推向绝路；也正是在祥子失意痛苦之时，虎妞将他牢牢地抓住，如此等等。这也就造成了一个更加无望的底层世界。

但是，老舍对作品的政治历史背景的设置又是极其隐晦的，应该说这与民国时期老舍对旗人、满人尴尬的民族地位和内心状态的体认有关，同样是小说创作，较之于一般的汉族作家就多了一份精神深处的隐微和曲折①。另一方面，小说中出现的政治事件，实际上都牵涉着民国政治中的重要内容，甚至包括其中的重要人物，而国民党书报检查的厉害，也使作家难以放开笔墨去写。

但是限制在某种意义上说或者也是一种成就，尤其是出于对小说艺术的高度自觉，老舍实际上更是要从普遍的意义上写出社会政治与现实人生的关系。小说毕竟是小说，优秀的小说总是要在丰富的感性表达中体现出其高超的艺术概括能力，因此，老舍对所依据的史实与相关材料都进行了特殊的艺术处理。也因此，不仅小说中牵涉的政治历史事件是隐约其词的，小说主要故事情节中的时间与其背景中历史事件的时间虽然大致不差，但也并不是严丝合缝般地吻合。

关于小说中事实的运用，老舍曾说，“真人真事不过是个起点，是个跳板。我们不仗着事实本身的好坏，而是仗着我们怎样去判断事实。这就是说，小说一开首的某件事实，已经是我们判断过的；在小说中，大家所见到的是事实的逐渐的发展，其实在作者心中，小说中的第一件事与第末一件事同样是预先决定好了的”②。因此，老舍在进行艺术构思时，实际上就预先决定了祥子第一次失车（这是祥子悲剧的真正起点）和最后的堕落与20年代发生在北京的两个重要历史事件联系起来并“预先决定好了的”。老舍还说道，“材料是需要我们去锻炼炮制的，我们才敢大胆的自由的去运用它们，使它们成为我们手中的东西。小说中的事实所以能使人感到艺术的味道就是因为每一事实所给的效果与感力都是整个作品所要给的感力的一部分，仿佛每一件事都是完全由作者调动好了的，什么事在他手下都能活动起来”③。政治历史事件因此也就不能像社会调查报告那样明确、精准地来呈现和运用了。小说主要故事情节开始时关于

---

① 李怡：《老舍：国家-民族意识的升华与隐曲》，《中国现代文学研究丛刊》2023年第9期。

② 老舍：《事实的运用》，《老舍文集》（第15卷），人民文学出版社1990年版，第253页。

③ 老舍：《事实的运用》，《老舍文集》（第15卷），人民文学出版社1990年版，第254页。

战争的描写，显然既要隐含着贾马“叛军”及其关联的军阀战争，也要点染出北京妙峰山庙会的习俗。而关于祥子最后出卖阮明这一情节所隐含的1929年北平人力车夫事件，其具体时间则是提前到初夏。从而使得对此一年妙峰山庙会的叙说，与开头形成了明显的照应，因此小说结构上的整体感就出来了。而祥子这个人力车夫的人生在四年间的前后两个庙会期间的巨大变化，就更能使得读者久久回味，并唏嘘不已。

总之，可以说20年代发生于北京的重大政治历史事件是老舍对这部小说进行艺术构思时的重要依凭，而作家在将这些社会政治历史事件设置为背景时所做的模糊处理，则使小说在不失其写实品格的同时，又能够作为一个更加开放的文本，以其感性内容的丰富鲜活和思想意蕴的深微复杂，召唤读者去进行多种多样的体味和品读。而如果能够明了作家对作品的政治历史背景的精心筹划，则不仅能够解决作品中某些令人误解、费解之处，更能够领略到小说别一侧面的独特“风景”。

（作者单位：北京语言大学国际中文学院）

新的疾病寓言的建构

——论《太阳照在桑干河上》中疾病书写的突破

王江泽

作为中国现代文学史上享有盛誉的女作家，丁玲的创作贯穿大半个200世纪。《莎菲女士的日记》的发表，使她在文坛崭露头角，而1948年出版的《太阳照在桑干河上》，则将她带向“人生辉煌的顶点”①。此作与毛泽东《在延安文艺座谈会上的讲话》精神高度匹配，满足了解放区文艺对于优秀长篇土改小说的渴求。由此，《太阳照在桑干河上》一经付梓，便受到激赏，胡乔木称其为“最早的最好的表现了中国农村阶级斗争”② 的小说，冯雪峰则评价“是一部相当辉煌地反映了土地改革的、带来了一定高度真实性的、史诗似的作品”③，小说还获得了1952年的斯大林文学奖，在国内外都有一定声誉。

丁玲在《太阳照在桑干河上》的创作中延续了她从《莎菲女士的日记》以来常见的疾病意象书写，并结合土改小说实际情况加以革新和改造。丁玲在文坛发迹之初，便建立了浓烈的疾病书写意识。成名作《莎菲女士的日记》讲的是“结核病”患者莎菲的故事。转型后的《我在霞村的时候》《在医院中》同样与医院、疾病等意象难解难分。到了40年代末，在《太阳照在桑干河上》中，丁玲在承继前人传统的基础上，进行了一次成功的混血改编——她将“疾病”从“土地”“制度”的角度进行了探索，并且取得了成功。小说里的疾病书写不仅自然流畅地融入农民的生活情态中，也为新时期文学找到了沟通“社会主义文学”和“疾病书写传统”的稳固桥梁。以往研究多

---

① 於可训：《一部书的命运和阐释的历史——重读〈太阳照在桑干河上〉》，《江汉论坛》2003年第12期。

② 龚明德：《〈太阳照在桑干河上〉版本变迁》，《新文学史料》1991年第1期。

③ 冯雪峰：《〈太阳照在桑干河上〉在我们文学发展上的意义》，《文艺报》，1952年第10期。

关注丁玲在《莎菲女士日记》等早期作品里的疾病书写，而《太阳照在桑干河上》①中的疾病书写同样值得一论。

一、丁玲写作风格的转变

在对丁玲的众多研究中，“变”可以视作走进丁玲的一个重要符码。20 世纪上半叶的中国风云变幻，她的写作风格也是一变再变，从《莎菲女士的日记》里那种知识分子的苦闷愁绪，转向左翼革命文学《水》《田家冲》等表现出的热烈和激昂，再到 1942 年《在延安文艺座谈会上的讲话》之后转为反映工农生活、斗争为主、亲近人民大众的“工农兵写作”② ……丁玲从一位“满带着‘五四’以来时代的烙印的”③ 作家，反复波折，最终转向了以赵树理为旗帜的人民大众文学的创作方向。《太阳照在桑干河上》便可视作为丁玲写作新变之代表，疾病书写则是我们洞观这种新变之捷径。在展开文本细读前，我们将对丁玲写作风格的转变进行整体的把握。

（一）从鲁迅方向到赵树理方向

在《太阳照在桑干河上》这部作品中，鲁迅的主张、《讲话》所倡导的方向、赵树理写作的风格都得到了一定的融会和再创造。小说在创作时间上的种种巧合，或显或隐地指向它背后纷繁复杂的政治色彩。1938 年，抗日战争转入战略相持阶段，无数作家聚集到了中华全国文艺界抗敌协会的大纛之下④。统一的战线需要统一的旗帜，在此机遇下，毛泽东在鲁迅艺术学院提出了“鲁迅方向”，毛泽东在这次讲话中深刻指出：“艺术上每一派都有自己的阶级立场，我们是站在无产阶级劳苦大众方面的……我们不能丧失自己的立场，这就是鲁迅先生的方向。”⑤ 一时间，鲁迅成为延安解放区

---

① 关于作品版本，《太阳照在桑干河上》出现了反复修改的情况，小说的版本流变较为复杂。总体而言，除去于 1947 年 5 月单独在《时代青年》发表的《果树园》一篇外，《太阳照在桑干河上》一书可以被分为初版和修改版两大体系，初版有两版：一为光华书店本，书名《太陽照在桑乾河上》，由东北光华书店 1948 年 8 月出版；另一为文艺丛书本，书名《桑乾河上》，由新华书店 1949 年 5 月在天津出版。修改版则有六个版本留存。出版的两版经过比对研究，在疾病书写方面用词无差，故选用国家图书馆藏 1948 年“光华书店”竖排版《太陽照在桑乾河上》。为了全文称呼方便，以下均使用简体字书名《太阳照在桑干河上》进行论述引用。

② 贺桂梅：《知识分子、革命与自我改造——丁玲“向左转”问题的再思考》，《中国现代文学研究丛刊》2005 年第 2 期。

③ 茅盾：《女作家丁玲》，《茅盾全集》（中国文论二集），黄山书社 2014 年版，第 491 页。

④ 王德威：《现代中国小说十讲》，复旦大学出版社 2003 年版，第 70 页。

⑤ 毛泽东：《在鲁迅艺术学院的讲话》，《毛泽东文艺论集》，中央文献出版社 2002 年版，第 15--16 页。

的一面旗帜。1947 年，随着国内形势的剧烈转变，为了适应政治格局上的新变动，新的文艺旗帜再度被举起来——晋冀鲁豫边区文联召开了一次专门讨论赵树理创作的专题会议。在这次会上提出了“赵树理的方向”①。陈荒煤《向赵树理方向迈进》一文，明确提出了学习“赵树理方向”的口号——“我们觉得，应该把赵树理同志的方向提出来，作为我们的旗帜，号召边区文艺工作者向他学习，看齐！……大家向赵树理的方向大踏步前进吧！”②《太阳照在桑干河上》作为丁玲在学习《讲话》精神后，于 1946—1948 年间创作完成的作品③，带有特殊的混血意味。当我们以“疾病”书写为突破点，从这个切口窥探这部作品的全貌时，便能发现丁玲在“疾病书写”上的转变恰恰是建立在了两种叙事形态的杂糅混血之间。

（二）丁玲对于两种风格的把握

从“五四”的一端来看，诚如严家炎所言，鲁迅对于中国现代小说有着奠基之功——“中国现代小说在鲁迅手中开始，又在鲁迅手中成熟，这在历史上是一种并不多见的现象”④。细数鲁迅的创作，无论是最初的《狂人日记》里那个疯癫又最终被治愈的“狂人”，还是《药》里的求药治病，去沾“人血馒头”的“华老栓”、《明天》中为儿子“宝儿”四处求医问药始终不得的单四嫂子、《白光》中屡试不中最终发疯死去的陈士成……药与病的母题始终如幽灵一般徘徊在鲁迅作品的字里行间，这位弃医从文的中国现代文学领军人物将在仙台医专里看“幻灯片”留下的政治恐怖和自身家庭的疾病悲剧糅合在一起，在承继了《红楼梦》以来古典文学疾病书写传统的基础上，将其演化成了有关国民性格的政治寓言。从此，疾病这个幽灵成了古老中国的政治制度、愚昧国民性的虚指，为后来者所不断挪用。丁玲自述自己“最早接触鲁迅的作品是他的小说，我到现在还喜欢他的小说……塑造能永远留下来的人物形象作品还得首推鲁迅的小说”⑤，认为鲁迅“始终哺育着我成长”⑥，其受到鲁迅影响之深不言自明。丁玲在延安的一系列创作中，都反复使用了疾病的意象，将人身体上的病与精神上的病进行对照，《在医院中》《我在霞村的时候》等篇均有所见。

---

① 黄高锋：《从“鲁迅方向”到“赵树理方向”——论 20 世纪三四十年代政治文化语境下的解放区文学》，《文艺理论与批评》2015 年第 1 期。

② 陈荒煤：《向赵树理方向迈进》，《中国当代文学研究资料 · 赵树理专集》，福建人民出版社 1981 年版，第 198—202 页。

③ 后续的文稿修改和编订工作持续到了 1955 年。

④ 严家炎：《〈呐喊〉〈彷徨〉的历史地位》，《世纪的足音》，作家出版社 1996 年版，第 40 页。

⑤ 丁玲：《关于杂文》，《丁玲全集》（第 8 卷），河北人民出版社 2001 年版，第 211 页。

⑥ 丁玲：《我便是吃鲁迅的奶长大的》，《丁玲全集》（第 8 卷），河北人民出版社 2001 年版，第 206 页。

而在《讲话》发表、赵树理方向提出后之后，自称是“生活在知识阶级中”① 的丁玲自言要“洗心革面”“要脱离本阶级，投身到无产阶级中来”②，并通过自己“接近群众生活”③ 的新的写作模式去证明自己。赵树理《小二黑结婚》中，对疾病书写作出了新的理解——出马治病的民间样本被他吸收到了创作当中，成了书中“三仙姑”们人物形象的一部分，“患病-治病”在此不再成为一个着重刻画的实体，而是作为农家生活的一部分呈现了。处于转变时期的丁玲也敏锐地捕捉到了赵树理的这一点，在 1944 年创作的报告文学《田保霖》中：田保霖要治理乡村的巫神乱象，于是“他找了一个医生来，开一个药铺，四处替人灌羊治病”，“关巫神说：‘田保霖本领大，神神也不敢来了’”④。这种“党与巫，正与邪”的对抗已经隐隐显现出来了。终于，在《太阳照在桑干河上》中，这个原型便嫁接到了暖水屯的白银儿家身上，加之土改的背景，旧的对抗又有了新的升级，党的意志代表不再是“田保霖”个人的英雄主义行为了，而是团结在土改政策周围的章品、老董等共产党干部身边，于是暖水屯的故事就此写下。

（三）新的“政治-疾病”寓言模式的建立

我们看到，在时代和政治的影响之下，鲁迅的写法和赵树理的写法同时融会在丁玲的身上。丁玲通常被认为是一个“以鲜明的革命意识来描摹土改风暴，诠释有关社会发展的历史理性，但另一方面也仍然涉及了‘革命’和‘人的解放’等根本性问题”⑤ 的作家。在小说中，鲁迅“药”的悲剧在“宝儿”的身上重演，赵树理笔下“三仙姑”的治病模式也在“白银儿”的身上重新赋魅。得以突破的是，土地革命的出现帮助了暖水屯的村民，使得“药”的悲剧在批斗大会之后被终结掉。陈旧的国民性这次不再是批判的对象，作者极力展现出来的是革新过后的国民性与新的政权、新的信仰同呼吸共命运的美好图景。于是，一个新的疾病寓言被建构了起来——土地制度的顽疾、村民肉体上的疾病都被党的政策所驱散。在丁玲的笔下，土改政策既是解放农民的思想，又是疗愈农民疾病的“良药”，“小小的队伍越走越远，他们是多么的壮实，多么的迅速和精神饱满呵！”⑥ 至此，有关暖水屯的疾病寓言画上了一个圆满的句号，一个新时期的疾病和政治的互文模式也就此建立了起来。

---

① 丁玲：《我的创作经验》，《丁玲全集》（第 7 卷），河北人民出版社 2001 年版，第 11 页。

② 丁玲：《关于立场问题我见》，《丁玲全集》（第 7 卷），河北人民出版社 2001 年版，第 65 页。

③ 丁玲：《关于立场问题我见》，《丁玲全集》（第 7 卷），河北人民出版社 2001 年版，第 70 页。

④ 杨忠虎、张用建主编：《陕甘宁边区劳模运动》，中央文献出版社 2006 年版，第 384 页。

⑤ 秦林芳：《在“传达意识形态的说教”之外——〈太阳照在桑干河上〉中的人文精神》，《文学评论》2010 年第 1 期，第 163—169 页。

⑥ 丁玲：《太阳照在桑干河上》，光华书店 1948 年版，第 342 页。

二、《太阳照在桑干河上》独特的疾病书写

《太阳照在桑干河上》开头写：农户顾涌赶来了自己亲家胡泰的胶皮大车，当村民们来问起大车的来历时，顾涌说是因为亲家“胡泰生了病，他赶不了车，车搁着没用，就让他亲家借回来使用几天”①，大车带来的不只是亲家“生病”的消息，还有共产党的“村干部到平安镇去开会了”“八里桥闹清算”②的土改新闻。实际上，胡泰是担心自己被划为“地主”，以“生病”为掩护，将车分到亲家家里，从而分散家产。通过这样一个独特的故事开头，丁玲已经将农村生产生活中，疾病与人的密切联系生动地展现出来——患病对于农民是一件大事，因为疾病意味着生产劳动力的缺失，进而错过农时、失去收成、欠下债务，甚至失去土地。对于封建土地剥削制度下脆弱的农民家庭而言，疾病是一种重大威胁，也正因如此，它在作品里可以被用作胡泰的一种“借口”。可以说，丁玲借助开头呈现了这样一个事实：“疾病”对于农民们的重要影响已经深深地嵌入了人们的逻辑思维当中，生病随时可能会对生产生活，甚至农民人生命运造成巨大伤害。关于疾病的书写，将是土改小说的重要一环。

在小说里，丁玲将疾病书写融入了整个暖水屯人的人生经历、个体故事、家庭生活的细节中，成为了整个作品奔涌在字里行间的一种诡异的血脉。根据统计，全书共出现了32处与疾病相关的描写。这些描写大致可以分为两个类别：推动人生转折的重要原因、“药”的迷信造成的人生悲剧。

（一）疾病作为人生经历转折的重要原因

第一类的疾病书写体现在对于书中主要人物及其人生经历的介绍、叙述当中。如第十三章讲述董桂花的故事、第二十一章谈侯忠全老头、第三十四章描写刘满诉苦……在丁玲想反映的底层穷苦农民的形象上，疾病扮演了推动他人生命运产生变故的重要角色。小说写地主李子俊体弱多病，不事生产劳动，村干部们谈到他就说：“这个人连四两力气也没有……他到井边去挑了半挑水，一摇三晃，走到大门口迈不过门槛，就摔倒了。说出了一身汗，着了凉，感冒了两个月才好呢”③，体弱多病成了李子俊在人们中的重要印象，也帮他避开了最直接的土改清算。又如李之祥的妻子董桂花，疾病成了她悲剧命运的重要的推手，“公公把她卖给一个跑买卖的了。她跟着他离开了家

---

① 丁玲：《太阳照在桑干河上》，光华书店1948年版，第8页。
② 丁玲：《太阳照在桑干河上》，光华书店1948年版，第16页。
③ 丁玲：《太阳照在桑干河上》，光华书店1948年版，第55页。

乡，后来时运不济，他又病死了，她才随着几个逃荒的到了这里”①。还有推动土改斗争的核心人物刘满和侯忠全，刘满一家原本兄弟四个，但是父亲因病而死，二哥当了甲长又生了病，家道逐渐衰落，到刘满这里荒凉得如同乞丐一般了②，老佃户侯忠全也是因为一场大病，母亲为了救他的命，“几亩地全给了他叔爷爷了。可是现在他不能再走了，他得留在村子上给人家种地”③，彻底沦为了侯殿奎的佃户，开始了常年为地主种地的悲惨生活。

疾病的存在改变了农民的人生轨迹，丁玲在此赋予了疾病一个和土改文学相关联的特殊意义，即劳动力的直接损失和因为治病而出售土地、欠下债务。这是在以一种社会学的视角对于“农民失地”的原因进行探究，疾病也扮演了农民土改“前因”的重要角色。疾病直接造成了生理的痛苦和家庭的困厄，也从侧面证明了要开展“土改”的重要意义——“土地改革”将直接消除疾病带来的地主阶级的财产剥削。

（二）对“药”的悲剧的改编

第二类疾病书写则是围绕着一个具体的“药”的故事展开来的，这也是丁玲在整个故事中相对具体描写的有关疾病的一件事。她采取了多角度叙事的策略，从多个人的视角碎片化地呈现了刘桂生为了给小保儿治病，求助于白银儿家，最终因迷信耽误病情丧失爱子的悲剧。首先是干部杨亮的视角，李昌对杨亮介绍起白银儿家“那是有名的白娘娘嘛”④，“她是个寡妇，会医病，她那个姑妈也是个老寡妇，年轻的时候也会医病，如今传给她侄女了……”⑤ 白银儿以一种民间“出马”“拜大仙儿”的方式为暖水屯的村民求医解难。这一段介绍不禁让人想起了鲁迅《明天》中单四嫂子为自己的孩子“宝儿”苦苦求药的情节。随后，到了看病的具体情节，刘桂生的老婆“抱着娃娃让她瞧病”，而白银儿受钱文贵的指使，故弄玄虚“说白先生说的村上人心不好，世道太坏，不肯发马”，结果“药方也没开，把那个女人急得要死”⑥。接着又从董桂花和羊倌老婆的视角听到刘桂生夫妻两个在为自己的孩子“小保儿”叫魂，“当她们已经快要转进小弄的时候，她们听到从西边地里传来凄惨的女人的声音：‘小保儿，回来吧！’接着是一个沈重⑦的男低音：‘回来啦！’”“刘桂生两口子真可怜，他

① 丁玲：《太阳照在桑干河上》，光华书店 1948 年版，第 67 页。
② 丁玲：《太阳照在桑干河上》，光华书店 1948 年版，第 321 页。
③ 丁玲：《太阳照在桑干河上》，光华书店 1948 年版，第 116 页。
④ 丁玲：《太阳照在桑干河上》，光华书店 1948 年版，第 74 页。
⑤ 丁玲：《太阳照在桑干河上》，光华书店 1948 年版，第 74 页。
⑥ 丁玲：《太阳照在桑干河上》，光华书店 1948 年版，第 74 页。
⑦ 此处原文为沈重，为保证原貌所以保留不变。

小保儿的病怕不支了，连白娘娘的白先生也不肯发马了”①。深受迷信思想影响的暖水屯居民，用“叫魂”“出马”求仙的方式来救治孩子，这自然无果，小保儿和鲁迅笔下的“宝儿”一样早早夭折。丁玲没有像鲁迅一样以一个完整的视角去讲述“药”的悲剧，而是通过暖水屯村民们和驻村干部的只言片语，将“求神问药——叫魂无果——白白死去”的事情经过梳理出来了。

但故事没有戛然而止，变化在下文出现了，《明天》的悲剧在这里有了新的发展——共产党派来的驻村干部杨亮、章品戳破了白银儿、钱文贵等人的阴谋，受蒙蔽的农民有了伸冤的机会。于是，刘桂生夫妇二人激动起来，痛骂白银儿家，“刘桂生老婆哭得死去活来，小保儿的病便耽误了”，“白银儿看见不理她，又怕那七八万块钱水了，更怕有什么连累，便远远地坐在门外边”②。如此一来，暖水屯旧的压迫势力被新的政权所驱逐掉了，《明天》的悲剧以“治病解冤”的方式融入了土改主线之中。丁玲在新的时期创造了新的疾病寓言，这实际上是对于疾病在农民生活中具体表现形式的一次呈现。通过“小保儿的病”写明了这种“疾病——落后迷信——旧的土地制度”三者间的深刻联系，以及党的土改这一新的政治力量的重要影响力。

三、丁玲疾病书写的意义和影响

通过对于文本细节的推敲，我们发现丁玲在小说里的疾病书写已经不仅是对于患病者痛苦的简单描述，而是在试图描写在封建土地制度下的“顽疾”，以及发生在农民身上的各类具像化的“疾病”和抽象化的“被压迫的苦楚”。从文本内部看，疾病书写对于《太阳照在桑干河上》故事的成型和意义的深化有着极为重要的作用。从文本外部看，这种疾病书写一方面完成了丁玲对于自身文艺方向的选择和确定，另一方面对革命文学中的疾病书写也产生了深远而不可忽视的影响。

（一）故事形式的补充和建构

丁玲在小说当中进行的疾病书写与农民日常生活图景进行了高度的结合，为作为故事主线的土改活动自身增添了更加丰富和真实的叙事细节。

从人物形象的建构上来说，患病、治病的经历往往给故事里的人物增添了几分悲剧色彩。如刘满的父亲病死、二哥发疯，家庭彻底破裂，自己也被下乡来的干部文采称为“神经病”。他自身所遭受的痛苦和不公都因疾病而显得具体、感人，又得以突

① 丁玲：《太阳照在桑干河上》，光华书店 1948 年版，第 99 页。
② 丁玲：《太阳照在桑干河上》，光华书店 1948 年版，第 251 页。

出了他的倔强与顽强。又如一向老实的侯忠全，于他而言，为了治病，他的母亲将地抵押了出去，由此沦为佃户为他人劳作。疾病的苦难和地主的压迫共同构成了暖水屯农民的悲剧，这恰恰是丁玲想要传达表现的。丁玲的疾病描写虽然没有萧红《生死场》中“传染病患到绝顶的时候！女人们抱着半死的小孩子”① 那样的直接而触目惊心，但却以一种日常书写刻画出了农民普遍受难、因病致穷大量存在的悲凉乡村图景，形成了类似于沈从文的《砍头》、王鲁彦的《柚子》等乡土小说中那种冷漠而诡异的效果。

更为关键的是，这样的疾病书写形成了《太阳照在桑干河上》整个故事的一个推进线索，即“出马神仙”白银儿家是如何在新的土地政策下不能再迷信害人，最终被绳之以法的一条暗线。小保儿的治病故事的前后恰恰串联起来白银儿家和钱文贵等人联系。丁玲着重写了刘桂生为小保儿治病这一件事，实际上串联起了《太阳照在桑干河上》这部作品相对松散的情节发展模式，而形成了一个前后有变化有联系呼应的隐藏脉络。小说一开始倒叙至1944年的抗日战争时期，当时的日伪甲长江世荣便来到了白银儿的窝点，“一阵子喧哗，接着是钞票的声音”②，这个巫婆的窝点不仅装神弄鬼、聚众赌博，在此时还肩负着地主甲长们信息交通站的作用。也就是在这里，江世荣将被迫联络八路军的任务交给了张裕民，从此衍生出了暖水屯第一个党员的故事。白银儿家虽然“炕对面柜子上正供得有一个红绸神龛，在朦朦的灯底下，静静的垂着帘帷”③，但是出马只是为了搪塞、安抚村民，并非真的能治病。白银儿也并非真的信神、敬神，而是装神弄鬼，按照钱文贵、江世荣等地主们的意思行事。后来白银儿说“真龙天子在北京坐朝廷了，如今应该一统天下，黎民可以过太平日子了”④，又说“村上人心不好，世道太坏，不肯发马”⑤，让村民们相信、畏惧地主钱文贵，觉得他神通广大，“总好像是个天外飞来的富户，他不像庄稼人”⑥，“大家都说他是一个摇鹅毛扇的，是一个唱傀儡戏的提线线的人”⑦，白银儿家实际上就为钱文贵蒙骗村民、控制暖水屯提供了这样一个平台。当党的干部来到这里，准备开展斗争，白银儿被农民们打倒：“刘桂生的小宝儿，就是你们害死的。”⑧ 到了故事的最后，土改取得彻底胜利，白银儿不敢装神弄鬼：“听见别人说肚子痛，便赶忙说：‘咱如今不迷信了，你

① 萧红：《生死场》，人民文学出版社2005年版，第79页。
② 丁玲：《太阳照在桑干河上》，光华书店1948年版，第35页。
③ 丁玲：《太阳照在桑干河上》，光华书店1948年版，第38页。
④ 丁玲：《太阳照在桑干河上》，光华书店1948年版，第74页。
⑤ 丁玲：《太阳照在桑干河上》，光华书店1948年版，第74页。
⑥ 丁玲：《太阳照在桑干河上》，光华书店1948年版，第8页。
⑦ 丁玲：《太阳照在桑干河上》，光华书店1948年版，第9页。
⑧ 丁玲：《太阳照在桑干河上》，光华书店1948年版，第251页。

请医生去吧，咱从前也是给人家欺负得没办法……’ ”① 从村民们只能求白银儿请神治病到致于反抗，再到白银儿被彻底批判摧毁，这一过程前后相连实际上从侧面反映了整个暖水屯土改斗争的发展。

诚如福柯《知识考古学》所言，当我们从疾病的角度出发，将文本拆散，“重建为另一些整体，把它们重置于一个更一般的空间，以便在这个空间驱除它们表面的人所熟知的东西，并建立它们的理论”②，便会发现在看似断裂的碎片化的故事情节中，丁玲建构了一个相关联的意义组合，“疾病”“请神”、“地主”等元素联结了起来，成了策应着主线发展的一条时隐时现的重要线索。

（二）抽象成为寓言的疾病意味

疾病书写除了从结构布局上丰满了整个故事的骨肉，同时也帮助丁玲实现了对旧的疾病书写传统的突破和创生，从而建构了一个新的疾病寓言。

本雅明在《发达资本主义时代的抒情诗人》中通过寓言论批评，将具体的事物和抽象的意义结合起来，从而解构、分析拱门街是如何成为现代资本主义制度的一个部分的③。丁玲笔下疾病书写亦是如此。

在故事的最后，疾病都得到了完满的解决——对于第一类，因病失地穷困的佃户们重新分得了土地，压在刘满、侯忠全们身上的担子卸了下来，生病不再会导致家破人亡；而在第二类的情况里，鲁迅笔下“药”的悲剧也被改写，白银儿等神巫被打倒，单四嫂子和宝儿的悲剧在丁玲的笔下不再发生。于是，皆大欢喜的故事结局将形态各异的疾病书写聚合起来。疾病、土改、压迫与反压迫、地主与佃户等要素全都汇聚为了一个语义场，它们彼此之间相互作用。在此处，《太阳照在桑干河上》里的疾病既是实指的病痛，也可以被我们理解为一个抽象出来的能指符号、一个供我们观照土改运动成果的侧影：地主与疾病被文字糅合在了一起，成了地主阶级压迫农民的一个缩影，如钱文贵迫害刘满一家，“咱们一趟两趟赔钱，官司老不判案。咱爹气病了，第二年就死了”④，它造成的影响是农民失去土地，父母失去孩子。党的指导的到来彻底清除这股旧势力，从文采、杨亮，再到老董和章同志的到来，于是“旧疾”被彻底清除，暖水屯迎来了属于他们的“新生”。由此，这样一个正义战胜邪恶、健康驱逐

① 丁玲：《太阳照在桑干河上》，光华书店 1948 年版，第 284 页。

② ［法］米歇尔·福柯：《知识考古学》，董树宝译，生活·读书·新知三联书店 2021 年版，第 31 页。

③ ［德］本雅明：《发达资本主义时代的抒情诗人》，张旭东、魏文生译，生活·读书·新知三联书店 1992 年版，第 177—183 页。

④ 丁玲：《太阳照在桑干河上》，光华书店 1948 年版，第 321 页。

疾病的寓言被刻画出来，胡泰的大车带来的党的土改消息是这一个寓言产生、演变的源动力，最后胡泰领走他的大车，实现了村民们对于土改和党的信任的建立。丁玲借助疾病片段的书写，补充了对于党的土改神话的书写。

如果说，小说里小保儿的故事是对于鲁迅《明天》中治病悲剧传统的一种延续，而伴随着这个土改胜利寓言的写实，鲁迅视域当中注定重复并走向绝望的“药”的悲剧被得以终止，获得健康的希望和获得土地的许诺一起到来，并且一起在暖水屯成了现实的图景。

（三）对自身过往疾病书写探索的总结

在通常认为的中国现代文学史讨论中，我们习惯用第一个十年（1917-1927），第二个十年（1927-1937）和第三个十年（1937-1949）来划分每一阶段中国文学的走向和主潮，从文学革命到革命文学，再到抗日民族统一战线和延安文艺。历史长河磅礴向前的同时，无数的作家文人也与时代发生共振，丁玲从20年代《莎菲女士的日记》到30年代转向左翼，1936年来到陕北，再到40年代经历“延安文艺座谈会”，其创作宗旨与风格也是一再转变。也正是这种多变，造就了《太阳在桑干河上》疾病书写的混血特征。

可以说，《太阳照在桑干河上》作混血式的疾病书写，是丁玲经历40年代若干重大事件之后，从方向、生活和政策三个方面综合考虑交出的答卷。在方向问题上，如我们上文所述，既有鲁迅的影响，又有《讲话》后赵树理方向的催化，这使得丁玲在处理“药”的问题时，出现了不同于鲁迅《明天》的走向。在生活上，丁玲在《讲话》后三度下乡体验农村生活和土改运动①，这让她拥有了宝贵的描写农村疾病的可能性，特别是对于神巫治病的题材把握，生活上得来的经验使得一个真实的农民生病和救治的场面得以呈现。在政策上，丁玲创作《太阳照在桑干河上》之初便有着强烈的政治意识，1946年5月4日，关于开展土改的《五四指示》发布，解决解放区土地问题成了“目前一切工作的最基本的环节”②，丁玲敏锐察觉到了这一政策将带来翻天覆地的变化，以及急需文学作品来配合宣传土改政策，从而有了此书的诞生。也正是受到政策的影响，我们的疾病寓言中，疾病和土地的捆绑关系被展现了出现，农民分地而健康的寓言也随之建立，随着治病救人的圆满，也就预示着党的政策的成功。

（四）新的疾病书写方式的出现

在1948年书稿刚刚写毕的时候，《太阳照在桑干河上》就被胡乔木、萧三等人传

① 李向东、王增如：《丁玲传》，中国大百科全书出版社2015年版，第360页。
② 中共中央党史研究室：《中国共产党历史大事记》，人民出版社1991年版，第122页。

阅，并称之为“最早的最好的表现了中国农村阶级斗争”① 的一部作品。来自党中央的认可和宣传为当时探寻新的文艺方向的作家们提供了一个范本，进而影响了40年代后期到50年代初的土改长篇小说写作。疾病与土改的关系也被进一步延续下去了。梁斌的长篇小说《红旗谱》当中，朱老巩和地主冯兰池的抗争失败了，朱老巩一病不起，因为家里“日子过得急窄，想汤没汤，想药没药”②，因此朱老巩只得含恨去世、悲剧收场；柳青的《创业史》中，梁三老汉的创业历史同样也是被疾病厄运所笼罩着，“梁三的命运不济，接连着死了两回牛，后来连媳妇也死于产后风。他不仅再租不到地了，就连他爹和他千辛万苦盖起的那三间房，也拆得卖了木料和砖瓦了”③ ……

可以看到，在《太阳照在桑干河上》之后，作为后来者的柳青、梁斌等人，已经在他们的土改小说中吸纳进了这样一套“疾病和土地”间紧密联系的逻辑，并对此不断改写和更新：农民缺医少药、被迷信裹挟，或失去生命或失去土地，沦为地主附庸，党的到来解放了他们，从此疾病不再是威胁。从现实来说，因病致贫、无药可医的悲剧在中国当时是普遍现象。因而，疾病书写顺理成章地加入到了新时期的解放区文艺的书写当中。此时的疾病书写已经不再是简单地对于个人患病苦痛的描写，而是将疾病这个天灾如何在农民身上变成了失去土地和自由身份地位的人祸，这一普遍现象揭露出来，道出了当时进行土地改革的阶级斗争本质。

每一种母题作为人类的精神现象，文学对它的揭示都既有继承性又有开创性④，丁玲站在新时期的历史关头，对疾病母题的书写做出了自己的诠释。承继了五四以来的疾病书写文学传统，在中国现代文学进入到解放区文艺新时期的时候，又将疾病书写传统延续、发展了起来，并不断对后来的土改文学创作产生着影响。

总　结

《太阳照在桑干河上》是解放区文艺进行反映土改题材的长篇小说的代表之作，丁玲也没有辜负众人的期望，成功在暖水屯的斗争当中发展出了疾病书写的新模式。如桑塔格所说“每个降临世间的人都拥有双重公民身份，其一属于健康王国，另一则属于疾病王国”⑤。疾病和健康分割了属于生命的一阴一阳的两面。它与人类群体的密

① 龚明德：《〈太阳照在桑干河上〉版本变迁》，《新文学史料》1991年第1期。
② 梁斌：《红旗谱》，中国青年出版社1958年版，第10—11页。
③ 柳青：《创业史》，中国青年出版社1960年版，第3—4页。
④ 谭桂林：《长篇小说与文化母题》，湖南师范大学出版社2002年版，第5页。
⑤ ［美］苏珊·桑塔格：《疾病的隐喻》，程巍译，上海译文出版社2003年版，第31—32页。

切联系使得我们在文学作品中几乎无法摆脱对于它的描写。而解放区文艺作为“五四”之后左翼文学孕育出的一个新的文艺范型，并在未来相当长一段时间作为中国文坛的主流发展方向。对于疾病的书写把握就变得尤为重要，那么到底是“只应写光明”，还是要“太阳应该歌颂，黑点也不必讳言”①，丁玲在这个矛盾的处理上交出了各方均满意的一份答卷——新的疾病寓言在暖水屯的故事里被成功地建构起来，而且将过去的黑暗、疾病和土改之后的光明、健康整合起来，形成了有着政治象征意味的寓言结构。

文学与疾病在此又迅速得到了融合，新的解法被提出并被学习、运用起来，成了中国文学疾病书写传统的新的嫩芽。而这些诸多的特点杂糅起来，也使得《太阳照在桑干河上》成了“反映我国农村大变动、农民大翻身的最初出现的带史诗性的作品”②。解放区文学作为中国现代文学发展中出现一个独特的形式，它在文学如何处理先锋与通俗、西方与民族的关系等方面，取得的成就与经验是非常明显的③。而从丁玲，这位跨越“五四”和“延安”两个时期作家的笔下，我们在疾病书写的角度幸得寻见这样的转变。

（作者单位：复旦大学中国语言文学系）

① 丁玲：《关于立场问题我见》，《丁玲全集》（第7卷），河北人民出版社2001年版，第66页。

② 许怀中主编：《中国解放区文学史》，海峡文艺出版社1994年版，第246页。

③ 刘勇、杨联芬：《“五四”的困境与新文学的历史描述》，《北京师范大学学报（社会科学版）》1999年第2期。

“民间立场”① 的农民与当下“无声”的农村

牛学智

农民就农民，怎么还有“民间立场”的农民？既有“民间立场”的农民，肯定也有庙堂之上的农民。不用仔细思量，就知道这样的概念有问题。然而，问题着实没有人们想象的那么简单。农民身份被“民间立场”一强调，实实在在提醒我们，当我们阅读小说叙事时，务必脑子要清醒，小说里的农民不是社会现实中的农民。小说作者在叙述或者塑造他的农民形象时，他也不是如摄影师般一五一十通过镜头捕捉此时此刻正在劳作着的农民，毋宁说他表现的是一种农民观念、农民文化。同理，读者阅读小说叙事，一定程度也仍需这样的清醒，不是用自己所理解的农民来印证、求证小说家用其观念叙述的农民，而是多大程度认同小说家的农民观念，或者多大程度与小说家的农民观念相抵制、相冲突的关系。

同样的道理，即使经典现实主义创作原则下生产的农民形象，也绝无可能完全是那个语境下社会现实中的农民；坚持和拥抱经典现实主义精神的读者，如果他是不同于作者的一个个体，也不会百分之百首肯该原则下的小说农民。这不是宣扬认知上的虚无主义，也不是蛊惑理论上的相对主义，是再一次重申观念形态的个性化本质属性。

有了这样的基本前提，我们可以获得一个相对平和的心态来重新面对莫言关于文学叙事的农民观念，以及其小说叙述中的农民形象。更重要的是，即为观念生产，无论莫言乡土小说故事属于“讲述话语的时代”，还是“话语讲述的时代”，其农民观念

① 2001年的一次演讲中，莫言提出了他的写作是“作为老百姓写作”，这是他首次亮出他的立场，即“去知识分子化”，标志了他回到“民间立场”的意愿。见莫言：《作为老百姓写作——在苏州大学“小说家讲坛”上的演讲》，原标题《文学创作的民间资源》载《当代作家评论》2002年第1期，收入莫言《小说的气味》时改为现在标题。详见杨杨编《莫言研究资料》，天津人民出版社2005年版，第61—69页。

和农民文化选择，毫无例外，都主要是当下的。这就意味着，尽管方法及理念、意识，可以相对地被归类成现实主义、现代主义、后现代主义，甚至魔幻（巫幻）、荒诞、意识流、先锋等，但其农民本质属性依然不该有本质性变化。只要那些农民，仍然以土地为重要生存依据，以农村为主要生活空间，乃至意识形态也主要是一般农民性的，那么，其所表现出的文化特征，一定意义上就仍然是莫言所持有，至少是他小说叙事所倾向的基本价值观。

在此基础，建立在文本细读原则之上，对莫言小说故事、情节关系、人事结构，包括专注于农民角色的分析，就叙事的内在含义来说实际上已经摆脱了小说本事的规定性，一变而构成了作家莫言、小说中农民与当下中国问题、中国农村现实问题之间的张力关系。农民所表现出来的和作家对农民的总体态度，已经包含了诸多思潮流派、各阶段社会历史制度的演变轨迹，在象征的层面上，分析该农民特有的文化特征及其所蕴涵的价值诉求，是对莫言思想成色的进一步审视。

如果我们把当代中国社会的分层现象仍看作是一个短时期内无法消除的长期的社会现象，莫言专注于农民的叙事，不管他意欲释放农民的什么，也不管他如何把自己降低到“作为老百姓写作”，我们从其叙事中体验到的信息，应该说就是莫言对于中国问题及相关中国农村现实问题的思考。

一

下面我主要以莫言长篇小说为分析对象，看看莫言乡村小说叙事中表达了怎样的农民文化思想。本文以莫言长篇小说出版的先后为序，摘出小说中一些富有代表性的农民，看看他们都有什么特征。

“我爷爷”余占鳌，是《红高粱家族》中的主人公。最初他是一个农民，后来成了土匪并且还当上了土匪头子、抗日游击队司令。少年时，与母亲相依为命，发现母亲与和尚偷情后，把和尚杀死了，可见他不是一般的少年，可谓有胆识，称得上桀骜不驯。成年后，爱上了戴凤莲，这人是小说中的“我奶奶”，强行与之“野合”，为了娶她，杀死了戴的丈夫及公爹单家父子，后来还在单家酒坊多次当众宣称自己的杀人行径。不止如此，当戴不理他时，他在酒坊撒泼、往酒里撒尿、又亲又抱戴。戴好不容易回趟娘家，他居然和戴的丫鬟恋儿偷情，事情闹得沸沸扬扬，他不但不羞愧，还十分自豪甚至有几分得意扬扬。以上是余的大致“情事”，表达爱恨的方式就是粗暴简单的杀人。

作为土匪头子，杀人在余的“事业”上更是自然而然。先单枪匹马闯进土匪窝杀了匪首花脖子，后又孤身挑战黑帮老大黑眼，率领装备落后、人少体弱的游击队伏击日寇。伏击日寇时一个细节最有代表性，当一个行将死去的日寇战战兢兢掏出自己妻儿的照片向他求饶，他儿子豆官也抱他的胳膊阻止他，可他还是毅然决然杀了日寇，其匪气、江湖气及残忍程度可见一斑。山东高密东北乡也有众多地方势力，他们都曾伸出橄榄枝想拉拢余，余都一概拒绝。国民党的冷支队队长拉拢过，共产党的高大队队长江小脚也试图联合过，都无果。即为土匪头子，以土匪的方式处事，是他一贯的做法。不单对其他地方势力如此，对于在他地盘上的民众也一样。不仅私自发行货币以盘剥民众，对有恩于他的亲叔余大牙也绝不手软，就因余大牙强奸了民女曹玲子而被其枪决。他当然有机智聪明甚至“远见”的一面，一边能安全妥帖周旋于冷支队和高队之间，一边还知道聘请有文化、懂军事的任副官训导他的队伍。他的名言是“余某识不了二百个大字，要说杀人放火，我是行家里手；说起什么国家、什么党派，还不如宰了我痛快！”① 由此可见，他是一个什么样的人了。杀余大牙自然是迫于任副官立的“军纪”，但内心里他对亲叔还是一副古道热肠。给叔送葬时，他“披麻戴孝，嚎啕大哭”，回村的路上，为发泄对任副官的恨，瞄准任副官脑袋一枪，却并不打中，可谓一枪二鸟。另外，看着负伤痛不欲生的兄弟方七和“痨痨四”，为着解脱，毅然补一枪，理由也相当感人肺腑，“你放心走吧，有我余占鳌吃的，就饿不着弟媳和大侄子”②，“你也一路去了吧，早死早投生，回来再跟这帮东洋杂种们干！”③ 这样的农民，据说史无前例，还是小说概括得准确，“最英雄好汉最王八蛋”④。

当然，吃苦耐劳一直是他作为农民的本分和本职，出甑是烧酒中最苦的活，他干得既扎实又巧妙；也有着农民该有的朴实重情，伏击日寇中，身边其他人都死了，但他却抱住了干儿子，非但如此，为了让干儿子今后能“立住”，他身体力行教导干儿子“就像老子一样用它（枪）。”

高羊是《天堂蒜薹之歌》中的主人公之一，农民，出生于地主家庭。

“运动”的年代，他历次挨批斗，还曾被贫农、生产队队长王泰所逼，喝过其尿，也被所逼背过其欺负女同学的黑锅，因此被学校开除；“文革”时，母亲去世无钱买骨灰盒，因土葬而被治保主任和黄书记以同样的方式侮辱过，他的选择是下跪求饶，座右铭是“忍着吧，忍过来是个人，忍不过来就是个鬼”⑤；改革开放了，有了自己的地，可是没想到祸又从天而降，小说中所谓的“蒜薹事件”即是。蒜薹大面积滞销，

① 莫言：《莫言文集·红高粱家族》，云南人民出版社 2012 年版，第 24 页。
② 莫言：《莫言文集·红高粱家族》，云南人民出版社 2012 年版，第 87 页。
③ 莫言：《莫言文集·红高粱家族》，云南人民出版社 2012 年版，第 88 页。
④ 莫言：《莫言文集·红高粱家族》，云南人民出版社 2012 年版，第 3 页。
⑤ 莫言：《莫言文集·天堂蒜薹之歌》，云南人民出版社 2012 年版，第 219 页。

出于保护自身利益的本能，他忽忽悠悠被卷进了蒜民的暴乱中，并且还砸了县长办公室的窗玻璃。事情一闹大，他被捕入狱。当得知所砸为县长玻璃，他不禁心惊肉跳、悔恨不已。这样的人，接下来能做什么，大概不难想象了。先是出卖了一起逃跑的方四婶，再是向政府官员下跪求饶。求饶还不止，征得政府相信他是迷迷糊糊干的蠢事才是他心里的真实想法，“县长是一县之主，难道还让他给我卖蒜薹？即使把蒜薹都烂了，也不能让县长去卖蒜薹”①。他对牲畜也是如此。他与方四叔一起回家时，该上坡了，毛驴喘气如患了严重气管炎的老人，他便跳下车不再坐车；可四叔依然坐在牛车上，任凭怀孕的老牛挣扎着爬坡，他心里有些凉，感觉四叔是个心肠很狠的人。

与高羊完全相反的一个人物是高马，退伍军人。当兵时，不畏强权，得罪了团长小姨子，不但没被提干，还背了个犯错误的罪名“被复员”；“蒜薹事件”中，政府言而无信、蒜农被坑，他煽动蒜农奋起抗争，跳到车上还大喊“打倒贪官污吏”“打到官僚主义”等口号。与高羊不同的更重要一点是，他懂法也明白自己的过错，所以在法庭上，他仍会据理力争，面对审判长的质问，他毫不让步立刻反驳，“天下乌鸦一般黑”。感情上，他更是真诚、专一，并且识大体、明辨是非、有头脑、有主见。为了方金菊，宁可忍受方家二弟兄的拳脚相向，可是当金菊咒骂其兄为了换亲而毁了自己时，他仍能通情达理理解方兄的难处；方父是阻拦他们二人成亲最强硬的一个人，然而当方父因翻车而惨死，两个儿子受人劝诱不肯抬埋时，他却不计前嫌，主动去处理后事。高马及其方金菊的结局非常悲惨。高羊在监狱里因懦弱未做任何反抗，可高马却在警察追捕过程中逃脱了。金菊未婚先孕，方四婶虽然同意嫁给高马，但在逃的高马哪里去兑现一万元钱？凄凉悲愤的方金菊便自杀了。没想到金菊尸体竟成了曾劝诱方家二兄弟的杨助理外甥的阴亲。方四婶因绝望而上吊，高马试图越狱为金菊报仇，结果被击毙。

以上两部小说及农民，就其故事背景而言，一个是“历史”，一个是“现实”，或可看出，此时的莫言注意力并不很集中，有东一榔头西一棒子之嫌。如何聚焦农民，还得进一步观察莫言自己“很看重”的三部中的农民。

第一部是《丰乳肥臀》，男性主人公之一上官金童，农民，是其母上官鲁氏经过艰苦卓绝、持之以恒所生的唯一儿子，他还有一个孪生姐姐叫上官玉女。这个农民身上有着太多太复杂怪癖，所有一切，可能都与母亲最初的孕育有关。他是母亲一路借种七次后，第八次与西方传教士马洛亚偷情所生，这种身世从开始就意味着他在小说中可能是作为一个象征或隐喻而存在。其一，他终生恋乳厌食。七岁还不能断奶，一旦断，不是吃别的食物呕吐，就是装死反抗或以死相逼；稍大点，碰到任何一个年轻

① 莫言：《莫言文集·天堂蒜薹之歌》，云南人民出版社2012年版，第280页。

女人，无法克制对乳的欲望，便想去摸、玩弄和吮吸；成人后，对女人的兴趣只停留在乳房上，在“雪集”上的经历证明，他能从女人乳房上获得艺术般的感受，不但以乳为性，还以乳为美；四十二岁刑满释放后大病垂危之际，依靠独乳老金哺乳才得以康复；“文革”结束后，接受了商人司马粮馈赠的众多美女，以过“奶子瘾”；即使与妻子汪氏的初夜，整夜也是吊在乳房上度过的，以至于腮帮子又酸又麻又胀。其二，他小时候因恋乳而骄横、无赖，可成人后却一直懦弱窝囊，是“抹不上墙的狗屎，扶不上树的死猫”。小学时，被别人欺负，一路仰仗侄子辈的司马粮和沙枣花保护。中学毕业去农场劳动，因无法满足上司龙青萍的欲望，龙恼羞成怒自杀，他却反而因奸其尸被捕入狱十五年。刑满释放后，先是寄身在母亲辈的老情人独乳老金处，后无缘无故被炒鱿鱼；再是投身鹦鹉韩夫妇的“东方鸟类中心”当公关部经理，并在司马粮“独角兽乳罩大世界”任董事长，明知都在骗他，却仍听之任之，终致受骗，并被赶出家门，从此流落街头。他每次遭遇挫折，想到的不是自我振作以应对，而是钻进母亲的怀抱。正如其母所言，他的确是一个一辈子吊在女人乳头上的彻彻底底的窝囊废。这样的人，自然是自闭、冷漠的，除了母亲，无论是谁，即便他的哪个姐姐去世，都无半点悲伤，始终是旁观者的冷眼。

上官金童自然也有另一面，善良和孝顺。可这些概念在他那里却是另一番体现方式。龙活着的时候不能满足其性欲，等龙自杀后，却觉得龙实在可怜，趁龙身体尚温之时想给予满足，于是入狱；母亲去世后即刻土葬，但“公家人”逼他挖出火葬时，他不惜乞求、行贿“公家人”，他最坏的打算是，如果不让土葬，宁可背着母亲尸体一起跳进泥塘。

第二部是《生死疲劳》，其主要人物之一西门闹，高密东北乡西门屯的地主。小说由“驴折腾”“牛犟劲”“猪撒欢”“狗精神”“结局与开端”五部分组成。作为地主，西门闹虽有财富，但并无罪恶，因此“土改”运动中被枪决，他认为自己是冤枉的。死后也就不停地在阎王面前喊冤，阎王认为他也确实被冤枉了，便让他转世投胎。以上五个动物和最后的一个大头婴儿，即是西门闹转世投胎的结果。一投胎一世，六次投胎六世，分别是20世纪50、60、70—80、90年代和21世纪的2000年和2001年，对应着土地革命运动、人民公社和“文革”、拨乱反正、改革开放、商品经济及新世纪，蓝千岁是最后一次投胎的大头婴儿。

这样一个故事，别的作家完全可以讲出另一番景象，比如社会政治制度的变迁及变迁中的农民群体命运等，都是这一选题必然会触及的背景。可是莫言显得与众不同，“背景”反而被有意淡化，叙述的聚焦点只侧重在具体个体的身上。如此，要了解西门闹这个人，可分为他被枪毙前后两个方面来看。枪毙前，“运动”政策使然，他虽则一直很善良，无任何不良表现，但中共地下党员洪泰岳借土改之名，命佃农之子、民兵队长黄瞳一枪打爆了他的脑袋。他死的时间是1947年1月1日的某个时辰。其家产、田地等均被充公，二姨太白迎春改嫁他的长工蓝脸，两个孩子了随嫁过去，改姓蓝，西门金龙唤作蓝金龙，西门宝凤唤作蓝宝凤；三姨太吴秋香改嫁黄瞳，后又有其他子嗣，故事曲里拐弯。西门闹被枪毙后一直喊冤，过两年，也就是1950年1月1日开始，他走上了漫长转世之路。因此自西门闹死后属于西门闹的叙述，均为所转世的动物口吻进行。这是很有意味的，因为它们都是动物们所关注和所看到想到的，不会是人的思想的波及和蔓延。为驴时，他牵挂着妻儿，在看到白氏受审时所经历的种种磨难，他大闹公堂跳高墙，想亲近妻子。为牛时，宁愿折磨致死也不愿向紧跟洪泰岳执行洪政策的昔日儿子西门金龙屈服，当然他却又很识大体、懂大局，政策要求交出所有财宝，他无半点含糊，如数交出；当有机会用枪打死仇人洪泰岳及其随从时，他的认识很开明，认为是有钱人的厄运势，不关哪个个人的事。为猪时，奋力保护白氏，还一口咬掉了对白氏动手动脚的洪泰岳的睾丸。为狗时，他叫西门狗，目睹了黄瞳的子辈与蓝脸子辈的婚姻变故和官场、商场的失败，时间到了1998年中秋节，他被蓝脸带着到自己的一亩三分地，躺在墓里安然地死去。

为什么要不停地转世，小说有一处重要对话可做提示。西门狗死后进入地府，阎王对他说：“我们不愿意让怀有仇恨的灵魂，再转生为人”①，西门闹随即表示道：“我已经没有仇恨了，大王!”② 但阎王觉得西门闹的眼睛里还有一些仇恨的残渣在闪烁，于是，决定让他转世为一只猴子。事实也正是如此，西门闹的冗长故事，到了猴子这里，就算结束了。从猴子开始的故事，聚焦点更是直截了当转向了人物内心想当然的私欲了。当然，由这私欲逆向往前推，把其他五次繁复无比的转世叙事意图理解为为了消除内心的仇恨，也能说得过去。这表明，为了一个超主题刻意去讲一桩怪诞离奇故事——因为“生死疲劳”，所以要“六道轮回”，其实就是整个小说的题旨本身。这时候，当把中国当代农村社会漫长而曲折的过程，转换为一个人的爱恨情仇之时，社会史、政治史和经济史所内含的群体命运也就被轻轻地一笔勾销了。这为莫言之后通过单纯个人故事，探讨中西、中国内部文化之间的转化，必然导致失败埋下了伏笔。顾彬的史论③中，并没有如中国文学批评界那样热烈地褒扬莫言如何会讲故事，原因恐怕也在这里。无论“讲好”中国故事，还是讲“好的”中国故事，侧重点都在

① 莫言：《莫言文集·生死疲劳》，云南人民出版社2012年版，第547页。
② 莫言：《莫言文集·生死疲劳》，云南人民出版社2012年版，第547页。
③［德］顾彬：《二十世纪中国文学史》，范劲等译，华东师范大学出版社2008年版，第349—350页。

讲故事二。而曲折、离奇、怪诞、反常态等，则无疑是一般“好故事”的基本元素，这就对集中精力叙事一个有价值的故事构成了致命威胁，乃至于往往在怎样讲中消解、瓦解、truncated消了思想走向深入的可能性①。

转世成为猴子是偶然，猴子落在了蓝家和黄家的孙辈、两个潦倒成耍猴人的西门欢和庞凤凰手里，由是西门闹见证了几个孙辈儿女之间的乱伦，被蓝开放一枪击毙，结束了他在畜生道里的轮回。蓝开放是蓝解放的儿子，蓝解放是蓝脸和黄互助（黄瞳与西门闹三姨太吴秋香之女）所亲生，耍猴人之一的庞凤凰又是蓝解放同父异母的哥哥蓝金龙（西门金龙）的女儿。所谓乱伦，指的正是蓝开放与庞凤凰，这对同祖兄妹之间的恋情。他们虽未结婚，但当他们把恋爱关系告知其父母时，庞凤凰已身怀六甲。这便是西门闹的第七次轮回，这个婴儿正好降生在千禧年的第一年，故名曰蓝千岁。他“身体瘦小，脑袋奇大”，“生来就有怪病，动辄出血不止”②，然而，他却保有前世的所有记忆，五岁生日那天，把父亲蓝解放叫到面前，摆开一副朗读长篇小说的架势，对蓝解放说：“我的故事，从 1950 年 1 月 1 日那天讲起……”③

总之，作为一个人，他的生命在 1949 年前就终止了；但作为一个象征符号，他一直活到千禧之年，甚至可能现在还活着；是人时，除了对自己的一亩三分地有着超乎常人的挚爱，乃至于延续到了他的长工蓝脸，就是坚持“单干”，对于其他的，则一概听从组织安排、听命于政策裁决，唯一放心不下的就是自己的三个女人的来龙去脉；是动物时，眼里所见、心里所想，无不纠结于个人情感，乃至为了阻拦蓝解放夫妇对兄妹婚姻的妨碍，而终结了畜生道的轮回，换回的是畸形儿。

第三部是《蛙》，主人公是“姑姑”，大名万心，是一位八路军医生的女儿，乡村妇科医生，行医 50 多年。

这个人物看起来复杂，其实很是单纯。为了省点篇幅，现按廖四平的阅读概括④拎出重点。简而言之就是，在 50—60 年代初，她与农村粗暴、野蛮、封建、落后的接

① 莫言的多数长篇小说都有这样的特点，但最典型的莫过于《檀香刑》《丰乳肥臀》和《生死疲劳》了。本来讲中国传统社会特有的杀人故事，当把杀人反复讲，一直讲到职业化、技术化、审美化，乃至民众像期待看大戏一样等待杀人时，叙事也就没了，只剩下了故事；本来有一两次关键的偷情故事，就完全能折射出作者的叙事意图，可是小说非得反反复复偷情，这就几近于传奇了，哪里还有什么思想指涉？同样，轮回最多也不过三，当没完没了轮回，社会背景、政治背景也就被轮没了，剩下的唯有离奇、荒谬和不真实。当小说故事到了不真实的地步，读者大概很难体验到新颖的、敏锐的看法，至多不过是商业化的故事消费和猎奇。

② 莫言：《莫言文集·生死疲劳》，云南人民出版社 2012 年版，第 576 页。

③ 莫言：《莫言文集·生死疲劳》，云南人民出版社 2012 年版，第 576 页。

④ 廖四平：《当代长篇小说的桂冠：莫言长篇小说研究》，中国社会科学出版社 2019 年版，第 596—601 页。

生婆顽强斗争，接生并救活了无数婴儿，人们送她“活菩萨”“送子娘娘”。在人民公社乃至后来的很长一个时期，她坚决执行上级政策，铁面无情，成了计划生育政策的忠实执行者，她所到之处，孕妇及其家人可谓人仰马翻、无一幸免，人送外号“杀人魔王”“活阎王”。就是这样一个人，晚年却成了一个“近乎病态的忏悔者”。为了留住她引流过的婴儿的形象，她嫁给了泥塑大师郝大手，用泥塑婴儿形象的方式释放心中的歉疚。同时她又自觉成了袁腮为代表的“代孕机构”的帮凶，非但如此，当生母陈眉声嘶力竭想要回自己代孕而生的婴儿时，她却又伙同他人使陈眉跌入了万劫不复的人间地狱。

所以，“姑姑”这个人说到底，仅仅是一个病态者、矛盾体。对于引流上万婴儿，她的解释只是执行国家政策而已，但对泥塑婴儿又似乎有着疯狂的痴爱。

以上这些农村题材长篇而外，《草食家族》《四十一炮》也是如此。即是说，按照莫言农民出现的纵向时间序列，在余占鳌、高羊和高马之后有四老爷（《食草家族》），接续四老爷的乃是上官金童、西门闹（蓝千岁），西门闹之后是老兰（《四十一炮》），老兰之后才是“姑姑”。

余占鳌生在混乱年间，其性格另当别论。进入社会主义体制以来，莫言笔下中国的农民先是高羊和高马。他们两个其实是一个人的一体两面，即逆来顺受、懦弱、随波逐流、狭隘自私和大胆、勇敢、头脑清醒、光明磊落、吃苦耐劳。四老爷在二高之后，是什么样的人呢？根据小说情节可以归纳如下：能力强，族长任上家族大事小情玩于掌股之中；敏感多疑，通过蛛丝马迹便知他人奸情；性格怪僻，有怪诞嗜好，并长于捉奸；卑鄙、贪婪和迷信，偷情上只许州官放火不许百姓点灯，以修建寺庙为由敛财，面对蝗灾却乞求于神仙保佑。西门闹我们知道了，那么，他之后的老兰呢？老兰原名兰继祖，屠宰专业村村长。显然，他算一个基层乡村干部。因为家族势力和他自己善于权术，围绕在他周身的便主要是权力、财富和女人。作为基层农村干部，好的一面自不必多说，自己致富，也带领村民致富。坏的一面，也同样比较习见，表面圆滑、世故、玩心计、耍手腕，隐藏的却是邪恶、狭隘、阴险、残忍。给养殖户公然传授高压注水肉，加速乡风败坏；用计支走罗通霸占其妻，又故意放风借罗通之手灭其妻从而使罗身陷囹圄；善于拍上级马屁，也会利用威信威慑下级。在这个基本生活面下，照射老兰人性剖面的，按小说的叙事侧重点看，他之所以给罗挖坑，是因为在与罗吃辣椒比赛和争夺野骡子的爱情上，输给了罗，这是他内心深处的耻辱，因此一直伺机报复罗而拉开了一系列故事的内幕，这一点也基本贯通在他整个的人生中。与前面一批不同阶段农民形象对比，小说这样叙事，的确别有意味，也符合莫言的农民观。

至于《晚熟的人》（中短篇小说集）中所谓“晚熟的人”“斗士”“等待摩西”“诗人金希普”“表弟宁赛叶”等等，有些读者即使没细读过，一看题目，也大致了解得差不多。一言以蔽之，就是通过“莫言”故乡行的切身感受和观察、认知为切入点，以纪实笔法，叙述故乡人物内心的“博大”想法和“传奇般”的所作所为，叙事终端一般指向荒诞和奇崛，给人一种山东高密东北乡总出奇人奇事，而且多数是从小时候就显端倪的印象。

二

2001年10月24日，莫言在苏州大学“小说家讲坛”上有一个专题演讲，题目叫《作为老百姓写作》①。这一篇东西可以看作是莫言对自己多年来创作观念的最直接表达，2001年这个时间节点来这么一个题目，确具有承上启下功能。对于他之前创作，特别是其农村题材创作，是一个提炼和总结；对于后面的创作，诚如我们在他小说的叙事中所体验到的那样，是一种昭告和提醒。

首先，在意识深处，或者至少在理论的层面，莫言对他创作以来一系列重要思潮流派，还是做过较深的消化处理的，也许他早就自觉到理论批评所眷顾的某些重要概念，是对小说叙事有害的，主要体现在对读者的影响上。所以，他提出“作为老百姓写作”，究其实质，含有有意还读者一张白纸的想法。这当然不能贸然说，就等于他在《檀香刑》后记中曾说过的“大踏步撤退”② ——彻底退到民间原生态上去的意思。再次使用民间原生态概念，本身就是一种立场。他的“作为老百姓写作”实际上想去掉所有“意识”，特别是“功利意识”，因此，他强调的是不想用小说来揭露什么，来鞭挞什么，来提倡什么，来教化什么，非但如此，他进一步强调，作家不但不认为自己比读者高明，也不认为比自己作品中的人物高明③。之所以如此，是因为在他看来，作家这样那样的姿态破坏了好作品的诞生，“无意识中得来的总是好东西，把赞歌唱成了挽歌，把仇恨写成了恋爱，就差不多是杰作了”④。

---

① 莫言：《作为老百姓写作——在苏州大学“小说家讲坛”上的演讲》，原标题《文学创作的民间资源》，载《当代作家评论》2002年第1期，收入莫言《小说的气味》时改为现在标题。见杨杨编：《莫言研究资料》，天津人民出版社2005年版，第61—69页。

② 莫言：《檀香刑》，浙江文艺出版社2017年版，第415—419页。

③ 莫言：《作为老百姓写作——在苏州大学“小说家讲坛”上的演讲》，见杨杨编：《莫言研究资料》，天津人民出版社2005年版，第63页。

④ 莫言：《作为老百姓写作——在苏州大学“小说家讲坛”上的演讲》，见杨杨编：《莫言研究资料》，天津人民出版社2005年版，第65页。

提出这个概念，很显然，是对当下文学存在某种不接地气现象的一种积极应对，毋宁说更是对文学批评的一种批评。对于前者，我们的确能明显感受到此种现象的普遍严重性，第一是故事多为作者自我想象或自我营造，没有建构起相应的社会文化语境，与读者绝少共情；第二是情感模式太过私我化，深奥是够深奥，有些甚至直追所谓的形而上，但情感的载体——人，与当下一般个体的基本精神生活状态联系不深入、不一般化；第三是语言或话语方式多为静默型、冥想型，缺少行动的有力推动，这是与以上两个倾向密切相关的。对于后者，别的不去说，单是浏览莫言研究的时候，印象就很深刻，几乎莫言的每一部小说出来，都有无数论评及时跟进，可谓卷帙浩繁。但是把这些评论和阐释放在一起读，马上就现出了评论阐释的过剩甚至浪费，不光莫言小说中的任何修辞手段，都埋藏着微言大义，即使面对同一部小说的主旨，不管研究者身份阅历多么不同，研究来研究去，过来批判过去批判，左一个揭露右一个揭露，横一个隐喻象征竖一个隐喻象征，可是细究其具体针对对象，所谓体制机制、所谓人种退化、所谓人性劣根、所谓基层官场腐败等，皆为放之四海而皆准之词。听起来振奋人心，不见得具有切实有效性。当然，我们必须警惕，如莫言所说，好作品诞生于无意识，这无疑是对天才论的蛊惑，无意识中强化了文学写人而不是人写文学的神秘论调，那么，又该怎样从机制上避免乃至杜绝主观臆猜和瞎编呢？

其次，在莫言的思维理念里，强调“作为老百姓写作”，就是突出“民间立场”。在作家身份的界定上，他说的是对的。他认为，作家需把自己确认为一个普普通通的老百姓，这样就可以避免僭越。“因为作家自身的局限，很可能变成为官员、为权贵的写作。”① 但是，他在阐释他的这个理由时，又说，“作为老百姓写作”的对立面是“为老百姓写作”，即是说要反对突出“为老百姓写作”姿态的知识分子的写作。为了放大此种写作的片面性和偏颇，他不惜把账算到了“五四”启蒙者头上。“从鲁迅他们开始，虽然写的也是乡土，但使用的是知识分子视角。鲁迅是启蒙者，之后扮演启蒙者的人越来越多。大家都在争先恐后地谴责落后，揭示国民性中的病态，这是一种典型的居高临下。其实，那些启蒙者身上的黑暗面，一点也不比别人少。所谓的民间写作，就要求你丢掉你的知识分子立场，你要用老百姓的思维来思维。否则，你写出来的民间就是粉刷过的民间，就是伪民间。”② 莫言的意思很明白，他不是反启蒙，他

① 莫言：《作为老百姓写作——在苏州大学“小说家讲坛”上的演讲》，见杨杨编：《莫言研究资料》，天津人民出版社 2005 年版，第 66 页。

② 莫言：《作为老百姓写作——在苏州大学“小说家讲坛”上的演讲》，见杨杨编：《莫言研究资料》，天津人民出版社 2005 年版，第 66—67 页。

只是特别突出作家需不受任何束缚地想老百姓所想、行老百姓所行，从而呈现一个真实的民间罢了。但是不知出于什么原因，他总是潜意识里在释放某种反知识的信号，说完上面一段话后，他显然觉得还不够透，于是补充道，“‘知识越多越反动’，从文学的角度上看，是有几分道理的”①。随着社会各方面情境，尤其政治角色变化带来的知识者身份、心态的异化，导致启蒙变味，乃至于启蒙者普遍丧失了自我启蒙的自觉性是一个问题。但这些问题再严重，也不至于招致取消启蒙本身，这关涉我们如何理解中国现代社会、中国现代文化、中国现代文学，是否已经完成现代性转型，从而进入中国当代社会、中国当代文化和中国当代文学，特别是人的现代化转型及其社会机制保障是否已经进入现代性的“自在”状态的大问题。如果不考虑这些整体的而又是核心的问题，那么，莫言所理解的发端于“民间立场”的农民个体性，如果不是弗洛伊德或荣格意义的潜意识挖掘，而是获得现代社会学的普遍支持的结果的话，便庶几与吉登斯论证的经过“脱域”再重新“嵌入”② 而成为的发展的个体化同步了，这显然不是中国当代农村社会和农民的事实。即使莫言并不是作为侧重点叙述的农村社会现实，读者也能感受到距离支持他叙述的农民个体的个体性，何止以道里计？

空对空推演，没有多少说服力。前面已重点罗列了一批莫言不同时期创作的不同的农民，我们不妨结合他的农民，再审视一遍“民间立场”的农民，探讨一下究竟传达了哪些思想信息，以及如此农民的农村社会到底处于什么状态。

在莫言“民间立场”的角度，余占鳌的确是个例外，延续这种思维的农民，除了稍后的罗小通③，再往后，这条线似乎就断了。根据前面的梳理，余占鳌和罗小通的民间性，表现在作者不是站在二元对立的立场嘲笑、鄙视和企图遮蔽农民的所谓根性，而是正面地以肯定的态度表达它们叙述它们。这意味着事实上打破了民间必是有道德、有价值的老思维，恰到好处地消解了正统道德观。老思维的民间主要体现为，一种是

---

① 莫言：《作为老百姓写作——在苏州大学“小说家讲坛”上的演讲》，见杨杨编：《莫言研究资料》，天津人民出版社 2005 年版，第 67 页。

② 英国社会学家安东尼·吉登斯通过“时空分离”“抽离化机制”“制度反思”几个方面，详细论述了前现代社会进入现代社会，现代社会又经过“脱域”“再嵌人”转型为“第二现代性”（更高一级的现代性状态）的过程。详细内容参见［英］安东尼·吉登斯：《现代性与自我认同》，赵旭东、方文译，生活·读书·新知三联书店 1998 年版，第 16—22 页。另外，关于中国社会特别是农村社会不发展的个性，如何成为发展的个体化，美籍华人社会学家阎云翔也有过专门研究，他详细区分了中国传统文化养成的不成长个性化与成熟现代性文化建构的发展的个体化之间的本质区别。详见［美］阎云翔：《中国社会的个体化》，陆洋等译，上海译文出版社 2016 年版，第 312—315 页。

③ 罗小通这一农民形象最早出现在莫言的中篇小说《野骡子》中，《钟山》1999 年第 4 期。后又被改写进长篇小说《四十一炮》，春风文艺出版社 2003 年版。

占主流的中国特色的追逐现代化的生活形态，即传统农民勤俭发家的生活观念与商品经济发展后不道德追逐利润的资本观念的结合，通常是文学叙事该启蒙该批判的对象；另一种是不占主流的、在今天的生活潮流中被日益淘汰的生活形态，即那种对自然人性所体现出的感性的浪漫的今朝有酒今朝醉的浪子哲学和对财富对技术的过时的道德主义观念①，在经典传统文化尺度中无疑是需要扔掉的糟粕，连转化的价值都没有。在这一意义上，无论余还是罗，无论他们的快刀斩乱麻、快意恩仇以及直截了当、要赖皮、玩心计，还是浪漫私奔、纵欲感官、技术至上和敬业精神，“恰恰是体现了农村知识者反正统生活观念的立场，也同样具有被社会习惯所遮蔽和压抑的自由自在的民间精神因素”②。虽然都是知识者的视角所看到，但相比鲁迅单一的知识分子启蒙叙事立场，莫言释放了民间的藏污纳垢，因此达到了叙述视角的多样性和叙事内涵的丰富性③。

《天堂蒜薹之歌》中的二高和《蛙》中的“姑姑”，前者浸泡在切实社会现实问题“蒜薹事件”中，受制于传统农耕的超稳定与被释放的商品经济法则对接失败的语境，后者处在非人性的政治性与人道的人性严重错位的节点，也无法超出中国特有的计划生育政策而独立存在。诚如众多批评文章所指出的那样，它们都负责任地批判了该批判的，揭露了该揭露的，也不乏走向纵深。然究其实质，作为个体的农民，值得进一步生发的思想价值并不大。莫言也许有时苦恼于批评界的追问，想证明他对当下社会现实的关注，可实际上这并非他叙事的本意，尤其对晚年“姑姑”的“忏悔”，显然与他对余占鳌、罗小通的情感不一样，也多别扭、牵强、刻意，甚至不排除主观臆断、东拼西凑之嫌④。

聚焦于上官金童、西门闹和老兰，看得出，是莫言企图想找回当年对待余占鳌、罗小通那种感觉和想法的“自在性”写作，或者说是那种想法的延续。不幸的是，已然时过境迁。适合“混乱年代”的个体性，一旦遭遇市场经济（《丰乳肥臀》故事一

① 陈思和：《莫言今年小说创作的民间叙述——莫言论之一》，原载《钟山》2001年第5期，见孔范今、施战军主编，路晓冰编选：《莫言研究资料》，山东文艺出版社2006年版，第280页。

② 陈思和：《莫言今年小说创作的民间叙述——莫言论之一》，原载《钟山》2001年第5期，见孔范今、施战军主编，路晓冰编选：《莫言研究资料》，山东文艺出版社2006年版，第280页。

③ 陈思和：《莫言今年小说创作的民间叙述——莫言论之一》，原载《钟山》2001年第5期，见孔范今、施战军主编，路晓冰编选：《莫言研究资料》，山东文艺出版社2006年版，第285页。

④ 廖四平认真详尽地指出“姑姑”形象的不足，一是人物形象浮面化、简单化；二是过度夸大了共产党执政下民众的惨状；三是把人写成了行尸走肉；四是有些情节过于荒诞不经或“语焉不详”；五是杉谷义人这个人物在整部小说中起的作用并不大，作为一个叙述的听者实际上和一个普通的读者没有太大的差别，“我”给他写信倾诉也莫名其妙；六是小说有逃避社会现实之嫌。廖四平：《当代长篇小说的桂冠：莫言长篇小说研究》，中国社会科学出版社2019年版，第622—628页。

直蔓延到改革开放的当下）和联产责任承包制（《生死疲劳》故事中“单干”后故事占有绝大篇幅），中间仅有半死不活封闭、静止的传统农耕文化秩序（《四十一炮》），是无法支起他的个体化成长大厦的。所以，通观来看，上官金童身上其实是两种思想的叠加，一种来自余和罗，可谓顺势而为；另一种只有中西杂交，农民个体性的主题也便从此转向——即多数批评家所着力发掘的“种的退化”，我认为，这恐怕不是莫言的主观所愿，“其实是笔头被想象的野马牵着，以至于无法停下来的一种下意识叙述行为”。

大家是否认为上官金童和西门闹（蓝千岁）很像呢？没错。从作者的叙事倾向上看，他们两个不同源却同流。不同点是，上官金童系母亲上官鲁氏与西方传教士马洛亚偷情所生，蓝千岁系同祖异母的兄妹蓝开放和庞凤凰所生；上官金童出生以来几乎参与了中国当代的全部社会生活，蓝千岁虽生在改革开放时期，人生流程和社会生活根本没有实质性展开，但据小说叙述，他自己表明他的故事需从“1950 年 1 月 1 日讲起”，意味着他不可能进入当下社会现实生活。不同点是，蓝千岁虽不可能参与当下社会生活，但从他外形的奇异、行为的怪诞端倪推测，他与上官金童应属同一类个体性，即前面提到的所谓被压抑的自由自在的民间生活形态。从上官金童在社会生活中明知是欺骗却偏偏听之任之，和一路窝囊一路失败一路审美的怪异诡谲，亦可推知，蓝千岁生着当下的大脑袋，装置设备却活脱脱过去的陈谷子烂芝麻，是否变成一个成功人士很难说，但一定不会成为一个人生意义和价值的胜利者。

这里，如果把中西杂交、中国内部的近亲繁殖，看成是中西转化和宗法宗族内循环的同时失败。这无疑是小说的一个叙事重点，包含令人惊讶的文化指涉，隐射了小说主题中重要的思想倾向。虽然不能把它推到虚无主义一边，但是又的确没有坚实的细节来证明作者叙事意图，作者就是通过否定之否定，逻辑地导出以上两种视野之外的其他新的可能性。

面对如此农民，或许可以找出莫言之所以如此的众多原因，比如他总是写农村社会的负面，比如他写的故事并没有正面介入当下，还比如他的聚焦点总是在农民个体的内心及内心中情感领域等等。正如读者所预料，正是这些东西，又反过来被批评家汇聚于莫言的“民间立场”，进而被“鉴定”为“中国经验”。

要追究故事实际的情况，不得不由莫言的农民个体返回到莫言的农村社会。因为，如果他的农村社会土壤不支持他如此的农民个体性，那么，则应该认定他所谓的“民间立场”的农民个体性，本来缺乏新颖思想的推动，而不能一味成为批评界为赋新词糊里糊涂的理论赋能。这不是他写了多少黑暗，或者如果多写点光明，就能简单解释清楚的。

三

借着匈牙利马克思主义理论家乔治·马尔库什的“文化现代性的构成”① 学说和眼光，以文化现代性去衡量，莫言所叙事的农村社会，其实是一个“无声”的农村。这有两层意思，一层是说从莫言的农民个体表面来看，其人物异常喧哗，异常吵闹，就像他自己总结《檀香刑》写作经验时说的那样，“当作戏来写”，老百姓也就成了戏台上个个能施展才艺的主体，自己是自己狂欢节的主人。但本质上如此多的个体性缺乏与类的统一，是机制缺席的噪音，充其量是自古有之的“个性”。这是不可能从积极意义上促进传统农村社会向现代社会转型的，其碎片化，弄不好还会反作用于“类”的形成。

另一层是从莫言笔下的农村社会来看，因为其关注点在个体“绝对自由”的一面，事实上这个倾向也就成了放纵私欲、为私欲而寻死觅活的堂皇理由，其所形成的农村只是自私自利个人主义的所在。按照阎云翔的研究，我们受用的这一点，实际是西欧国家早已摒弃的前现代的余渣，极易与传统宗法宗族文化起反应并结合。久而久之，该个体要么被同化，要么消失。总之，相对于成熟现代社会，莫言笔下的农村社会整体上处于现代性的静音或干脆“无声”状态。像他倾注心血塑造的上官金童和蓝千岁一样，关键时刻，不是一味恋母甚至一头栽进母亲怀抱哭哭啼啼，就是一开始便“怀旧”乃至于被历史的创痛深深淹没。眼里没有更深的东西，读者也体验不到更深的东西。

马尔库什实在没有多么令人震惊的发现，他只是把文化现代性的镜头推进到了微观日常生活的细密纹理罢了。文化、科学、社会三维构建的综合系统是马尔库什论述当代启蒙现代性如何可能的基础和前提。得此启发，再回到莫言。

首先他站在“民间立场”并从“民间立场”才能看到的农民发声，创造出了如许农民个体性。然而，这些个体性怎样才能与类达成统一，在他的故事里则没有下文，因为他的小说并没有同时叙事社会对如此个体性的支持。一方面，他的故事流程中只有个人化的细节，而没有兼容完善不同个体性的系统；另一方面，他小说又表明外部环境惯性力量异常强大，这反而极易塑造与他希望的个体性相反的群体性，差异性的个体的生长前景因此而变得非常渺茫、暗淡。

---

① ［匈牙利］乔治·马尔库什：《文化、科学、社会——文化现代性的构成》，孙建茵、马建青等译，黑龙江大学出版社 2015 年版。

其次，莫言通过“民间立场”批判了“五四”启蒙的单一性，让我们看到了“五四”启蒙的局限。但他并未真正意识到在今天，从表面看，同种种物质化迹象表明的那样，其好像是反启蒙的。但实际上，由于科技和社会力量的持续深入，从农民的或“民间立场”看，走向文化社会已是必然趋势，科技思维、现代社会思维已经在深层次改变着他们的思想观念乃至生活方式。即是说，现代性是通过所有非物质化载体来体现的①，而人的内心又是所有非物质化载体中最突出的物质化的非物质化载体。莫言的叙事尚未自觉意识到变化了的农民内心世界这一非物质化载体，所以，无论他农民的负面形象的多寡，还是正面形象的多寡，本质上都不能从其中看出孕育现代性的必然逻辑来。因此，无论农民个体的个体性上，还是个体性与类的统一上，都不具有从他笔下的农村社会过渡到现代性所需的文化农村社会的充分必要条件。

莫言文学中的这种错位，很大一部分也体现在他的论评、阐释文本结构中。关于他的相当一部分文学批评所使用的“批判”“揭露”“隐喻”“象征”等，其合理性和学理性，只有当莫言叙事的农村世界与经过科技、社会、文化重新建构的农村世界分离时，才会成立。因为它们同样没有看到被重新建构了的人们的意识和观念，即使这种意识和观念，很大程度的确还存在于“高雅文化”中，情况也基本如此。这种文学批评也就与它论评、阐释的文学对象一起，与意识被建构了的人和现实同时错位了。

这进一步表明，在分层社会读莫言小说，体验莫言笔下的农民和农村社会现状，如果上面分析大致不错，那么，从更远的预期重新审视，不妨下个结论。只能说莫言正走在完善现代性农民的路上，绝不能说他已经完成了现代性农民叙事；他的农村题材小说已经意识到了现代性农民与现代性农民个体性所呼唤的现代农村社会，但因中间还隔着中国前现代、现代及当代某些“反现代”的厚重隔板，他也是以这样的判断来对待他的农村故事背景的，也就不能算真正意义的现代主义农村题材小说。

这可真不是因为他用现代意识写了农民和农村，就必然导出他的农民和农村具有现代性和现代性特征那么简单。

（作者单位：宁夏社会科学院文化研究所）

---

① 详见［匈牙利］乔治·马尔库什：《文化、科学、社会——文化现代性的构成》，孙建茵、马建青等译，黑龙江大学出版社2015年版，第17—25页。

从"××体"到"××文学"：互联网文学野生性溯源

夏迪鑫

从争议不断到与主流文学隔空击掌，互联网文学的演进与媒介技术的发展亦步亦趋，引发了关于文学生活化、媒介化的全新思考。与此同时，先发制人的社交媒体以惊人之势掀起"野生文学"造梗浪潮，从"凡客体"到"林黛玉发疯文学"风格百变、数量繁多。作为层出不穷的互联网流行语，跨越时空的"××体"与"××文学"彼此串联，不仅解构了"文学"二字的神圣内涵，也展现出大众文化狂欢对传统文学的戏仿姿态，并在"爆梗"与"黑话"此消彼长的过程中记录着互联网文学的迭变节奏。

一、成为文体：社交媒体中的互联网文学

"文体是文学的直观存在、第一存在，通过形式的阐发使意义自然彰显。"① 追本溯源，无论是强调文学表达行为方式的"Style"还是更注重文学作品类别差异的"Genre"皆指向语言的形式特征和文本的内部结构。基于此，西方文体研究出现了以雷蒙德·查普曼为代表的"语言共核"② 论，尽管韦勒克和沃伦认为"文体学的核心内容之一是将文学作品的语言与当时语言的一般用法相对照"③，仍然不可否认始终是文学作品中使用频率最高、最广泛的词汇、语法和句式助推文学在不同语域中的有效

---

① 赵宪章：《文体形式论》，广东高等教育出版社 2019 年版，第 5 页。

② ［英］雷蒙德·查普曼：《语言学与文学：文学文体学导论》，王士跃等译，春风文艺出版社 1988 年版，第 22 页。

③ ［英］雷蒙德·查普曼：《语言学与文学：文学文体学导论》，王士跃等译，春风文艺出版社 1988 年版，第 23 页。

交流。国内研究也认为“文体”是“Style”的专指义，“狭义上的文体指文学文体，包括文学语言的艺术特征（即有别于普通或实用语言的特征）、作品的语言特色，或表现风格，作者的语言习惯以及特定创作流派或文学发展阶段的语言风格等”①，或者说，如果“文体是一种特殊的符号结构，那么，文体就是符号的编码方式”②，更为重要的是，文体能够“折射出作家、批评家独特的精神结构、体验方式、思维方式和其他社会历史、文化精神”③。

从文体的呈现层面来看，学界又形成了不同的要素划分方式：如童庆炳将文体划分为风格、语体与体裁④；郭英德将文体从外而内依次划分为体制、语体、体式、体性⑤；徐复观认为体裁、体要、体貌构成了文体的三要素⑥等。也就是说，基于不同文体所配套的语言系统，文体学的应用与研究旨在为文学创作提供多套体例与范式，既保持各个文体内部的一致性，也推动各种文体进行相互渗透，继而在体裁、语体和风格的生态系统之中实现文学形式与思想情感的有机统一。以此为演变逻辑可知，文体的形成与流变是从内到外、从微观到宏观、从过去到未来的过程，“旧文体参与了新文体的建构”⑦，新文体则是对旧文体的创造性转化。

借此视角考察互联网文学，其在一定程度上是对传统严肃文学文体的线上转化，但由于互联网媒介所具有的即时性与交互性，“互联网+文学”这一简单粗暴的“媒介渠道+艺术门类”的命名方式本身就存在问题。一如媒介融合实践多年来检验出的结论——所谓的“互联网+”并非单纯地将某一事物平移上网，因此，互联网文学正逐步展现出其与传统严肃文学的巨大分野，如今在社交媒体中蔚然成风的“互联网野生文学”正是一例。“野生”原意强调非经人工驯养或培植，引申至互联网文学语境用以和规范的书面语体系进行区分，强调“××文学”作为网络流行语的自主性，及其当下“缺乏核心概念、具有开放性和未完成性”⑧ 的根本特征。虽然互联网野生文学尚未有相对明确的概念，但从2006年“梨花体”进入大众视野以来，以模仿特定体例为创作热潮的新语体活动迅速走红，随着2010年“凡客体”从商业领域成功破圈为网络热梗，大众媒介逐步成为文学进入日常生活的虚拟渠道，更以丰富变体共同设定了一

---

① 申丹：《叙述学与小说文体学研究》，北京大学出版社1998年版，第77页。
② 陶东风：《文体演变及文化意味》，云南人民出版社1999年版，第2页。
③ 童庆炳：《文体和文体的创造》，云南人民出版社1994年版，第1页。
④ 童庆炳：《文体和文体的创造》，云南人民出版社1994年版，第5页。
⑤ 郭英德：《中国古代文体学论稿》，北京大学出版社2005年版，第4页。
⑥ 徐复观：《中国文学精神》，上海书店出版社2006年版，第179页。
⑦ 陶东风：《文体演变及文化意味》，云南人民出版社1999年版，第15页。
⑧ 康春华：《言语实验、造梗狂欢与重塑青年主体性——网络流行语中的“××文学”现象研究》，《创作评谭》2023年第1期。

种大众共享的文化消费节奏。在进阶为“××文学”之前，“××体”以更为朴素的姿态向文学领域发出呼告，其对社会文化与日常生活进行生动演绎，并衍生出庞大的互联网野生文学体系：

表 1　互联网野生文学衍生脉络时刻表

流行时间	文化类	影视类	事件类	商业类	社交类	数量
2006	梨花体					1
2007	知音体	琼瑶体				2
2010		剑雨体		凡客体	微博体	3
2011		王家卫体、见或不见体、TVB体、宝黛体、痛快体、银镯体、蓝精灵体、Hold住体、赵本山体	丹丹体、撑腰体、高铁体	淘宝体	咆哮体、大概体、怨妇体、秋裤体	17
2012		甄嬛体、元芳体	德纲体	陈欧体		4
2013		小时代体				1
2014		舌尖体		58神奇体		2
2018			是我体			1
2019		泥塑文学	江一燕体		僵尸文学	3
2020			凡尔赛文学、巴士底狱文学			2
2021	口口文学、青春疼痛文学、反总裁套路文学、霸总文学、咯噔文学		阿瑟文学、丫头文学、废话文学、privilege文学	催发货文学、闲鱼文学	卑微文学、彩虹屁文学、捡手机文学、emo文学、发疯文学、鬼打墙文学	17
2022	林黛玉发疯文学			疯狂星期四文学、麦门文学	小狗文学、苦茶籽文学、绿茶文学	6
2023	孔乙己文学、奶嗝文学	缺德文学、塌房文学、耳背文学			乙方文学、括号文学	7

由表 1 可知，从“××体”到“××文学”的转变与社交媒体发展历程存在同频互动。2005 年中国互联网进入爆发期，恶搞文化成为“××体”出现的重要由头，赵丽华诗歌事件孵化出“梨花体”、天涯社区改编经典童话讽刺“知音体”，由此拉开了“××体”进入社交媒体的序幕。随着 2008 年中国互联网国际化进程加速，微博、微信纷至沓来，4 亿网民既是社交媒体的使用者，也是互联网内容的生产者，由此产生了聊天对话框中携带多个感叹号的“咆哮体”、享有固定句式的吐槽利器“怨妇体”、因调

侃天气变化而走红的“秋裤体”等。当微博成为社会公共议题的讨论空间后，来源于热门事件的“丹丹体”“撑腰体”“高铁体”成为捕捉网友情感倾向的注意力落点，这一传统也在2018—2021年再次得到认证，如来自明星官宣的“是我体”、调侃明星家庭的“阿瑟文学”等，并呈现出明显的娱乐化倾向。

从历时性的互联网野生文学发展数量上来看，经历了几年短暂的沉寂之后，“××体”这一造梗体例被横空出世的“凡尔赛文学”唤醒，除了网友自发进行的段子仿写活动，豆瓣平台还出现了“凡尔赛学研习小组”，并衍生出“凡言凡语”“凡学十级学者”“反向凡学”等专有词汇。在搭建精致人设与解构炫富者话语陷阱的持续互动中，“凡尔赛文学”展演了一种对抗关系，且被随后出现的“发疯文学”“废话文学”等持续继承，用以展现多种复杂的文化情感，描摹出时而发疯抵抗、时而躺平摆烂的社会心态。比时的互联网文学体例之间存在明显的依附关系，如“林黛玉发疯文学”“青春疼痛文学”便是“发疯文学”的衍生品，二次创作者们以《红楼梦》《小时代》等原著对白为“数据库”搜索创作模板，即以“小说”哺育“野生文学”，始终在进行一种显性的文本盗猎。

而且，从“××体”频出的2011年到“××文学”爆发的2021年，尽管具体的文字表达有所区别，二者却以十年为间隔记录了严肃文学与媒介狂欢的两次碰撞，以雅俗共赏的文字拼贴呈现出媒介文化演进的节奏感。这种似曾相识的节奏感不仅体现在时间间隔上，还体现在“××文学”起源的话题类型上，与“××体”同样包括文化热点、影视作品、社会事件、商业品牌与社交心态，基本勾勒出日常生活所指涉的整个议题空间。

二、跳出范式：互联网文学的野生性

从文化文体学视角来看，互联网文学是意识形态与社会结构的产物，其始终与文本流通的语域相互制约、相互建构，但其并不属于传统严肃文学所规定的文体类型并展现出“野生性”。这种“野生性”既表明其无法成为经典，也暴露了“互联网文学”名为“范式”实则只是“形式”的真实内涵。说到底，在从生产者到受众的传播路径中，“××体”和“××文学”的成批量出现，其本质是互联网流行语对文学修辞手法的挪用。依托“语言被作为模仿世界的工具”① 这一传统，此类互联网流行语与转发、改写、造梗等行为互为参照，使语言走到台前，让互联网文学成为言语行为的一部分并完成了一种表演性的戏仿。“××体”和“××文学”的娱乐化传播倾向背后，仍然是

① 王善铭：《奥斯汀前后期言语行为理论的比较》，《新乡学院学报》2021年第11期。

“对源文本进行滑稽地、调侃式地模仿和转换而形成新文本的一种叙述修辞手法和文化实践形态”①。

（一）内容的野生性：以戏仿为核心的文学修辞

从文本的基础样态来看，互联网文学的野生性来自多元主体对源文本的戏仿，而且仿文本并不是对源文本的机械式照搬，而是“对源文本的能指或所指进行修正、演绎、颠倒或转换，同时又赋予仿文本新的叙述意图”②。如以“爱网络，爱自由”为代表的“凡客体”，随后被演绎为“爱表演，爱奋斗”的明星版亦或“爱逛街，爱扫货”的恶搞版；再如用“我感觉我真的是疯了”掀起全网仿写热潮的“发疯文学”，后续演变为“你大抵是倦了，竟回我这般敷衍”的“林黛玉发疯文学”亦或“我知道我配不上发货”的“催发货文学”。以上源文本都是已经存在的言语事实，而仿文本通过对预存成分和替换成分的风格化调整，实现了对源文本形式、主题、风格等的派生与转换，即后现代理论家琳达·哈琴所述的“双重编码”③ 文本。

具体来看，“××体”模拟文学研究中特定体例的生成过程，具有鲜明的自主性与网络特征，而“××文学”对文学体例的借鉴程度更高、篇幅更大、脉络更广，二者接续记录了互联网造梗的表演历程，并一次次助推某一特定写作形式实现广泛传播。因为，当仿文本去掉替换成分之后，其预存成分具有明显的可识别性，也形成了对于二次创作者们简单易学的仿拟框架。如“privilege 文学”中“既然提起了 privilege……”和“我的高傲已经尽数体现了”这两句精华，简单易懂又明确如填空题，一时间使得“万物皆可 privilege”刷屏全网，再如“凡尔赛文学”先抑后扬、明褒暗贬的炫耀语气，“卑微文学”必须以“宝”起势的浮夸姿态等，无一不是借助特定仿拟框架实现了互动、娱乐与共情的传播效果。

（二）渠道的野生性：以互联网为媒介的话语操演

从互联网文学的流通语域来看，依托于社交媒体进行传播助推了其多源性、多变性、互动性与开放性的实现。得益于语言的操演性，文学也可以被视为语言的操演，这种“操演不是一个单一的行为，而是一种重复、一种仪式”④，因为传统意义上的文

① 程军：《西方文艺批评领域“戏仿”概念的界定》，《南通大学学报（社会科学版）》2013 年第 6 期。

② 程军：《西方文艺批评领域“戏仿”概念的界定》，《南通大学学报（社会科学版）》2013 年第 6 期。

③ ［加］琳达·哈琴：《后现代主义诗学：历史·理论·小说》，李扬、李锋译，南京大学出版社 2009 年版，第 41 页。

④ ［美］朱迪斯·巴特勒：《性别麻烦》，宋素凤译，上海：生活·读书·新知三联书店 2009 年版，第 8 页。

学也是“由一系列的创作惯例、俗成观念、媒介运用以及文体构成的”①。按照这一方式将“文学”与“互联网文学”进行比较，二者的传播皆是一种将已经存在的东西进行差异化重复的过程，至于“××体”与“××文学”的大规模演绎，这种“梗”文化生成路径也将继续为各类互联网流行语所用。但是，无论是严肃文学中的特定体例，还是互联网文学中的写作模板，这一规范的形成模式本质上是开放的，正是其能够随着历史情境变化才衍生出无数变体，已经成为网络热梗的部分只是一种既有的可能而已。这种或然而非必然的逻辑理路，阐明了“××体”“××文学”能够在本质上延续、形式上断裂的原因，也指出了互联网文学的内在稳定性与生产性，并将持续成为大众媒介向严肃文学靠拢的表演方式。

仔细分析2012年之后的互联网流行语不难发现，从“元芳，你怎么看”“帮汪峰上头条”“且行且珍惜”到“世界那么大，我想去看看”“燃烧我的卡路里”“我不要你觉得，我要我觉得”，即便没有继续使用“××体”的创作体例，其本源仍旧与文化热点、影视作品、社会事件、商业品牌与社交心态息息相关。这意味着，互联网文学与通用的互联网流行语共享同一片创作沃土，而在社交媒体发展初期爆火的“××体”其实是一种适应性迁移，即不知道如何应对互联网文本创作规律的网友们主动向传统文学借力，并在提炼出更多造梗方法之后将“××体”逐步置于后台。除了与其他形式网络流行语的流量争夺，互联网文学内部也存在极大的流量偏差，如在互联网文学元年的2021年，“凡尔赛文学”的搜索热度是第二名“privilege文学”的2.9倍，而看似火热的“废话文学”“发疯文学”，热度其实只有“凡尔赛文学”的一个零头②。与其他互联网内容产品一样，媒介性质决定了互联网文学的传播样态与触达边界，充斥于网络的不确定性同样是互联网文学野生性的技术基底。

（三）受众的野生性：以表达为目的的言语行为

比传统严肃文学拥有更广泛的受众，是互联网文学得天独厚的传播基底，也是普泛意义上敞开“文学”大门后必然触及的主体野生性。如赵丽华用《一个人来到田纳西》作为自己成为诗人的敲门砖，却最终只能被嘲讽为不伦不类的“梨花体”，这种只用白话断行的文本显然不可能是诗歌，可它却在互联网上找到了一处落脚地。比“××体”自由度更高的“××文学”，则不再局限于单一句式，开始强调此类文本背后的情绪表达，如来自饭圈文化的“咯噔文学”被提炼为带有矫情色彩、令人尴尬的文字，“凡尔赛文学”则从博主“蒙淇淇77”的个人生活变为“凡学”。由于受众主动

---

① 朱全国：《论触觉的建构与去神秘化》，《西南民族大学学报（社会科学）》2021年第4期。

② 澎湃新闻客户端：《5张图看懂，今年爆火的互联网文学到底是啥?》，发表于2021年12月2日，引用于2023年12月4日，网址：https://m.thepaper.cn/baijiahao_15656447。

成为二次创作者，他们不仅增加了隐含叙述者的数量，还将自己的创新融入表达过程中，参与此类“造梗”行为的个体或群体也通过遵守特定体例规范的方式，完成了自我进入大众媒介空间的表演。随后，这些互联网文学逐步抛开了体例与形式，转而成为一种表达情绪的概念体，如何演绎与填充成为创作者和模仿者的自由，由此具备了愈发难以预测的主体野生性。

稍显特殊的是，互联网文学的出圈路径侧重于对实用性的挖掘，即受众更在乎如何以传者的身份创作一份互联网文学文本，而非其具体内涵或此类文本是否为“真文学”。比如网友们或许理不清《甄嬛传》中的妃嫔排序，却能够毫不费力地模仿一位清宫娘娘说话的语气，再如大众鲜少能背诵出完整的《红楼梦》章回标题，却仍然能假装病恹恹地打出来“倒是终究被哥哥嫌弃了”。与之互为照应，在互联网文学检索关键词中，“生成器”“模板”“语录”“文案”等词语频繁出现，易于掌握、主题多元的互联网文学为大众提供了“趁手”的线上交流工具。这些语言交流都会涉及言语行为①，过程中的符号、词或句子是语言与行为联动的载体，虽然文字形态深刻地影响了人们对语言的认识，但结合语言所处的语境其仍然凭借行动性的本质存在表演性，而“××体”“××文学”这类互联网文学的传播样式背后，正是一轮又一轮的戏仿行为在蓄力，继而形成了二次创作者们对真实世界或可能世界的多样化表述。

三、融入生活：互联网文学野生性的媒介共性

借助以戏仿为核心的文学修辞，受众依托互联网媒介操演以表达为目的的言语行为，这种从文学到文字再回归到言语行为的关系递推，是“梗”文化浪潮与媒介表演相互影响的结果。究其根本，是文化下沉与信息技术浪潮孵化了互联网文学生成与传播的野生性，互联网文学是文学与生活在媒介空间内相互碰撞的必然产物，且呈现出表演性、私人性与拼凑性的野生特质。

（一）演性：媒介空间的情感寄托

互联网文学中的仿文本之所以保持着戏谑性的表达张力，是因为其始终让“似曾相识的亲切感”与“批判性的评价”② 共存，并以特定内容的表演姿态完成情感表达。可以说，在由仿拟框架串联起来的源文本与仿文本之间，互联网野生文学的造梗法则恰好保留了一种双重性的矛盾关系，能“在相似与不似、寄生与创新、依赖与独

---

① 朱全国：《语言观念的转变与文学表演性》，《西南民族大学学报（人文社会科学版）》2023 第4 期。

② 赵宪章：《超文性戏仿文体解读》，《湖南师范大学社会科学学报》2004 年第 3 期。

立、模仿与改编、重复与差异中形成作品的内在张力和冲突”①。这种创作权力的释放与语言二具的共享，方便让广大网友通过对词语、句子的再现、替换完成属于自我的情感表演。此语境下的表演并非专业如戏剧、舞蹈、杂技等演出，但行为者大多以表达自我、影响他人为目的②进行内容创作，并将文字符号作为动作，交织在一起形成新的意义③。

这种表演不仅是一种约定俗成的线上互动，也回应着线下表达空间缺失的现实语境。现代社会的发展不仅是精英知识分子所主导的“运动”与“思潮”，它更基于来自世俗社会的一种生活态度的重要改变④，互联网文学的出现便是对当前社会群体心态的集中描摹。如“小时代体”是对浮夸文风的反讽吐槽，“凡尔赛文学”是对贫富差距的集体调侃，“废话文学”是对无意义游戏的现实抵抗，“发疯文学”是对精神内耗的释放诉求，“鬼打墙文学”是对话语规则的草根戏仿。这些话语景观看起来如同幼稚的无厘头游戏，实际上却是以“梗”文化为包装的社会情感的鲜活投射，而互联网文学则承载着情感互动、缓解压力与黏合价值的复合效用。这种创作体例以相对亲民的姿态，让参与其中的受众体会到具有文化氛围的讨论环境，并借助“梗”文化打破个体孤立的内容旗帜，以所指的消解为代价持续满足着个体价值的表达诉求。

（二）私人性：互联网媒介的渠道特征

作为互联网文学的技术支撑，互联网媒介兼具开放与封闭的矛盾特质为“××体”“××文学”持续传播提供可能。因为，对于大多数互联网用户而言，这一媒介的入口与表达具有极强的私人性，但随之而来的表演空间却是公共的，将日常生活通过编辑、改造上载互联网，为互联网文学提供了丰富的创作土壤。如2011年在互联网走红的“咆哮体”，来源于名为《学法语的人你伤不起啊！》网络热帖，文章本来是围绕法语作业太难进行的乐观自嘲，这种情绪刚好符合网友们发泄私人领域压力的需求，随后才演变成许多以感叹号结尾的字句体例。将日常生活作为传播内容的表征背后，是以互联网渠道特色为基础的大众文化展演，正是网友们把私人日常生活引入公共消费空间，才得以实现如此广泛的虚拟共情与二次创作。在此过程中，囊括文化热点、影视作品、社会事件、商业品牌与社交心态的互联网文学则成为日常生活的镜像，即一系

① 程军：《西方文艺批评领域“戏仿”概念的界定》，《南通大学学报（社会科学版）》，2013年第6期。

② 崔晓璇主编：《影视表演学基础》，沈阳出版社2018年版，第3页。

③ 朱全国：《现象学视域下图像意识的嬗变及其意义呈现》，《西南大学学报（哲学·人文科学·社会科学）》2020年第4期。

④ 李怡：《日常生活与中国现代文学研究》，《文艺争鸣》2022年第12期。

列满足普通人生存、发展需要的行为和情绪、思想，并被纳入整个国家、社会或时代的文化生态基础①。

但是，在以日常生活为社交货币的过程中，渠道的私人性也在一定程度上限制了互联网文学的解码方向。在私人化的接入端口之外，是带有各种私人体验的行为主体，是否达成互联网空间内的有效共情始终具有可选择性，如2021年火爆的“凡尔赛文学”仍然出自博主分享的日常生活，受众却因为无法与对方的炫富行为共情而产生了明显的嘲讽情绪。这意味着，尽管渠道的开放性能够聚合意见群体进行态度表达，但少数意见领袖的私人经验并不能代表普遍规律，在“凡尔赛文学”基础上出现的“巴士底狱文学”、围绕网络小说母题出现的“口口文学”“霸总文学”“青春疼痛文学”“咯噔文学”等，都佐证了互联网文学在大众媒介中迅速生长的野生性。因为，互联网既能让意见领袖被看见，也能让个体受众被看见，这一渠道辅助多种私人体验以更快的速度相互碰撞、融合，才形成了属于当下时代的群体情绪。

（三）凑性：媒介驯化的思维惯习

经由表演性与私人性特质的编纂，互联网文学不仅形成了丰富多样的模板，更凭借低门槛、可复制调动更多受众参与创作，以创新与模仿并行的方式同时满足其成就感和安全感。但这种创作过程中的“文学”显然已经形成了更为大众化的理解方式，尤其是与规范书面用语、文学用语相比，其成为展现特定群体心理症候的言语形式，折射出当前媒介文化中重塑主体性的转型路径以及打造圈层认同的拼贴逻辑。如以明星姓名代表事件本身的“丹丹体”“德纲体”“江一燕体”“阿瑟文学”，又如围绕同一种发疯情绪而来的“咆哮体”“发疯文学”“催发货文学”“闲鱼文学”“林黛玉发疯文学”等，这些互联网文学在具体表现形式上有所差异，却在命名方式与观点传递上保持着以点带面的一致性，择要且迅速地完成内容与形式的广泛普及。尤其是在“××体”到“××文学”相隔的十年间，快手、小红书、抖音等越来越多的信息消费平台通过更快的信息到达速率降低受众获取资讯的耐心，“只求形式、不求深度，只看热搜、不读经典”已然成为互联网用户的普遍特质，提要式摘取文本架构的互联网文学恰好满足了受众的此种心理需求。

与此同时，社交媒体的即时性与碎片化也影响着互联网文学的存续时长与普遍认知。从传播数据来看，“××体”和“××文学”一边享受话题热度一边呈现出后劲不足的传播趋势，甚至“privilege 文学”的检索热度从暴涨到消失只经历了短短一天②。

---

① 李怡：《日常生活与中国现代文学研究》，《文艺争鸣》2022年第12期。

② 澎湃新闻客户端：《5张图看懂，今年爆火的互联网文学到底是啥?》，发表于2021年12月2日，引用于2023年12月4日，网址：https：//m. thepaper. cn/baijiahao__15656447。

究其原因，是尽管这种互联网热潮击中了受众求新求异的媒介消费需求，但仅靠新奇又熟悉的观感并不能获得严肃文学认可，其始终以“梗”的文化样态在媒介空间中流通，并“通过象征性的方式巧妙地反映出不断变动且具有高度自我参照性的集体张力或情绪”①。此类表达行为仍然具有表演性和私人性特征，更是无数主体通过拼贴互联网流行语来建构自身形象的媒介实践。随着大众媒介不断提高受众“喜新厌旧”的速率，无论是在同一种体例下的多次创作，还是学习不同种类互联网文学的段子写作，借助互联网模板对生活体悟进行文学化表达已然是受众被长期驯化出的话语操演本能，但由于缺少原创性和文化底蕴，这些拼凑之作只能作为个体性书写化作媒介记忆，无法在更广阔的层面上实现文体的析出与文化价值的凝练。

四、超越传统：互联网文学的文化个性

“即使是最为普通、不起眼的生活形态，也是对更为普遍的社会和文化秩序的表达”②，一如“××体”“××文学”在为受众带来创作便捷的同时，二者都记录了社会发展的文化风貌，甚至在媒介文化圈层中打造了一种话语行为的时尚：一部热播影视作品能让“甄嬛体”“元芳体”名声大噪，也能让“缺德文学”“塌房文学”成为营销卖点；一种压抑情绪能够直白如“咆哮体”“怨妇体”，也能婉转如“卑微文学”“emo 文学”；一个娱乐事件能够冠以明星姓名如“德纲体”，也能让网红一战成名如“凡尔赛文学”。与其说是“不确定性”成为互联网文学最突出的文化个性，不如说是时代性赋予了其多重变化的可能，而从“××体”到“××文学”的反复召唤，主要动因在于互联网文学已经承认了“媒介成为生活”的事实。

在内容层面极尽所能的表演性意味着，互联网文学借助文学修辞在完成一种从展示功能到娱乐功能的传受互动，而这种互动正是大众信息消费的重要组成部分。围绕社会热点造梗能够进行意见表达，追逐影视作品热梗可以彰显文化品位，互联网文学承载着创作者们对其传播效果的持续想象。可见，媒介文化中的想象关乎个体与文化体验以及当前经历、知识、感觉及未来的关系③，是其沉浸于媒介互动时在脑海中产生的各种理念的动态集合。在此情况下，互联网文学所携带的隐喻意义已经具备了不

① 徐娜娜：《流量时代“梗”的多维呈现及引导策略》，《南京邮电大学学报（社会科学版）》2023 年第 1 期。

② ［英］戴维·英格利斯：《文化与日常生活》，张秋月、周雷亚译，中央编译出版社 2010 年版，第 4 页。

③ ［美］朱迪思·朗格：《文学想象：文学理解与教学》，樊亚琪译，上海教育出版社 2015 年版。

同层次的传播效能，一方面聚焦于文本，一方面在参与点赞、转发、改写的主体身上发挥作用，是此类个体或群体的自我表达，也是其寻求外界认同与情感共鸣的社交资本。由于蹿红快、易模仿、周期短，此起彼伏的互联网文学堪称媒介文化场中的“排浪式消费”，而期间肉眼可见的话题度还营造了一种草根文化反向影响精英文化的传播想象，不断迎合着广大受众的信息传播需求。这种文化并非受众自娱自乐的游戏，而是社会危机的症候和社会变迁的隐喻①，“××体”与“××文学”的诞生，是借助想象力以文学上的仿拟框架来对社会进行概念化构建的尝试，它们不仅反映了人们对社会变化的认知，也影响到对文学与热点内容本身的态度与理解。更确切地说，“××体”与“××文学”并不是语言修饰方式的展演，而是一种从诗意想象延伸而来的隐喻逻辑，直接辅助受众认识世界，即通过众人耳熟能详的文学域迁移到任何抽象复杂的事实或情感上，而这一内隐的传播效果也容易触发更多互联网文学体例的持续生长。

作为辅助互联网文学野蛮生长的重要渠道，互联网媒介中的社交媒体形塑了一种“线上/线下”的内容生产与文化消费逻辑，并以几倍于用户数量的私人化空间持续重复着从线下到线上的文本盗猎。为现实社会所累的人们找到了互联网提供的“第二世界”，尝试通过戏仿造梗对日常生活进行艺术化再现，以看似荒诞的语言表达一定程度的抵抗，而这种情绪一经传播就会从个人体验变为集体共鸣。面对程式化、教条化的思维方式，互联网文学的反传统操作是一副十分有益的清热解毒剂，它践行着平等对待一切文学体裁的狂欢化思维，也在互联网空间保持着文学内容与形式的开放性，只是当某一体例陷入过度开掘的自我重复时，其有限的生命力也被消耗殆尽，无法继续进行表演。究其原因，是隐喻遇到了语言的通胀②，临时被挪用来的文学体例被注入了过于多样化的思想、情感，其裂变速率远远高于传统文学的发展方式，尽管其以模因形式传递文化信息、形塑社会心态和群体行为③，但这种互联网空间的行为想象是仪式化的，躲在“第二世界”背后的身体仍然只能孤独地享受拆解乃至“重建”文学的乐趣。再结合互联网带来的碎片化思维与快餐式消费逻辑，互联网文学的存在只是增加了“梗”文化的数据库含量，却并没有真正通过想象共同体为个体构建出持久稳定的归属感。说到底，互联网文学就是大众媒介中的快消产品，每逢互联网空间内部的原创能力降低，已经成型的线下经典又会被带入线上空间，以分众消费的短暂火热完成又一轮私人化表达。

从“××体”到“××文学”的断裂与延续，既暴露了互联网文学有限的创造力，

---

① ［美］约翰·菲斯克：《解读大众文化》，杨全强译，南京大学出版社 2006 年版，第 5 页。

② 岳永逸：《语言的“通胀”与意义——纪念李安宅》，《读书》2020 年第 5 期。

③ 胡兵、张静文：《模因论视阈下“梗”的生成与传播研究》，《当代传播》2022 年第 2 期。

也佐证其持久的生命力，这正是受众通过文化拼贴赋予互联网文学的野生性资本。尽管有内容生成逻辑与媒介传播逻辑的双重加持，互联网文学始终要面对自身与严肃文学之间的身份关系，即便其借助文学修辞和媒介推广达成了一种特定语域中的文学想象，可这种想象天生具有脆弱性。因为大部分互联网文学的出处并非传统意义上的文学经典，尤其是来源于文化热点、影视作品和社会事件的体例具有极强的网络特征，它们更多地在使用“体”与“文学”二字的衍生所指，无论是在篇章结构的完整性还是现有文本的体量上都远远无法与严肃文学内涵相比肩。然而，因为能指的相似性，很可能导致网友在“梗”文化浪潮中产生文学挪用的认知偏差，或者将互联网文学与严肃文学混为一谈，或者对严肃文学本身的适用价值产生怀疑，因此必须承认，互联网文学的延续始终走在一条消解文学传统内涵的危险道路上。与此同时，互联网文学也在向传统发出挑战，不仅是因为媒介载体发生了变化，也因为作为用户生产内容的互联网文学具有更浓厚的隐喻意味，网友们不仅知道“××文学”的写作特色，还知道使用这一流行语进行交流，即将写作体例上升为一种价值判断与文化名词，其认知广度远远超过对传统文学中某一韵律、某一叙事手法的了解。正因如此，互联网文学不得不面对一种处于严肃文学对立面的身份质疑，它既可以被解读为“黑色幽默”“行为艺术”“流量密码”，也同样可以被批驳为“意义消泯”“价值解构”“浮躁不安”。换言之，当“文学”的过程与形态被挪用到互联网语境下进行更加丰富的表演，对于文学本源与内涵的质询也势必如影随形。

面对互联网文学的一次次流浪与回归，“媒介成为生活”的下一步正在指向现实世界的方方面面，被反复挪用的文学只是其中一种表达方式，而“新的一代人将会以其自身的方式对他们继承的独特世界做出反应，吸收许多可追溯的连续性，再生产可被单独描述的组织的许多内容”①，至此，文学的内涵被迫扩容，甚至还将继续从自身的表演性拓展出更为多样的媒介展演形式。放眼大众媒介无处不在的当下，互联网文学在内容、渠道与受众上所展现的野生性，将凭借其表演性、私人性和拼凑性继续发力，并以反讽的姿态、隐喻的智慧点亮媒介文化的舞台，以保证其不至于过早地被湮没在纷繁的媒介表演之中。但在此过程中，严肃文学所展现的始终是一种对文本的包容，并以规范、精英、主流的姿态回应互联网文学的非规范、大众、非主流，即在尊重受众多样化需求的同时继续保持文学本身的思想性与文化价值。

（作者单位：成都大学文学与新闻传播学院）

① ［英］雷蒙德·威廉斯：《漫长的革命》，倪伟译，上海人民出版社2013年版，第62页。

异质他者与同轨镜鉴①

——朝鲜半岛文化视阈中的“五四”新文学

张乃禹

自古以来，作为汉字文化圈的典型代表，朝鲜半岛②在地缘政治上密迩中国，在历史、文化和文学方面都与中国一直存续着千丝万缕的关联。“无论是文字资料，还是出土文物，都能证明早在春秋时代，中国文化已经传播到朝鲜。”③ 及至近代，伴随“西势东渐”和中日势力的消长起伏，东亚文化地形随之发生剧变。尤其当日本将朝鲜半岛完全纳入殖民体系时，中国便由历史上的“天朝上国”沦为西方列强的半殖民地，因自身衰落而无暇顾及近在咫尺的朝鲜半岛。可以说，从19世纪末的甲午之战到“大韩帝国”的成立，对朝鲜半岛来说，中国已逐渐由“事大主义”对象的政治图腾转变为绝对的“他者”。由此，两地在文学方面的影响轨迹发生了历史性转折，从影响关系逐渐向平行发展的格局演进。

换言之，在近代东亚格局发生嬗变与重构的历史语境下，处于中日夹缝之中的朝鲜半岛开始逐渐脱离“华夷秩序”，在文学文化方面将影响源和关注点逐渐转向日本，开始通过日本接受西方文明。此时的中国逐渐成为“他者”，对朝鲜半岛的影响力日渐式微。但中华传统文化的辐射力和影响力并未随着东亚文化地形的变化而戛然而止或迅速消弭，而是保持着较强的惯性延伸力量。其重要表现便是“五四”新文学对朝

① 本文系韩国学研究孵化型项目“中韩近现代文学关系史的深层探究与韩国学研究后备力量培养”（AKS-2022-INC-2230001）的阶段性成果，并得到江苏高校“青蓝工程”资助。

② 本文所涉历史时段大致为20世纪20—30年代，彼时朝鲜半岛正处于日据时期，尚未分裂为现在的韩国和朝鲜。而韩国和朝鲜这一说法在历史上也曾经存在，鉴于这种复杂状况，本文为了统一名称，除了引用文之外，都使用“朝鲜半岛”这一名称，对于出现的“韩国”和“朝鲜”之概念，是对朝鲜半岛上国家概念的统指，是包含历史与现存国家的统称，并非单纯现今意义上的“韩国”和“朝鲜”。

③ 张伯伟：《朝鲜古代汉诗总说》，《文学评论》1996年第2期，第120页。

鲜半岛文学演进所产生的影响。

“无论在中国，还是在韩国，受制于‘重西方，轻周边’的研究倾向以及韩国文学作为小语种文学的局限性等，中韩近现代文学关系的研究受关注程度和研究力度显然不如中西方文学关系的研究。”① 为此，本文聚焦“五四”新文化运动和新文学革命在朝鲜半岛的传播接受，旨在阐明东亚视野中“五四中国”对周边国家的影响。虽然在近现代朝鲜半岛文化语境中，对中国文化运动和文学革命的关注，似乎已经脱离于时代而变得微不足道。但是，还是有一批儒学渊源深厚的知识文人，基于同位意识和连带心理，将“五四”新文学视为重要镜鉴。他们通过积极译介“五四”新文学，试图将中国经验移植和嫁接至本国文学革命的实践中，其中胡适和鲁迅分别在文学革命思想和文学创作实践方面影响甚巨。尽管受制于彼时文化语境的限制，不得不借力于日本学界的成果来关注“五四”新文学，朝鲜半岛文人还是通过间接和迂回的方式注视着中国文学革命的一举一动。在此基础上，他们尝试构建对“五四中国”的主体性认知，而非拘泥于西方和日本对中国的刻板印象，同时将中国经验应用于本国文化运动和文学革命中。

一、“连带心理”与经由日本重译的“五四”文学革命吸收

有研究认为：“朝鲜半岛从19世纪遭受西方和日本的殖民侵略开始，不再将中国视为同行者和学习的对象，而是视为文明开化的落伍者和朝鲜近代化的障碍。”② 这虽然基本符合现代东亚格局嬗变的实际，但在朝鲜半岛知识文人中，对中国的认识也并非一边倒的全盘否定。早在1876年朝鲜开港之后，随着铁路、轮船等交通手段的空前发展，不同国家间的空间移动变得前所未有地便捷。“韩国沦为日本殖民地前后，一大批韩国的爱国文人先后流亡到中国，中国成为韩国流亡文人的‘话语场’。”③ 他们对同样处于殖民地边缘的中国，怀有深厚的连带感和同位意识，在日本对朝鲜半岛发挥绝对影响力的前提下，仍然选择中国作为亡命地和独立运动的舞台，使中国与朝鲜半岛继续保持着不同以往形态的交流关系。

---

① 崔一：《中韩近现代文学关系研究的历史与现状》，《中国现代文学研究丛刊》2017年第12期，第148页。

② 郑文尚：《近现代韩国人的中国认识轨迹》，《韩国近代文学研究》2012年总第25期，第121页。

③ 金柄珉：《韩国流亡文人的东亚认识与主体性建构——以韩国流亡文人的中文书写为中心》，《现代中国文化与文学》2020年第3期，第189页。

这些为了国家解放而亡命中国的独立运动家和留学中国的知识文人们，形成了另外一种中国认识。他们对同处于列强环伺中的中国，表现出更多的连带心理。梁建植、丁来东、李东谷、李允宰等人积极关注“五四”新文学，以胡适和鲁迅为中心，在文艺理论吸收、新文学思想借鉴和文学创作等方面，将“五四”新文学运动视为“他山之石”和异域参照，旨在推进朝鲜半岛的新文化运动。

1922年李东谷在《开辟》上发表《论新东洋文化的树立——以中国旧思想和旧文艺改革为他山之石的新文学建设运动》，对胡适的《文学改良刍议》和《文学革命论》进行详细介绍之后，明确指出胡适和陈独秀发起的文学革命“能够为我们的文化运动提供刺激和参考”①。1923年李允宰在评价其翻译的胡适《建设的文学革命论》时，强调“期待《建设的文学革命论》能够给予崇尚陈腐、腐败的死文学的朝鲜人以深深的刺激”②。1922年8月22日，梁建植在《东亚日报》发表了《中国的思想革命和文学革命》一文，其中鲜明体现了其介绍中国文学革命的目的意识。他不仅关注中国文学形式上的文体变革和文学体裁的革新，而且尝试在对“思想革命”的延伸思考中，准确把握“文学革命”。首先，他从中朝现实处境的类似性出发展开立论，表达了对中国青年革命运动的支持和声援。

> 从任何角度切入观察，都可以发现中国与我们朝鲜的处境比较类似。无论在思想意识、社会组织和政治程度方面，还是启蒙时代所处的时代语境和革命精神的酝酿方面，皆是如此。新中国的建设过程，与新朝鲜的建设过程亦极为相似。旧中国也经历了与旧朝鲜一样的破坏过程，有着同样的命运。因此，如果我们对中国的新文化运动有所关注，就会对青年革命运动表现出深切的同情。③

梁建植披露了自己关注和介绍“五四”新文化运动的原委。中国与朝鲜半岛无论在旧体制的破坏，还是新国家的建设方面，都具有相似性，因而朝鲜有必要了解和关注中国的革命运动。这种同位意识和连带感基础上产生的中国认识，迥异于19世纪末“文明开化的落伍者”“朝鲜近代化的障碍”等否定性中国认知，体现了对相同处境的中国进行重新认识，并积极借鉴“五四”新文化运动和新文学革命先进经验的内在意图。

---

① 李东谷：《论新东洋文化的树立——以中国旧思想和旧文艺改革为他山之石的新文学建设运动》，《开辟》1922年总第30期，第18页。

② 详见洪昔杓：《近代韩中交流的起源》，韩国梨花女子大学出版社2015年版，第148页。

③ 梁建植：《中国的思想革命和文学革命（一）》，《东亚日报》，1922年8月22日。

梁建植对“五四”新文化运动的介绍并未止步于此，次年又将胡适的《五十年来中国之文学》译为《最近五十年的中国文学》连载于《东亚日报》，从新文学运动当事者的视角，对中国文学的现状进行重新阐释。梁建植认为文中所说的“五十年”代表着整个中国新文化运动的全过程。此后的1930年，梁建植又发表了《从文学革命到革命文学》一文，再次论及“五四”新文学运动。在文中，他将“五四”文学革命定义为“文言文学的废除，国语文学即言文一致文学的新建设”，将胡适的主张与陈独秀、钱玄同、蔡元培发起的文化运动相结合进行阐释，认为通过“五四”新文化运动，白话文的影响力大增，新潮社和新青年社的创作引起了中国思想文化界的大革命。梁建植通过对“五四”新文学革命的数次介绍，表明了思想革命与文学革命密切相关的观点，并尝试将这种经验运用至朝鲜半岛的新文学革命之中。

纵观梁建植对“五四”新文学运动及作品的译介活动，可以发现他的多数“五四”新文学评论文章都是借助于日本的研究成果，很大程度上属于某种间接性研究。这固然与当时朝鲜半岛所面临的文化困境不无关联，处于日本殖民地的朝鲜半岛，包括学术研究的所有领域都笼罩在日本殖民话语阴影之中，梁建植自然无法摆脱时代语境赋予的局限性。同时，从梁建植个人角度来看，由于缺乏中国留学体验和相应的中文能力，不得不经由日本学界，迂回地关注“五四”新文学。如1920年11月梁建植在《开辟》杂志上发表《以胡适氏为中心的中国文学革命》，“是近代朝鲜半岛首次对中国现代文学和文学革命进行评论的文章，也首次将胡适介绍到了朝鲜半岛”①。但经过仔细比对，可以发现此文并非梁建植本人的原创作品，而是转译自日本学者青木正儿发表在日本期刊《支那学》上的《胡適を中心に渦いてゐる文学革命》。青木正儿的此篇评论是除《朝日新闻》的短篇报道之外，世界上最早详细介绍和分析“五四”文学革命的文章。

在《以胡适氏为中心的中国文学革命》一文中，梁建植对《文学改良刍议》和“五四”新文化运动进行了介绍。虽然是转译自日本学者的文章，但行文中还是能够发现梁建植的个人理解和分析。梁建植在此文的序言中，介绍了中国文坛革新气氛的高涨，将文学革命归结为“白话文学的鼓吹”，接着提及胡适在《新青年》发表的《文学改良刍议》，称之为“文学运动的序幕”，然后对胡适本人进行了简短的介绍，接着对胡适文学改革的八条原则进行了详尽的阐释。同时，也向朝鲜半岛学界介绍了《文学改良刍议》的诞生背景、《新青年》的由来以及陈独秀《文学革命论》等。梁建植认为胡适和陈独秀的思想理论是互补的，共同构成了新文化革命的内在驱动力量。后面

---

① 张乃禹：《朝鲜半岛的五四新文学译介——以梁建植的翻译研究为例》，《中国社会科学报》，2019年4月1日。

还提及了胡适的《尝试集》和《建设的文学革命论》以及傅斯年的《文言合一草议》等，最后论及鲁迅的《狂人日记》，给予高度评价的同时，表达了对鲁迅新作的期待。

《以胡适氏为中心的中国文学革命》是朝鲜半岛文坛最早较为全面地介绍“五四”新文学现状的评论文章，以胡适中心，涉及当时的众多知名作家，对小说、戏剧和白话诗歌的创作也有所论及。因此，一经发表就引起朝鲜半岛学界的持续关注，胡适的名字也逐渐开始在知识文人中广为流传，他们试图在全面了解“五四”文学革命的基础上，为本国新文学运动的开展寻找某种可资借鉴的参考坐标。

1921 年，梁建植曾致信胡适，在信中他首先对胡适和高一涵为《开辟》杂志的题词表示谢意。然后表达对胡适的仰慕之情，同时提出转译青木正儿关于胡适评论文章的想法，同时请求胡适提出“可以警醒我朝鲜青年之高论”，并附送胡适照片一张，刊载于《开辟》杂志，“以劝奖我景仰阁下之朝鲜青年”。在信中，梁建植称“景仰阁下之大名久矣”，盛赞胡适为“中国文坛之权威”，可见他已将胡适视为“为东洋举炬火于文坛之伟业”的东亚精神镜像。青木正儿在《胡适を中心に涡いてある文学革命》中曾论及《尝试集》，《支那学》的“新刊介绍”专栏也曾对胡适作序的《新式标点水浒传》进行过介绍。因此，鉴于梁建植对青木正儿文章的重译及其与日本学界的密切关系，梁建植致胡适的信中所提及的《尝试集》和《新式标点水浒传》，极有可能也是通过日本获取的相关信息。

据考证，1922 年梁建植连载于《东亚日报》的《中国的思想革命与文学革命》，也是重译自《日本及日本人》的相关文章。同年发表的《玩偶之家》也是参考了两种日译本和一种英译本。事实上，梁建植对日本中国文学研究成果的重译，可以追溯到 1917 年。他的《关于小说〈西游记〉》参考了笹川临风和久保得二的《支那文学史》。1918 年的《关于红楼梦》则带有 1916 年日本文教社出版《红楼梦》的明显参照痕迹。“起码直到 20 世纪 20 年代初期，梁建植对中国的新文化运动以及胡适等人对古代小说的研究动向都是转道通过日本学界了解到的。”①

由此可见，虽然梁建植曾与胡适有过书信往来等直接交流，但对“五四”新文学革命的介绍和文学作品的翻译，大都是对日本相关成果的重译。这一方面折射出朝鲜半岛在脱离传统朝贡体系和沦为日本殖民地的急速角色转换中，所经历的文化阵痛；另一方面也展现了朝鲜半岛知识文人们即使通过迂回的方式，也要关注“五四”新文学运动，并将其视为重要异域镜鉴的文化心理，而其中蕴含的正是超越表层影响关系的连带心理。

---

① 董晨：《朝鲜半岛近代文化转型中的中国文学研究——以梁建植中国古代小说戏曲研究为中心》，《文学遗产》2016 年第 6 期，第 168 页。

二、对“五四”中国主体性认知基础上的理论承袭

1919年3月1日，朝鲜爆发了反抗日本殖民统治、争取国家独立的“三一运动”，同年5月4日，中国爆发“五四”运动。从性质上来看，“三一运动”与“五四运动”具有一定的内在同质性，二者都以社会运动的形式，以民族的独立解放为旨归，表达了反帝反殖民的政治诉求，共同参与到“一战”后国际新秩序的重构中。且“先发的三一运动，在一定程度上影响了后发的五四运动”①。那么，“三一运动”爆发后，朝鲜半岛对“五四”中国的认知有何变化？对“五四”新文化运动以及新文学革命的认识和评价，在不可避免地渗透着西方和日本的隐性殖民话语指向的同时，是否也呈现出基于本国立场的主体性认知？

1922年10月，李东谷在《开辟》发表《朝鲜对中国之今后关系》，文中强调：“中国问题不是微小的，而是重大的，不是局部的，而是世界性的。换言之，中国问题可称之为世界的中心问题。”② 他认为不应从传统的视角，而应从世界的视角，客观地切入中国问题观察，将中国问题上升至“世界的中心问题”的高度。李东谷在文中首先以旁观者的视角，对中国的民族观、政治观和文化观进行考察，接着预测了“五四”中国的未来走向，同时对蔡元培的民主运动和陈独秀的社会主义运动进行了介绍，并断言中国新文化建设必将获得成功。

> 朝鲜与中国，无论在过去，还是现在和将来，都保持着最紧密的关联，这是谁也无法否认的事实。但是我们朝鲜人是否真正认识了中国？……只是纯粹无条件的羡慕和妄崇，最近因历史关系引起的愤慨，出现了反对和非难的声音。但是对于两国关系的过去、现在和将来，在报纸杂志上只是偶见一时的批判和争议，我们不能无视中国的存在。③

当时朝鲜文人对“五四中国”的认识，既排斥了传统的“事大主义”视角，也未附和日本殖民语境中的“东亚病夫”式的侮辱性中国观，同时也摒弃了日据时期占据主流的“帝国视线”，而是实现了某种世界史视角的主体性认识转换。李东谷批判了

① 韩琛：《朝鲜镜鉴与五四中国——现代东亚视角中的〈牧羊哀话〉》，《中国现代文学研究丛刊》2019年第7期，第31页。

② 李东谷：《朝鲜对中国之今后关系观》，《开辟》1922年10月第28号。

③ 李东谷：《朝鲜对中国之今后关系观》，《开辟》1922年10月第28号。

殖民语境下无视中国问题的舆论导向，从中可窥见20年代初朝鲜半岛认知中国的敏锐视线，以及从反殖民和现代指向的世界史视角所探察的中国民族、政治和文化。

在此过程中，朝鲜半岛知识文人认识到“五四”新文化运动对待东西方文化的态度，并试图将其应用于本国新文化建设。在1922年11月《开辟》发表的《论东西文化批判与我国的文化运动》中，李东谷主张通过“三一运动”后兴起的新文化运动，深入推进民族改造和国家独立。指出民族改造意味着文化建设，而文化建设则意味着民族的复兴，因此借鉴中国经验，开展新文化运动是全民族的共同要求。

李东谷通过引用和比较英国、中国和日本学者的东西方差异理论，从精神生活、物质生活和社会生活方面，探究了新文化运动的根本态度和方向。其中，提及“中国新文化运动的首脑”陈独秀发表于《新青年》的《东西民族根本思想之差异》，并对该文要点进行简略叙述。同时也介绍了李大钊发表于《言治季刊》的《东西文明根本之异点》，提及东西方文化的八点差异。可见，朝鲜文人在关照“五四”新文化运动时，首先是从接受新文化的精神和态度层面注意到陈独秀和李大钊的东西方差异理论，在此基础上，思考本国新文化运动的发展思路和方向。

> 所谓文化运动，是指强化东方文化？还是输入西方文化？还是新建一个超越两种文化的独创性文化？……若想得到准确论断，必须明确以下几点：1. 东方文化与西方文化的根本精神相反，来源有别，无法协调。2. 东方文化无法在文化意识中获得认可，与西方文化存在不可比性。3. 东方文化不以人为本，不适用于现代生活。那么我们朝鲜人在进行文化运动时，要从根本上否认和抛弃东方文化，全盘接受西方文化……我们的态度已经非常明确：即抛弃东方文化，接受西方文化。①

“抛弃东方文化，接受西方文化”的观点，与“五四”新文化运动批判传统文化，推崇西方文化的逻辑思维理路可谓一脉相承。可见，朝鲜半岛知识文人在研读陈独秀《东西民族根本思想之差异》和李大钊《东西文明根本之异点》之后，吸收了其中的东西文明观，并将其具体运用至本国的新文化运动之中。他们认为中国是东方文化的母体，而中国的新文化运动正是在接受西方民主与科学，反对传统思想的基础上进行的。由此，对“五四”中国的“新”与“旧”应予以重新认识，同时批判了东方文化复兴或东西方文化融合的理论主张。事实上，在“五四”新文化运动的影响下，提出全盘接受西方文化的新文化运动方案的学者，不只李东谷一人，李敦化和金起田也以

---

① 李东谷：《朝鲜对中国之今后关系观》，《开辟》1922年10月第28号。

日本殖民为现实参照，以西方文化接受论为理论基调，尝试构建“五四”中国主体性认知基础上的文化运动方案。

李东谷的《论新东洋文化的树立》首次从朝鲜半岛视角切入，对“五四”新文学运动的整体发展样貌进行概括，旨在以中国为参照系，推进朝鲜半岛新文学运动的历史进程。在文章中，李东谷认为虽然中国接受西方文化的历史已达300余年，但由于中国文化的强大包容性，中国所接受的西方文化经常是经过中国化改造的西方文化。洋务运动由于没有接受西方文化的民主科学精神而必然面对失败的命运。辛亥革命以后，中国知识分子们深切地认识到“一切改造并不仅仅在于政治的变换，更在于民众和社会的改造，即新思想的改革和新文化的建设”。《新青年》杂志创刊三年后，中国社会才真正兴起民众运动，成为“五四”新思想的引领者。李东谷认为，经历中国新旧思想的冲突过程，新文学的宣传和树立才得以完成，进而详细介绍了林琴南与蔡元培之间的新旧思想论争，并称经过这种论争和辩论之后，胡适发表《文学改良刍议》，可称为“破天荒之大事”。后陈独秀《文学革命论》和胡适《建设的文学革命论》的发表，成为新文学运动的理论基石，周作人《人的文学》的出现，充分展现了新文学建设的意义。

接着，李东谷详细介绍了《文学改良刍议》《文学革命论》和《人的文学》，在论及《文学改良刍议》时表示：“胡氏的主张不仅揭露了中国文学及思潮中的病弊，对于汉文学深远影响下的朝鲜文学的改良，是否也可以采用同一策略?”① 在此，李东谷提出了基于朝鲜半岛现实语境的文化苦闷，即如何在摆脱汉文学为代表的中国传统文化影响的同时，接受“五四”新文化运动的经验，并将其运用至本国新文学革命的实践中。

“三一运动”之后的朝鲜半岛，对“五四”新文化运动的现代价值和精神保持了持续关注。在对“五四中国”有了主体性认知的前提下，对以陈独秀和胡适为代表的新文学领袖人物的思想观点，进行理论承袭并积极将其付朝鲜半岛版本的新文学革命实践中。在朝鲜半岛新文学革命者们眼中，“五四”新文化运动并非单纯的文化层面的运动，而是破旧立新的现代政治社会运动、思想变革运动和文学革命运动。由此，在一定程度上排斥了西方和日本殖民话语，在实现主体性中国认知的基础上，朝鲜文人着眼于日本殖民侵占语境下社会现实矛盾的克服，面对反殖民和现代指向的双重目标，尝试从世界史视角重新审视“五四中国”，实现以中国经验指导本国思想运动和文学革命的目的。

---

① 李东谷：《论新东洋文化的树立——以中国旧思想和旧文艺改革为他山之石的新文学建设运动》，《开辟》1922年总第30期，第18页。

三、“同位意识”支配下中国新文学思想和创作的双重镜鉴

从新文学发生的社会文化语境看，中国与朝鲜半岛都面临着外部侵略而处于殖民地或半殖民地话语体系中。因此，在文化心理上，结合历史上曾经长期存续的紧密文化交流关系，朝鲜半岛知识文人对中国所处的半封建半殖民地语境感同身受，“同位意识”油然而生，“五四”新文学自然引起他们的深切专注和深度的思想共鸣。与梁建植不同，丁来东曾在中国留学达八年之久，对20年代中国文学革命现场有着切身的体验。在北京留学期间，丁来东与胡适、周作人等均有过直接交流，也数次听过鲁迅和冰心的演讲。“在接近百名的中国新文学文人中，有过直接接触的达二十余名，其中有必要介绍的有十余名。”① 由此，他在《中国文人印象记》中，对留学期间有过直接对话或通过演讲接触过的鲁迅、胡适、周作人、冰心、郑振铎、刘半农等六人，向朝鲜半岛进行了详细介绍。

可以说，丁来东在“五四”新文学现场所感受到的同位意识更为强烈，他曾指出：“朝鲜接受中国文学的历史悠久，中国的政治形势也与朝鲜存在诸多类似之处，因此需要特别关注和研究。”② 强调了中朝文学交流和政治形势的相似性。同时对接受“五四”新文学的影响带有鲜明的自觉意识，“通过具体、全面、体系性的接受，使朝鲜文化运动有所进展，是目前的当务之急”③。丁来东对将“活文学”与“死文学”二元对立的“五四”新文学理论表示赞赏，认为古典文学是“死文学”，应予以排斥，民间产生和发展的文学，才是具有生命力的真正文学。同时，在朝鲜半岛知识界，也在同位意识的支配下，形成了对“五四”新文学镜鉴意义的共鸣。

> 笔者在中国留学，是在我国“三一运动”和中国“五四运动”之后。因此，我国言文一致运动已经取得相当的成果。当时中国正处于从“五四运动”转向“文学革命”并发展为“白话文运动”的时机。由此，我国新文学的发展与中国白话文学的进度，存在诸多相似之处，彼此之间也有较多关注，笔者介绍中国文学的文章，也在我国报纸杂志上受到了优待。④

---

① 丁来东:《中国文人印象记》,《东亚日报》，1935年5月1日。

② 丁来东:《文坛肃清与外国文学输入的必要（四）》,《东亚日报》，1935年8月7日。

③ 丁来东:《文坛肃清与外国文学输入的必要（四）》,《东亚日报》，1935年8月7日。

④ 丁来东:《丁来东全集（一）》，韩国金刚出版社1971年版，第1页。

在此值得注意的是，丁来东认为中国与朝鲜半岛的共同点，不仅仅在于政治局势和社会现实，而且还在于言文一致和白话文运动等文学领域。不仅如此，还可发现朝鲜半岛知识文人对“五四”新文学的关注，不仅仅局限于文学观念，还关涉文学形式转变等外在层面。“笔者介绍中国文学的文章，也在我国报纸杂志上受到了优待”说明自《开辟》杂志在20年代初表明关注“五四”新文化运动的立场后，朝鲜半岛对“五四中国”的关注从未间断。

在丁来东关于“五四”新文学的论述中，胡适和鲁迅一直作为核心人物登场。他在概括中国文坛的文章中，准确点明胡适“言文一致”为主旨的文学革命的倡导背景，同时认为胡适和陈独秀是文学革命的提倡者，鲁迅是文学革命的实践者。指出鲁迅“能够运用熟练的白话进行创作，小说中毫无赞美旧思想的内容，也毫无袭用旧小说形式的痕迹，是最先创造新形式、新内容和新体裁的文学家，在数十年间独步于中国文坛”①。从这个意义上说，鲁迅是“中国文学革命的实践者”②。丁来东之所以对“五四”新文学如此关注，一方面缘于其长期中国留学基础上对中国文坛动向的切身体验，另一方面也与其在中朝历史语境的比较中产生的潜在同位意识密切相关。其终极目的在于，将“五四”新文化运动和新文学革命的经验嫁接应用于朝鲜半岛新文学发展的具体实践中。

在同位意识的支配下，朝鲜半岛知识文人分别从文学革命思想和文学创作层面，将胡适和鲁迅视为镜鉴对象。如前所述，胡适的《文学改良刍议》《建设的文学革命论》《五十年来中国之文学》《谈新诗》等文学理论著述，均被译介至朝鲜半岛。李殷相在《朝鲜日报》撰发《中国文学泛论——文学思想的推移和新文学运动的将来》一文，赞扬了胡适对新文学运动所做的努力并给予高度评价。丁来东在《中国现代文坛概观》中，将胡适与意大利的但丁、德国的马丁·路德和英国的乔叟比肩，对其排斥“死文学”，发现“自然而自由”新语言工具的文学功绩给予称赞。

此外，胡适“国语的文学、文学的国语”思想成为李允宰、李泰俊、金起林等人进行言文一致运动的重要参照。李允宰从胡适“国语文学论”中寻找理论依据，展开朝鲜半岛版本的言文一致运动。他主张将文学从汉文的束缚中解放出来，将中国的白话文运动视为“他山之石”，创造一种与中国白话文的历史形态相类似的韩文文学。胡适《白话文学史》中的叙史模式也给金台俊以启发，金台俊的《朝鲜汉文学史》在

① 丁来东:《鲁迅和他的作品》,《朝鲜日报》，1931 年 1 月 3 日。
② 丁来东:《鲁迅和他的作品》,《朝鲜日报》，1931 年 1 月 3 日。

叙史空间向度方面，借鉴了胡适进化论的文学史观。在对传统文学的关照方面，沿用了胡适将古文文学和白话文学二元对立的写史视角。叙史策略方面，金台俊也将胡适重视民间文学和俗文学的叙史模式视为镜鉴，同样站在重视俗文学的立场来关照本国汉文学。

鲁迅文学的开放多义性，使其能够被不同思想倾向的朝鲜半岛文人吸收和借鉴，也彰显了鲁迅文学独具的超强跨文化穿透力。“可以说鲁迅文学的世界意义首先是在东亚得到体现的，因为在此地鲁迅直接参与了人们改造社会和思想斗争的实践，而非仅仅是学院里的研究对象。”① 在近现代朝鲜半岛，持有世界主义或无政府主义思想倾向的知识文人和接受阶级史观的社会主义知识分子，成为译介、批评和接受鲁迅文学的主要群体。事实上，也正是无政府主义和社会主义构成了朝鲜半岛接受鲁迅文学的两大思想谱系，无政府主义倾向的代表人物有柳树人、丁来东和金光洲，社会主义倾向的代表人物有金台俊、李明善等。他们将鲁迅视为“中国诞生的‘东洋大文豪’”②，其作品自然成为重点译介对象。

鲁迅文学深厚立体的文本，内含了多重阐释的可能性。据统计，在日据时期，共有九部鲁迅作品被译介至朝鲜半岛。梁建植、丁来东、申彦俊、李陆史等人结合本国特殊政治文化语境，从不同角度对鲁迅及其作品进行了多向度解析，表现出对鲁迅文艺启蒙理论的深度共鸣。彼时朝鲜半岛面临着对内国民启蒙与对外民族独立的双重时代课题，知识文人们通过鲁迅作品的解读批评，加深了对鲁迅反封建、反传统的反抗意识和国民性批判精神的认知，并试图将其运用于本国文艺启蒙和文学运动中。

首先是朝鲜半岛知识文人的国民性批判中暗含着与鲁迅“同轨”的文学精神。鲁迅对抗争精神的文学表达，朝鲜知识文人深感共鸣，其中对著名的典型人物——阿 Q，达到了文学精神层面的共感状态。20 年代鲁迅已经成为朝鲜半岛人人皆知的大文豪，1930 年日本全面侵华前后，鲁迅文学思想更是成为朝鲜文人创作实践的殷鉴对象。金史良的《Q 伯爵》正是在参照《阿 Q 正传》的基础上，结合日据时期的文化窘境，将阿 Q 形象移植至本国知识分子身上，体现了作者的国民性批判和改造之意图。如果说“阿 Q”是鲁迅面对辛亥革命后黑暗的中国现实为普通大众绘制的自画像的话，那么“Q 伯爵”就是朝鲜半岛殖民地末期失去存在感的文人的真实写照。

---

① 赵京华：《日本战后思想史语境中的鲁迅论》，《文学评论》2021 年第 1 期，第 123 页。

② 申彦俊：《中国的大文豪鲁迅访问记》，《韩国鲁迅研究精选集》，中央编译出版社 2016 年版，第 232 页。

在李陆史身上，也能够发现鲁迅式的彻底自我剖析精神，这不仅缘于当时中朝所处的相似历史文化语境，更与李陆史本人与鲁迅的精神共鸣密切相关。尤其在鲁迅逝世后，李陆史通过《鲁迅追悼文》，对鲁迅的文学思想和文艺启蒙理论进行了深入阐明，对鲁迅透彻的自我批判和自我剖析精神进行了直观呈现，体现了相似文化境遇之中的思想镜鉴。

其次是鲁迅反抗意识的承袭与“狂人”文化形象在朝鲜半岛的异域重建。朝鲜半岛无产阶级作家韩雪野在知识分子形象的塑造和狂人文化精神的构建方面，受到了鲁迅的诸多影响。在《鲁迅与朝鲜文学》中，韩雪野将鲁迅称为中国现代文学史和思想史上的“巨匠”和中国新文学的“旗手”。他从“五四”新文学运动和文学革命中受到鼓舞，曾表示从鲁迅小说中读出了“哲学深度”和“东方风格”，强调在监狱中所接触的鲁迅作品，影响了自身的思想转变和文学创作，促成了《摸索》《波涛》《泥泞》等具体作品的问世，吐露了自身作品对鲁迅小说“狂人”形象的参照。

如此，朝鲜半岛无政府主义者和社会主义者通过解读鲁迅作品，对鲁迅反抗意识和国民性批判精神有了清醒认知，对鲁迅文艺启蒙理论产生深度共鸣。同时，朝鲜半岛作家在参悟狂人文化精神的基础上，结合殖民统治的特殊社会现实和历史文化语境，将鲁迅笔下的人物形象移植至朝鲜半岛这一文化空间，塑造出一系列知识分子狂人形象，实现了鲁迅“狂人”文化形象的异域重构。

结　语

基于东亚特殊的政治地缘性以及近现代文化地形转变带来的中日文化影响力的此消彼长，“五四中国”对于同时期的朝鲜半岛来说，已然成为异质性“他者”。而朝鲜半岛知识文人们在“连带心理”和“同位意识”的支配下，在摒弃西方和日本殖民话语的基础上，实现了对中国的主体性认知。由此，在朝鲜半岛文化视域中，五四新文化运动和新文学革命成为一个重要的异域镜鉴。其中，胡适和鲁迅是他们重点关注的代表人物。胡适是五四新文学的主要倡导者、鲁迅是五四新文学的主要实践者。以他们为代表的五四新文学在文学革命理论和文学创作实践方面，为朝鲜半岛新文学提供了思想资源和异域参照。

“中韩近现代文学关系是中韩两国在经历近代化转型期和抵御外敌侵略的过程中形成的价值观与思想、知识与学问的交流。在此过程中，中韩近现代文学经历了从‘中心—边缘’的单向传播到互为他者的模式转型。因此，中韩近现代文学关系的研究应该是从个案到整体、从历时到共时的整体研究，从而阐明中韩近现代文学交流的历史进程、发展规律乃至当下意义。”① 为此，本文以“五四新文学”为核心关键词，尝试阐明朝鲜半岛文化视域中的五四新文化运动和新文学革命，为中国新文学海外影响研究提供新依据的同时，也在一定程度上呈示了文学现代化在东亚板块互环联动的真实状貌。

（作者单位：苏州大学外国语学院）

① 崔一：《中韩近现代文学关系研究的历史与现状》，《中国现代文学研究丛刊》2017 年第 12 期，第 148 页。

来华英美左翼作家对于抗战中国的互文性书写①

王金凤

贝特兰、斯特朗等来华英美左翼作家对于抗战中国书写的历史背景，是宏阔的第二次世界大战，其书写的对象是自身长达数年实地体察的抗战中国，其隐含读者是跨文化、跨语境的西方读者。这决定了斯特朗、毕森等英美左翼作家进行抗战中国书写时，必定要有文学生产的高度自觉性和生产能力，综合多重视角，顾全抗战中国国统区、解放区、沦陷区多维图景，承载表象与真实、孤立与联系、东方话语与西方话语的多种阐释，纽扣作品与宇宙、作品与作品、作品与读者等文学要素关系。而这种要素的联结、内涵的生产、思想的增值，离不开一个叫"互文性"的书写方式（intertextuality writing）。要深刻阐释"互文性"书写方式，我们需要整合并阐释它的母体"互文性理论"。

互文性理论，在巴赫金的"历史诗学""复调小说"②等观点中萌发。直到1966年，克利斯蒂娃在 *Bakhtine, le mot, le dialogue et le roman* 一文中，首次正式提出"互文性"③的概念。此后，她在其博士论文④和论著⑤中，又进一步地对"互文"概念做了系统界定。克里斯蒂娃指出："'互文性'暗含语言文本、社会历史文本、其他文本等一个或多个符号系统向另一个或多个符号系统的移植与转换。"⑥巴尔特将克氏的

---

① 本文系国家社会科学基金重点项目"中国现代自由诗的文体建构研究"（23AZW019）的研究成果。

② ［苏］巴赫金：《巴赫金全集》（第4卷），白春仁等译，河北教育出版社1998年版，第4页。

③ Julia Kristeva. *Word, Dialogue and Novel*, in T. MOI, Edited by The Krista Reader. Oxford: Basil Blackwell Publishers Ltd, 1986, p. 37.

④ Julia Kristeva. *Desire in Language: A Semiotic Approach to Literature and Art*. Edited by Alice A. Jardine, New York: Columbia University Press, 1980, p. 36.

⑤ ［法］克里斯蒂娃：《诗性语言的革命》，张颖等译，四川大学出版社2016年版，第137页。

⑥ Julia Kristeva. *Théorie d'Ensemble*. Paris: Seuil, 1968, p. 311.

“互文性”理论，进一步推向了经典化和实践化。法国后学所叙的互文性，与克氏、巴氏的概念界定，别无二致，无非将“互文性”引上了泛化之路。① 直到热奈特提出了“跨文本性”的概念，并把它分成了“副文本性、元文本性等五种类型”②，再一次把泛化的互文性拉回到精炼的分析之中。后续，修辞学派的坚尼、孔帕尼翁、施奈德、里法特尔等理论家，从修辞学视角对互文性进行了更加精确的审辨。借助互文性理论，同时细察斯特朗、白修德等来华英美左翼作家书写抗战中国的作品，我们发现其互文性书写方式的生产自觉，主要表现为以下几个层面：一是文学文本与社会文本的互文衔接；二是文学文本之间的互文对话；三是副文本的互文耦合。

一、社会文本的互文联通

在克里斯蒂娃那里，社会、历史与文学作品一样被称为文本，即社会文本（social text）。她强调开展互文性研究，要在社会历史中解读文本，要将文学文本与广袤的社会文本交会③。透过贝特兰、福尔曼等来华英美左翼作家书写抗战中国的作品，我们可以明晰地看到：斯特朗等作家没有将文学文本禁锢在文本的边界内，而是用开阔的视野、开放的思维，推动文本内部的生命力不断触接时代的脉搏。他们以文学文本与社会文本交会的书写方式，力求解读文学文本共时“值”与社会文本“历史值”的“双值性”（ambivalence）④ 命题，并在文本与社会历史的相互嵌入中，呈现抗战中国广袤的社会历史图景。

贝特兰、福尔曼等英美左翼作家书写抗战中国的互文性方式，首先表现为文学文本共时“值”与社会文本“历史值”的交会。具体说来，贝特兰等人进行抗战中国书写时，有意把自己置身于一幅浩如烟海的历史画卷中，力求把抗战时期中国的重大历史事件、历史面貌放在文字里。透过《西行漫记》，我们可以看到斯诺将抗战中国所发生的历史大事纪——抗战初期国民党对共产党的五次围剿、红军长达 6000 英里的长征、西安事变等，熔铸到了他在红色中国考察的日常书写之中。透过《中国的惊雷》《探索历史》，我们可以发现，白修德将社会大文本中的国民党正面战场和共产党敌后战场的各大战役，国民党颁发的各种通知法案，皖南事变背后的国民党阴谋，国统区

---

① 姚文放：《文本性/互文性：生产性文学批评的文本形态》，《文艺研究》2022 年第 5 期。

② Genette. *Palimpsests：Literature in the Second Degree*. Translated by Newman C.，Lincoln NE & London：University of Nebraska Press，1997，pp. 1-8.

③ ［法］克里斯蒂娃：《符号学：符义分析探索集》，史忠义等译，复旦大学出版社 2015 年版，第 52 页。

④ ［法］克里斯蒂娃：《词语、对话和小说》，《当代修辞学》2012 年第 4 期。

的通货膨胀，1942—1943河南的大灾荒，以及日本的三光行径等社会事件，交会到自己对于抗战时期国民党和国统区的书写之中，促进了其作品社会历史思想的增值。翻开史沫特莱系列书写抗战中国的作品，一幅抗战中国社会历史的经纬图，仿佛呈现在了人们的面前：深挖万里长征之精神，诉说南京蓝衣社白色恐怖，客观报道皖南事变，亲历讲述西安哗变，描摹日本在华北的屠杀，细察1944年广东饥荒前因后果，前沿报道平型关大捷、忻口战役、汉口沦陷、国共两党对日大大小小的阵地战和游击战。通过《华北前线》，我们看到贝特兰呈现了国民党不抵抗政策的恶果，客观地说明了卢沟桥事变的经过，展现了日本在南京的暴行，批判了“冀东反共自治政府”和“中国维新政府”，展示了日本奴化中国的行径，正面报道了平型关大捷等战役。贝特兰将自己置身华北战场一年多时间，时刻挺在战事前线，只为将历史的脉搏引入作品中，激发作品的社会历史生命力。福尔曼在作品中对河南灾荒的惨状，进行了记录和拍摄，对日军在保定发起的毒气战进行了记叙，不仅在场性展现了八路军奇袭汾阳大营盘的全过程，而且将中共对于抗日统一战线的贡献和维护，呈现在世人面前。斯坦因、高林、柯鲁克把“迪克西使团访延安”，国民党诽谤共产党的“集中营”，日本的“大扫荡”，共产党“三大纪律八项注意”的具体落实，抗战时期中国的妇女解放运动，以及扫文盲运动等嵌入文学空间之中，赋予了作品空间—历史—社会的意义延伸。斯特朗同样善于将社会历史符号系统转移到文学作品中，斯特朗将社会历史系统中的百团大战、国民党的五次围剿、国民党对日不抵抗政策、红军强渡大渡河、日伪政权伪满洲国、卢沟桥事变、日本侵犯上海、日本攻打天津、日本制造的南京大屠杀，以及日本摧毁南开大学等社会维度的意指系统，穿过社会文本与文学文本的边界，进入了文学意指系统，从而将社会历史文本中立体的、宏阔的历史图景转化为文学图景，厚重了文学作品“史”的内涵。

毕森、斯诺等来华英美左翼作家作品中文学文本与社会文本的互文性书写，其次表现为作品的“复调”特征。巴赫金曾大力强调文本中主人公与作者的平等对话。他指出：“复调小说（полифонический роман）有着众多各自独立而不相融合的声音和意识，由具有充分价值的不同声音组成。”① 斯诺等英美左翼作家特别尊重作品中主人公的主体独立意识。他们认为，主人公原汁原味的话语更有言说抗战中国社会的分量。因此，他们保留了抗战时期中国人民自述的原话。因为他们清楚地知道，当这些人物与作者的声音在作品中尽情交互时，人物背后的社会、政治、文化背景便能得以外显。毕森等英美左翼作家借助这种双声部交互，将文本表述扩展到了整个抗战中国的历史

① ［苏］巴赫金：《陀思妥耶夫斯基诗学问题》，白春仁、顾亚铃译，生活·读书·新知三联书店1988年版，第29页。

文化背景之中。在《1937，延安对话》中，毕森通过对朱德访谈的口述记录，呈现了中国红区的军事防御工事、长征概况、国共关系，以及中苏、中美关系；通过对周恩来访谈的实录，详尽展现了抗战时期国共统一战线的谈判状态、落实情况、存在的问题及统一战线前景，直抵了文本之外抗战中国统一战线的内核；通过对毛泽东访谈的口述直引，阐释了中国抗日的阶段划分及原因、统一战线的发展期望、中国国家制度的走向、美国对日政策的影响，以及如何代表广大人民利益等系列宏观和微观并存的社会命题。与毕森类似，斯诺通过直接引用贺龙、朱德、彭德怀、徐海东、毛泽东等人的采访口述，将红区广阔的社会现状，熔铸在史诗巨制的《红星照耀中国》中，其中既有农民、工人、知识分子，也有无名的红小鬼。斯诺曾在作品序言中指出，《红星照耀中国》这本书从字面意义上来说不是他创造的，而是他所采访的这些人物铸就的，因为“他们的实际斗争生活和历史本身的丰富，汇聚成了这本书的精华”①。白修德则通过引述蒋介石的演讲、蒋介石与史迪威的函件与通话、史迪威将军对蒋介石的口述及毛泽东的著作等，来呈现国统区和解放区的风貌。除此之外，史沫特莱在作品中保留了朱德、林彪的采访实录；斯特朗留存关于毛泽东、冯玉祥、宋美龄、丁玲以及普通妇女们的采访记录；福尔曼直引国民党胡宗南部参谋长罗士凯将军的访谈记录，以及叶剑英、贺龙、彭德怀等人的口述实录。贝特兰在作品中更是直接保留了毛泽东、朱德、士兵刘子奇、士兵王震等访谈内容，来展示抗战中国的纪实影像。透过史沫特莱等英美左翼作家与作品主人公的对话关系，我们可以看到，英美左翼作家在书写和呈现抗战中国的过程中，他们像挖掘金子一样，挖掘抗战时期中国人民的故事，并侧耳倾听抗战时期中国各个层次、各个领域人们的声音，进而挥笔呈现这些人物背后广阔的社会风貌。史沫特莱等人借助互文性书写方式，真正做到了语出作家之口，呼出万众之声。由此，贝特兰、史沫特莱等人凭借非凡的耐力和智性，跳出文本单向阐释的藩篱，打破“文本之外，无物存在”的缥缈困局，祛魅“他者”想象作品的镜像化。他们以文学文本与社会文本的联动，打通了文本边界，并在文本的交会点处，实现了文本值与社会历史值的意义叠加，进而生成了繁复又真实、宏阔又细致的抗战中国社会历史图景。

二、文本之间的“互文”对话

文学文本之间的“互文性”对话，是斯特朗、韦尔斯等来华英美左翼作家“互文性”书写方式的又一个重要形式。巴赫金指出：“文本只是在与其他文本的相互关联

① ［美］斯诺：《红星照耀中国》，董乐山译，东方出版社2005年版，第8页。

中才有生命。只有在诸文本间的接触点，才能迸发出火花，它会烛照过去和未来，并使该文本进入对话之中。"① 在斯诺等人书写抗战中国的作品中，存在大量文本互文对话的张力，一种是对同一事件、同一人物的共同感知，另一种是对于抗战中国所传递的和平精神和人类生存境遇等共同主题思想的共同追问。

史沫特莱等英美左翼作家书写抗战中国作品间的互文性对话，首先是不同文本对同一事件的重复。重复（repetition）出自拉丁语 repetitio，其作为一种理论，可以追溯到古希腊时期柏拉图的"同一模仿"②。而后，在尼采、克尔凯郭尔、德勒兹、米勒等人的推动下，"重复"逐渐成了专门的术语，并被视为"互文性"对话的一种形式。米勒认为："任何一部小说，都是重复中的重复，或是与其他重复形成链行联系的重复的复合组织。"③ 史沫特莱、白修德等英美左翼作家，置身于同一历史场域，又都是秉持探索真相的原则，因此，他们对于抗战中国的书写，存在着文本间重复的复合组织。翻看史沫特莱、白修德等人的作品，我们可以看到他们对皖南事变真相的重复书写。在《伟大的道路》中，史沫特莱重在展示国民党背信弃义，成立所谓的"三省联防"和"保安队"专打八路军，发动肃清"共匪"的皖南事变。可见，史沫特莱从国民党发动皖南事变的动机和目的层面，来解构国民党对"皖南事变"的舆论镇压④。在《探索历史》中，白修德着重介绍了皖南事变中一万多名中共游击队被国民党在茂林围歼的惨状。白修德还借蒋介石之口，展现了国民党发动"皖南事变"的缘由："一九四一年六月，蒋介石委员长用一句'日本人患疥癣，共产党患心腹'的警句，亲口向我概括了那次事件。"⑤ 斯诺、斯特朗则呈现了国民党制造的"新四军叛乱"的荒谬行径，并将"皖南事变"国民党残害同胞的真相大白于天下。我们看到，尽管皖南事变这一事件重复出现在所有作家的笔下，但这些文本之间书写的重叠，并非浅显的单轨关联，而是各个作者对同一事件，从不同角度、不同侧面、不同话语环境的相互阐释，进而在文本之间构成相互佐证的"互文"对话关系。贝特兰、史沫特莱等英美左翼作家对平型关大捷的柏拉图式重复，也显现了"文文相生"的互文性。在《华北前线》中，贝特兰不仅细节呈现了平型关大战的经过，而且综合各方观点分析了平型关取得大捷的原因⑥。在《中国在反击》中，

① ［苏］巴赫金：《巴赫金全集》（第4卷），白春仁等译，河北教育出版社1998年版，第380页。

② 李河：《Repetition与激进解释学的理论取向》，《哲学研究》2010年第4期。

③ Jacques Derrida. *Limited INC*. Evanston: Northwestern University Press, 1988, p. 18.

④ ［美］史沫特莱：《伟大的道路》，梅念译，东方出版社2005年版，第438—445页。

⑤ ［美］白修德：《探索历史》，马清槐等译，生活·读书·新知三联书店1987年版，第61页，第69页。

⑥ ［英］贝特兰：《华北前线》，林淡秋等译，新华出版社1986年版，第81—83页，第122页。

史沫特莱则是借助从平型关主战场前线回来的两个士兵之口，讲述了平型关大捷的胜利战况①。此外，在《伟大的道路》中，史沫特莱再一次讲述了中国抗战的首次大捷“平型关大捷”，并指出：“蒋介石夫人宋美龄为了掩盖共产党的战绩，曾勒令禁止报告关于平型关大捷的相关消息。”② 福尔曼、斯特朗、贝特兰、毕森还分别在各自的作品中，对1937年七七卢沟桥事变的情节、背景、影响等层面，予以了重复性叙述（repeating narrative）③。关于西安事变的重复性叙述，也在史沫特莱、韦尔斯等英美左翼作家书写抗战中国的作品中，形成了文本间的对话关系。史沫特莱以身处西安的地理优势，对“西安事变”进行了在场性实况记叙④；贝特兰则在言说国民党内部弥漫着犹疑、不信任的氛围中，回顾了“西安事变”⑤；白修德在描摹蒋介石古怪的性格和背部疼痛的日常行为中，牵出“西安事变”对蒋介石本人生理和心理层面的双重影响⑥；斯诺则向世界人民呈现了，驻守在西安的东北军发动“西安事变”所折射的家国情怀。斯诺同时还指出了“西安事变”给中国人民抗日带来的有益影响⑦。英美左翼作家从不同的侧面，呈现同一个历史事件的不同层面，在文本语境关联中形成了相互佐证的局面。

毕森、斯特朗等来华英美左翼作家书写抗战中国作品间的互文性对话，还表现为文本思想主题的互文。如果说文本之间的显性互文，是重复性叙述术语的话⑧。那么，文本之间的主题思想互文，则属于隐性互文⑨。实际上，主题不同于话题，主题（theme）是文本意义的中心，话题（topic）是文本关涉的对象。虽然，贝特兰、斯诺、毕森等人书写抗战中国的共同话题是抗战时期的中国，但是，他们的作品主题则是对于抗战中国命运的关注。尽管，他们所呈现抗战中国的侧重点不同，然而，他们关心底层人民、崇尚和平的主题，却是相通的。纵览人类漫长的文学长河，“和平”自古以来就是文学作品的重要主题。日本军国主义对他国的法西斯行径，激起了国际上正义之士对侵略战争的控诉及对和平的呼唤。具体说来，英美左翼作家书写抗战中国的作品，虽然在具体内容上不尽相同，但其中指涉的深厚的人道主义精神、追求和平、反对侵略、追求平等、反对压迫的思想是一致的。在《1937，延安对话》中，毕森崇尚和平、平等的主题思想

① ［美］史沫特莱：《中国在反击》，江枫译，湖南人民出版社1987年版，第35页。

② ［美］史沫特莱：《伟大的道路》，梅念译，东方出版社2005年版，第422页。

③ ［法］普林斯：《叙述学词典》，乔国强等译，上海译文出版社2011年版，第192页。

④ ［美］史沫特莱：《伟大的道路》，梅念译，东方出版社2005年版，第3页。

⑤ ［英］贝特兰：《华北前线》，林淡秋等译，新华出版社1986年版，第71页。

⑥ ［美］白修德、贾安娜：《中国的惊雷》，端纳译，新华出版社1988年版，第185页。

⑦ ［美］斯诺：《西行漫记》，胡愈之等译，复社1938年版，第84—85页。

⑧ Frow J. Marxism and Literary History. Oxford: Basil Blackwell, 1986, p. 156.

⑨ Lemke, J. L. *Intertextuality and Educational Research*. Linguistics and Education, Vol. 12, No. 4, 1992, pp. 257-267.

表现为："为了共同的和平和独立事业，人人平等，官兵一致，齐心协力，顽强奋斗。"① 斯诺则把对和平与文明的呼唤，化作了《红星照耀中国》的主题："中国的社会革命运动蕴含着胜利的有利因素，而这种胜利所释放出的能量是不可抗拒的，它必然会把帝国主义最后的野蛮暴政，投入到历史的深渊之中。"② 在《千千万万中国人》中，斯特朗通过批判美国在中日战争中的虚伪表现，来展示和平与战争的主题："美国的'爱国者'喊叫要提防'日本的威胁'，吹嘘美国'同别国不一样'……然而，一九三四年的十一月中，用于对付共军的卡车，十之八九来自美国……美国人在粤北为广东建造了飞机工厂与炸弹工厂，从其地理位置来看，只能是用之于内战的。"③ "美国支援日本强占满洲，支援南京政府镇压中国农民，支援历次中国内战中的屠杀，还派海军直接参与屠杀——美国真不愧为世界上最强大的帝国主义。"④ 斯特朗直接将国民党蒋介石和美国蓄意内战的遮羞布掀开，将美国和国民党为打击共产党的内战准备推到世人的眼前，批判美国与其他帝国主义别无二致的压迫属性，进而讽刺和鞭挞了任何外衣下的战争真面目。同时，斯特朗还通过赞扬共产党和宋庆龄为和平所做的努力，来宣扬和平与平等的主题："中国共产党不仅给挨饿的农民以土地，让孩子们都能上学，工人有饭吃，也不仅是为了'民族独立'，而且是为了'拯救整个东方免遭帝国主义瓜分与世界大战的大屠杀'！"⑤ "孙夫人向'另一个美国'发出呼吁，呼吁反对美国干涉中国，反对美国与中国国民党通力合作导致的屠杀工农、延长内乱，加剧破坏……"⑥ 可见，斯特朗等英美左翼作家，对和平的呼唤是全方位的、热烈而急切的。可以说，抗战时期亲赴中国的英美左翼作家，他们书写抗战中国的目的是相似的，都隐含着战争与和平的共同主题，这种主题隐含在语篇之下，需要人们细读领悟。因此，这是一种非显性的互文形式。这种隐性的主题互文，促使这些文本之间，形成了一种"你中有我""我中有你"的生动局面，闪烁着"思"的光辉，增强了抗战中国书写的说服力。

---

① ［美］毕森：《1937，延安对话》，李彦译，人民文学出版社2021年版，第148页。

② ［美］斯诺：《红星照耀中国》，董乐山译，东方出版社2005年版，第461页。

③ ［美］斯特朗：《斯特朗文集（第2卷）：千千万万中国人》，郭鸿等译，新华出版社1988年版，第352页。

④ ［美］斯特朗：《斯特朗文集（第2卷）：千千万万中国人》，郭鸿等译，新华出版社1988年版，第352页。

⑤ ［美］斯特朗：《斯特朗文集（第2卷）：千千万万中国人》，郭鸿等译，新华出版社1988年版，第351页。

⑥ ［美］斯特朗：《斯特朗文集（第2卷）：千千万万中国人》，郭鸿等译，新华出版社1988年版，第351页。

三、副文本的“互文”耦合

图文互文，是来华英美左翼作家对于抗战中国进行“互文性”书写方式的又一形态。所谓副文本，即包括标题、题记、图解等在内的文字的附属符号系统①。人类的文明史，不仅仅是语言符号的历史，更重要的是形象符号的历史。图像学起源于18世纪莱辛的“画像”，经英伽登的“图像观相”②、胡塞尔的“图像意识”③ 等理念的丰富和发展，至20世纪发展为成熟的图像学理论。图文互文的书写方式，就是得益于图像学的兴起与发展。事实上，图片不仅是一种文学文本，而且是一种遗留态史料④。福尔曼、柯鲁克、毕森等人的副文本“互文”耦合，具有以下形态：一是图文互证，互见出史；二是图文互参，增进理解。

斯坦因、福尔曼等来华英美左翼作家的副文本互文方式，首先表现为图文互证，互见历史。鉴于图像是一种遗留态史料，文字可以承载历史，图像亦然。福尔曼等英美左翼作家意识到图像的独立承载意义，将图像视为与文字同等重要的文本载体，在图文互证中呈现抗战中国的历史图景。斯坦因、福尔曼等人在呈现抗战时期中国共产党的政治形象时，运用了图文互证的副文本互文方式。斯坦因等人运用文字和图片时空双重“在场”（presence）⑤ 的特性，旨在通过图文互证，来阐释中国共产党不同于国内外其他政党的政治属性。具体说来，斯坦因等人秉持政党政治形象的主体本质与客体评判二元统一的原则，以“在场言说”和“在场图说”相结合的方式，在多元互联中，展现抗战中国共产党“为民”又“可信”的政治形象。斯坦因等英美左翼作家，首先以身体的时间“在场”，零距离地凝视中国共产党“人民至上”的价值追求，以及全心全意为人民服务的实际行动。在《红色中国的挑战》中，斯坦因对此进行了即时、即地的在场言说和图说。斯坦因将共产党人为民服务的景象与图片《为当地人民耕耘》⑥ 相结合，以图文互证的方式，呈现了中国共产党人在将来犯的日军打败后，拾起休整的时间放下武器、扛起锄头，帮助老百姓耕耘的画面。他在“在场言说”和“在场图说”的相互参照中，呈现了中国共产党言行一致的诚信风尚。在《北行漫记》

① ［法］热奈特：《热奈特论文选：批评译文选》，史忠义译，河南大学出版社2009年版，第58页。

② ［波兰］英伽登：《对文学的艺术作品的认识》，陈燕谷译，中国文联出版公司1988年版，第12页。

③ Edmund Husserl. *Phantasy, Image Consciousness and Memory*. Netherland: Springer, 2005, p. 18.

④ 黄修己：《中国新文学史编撰史》，北京大学出版社1995年版，第496页。

⑤ 赵宪章：《语图叙事的在场与不在场》，《中国社会科学》2013年第8期。

⑥ ［英］斯坦因：《红色中国的挑战》，李凤鸣译，新华出版社1987年版，第13页。

中，福尔曼在发挥语言想象的同时，还配有《八路军休息时保持纪律和秩序》① 的图片，意在将八路军“三大纪律八项注意”的纪律要求，以身体视觉体验和心理体验的双重场面性，图文并茂地表现出来。福尔曼以图文互证的方式，形象地展现了八路军不仅将这种纪律“内化于心”，而且“外化于行”，即将对百姓的承诺落了地，落到了实处。此外，中国共产党言必行、行必果的政治诚信，被老百姓看在眼里，信在心中。福尔曼等英美左翼作家，走进抗战中国的群众之中，与中国老百姓眼中的世界紧密相拥，随时随地记录下一幅幅人民群众对共产党信任和感恩的图景。福尔曼借助《当地妇女向战士发慰劳品》②，将老百姓对共产党的绝对信任，展现得入木三分。福尔曼以第三方在场视角，通过妇女给战士们发放慰劳品的场景，来展现老百姓对共产党的绝对信任，具有深刻的说服力。要知道，在战争年代，调戏妇女的行为时有发生，在日军和国民党军队中就很常见，但是，中国的女性却敢于大胆地走进中国共产党的军队之中，这是因为“绝不侵犯妇女”是中国共产党军队的根基之一。正是因为八路军坚守道德，才有了福尔曼所图示的八路军们眼神中的澄澈，以及妇女们大方安心的场景。老百姓不仅从心理层面对中国共产党绝对信任，在情感上也充满信赖，甚至愿意为了保障八路军的衣食住行，不惜将自身置于危险之中，这一幕在斯坦因的作品中，予以图文互文呈现。斯坦因写到战火无眼，为了保障前线作战的战士丰衣足食，为了庆祝八路军作战胜利，老百姓毫不畏惧日军的反扑，毅然决然地将手里最好的酒肉奉献给用生命守护他们的八路军。斯坦因还用《民众挑猪担酒欣赴前线慰劳战士》③ 的图文相互证明，将信任和感恩进行了美丽诠释。福尔曼还将目光放在了中国共产党和老百姓的相互信任的层级之上，借助《军民携手，互相保护》④ 一图，他通过亲眼见证村妇笑意盎然地给士兵送茶水，士兵也笑容满面充满信任地接过茶水，来表征政党与人民相互信任的热情与美好。他还通过现场定格村民冒着枪林弹雨奔赴前线自动抬着伤员，伤员则因为村民的到来感受到了一些生的希望，来展现相互信任所释放的生命之光。有鉴于此，在福尔曼等英美左翼作家在场性的图文互证下，中共“为民”的主体本质与“可信”的客体判断相互作用，顺理成章地展现出抗战时期中共为民、可信的历史形象。

斯坦因、高林、福尔曼等来华英美左翼作家的副文本互文方式，其次表现为图文互参，增进理解。面对抽象的、不易用文学语言来诠释的崇高精神，福尔曼等人会发

---

① ［美］福尔曼：《北行漫记》，路旦俊等译，湖南出版社 1993 年版，第 4 页。

② ［美］福尔曼：《北行漫记》，路旦俊等译，湖南出版社 1993 年版，第 4 页。

③ ［英］斯坦因：《红色中国的挑战》，李凤鸣译，新华出版社 1987 年版，第 14 页。

④ ［美］福尔曼：《西行漫影》，上海画报公司 1946 年版，第 6 页。

挥图像的直观性、冲击性，来辅助文字叙述，在语图的互参互补中，来增进读者的理解。高林、福尔曼等英美左翼作家，善于通过图文互参的“互文性”书写方式，来呈现抗战时期中国共产党“朴素”又“崇高”的军事形象。具体来说，在高林、福尔曼等人的图文下，一边是石雷、木造大炮、大刀①、轻机关枪、马车②，而另一边却是炸弹、重型火炮、高射炮、重型机关枪、装甲车、军用汽车、军舰、轰炸机、重型坦克等。高林等英美左翼作家在呈现武器的图文互参中，运用图像和小标题的图文互文以及非线性的结构叙事，将各自独立在不同图片中的武器装备元素，统一到抗日战争的网状结构中，并在军事运输设备和军事作战设备的直观对比中，来呈现中日两方现代化武器实力悬殊，以及这种实力悬殊背景下蕴含的精神张力。中共军队的步枪、大刀、马车、石雷，相对于日本轰炸机、坦克、装甲车、重炮、重机枪等优秀的现代化武器而言，无疑是寒酸的。在影集《西行漫影》和作品《北行漫记》中，福尔曼特意将中共军队的步枪和日军的重型枪的影像，通过画面上下排版的方式，将八路军第七百十七团中失去右手但满脸笑容的战斗英雄，与从日军那里获得的战利品“三挺重机枪”③，进行了图外、图内的双重参照。在画面的上下排版中，福尔曼突出了敌我双方在军事武器装备上的差异。战斗英雄为了缴获一台重型机枪，失去右手也难掩喜悦，则更加强化了两方军事武器装备之间的巨大鸿沟。然而，条件愈艰苦，愈凸显抗日勇士钢铁般的意志和大无畏的崇高精神。在《平汉前线我军冲锋时之雄姿》④ 中，斯坦因在捕捉中国共产党领导下的抗日战士冲锋时，有意放大取景框，着重渲染冲锋将士周围的战火硝烟，然后借助艰苦的战场环境，表现战士们不畏生死、舍生取义的英勇气概。在《全面游击战》⑤ 中，斯坦因以山道小径、战士为参照，再现了中国共产党全面开展“游击战”的高超战略和机动战术。福尔曼在《埋设地雷》⑥ 中，以地雷引线、手榴弹、民兵等符号要素为依托，图说了“地雷战”的战术；福尔曼还在《掘隧道》⑦ 中，以隧道、开掘工具、人物为要素，展现了“隧道战”的战术。此外，高林还通过连续镜头，以线性叙事的组图形式，展现了“步枪的胜利”⑧。高林随机提取了

---

① ［美］福尔曼：《西行漫影》，上海画报公司 1946 年版，第 4、5、13、14 页。

② ［美］高林：《延安精神：战时中美友好篇章》，孙振皋译，华艺出版社 1992 年版，第 79、115 页。

③ ［美］福尔曼：《北行漫记》，路旦俊等译，湖南出版社 1993 年版，第 2—5 页。

④ ［英］斯坦因：《红色中国的挑战》，李凤鸣译，新华出版社 1987 年版，第 10 页。

⑤ ［英］斯坦因：《红色中国的挑战》，李凤鸣译，新华出版社 1987 年版，第 8 页。

⑥ ［美］福尔曼：《西行漫影》，上海画报公司 1946 年版，第 11 页。

⑦ ［美］福尔曼：《西行漫影》，上海画报公司 1946 年版，第 10—11 页。

⑧ ［美］高林：《延安精神：战时中美友好篇章》，孙振皋译，华艺出版社 1992 年版，第 111—114 页。

八路军某次攻陷碉堡的战事，以此来喻说中国共产党对日作战的整体胜利。高林用6毫米摄像机，以动态的连续镜头抓拍了八路军攻打碉堡的整个经过：从八名八路军冒着日军火力在碉堡下挖坑道开始，到爆破碉堡，到攻破碉堡，再到拆毁碉堡。组图细致入微地展现了八路军在极端简陋的军事装备下，凭借坚韧的毅力、不畏牺牲的勇气以及睿智的作战智慧，最终取得作战胜利的动态图景。可以说，正是高林等英美左翼作家对图文互参“互文性”方式的运用，促成图像成为文学“语言之钉”的补充，文学语言同样成为“图像之锤”的补足。这才使得抗战时期中国共产党军队在军备实力严重悬殊的境遇下，重创日军，并最终战胜日本侵略者的光辉形象，像“图像之锤”一样楔入受众的心灵深处，才使得在场的高林等英美左翼作家及抗战英雄与不在场的受众“不隔”①，从而达成如临其境、如在眼前的图文互参的诗性喻说效果。

“凡文皆互文本。”② 面对抗战时期宏阔庞杂的历史背景和书写客体，斯坦因、斯诺、毕森等来华英美左翼作家凭借高超的文学生产能力，灵活地将文学文本与社会文本进行互文联通，来实现文本值与社会历史值的意义叠加，进而生成繁复又真实、宏阔又细致的抗战中国社会历史图景。他们还通过文本之间的互文对话，对于抗战中国公共事件、同一人物、相同主题等互动追问、相互佐证，闪烁“思”的智性。此外，他们还以图文互文的手法，促进抗战图片“图像之锤”和文字“语言之钉”间的相互补足，从而让不在场的读者达到如临其境、如在眼前的“不隔”效果。总之，他们以具有生产性的“互文”书写思维，强化了整个书写系统的互动感，打通了书写的视域和边界，解开了抗战中国的镜像谜题，并在互联互通中相互佐证，向世界人民展现了一幅具有说服力、生命力、崇尚和平的抗战中国社会历史图景。此外，“互文性”思想自觉的背后，还饱含着斯特朗等来华英美左翼作家内心深处赤热的人道追求，以及和平意识。这些“互文性”书写形式及其背后的思想意涵，共同编织出“史”“思”“诗”③ 互动相生的抗战中国书写境界。

（作者单位：华中师范大学文学院）

① 赵宪章：《语图叙事的在场与不在场》，《中国社会科学》2013年第8期。

② Young R. *Untying the Text*：*A Post-Structuralist Reader*. Boston，London & Henley：Routledge & Kegan PaulLtd，1981，p. 39.

③ 王泽龙：《中国现代文学经典重释的路径探究》，《中国社会科学》2022年第4期。

是“左翼意识”还是“民族论争”：重审20世纪70年代台湾的“乡土文学论战”

邵海伦①

乡土文学论战（1977—1978）由台湾左翼知识分子掀起，在1977年4月至1978年1月国民党当局打压下达到高潮，是一场关于台湾文学应不应当反映社会现实的文学论争。然而，80年代初期以来，“台独”论者却将乡土文学潮流扭曲为台湾文化朝向“本土化”的一个重要阶段，认为乡土文学论战在确立台湾意识、激发政治反对运动方面具有重要意义②。例如党外运动中便有相当多的党外人士以台湾民族主义框架来重新定位乡土文学论战，将乡土文学现象和党外反对运动并论③。此后，又有论者结合后现代、后殖民理论推进台湾本土史观，将“乡土”一词的意涵歪曲为“本土”与“台湾”，将其对抗的对象从“西方文化”歪曲为“中原”“大陆”乃至“中国”。“后学”加持下的“本土史观”将乡土文学叙述语言的杂语交混面相视为台湾文学形

① 本文系2016年度国家社科基金重大项目“六十年来台湾社会思潮的演进与人文学术的发展（1950—2010）”（16ZDA138）；2024年度福建省高校以马克思主义为指导的哲学社会科学学科基础理论研究重点项目“台湾非虚构文学的中华民族记忆建构与文化表征研究（1970— ）”（FJ2024MGCA042）阶段性成果。

② 肖宝凤：《1980年代以来台湾本土文学史的叙述形态与文化政治研究》，《文学研究》，2016年9月。

③ 陈树鸿：《台湾意识——党外民主运动的基石》，施敏辉编：《台湾意识论战选集》，前卫出版社1988年版，第194页；陈芳明（宋冬阳）：《现阶段台湾文学本土化的问题》，《台湾文艺》1984年第86期。

式上的突破①，认为乡土文学论战的最大建树是“在地化”与“多元主义”的推进。台湾思想界对乡土文学论战逐步“由乡土转为本土”的阐释趋势，使论战原本充满批判精神的左翼思想“横遭中挫，被另一股完全不同的思想路线取而代之”②。面对思想界“本土化”潮流挑战，台湾左翼知识分子显然意识到保卫历史的迫切性，以陈映真为首的《人间思想与创作丛刊》陆续刊出“乡土文学论战”时期文论③，并出版《回望现实·凝视人间》④资料集。他们致力寻唤“乡土文学论战”中的左翼意识，强调其对抗西方帝国主义新殖民侵略的反帝面相⑤，试图以事实本身的呈现限制事实的扭曲。

可惜的是，学界目前对“乡土文学论战”正本清源的诠释工作稍显不逮。因为从语词的表层解读来看，“乡土文学”似乎指向台湾的风土与本土——它致力于描绘这片土地上发生的风俗、人物、故事，这也意味着就题材选择“向下革命”的眼光而言，双方的意见并没有很大偏差，单纯强调“乡土文学论战”的左翼面相，很容易滑入本土性与阶级性各执一端的含混窘境。实际上，笔者认为，与其在本土性和阶级性这两个概念之间争论不休，不如进一步追问“乡土文学”是在何种目的之下被发现与制造，台湾知识分子又希望借“乡土文学”表达何种诉求。厘清这部分被排除在既往研究视野外的“前史”，会比急于给“乡土文学”的立场倾向定调子、下结论更为重要。为此，本文将重描乡土文学论战，从“乡土文学”命名的由来、论战现场的发展过程、论战结束的后续影响几部分重新探讨“乡土文学论战”兴起的本初意图与文学史效应，探寻“乡土文学”登上台湾当代文坛的历史使命与发展过程。

一、为什么是“乡土文学”：命名的民族性问题

“乡土文学论战”被扭曲为“台独”“本土化”先声与其命名指向的含混性紧密相

---

① 2007年8月联经发行《思想》丛刊第6期《乡土、本土、在地》作为纪念乡土文学30年，收录杨照、邱贵芬及吕正惠三篇专文，其中邱贵芬《在地性论述的发展与全球空间：乡土文学论战三十年》。参见邱贵芬：《在地性论述的发展与全球空间：乡土文学论战三十年》，《思想》第6期，2007年8月，第101页。

② 林载爵：《本土之前的乡土——谈一种思想的可能性的中挫》，《人间思想与创作丛刊》，台北：人间出版社，第78页。

③ 陈映真：《台湾乡土文学·皇民文学的清理与批判》，台北：人间出版社，1998年。

④ 林丽云、王智明、徐秀慧、任佑卿：《回望现实·凝视人间：乡土文学论战四十年选集》，台北：联合文学，2018年。

⑤ 编辑部：《编辑旨趣》，《乡土文学论战三十年：左翼传统的复归》，台北：人间出版社，2008年，第7页。

关。此前，曾有学者考证“乡土文学”由叶石涛在文坛复出后首次使用①。在《台湾的乡土文学》一文中，叶石涛以“（本省的或台湾的）乡土文学”② 一词来指称从日据时期到光复后当时所有的“本省作家”创作的新文学。其后，伴随《台湾文艺》（1964 年 4 月）与《笠》诗刊（1964 年 3 月）这两份主要以台湾本省籍作家为核心的刊物诞生，1965 年以来“乡土文学”也成为台湾本省作家群自我指认的标签之一，特别是属于《台文》作家群的作者，大多以“台湾的乡土文学”称呼自己的作品③。叶石涛的论述的确为理解“乡土文学”指提供了一种解释路径，这一论述也成为后来者指认“乡土文学”是台湾文学“本土化”先声的重要论据。然而，从论战参与者的阵容来看，“乡土文学论战”中国民党当局针对的并非本省籍作家，而是以陈映真、王拓、尉天骢为代表的左翼知识人。论战阵地亦以《仙人掌》《夏潮》《中华杂志》《中国论坛》为主，未曾涉及《台湾文艺》与《笠》诗刊。因此，论战的“乡土文学”命名与本省籍作家们的关联实际并不大。

目前，学界唯有学者朱双一发现陈映真曾以“台湾的乡土文学”视角分析钟理和的现实主义文学风格，指出这或许是左翼作家群以“乡土文学”自我命名的关键④。这一看法颇有见地，也与“乡土文学论战”的左翼色彩相吻合，不过值得商榷的是，陈映真写作这篇文章的时间（1960 年）与论战发生的 1977 年相距甚远，两者能否直接对等还是一个需要辨析的问题。实际上，即便是论战当事人也对命名由来一知半解。例如陈映真曾坦白，“所谓乡土文学论战，我还找不出文章，谁是第一个人讲，当时是乡土文学史，根据从哪里来，我问高信疆，高信疆都想不起来，忽然间说这是乡土，包括朱铭的雕刻、洪通等，包括小说家，忽然间就叫出这个名字来”⑤，他对乡土文学论战的命名问题也无从解释。同时，乡土文学所指涉的地域性，也使相当多参与者困惑不解，除了王拓认为“它的意义到现在为止还很暧昧，很容易引起一些不必要的误

---

① 萧阿勤：《回归现实：台湾 1970 年代的战后世代与文化政治》，“中央”研究院社会学研究所，2008 年，第 227 页。

② 叶石涛：《台湾的乡土文学》，《文星》第 97 期，第 70—73 页，转引自叶石涛：《叶石涛全集（13）》，台湾文学馆、高雄市政府文化局 2008 年版，第 73—87 页。

③ 萧阿勤：《回归现实：台湾 1970 年代的战后世代与文化政治》，“中央”研究院社会学研究所，2008 年，第 227 页。

④ 王士琼、朱双一：《陈映真对钟理和的文学接受和思想超越——兼及 1960 年陈映真提出“台湾的乡土文学”之文学史意义》，《台湾研究集刊》，2012 年 6 月。

⑤ 陈映真、郭纪舟：《夏潮重要人物访问录》，《一九七零年代台湾左翼启蒙运动——〈夏潮〉杂志研究》，东海大学硕士论文，1995 年，第 30 页。此论文后来被出版为专著，但专注部分省去大量访问记录，故此处依旧参用原本硕士论文版本。

解”①，王晓波也曾发问质疑“乡土文学”的命名是否恰当，因为当时世面上所流行的“乡土文学”不仅描写“乡村”“乡土”，同时还涵盖了杨青矗等工人作家所创作的工人文学，这些“写工人的东西怎么是乡土文学?”这种情况下，“乡土文学”在王晓波那里就成为“一个概括马马虎虎啦!”② 可见，不仅学界研究者对“乡土文学”的认知存在分歧，即便是提出“乡土文学”主张的群体内部亦对这个概念众说纷纭。这种含混性也因此保留，成为后来阐释者任意发挥、争夺文化领导权的一大历史根源。

的确，关于“乡土文学”的命名问题，学界目前缺少一锤定音的说法。但通过比对论战现场的诸多文论，笔者认为，“乡土文学”并非不言自明的文学现象，而是另一种文学主张——“民族文学”的表现“中介”。首先回到论战现场来看，作为“乡土文学论战”的导火索，王拓在《是“现实主义”文学，不是“乡土文学”》③ 中写道：

> 因为在外国资本和外来文化的冲击下的台湾社会，都市被细化的程度已经和欧美的大都市没有太大的差别，这不仅是表现在表面可见的建设方面，甚至也表现在人的思想、价值观念和生活态度上。而乡村虽然在工商经济的浸透下也产生了很大改变，但它较之都市毕竟保留了较多的传统文化的特色和纯美的生活面貌；同时，乡村人物在激剧转变的社会里、在极力提倡工商经济发展的政策下，往往都是一群被牺牲、被忽视的人，他们收入少、生活水准低、工作辛劳。因此人们很容易地，就可以从这些以乡村社会和乡村人物为题材的小说中，满足他们民族主义和社会意识的感情。④

在此，乡土与乡村并非作为一个不言自明的名词所提出，而是因其“保留了较多的传统文化的特色和纯美的生活面貌”，而成为“民族主义和社会意识的感情”最后根据地得到重视。无独有偶，陈映真也在《文学来自社会反映社会中》提出乡村是民族的心灵居所的观点⑤。可以看出，双方关于“乡土文学”的提倡都别有怀抱，他们

---

① 王拓：《访谈：乡土文学与现实主义》，《夏潮》第3卷第2期（总第17期），1977年8月，第8页。

② 王晓波、郭纪舟：《夏潮重要人物访问录》，《一九七〇年代台湾左翼启蒙运动——〈夏潮〉杂志研究》东海大学硕士论文，1995年，第10页。

③ 创刊于1977年3月的《仙人掌》封面。该杂志于1977年4月号上刊登的三篇文章，引爆了台湾的“乡土文学论战”。一般的研究者都认为，1977年4月的《仙人掌》上王拓（1977）、银正雄（1977）及朱西甯（1977）的三篇文章为整个“乡土文学论战”正式揭开了序幕。

④ 王拓：《是“现实主义”文学，不是“乡土文学”》，《仙人掌》，1977年，第70页。

⑤ 石家驹：《瓦器中的宝贝》，《仙人掌》，1977年，第89页。

并非为了歌颂“乡土”、描摹乡村而专注“乡土”，反而更重视乡土所体现出的民族意识与民族栖息地特质。可以说，“乡土”是被作为“承载”——或者更准确地说，是表现——一种纯净、较少受殖民文化污染的民众生存现状场域而得到重视的。

将“乡土”与“民族”命运相联系并非王拓和陈映真首创，早在《文季》季刊①所译介的一篇文章中，便已表达了类似的观点。1973 年，《文季》季刊在创刊号相当显眼处刊登了一篇“外来”文章：《韩国民族文学的另一面：从金廷汉的小说谈起》。在《韩国民族文学的另一面：从金廷汉的小说谈起》中，韩国学者河正玉将韩国“民族文学”的探索艰辛浓缩概括，介绍了韩国“民族文学”从 20 年代到 70 年代发展全过程。更以韩国民族文学作家金廷汉为代表，首次提出“乡村”文学具有“民族特质”的观点。河正玉指出，“开发中国家的都市”因为“西方列强的殖民侵略，容易受帝国主义政策的影响，渐渐形成具有极端殖民地的色彩”，而农村“却能仍然固守民族的传统和基本精神”，成为“民族精神的根据地”②。所以，在批判美国霸权冷战文化格局的反抗意识主导下，“农村”被视为平民阶层思想情感代表，金廷汉创作出的“农村文学”也凭此成为“民族文学”同义词。河正玉的这一观点，显然与王拓、陈映真等人对“乡土文学”的介绍相一致。甚至应该说，王拓与陈映真在论述“乡土文学”时直接承袭了河正玉这篇文章的观点。归纳起来看，虽然三者对于乡村文学界限的判定有所出入，但并没有人对“乡土”文学的“民族性”性质发出质疑，他们都坚定认为乡村/乡土承载着民族的精粹，是表现“民族文学”最好的载体之一。基于这一线索，我们在理解乡土文学的命名过程中，似乎要进行一项颠倒：问题的重点并不在“乡土文学”写了什么，而在于他是否匹配于“民族文学”的需要。不应直接从“乡土文学”的内涵入手，而应将“乡土文学”视为“民族文学”探索路上的一种形式尝试进行理解。

实际上，河正玉的文章之所以被翻译介绍进台湾文学场域，也与台湾知识分子们对“民族文学”的探索紧密相关。首先看一下刊载文章的刊物，受 1970 年保钓运动“回归传统”思潮影响，1973 年复刊的《文季》季刊以追求“民族文学”重建为己任，是一本充满民族主义色彩的杂志。在《文季》季刊第一号的发刊词《我们的努力和方向》上，尉天骢便为《文季》提出文学的“民族性”要求，率先树立了文学“绝不是为了消闲”的功用目的和“与中华民族的命运一样”③ 的民族性标准。前者对文

---

① 《文季》创刊于 1973 年，由陈映真入狱前便结识的笔汇同人组成，发行了 3 期便宣告终止，后又于 1982 年复刊，《文季》系列刊物一直是台湾左翼群体重要的文化阵地。

② 河正玉：《韩国民族文学的另一面：从金廷汉的小说谈起》，《文季》1973 年第 1 期，第 84 页。

③ 《我们的努力和方向》（发刊词），《文季》1973 年第 1 期，第 2 页。

学写作者的写作立场提出了要求，希望他们有别于“吟风弄月”的“贵族的姿态”①，将文学从个人小我的文学实践转化为社会性意涵的文学生产；后者则针对“自外于民族、自外于现实社会的艺术”②，对民族文学的内涵提出了新的历史期待。此外，他还在《文季》设立“当代中国作家的考察”栏目，呼唤具有不凡的浪漫主义色彩的“二十世纪的中国作家”：

> 他必须面对中国民族的苦难，从事反抗专制极权和恐怖政治的战争，来建立自己作品的中国精神。因此，他不再是一个书斋中的作家，和这社会上的享现成者。他必须走入社会，铲除自私，关心别人，而且要不断地在现实中学习，学习成为一个中国人。③

借由“小我”与“社会”的衔接，重新塑造自己的社会认知与思想情感，《文季》认为台湾文人终会完成“书斋作家”“社会的享现成者”向“中国作家”的转变，承担“面对中国民族苦难”的书写任务，创作出“民族的文学”④。此外，作为“现代诗论战”阵地之一，《文季》作家群如尉天骢、唐文标等人还曾参与“现代诗论争”，他们将台湾现代诗人、小说家视为传播“帝国主义文化”的“文化买办”⑤，指摘其内容思想上沉溺于个人情感、逃避当代社会现实，语言形式上语义灰色、过分使用西方意象与句法，强调文学要具备“民族性”与“社会性”。

这样一本民族主义色彩浓厚的刊物所经营的翻译工作，自然也有着浓厚的民族主义诉求。在编辑手记里，尉天骢解释了自己为何选用河正玉的文章：

> 韩国的河正玉先生对于韩国文坛的批评，很可以作为我们此地的参考。东方民族在近百年来所受的命运是同样悲痛的，当然我们也盼望大家都能有一共同的觉醒。⑥

可见，吸引尉天骢的正是河正玉文中所显露的“民族性”因素，河正玉这篇文章被尉天骢视作“同属于东方民族悲痛命运的缩影”，作为“我们此地的参考”而发现

---

① 《我们的努力和方向》（发刊词），《文季》1973年第1期，第2页。
② 发刊词：《我们的努力和方向》，《文季》1973年第1期，第2页。
③ 尉天骢：《当代中国作家的考察》，《文季》1973年第2期，第47页。
④ 尉天骢：《当代中国作家的考察》，《文季》1973年第2期，第47页。
⑤ 唐文标：《诗的没落》，《文季》1973年第1期，第16页。
⑥ 编者：《编辑手记》，《文季》1973年第1期，第210页。

的。那么，这篇文章究竟写了什么呢？在此要对《韩国民族文学的另一面》的内容做一点补充介绍。在文中，河正玉不仅将韩国“民族文学”的探索艰辛浓缩概括，介绍了韩国“民族文学”从20年代到70年代发展全过程。更以韩国民族文学作家金廷汉为代表，概括了“民族文学”应具有的写作形式。其中，他侧重介绍了韩国新出现的“民族文学”思潮，并指出这种文学思潮的出现，是对韩国50年代“那些以文雅的感觉、现代性的人间问题、自我遗识的分裂；人格的瓦解、疏外感与虚无感为题材的作品，也就是以白领阶级为主的文学”① 现象的重要反思。河正玉对韩国文学史的这番介绍对于熟悉台湾文学史的读者来说应不陌生——受双战（冷战-内战交叠）结构影响，20世纪50—60年代的台湾文坛同样充斥着大量苍白无力的现代主义文学。而到了70年代，受保钓运动影响，台湾文学也开始“回归传统”，进行“民族文学”探索：1971年，王晓波、陈鼓应等人便在台湾大学举办“民族主义座谈会”，寻唤具有反帝意识的“民族主义”思想②；《中国时报》“人间”副刊主编高信疆创办《龙族诗刊》（评论专号），要求建构文学上的中国性③；《大学杂志》的社长陈少廷则重拾日据时期台湾新文学筚路蓝缕的艰苦历程，试图从中寻觅富有“中国性”的民族意志④。从这个角度考量，河正玉这篇文章吸引尉天骢的原因大概有二：其一是韩国当代文学与台湾文学的相似性，两者皆经历了日据殖民摧残，又饱受民族分裂苦楚，在冷战内战结构下备受西化文学冲击；其二是因相似性而生的可参照性，韩国文坛先一步登上历史舞台“民族文学”⑤，恰为台湾文坛70年代刚刚萌芽的“民族文学”追求提供了很好参照。大概有感于韩台两地之间惊人的相似性，尉天骢在文章刊出后发出如此感慨：“韩国的文坛既然已经有着如此的觉醒，作为东方民族的我们、难道在精神上还要一直东亚病”⑥，由此可见以追求统一为文学使命的韩国“民族文学”思潮给他带来何种冲击。可以说，尉天骢正是为了在台湾进行中华民族“民族文学”探索方才翻译韩国文学动态，继而重视“乡土文学”的。

与此同时，《文季》季刊上刊出大量描写“乡村”现实生活，以乡村中的小人物

---

① 河正玉：《韩国民族文学的另一面：从金廷汉的小说谈起》，《文季》1973年第1期，第85页。

② 北剑：《论民族主义：第一次民族主义座谈会纪要》，收入郑鸿生、王晓波编：《寻找风雷：一九七零年代台大保钓学生运动资料汇编》，台北：海峡学术出版社2022年版，第5页。

③ 高上秦（高信疆）：《探索与回顾——写在“龙族评论专号”前面》，收入赵知悌编：《文学休走——现代文学的考察》，台北：远行出版社1976年版，第162—171页。

④ 陈少廷：《五四与台湾新文学运动》，《大学杂志》1972年第53期，第18—24页。

⑤ 崔成德：《韩国文学四十年概览》，《世界文学》，1994年5月。

⑥ 尉天骢：《幔幕掩藏不了污垢：对现代主义的考察兼评欧阳子的〈秋叶〉》，《文季》1973年第1期，第75页。

为书写对象的文学作品。黄春明的代表作《莎哟娜拉，再见!》、王拓的《庙》、王祯和《小林来台北》等小说都刊载在此时的《文季》季刊上，《文季》对“民族文学”的追求，最终具象化为“乡土文学”的成果登上战后的台湾文坛，并成功地占据一席之地。虽然《文季》于1974年5月停刊，但借由《文季》上黄春明、王祯和等人的文学创作实绩①，70年代台湾的文学风气已经明显改变。此处举一例子可以充分感受这种风气的转变，《雄狮美术》虽在1972年率先挖掘出乡村画家洪通，但此时的台湾文艺界对洪通并不买账。直到1973年洪通才因其身上传统的“乡土性”——未经学院训练、“出生在渔村”，又“用鱼、渔网、渔人和乡下房子做题材”② 大放异彩，成为追求“民族风格”的台湾文化界“画坛新秀”③。面对洪通的走红，《雄狮美术》的读者恰如其分地点出其间关键：

> 面对洪通的走红，在现代艺术观念开始重视非西方艺术主流，而尽量发掘各系民艺及原始艺术之风气下他才有今日受重视的程度。④

由此可见，在1973年后，是否具备“乡土”因素已成为衡量艺术作品能否代表“中华民族”的重要标准。在黄春明、王祯和、洪通和朱铭因乡土而走红外，据蒋勋记载，70年代后期陆续出现了采集民歌的史惟亮，介绍传统地方民俗的英文《汉声杂志》，推介洪通、朱铭和文化造型问题讨论的《雄狮美术》，把洪通造成社会新闻的《艺术节》杂志，从乡间请来祭神舞蹈“八家将”的“云门舞集”，王祯和、黄春明、施叔青等作家和相继提出钟理和、杨逵、吕赫若、赖和的《夏潮》杂志⑤……大量作者转向乡村风貌的描绘，并以表现小人物的悲欢为导向，以注入民族意识。透过对“乡土”的解释、重组、新释，台湾左翼知识分子创造出一个属于中国的民族传统，“乡土”也成为维系群体内部的凝聚的想象符号，“民族文学”的倡导终以“回归乡土”为中介落到实处。

---

① 《文季》季刊上发表过黄春明的《莎哟娜拉，再见》、王拓《庙》、王祯和《小林来台北》。

② 佚名：《洪通带来的启示》，《雄狮美术》，1973年8月。

③ 1973年6月，唐文标以连续两日的副刊头条，撰文点评洪通为“乡土性的艺术家”；1976年3月13—25日，由艺术家杂志主办，洪通画作在台北美新处公开展出，同时高信疆在《人间副刊》上，以《天才？疯子?》从3月12日起连续5天推出洪通专辑。

④ 佚名：《洪通带来的启示》，《雄狮美术》，1973年8月。

⑤ 蒋勋：《起来接受更大的挑战!》，《仙人掌》1977年3月第2期，第76页。

二、乡土如何民族：民族文学的形式探索

《文季》同人引入韩国民族文学运动中的“乡土文学”新诠，无疑重新建构了“乡土”符号所携带的现代政治认同，重新发明了“乡土”与“中国”的连接性。不过值得注意的是，虽“乡土文学”已和“民族文学”紧密联系，但在左翼文人倡导“民族文学”阵仗颇大的论战和推举背后，实际上暗藏一丝危机。“乡土”题材的取舍固然从创作对象与主题为创作者指明了写作的方向、同时确立了一种眼光向下的底层意识。但是诸多“民族关怀”与“社会意识”究竟在“乡土”文学中如何呈现？如何描写“乡土”，才能创造出左翼知识分子们所向往的容纳“中华民族的苦难”“反抗专制极权和恐怖政治”的文学？“乡土”如何“民族”的写作挑战伴随书写对象的清晰化一齐出现了，如何进一步为“乡土”赋予“民族性”形成一个迫切难题。

原本在《文季》季刊译介韩国民族文学运动之前，《文季》季刊的前身《文学季刊》已在60年代刊载一些以农村小人物为核心的文学作品，例如黄春明在尉天聪、姚一苇的劝说下，在《文学季刊》发表了《青番公的故事》和《溺死一只老猫》①，与此同时，陈映真《将军族》（1966年）、王祯和《嫁妆一牛车》（1967年）也出现在文坛上，引起一阵对“小人物”的讨论。但是，无论是陈映真、王祯和还是黄春明，他们笔下的小人物都背负着极度悲惨无解的命运。陈映真的《将军族》里，两个小人物相拥着赴死的结局虽然悲壮，但却显露出极度的悲凉与忧郁；王祯和笔下的人物虽然不再“死亡”，但却只能“苟活”，充满面对命运的重压无处躲逃残余可笑又可怜的滑稽感，正如《嫁妆一牛车》的题辞“生命里总也有甚至修伯特都会无声以对底时候……”，他笔下的小人物让人品味命运之荒唐可笑同时，还隐隐渗出笑中藏泪的辛酸；而黄春明的早期小说《溺死一只老猫》（1967年）、《看海的日子》（1967年）、《儿子的大玩偶》（1968年）、《鱼》（1969年）、《锣》（1970年2月）也只能描绘一幅幅小人物仓促赴死的图景。在这里，乡土的呈现只停留在小人物与命运的对抗之中，读者可以看到这些生活在底层的妓女、渔民、小学徒在现实生活中遭受的各方欺辱，明白他们生活的凄惨，却无法解释导致他们悲惨遭遇的根由。正如蒋勋所总结的，“一直到七零年代前，王祯和与黄春明所关爱的小人物，都还是被抽象地提出来讨论，是人与命运的对立。人与命运对决，失败了，就是《嫁妆一牛车》中人物的肮脏、愚昧、物质、可怜复可笑；人与命运对决，胜利了，就是《看海的日子》中白梅的庄严、自

① 黄春明：《罗东来的文学青年》，《中国时报》，1994年1月6日，第39页。

信，然而却极暧昧地活在希望中的结局”①。

《文季》季刊所呼唤的“民族文学”显然不需要这种“无声”乡土。从河正玉的文章来看，乡土题材小说成为“民族文学”的关键在于写作者的创作“态度”，他指出韩国民族作家金廷汉并非以知识分子目光赏味式地描绘田园风光，反而写出了“农村的泥土”里，“生产者的汗血与斗志”；同时，金廷汉还在“受贱待而表面上又没有力量的贫苦群众的行列里，发掘强韧而具肯定性的人性”，唯有明了“农村”里诸种“非人道的现象”是“由于腐化的权力与其它种种腐败了的社会制度所带来”，并对这种“反人性的状况也同样排斥”的文学，才称得上“民族文学”②。可见，使“乡土”小说成为“民族文学”的关键在于能否具备“眼光向下”的底层意识，以理解之同情来描绘“农村”所发生的一切，将受压迫的“非人道现象”放置“社会制度”的视野中进行解释，唯其如此，“农村”的故事才能蜕变为“民族”的“文学”。河正玉对“乡土文学”所提出的这一要求也与《文季》季刊上“乡土文学”所表现出的特质相一致。以“乡土文学”代表作《莎哟哪啦！再见》为例，小说描写了一个六、七十年代台湾中小企业贸易部门的中级职员由于熟谙日本语，临时被公司指派充当带日本客户来台湾“观光买春”的故事，而小说中战后二十五年重登台湾的日本商人“还是把台湾看成他们的殖民地”③。通过日本商人在台湾商场的“趾高气扬”与在台湾为所欲为、“奸淫”妇女的醒世寓言，《莎哟哪啦！再见》鲜明展现了60年代以来，新国际分工下日本资本沿顺旧殖民地时代的历史因缘，以新型贸易关系为遮掩对台湾进行殖民渗透的社会现实。小说主人公的黄君，也不同于前期文学中的人物，都有了明确的立场，他对社会中西化、腐化的生活，对民族意识沦丧的问题有了清醒的认识，并发展出积极的民族情感，对日本商人的自大狂妄进行了坚定而严肃的反击。显然，此时的黄春明已经明白主宰“小人物”未来的不是什么“命运”“修伯特”与“无声以对”的东西，而是台湾特定的新殖民地经济结构。卢卡奇曾经指出，“人们在特定生活状况中，如果对这种状况以及从中产生的各种利益能够联系到他们对直接行动以及整个社会结构的影响予以完全把握”④，就有可能具备“无产阶级意识”。在这里，“民族文学”对“乡土文学”所提出的新要求显然融合了这一阶级分析的视野。

但在70年代台湾，“民族文学”除了要求“乡土文学”写出其所面临的社会秩序

---

① 蒋勋：《望君早归序言》，收入王拓：《望君早归》，台北：远景出版社，1978年，第7页。

② 河正玉：《韩国民族文学的另一面：从金廷汉的小说谈起》，《文季》1973年第1期，第87页。

③ 黄春明：《黄春明小说集》（三），《莎哟娜啦·再见》，台北：皇冠文学出版公司1994年版，第37页。

④ ［匈］卢卡奇：《历史与阶级意识》，商务印书馆1996年版，第8页。

压迫，还面临一系列社会变迁带来的挑战。70 年代，台湾已完成十大建设正面临工业化转型，工业就职人员超过农业，劳工取代农民成为台湾人口结构的重要比例。伴随工业化经济繁荣、产业结构转型的发展，台湾“乡土”社会逐渐受到冲击，传统意义上的乡土文明正逐步衰退，更多的社会问题集中在人力密集的工业工厂、都市社会。在时代发展的潮流面前，延续“韩国民族文学”的模板，通过“乡土”书写表达“民族”的方式无疑是狭隘与局限的。正如王拓所言，在机械文明和工商经济的浸透下，乡村社会的许多生产方式与文明特色必然要落没和消失，这“是历史和社会发展的客观规律，不因为人的主观愿望而有所改变”。如果“民族文学”过于执着描写乡村社会和人物，便很容易成为感伤怀旧的“乡愁文学”①。在此基础上，台湾知识分子们对“民族文学”传统的取材界限进行了突破，他们将“民族文学”的形式从空间转化为时间概念，不再坚持将都市与乡村二元对立化，反过来认为“民族文学”不应只以乡村为背景来描写乡村人物的乡村文学，它应当也是以都市为背景来描写都市人的都市文学，描写刻画民族企业家、小商人、自由职业者、公务员、教员以及所有在工商社会里为生活而挣扎的各种各样的人，“凡是社会的任何一种人、任何一种事物，任何一种现象，都是文学所要反映和描写、都是这种文学作者所要了解和关心的”②。在此情况下，“民族文学”的立足点从“乡土”空间置换为“现实”时间——只要是反映当下的现实文学，都是民族的。

“民族文学”取材局限的打破，为“工厂文学”纳入“乡土文学”范畴留下了可行空间。70 年代，生于劳工家庭、长于劳工家庭的杨青矗在进入工厂工作后连续出版了《工厂人》（1975）、《工厂女儿圈》（1978）、《厂烟下》（1978）三本短篇小说集，这些以高雄加工出口区工厂工人生活为原型的作品，被陈映真等人推举为“乡土文学”。然而，正如王晓波所追问“写工人的东西怎么是乡土文学”③？一直以来，杨青矗创作的“工厂小说”被纳入“乡土文学”归类的原因一直未能得到合理解释，加之杨青矗本省作家的身份与此后政治立场上的“分离主义”转向④，他被视为“乡土文学”作家的归类更为“本土文学论”增添了论证筹码，成为“乡土文学论战”本土化的论据之一。然而，周公恐惧流言日，王莽谦恭未篡时，仅仅以杨青矗后期的政治立场来为他的作品下定义未免过于浅薄，从“民族文学”的历史发展来看，杨青矗被纳

① 王拓：《是“现实主义”文学，不是“乡土文学”》，《仙人掌》，1977 年，第 71 页。

② 王拓：《是“现实主义”文学，不是“乡土文学”》，《仙人掌》，1977 年，第 73 页。

③ 王晓波、郭纪舟：《夏潮重要人物访问录》，《一九七〇年代台湾左翼启蒙运动——〈夏潮〉杂志研究》，东海大学硕士论文，第 10 页。

④ 杨青矗晚年转为“台独”主义者，倡导“台语文学”，希望借“语言民族主义”实现“台湾民族”民族自决。

入乡土文学范畴并非因为他的“本土作家”身份、“本土文学”，而是因为他的作品顺应了民族发展的时代要求，描写了台湾迈入工商社会中“为生活而挣扎的各种各样的人”。同时，因为杨青矗工人出身的作家身份，他对加工出口区工人生活的记录完全站在工人立场替工人说话，对不平等的事提出抗议，以“人与人的关系替代了前一个阶段人与命运的对决”①。这种从民众立场出发表现现实批判的文学理念，正好符合了“民族文学”内涵要求。所以，王晓波的疑惑在此也可以得到解释，正是在“民族文学”的视野之下，“工人文学”才被冠以“乡土文学”之名备受陈映真、王拓、尉天骢推崇。

从上可见，为了适应社会变迁，更好地表现“民族命运”，“民族文学”对“乡土文学”提出了现实主义要求，并同时扩宽了自己的取材边界，将都市、工厂在内的社会各方面生活纳入自己的题材考量范畴。在顺应时代潮流的基础上，“乡土文学”由取材“乡村”的地域倾向转变为更重视社会覆盖率的“现实主义”倾向。

三、“乡土文学论战”里的“民族内涵”之争

明了“乡土文学”命名由来后，再从“民族文学”视角重审“乡土文学论战”，会发现这一论战非但不是“确立台湾意识”的政治反对运动，反而是一场如何表现中华民族“民族内涵”的内涵之争。

首先，作为乡土文学论战的重要阵地，《仙人掌》原本便是中华民族情结浓厚的杂志。这份刊物不仅以“中国的出发”② 命名创刊号，在《再版和三版的话》中，更是毫不掩饰自己民族主义色彩，将“积极地建立自己的文化基础”，“创造出新的中国的精神典范”视为自己的办刊目的：

> 为了不甘愿做一个不争气的摆架子，我们创办了《仙人掌》杂志，希望能借着这样一个公开的论坛，汇集这一代中国人的智慧与劳力，从思想、社会、生活、艺术各个领域里，共同携手奋斗，替自己的同胞、社会、国家，做出一些能够让中国人挺起胸膛的事情。③

《仙人掌》杂志所具有的浓厚民族主义色彩，恰与因“民族文学”主张而生“乡

---

① 蒋勋：《望君早归序言》，收入王拓：《望君早归》，台北：远景出版社 1978 年版，第 8 页。
② 目录：《仙人掌》1977 年 2 月第 1 期，目录页。
③ 《再版和三版的话》，《仙人掌》，1977 年 3 月（第 3 版），第 5 页。

土文学”产生了呼应。此外，王拓、陈映真等人还在《仙人掌》第5号“中国文化造型”专栏上连续刊发了《现代中国文化造型的方向》①《期待全面的文化造型运动》②《文学来自社会反应社会》③《为建筑加入民族风格》④ 等文章，将问题进一步聚焦于民族风格与“民族形式”的建设层面，继续主张从“乡土文学”“现实”主义等方面建设文学的民族风格。

其次，回到论战交锋现场，也会发现整场论战都围绕“民族文学”的文学风格展开。作为对“乡土文学”首先发难的国民党系文人，朱西宁在《回归何处？如何回归》（刊于《仙人掌》“乡土文化往何处去”专栏）开篇，便明确表露自己对与台湾文学场域盲目西化、追逐现代主义文学的不满。并且，朱西宁的这份不满不独针对台湾文学场域，在他眼中，“五四”时期的现代文艺便因“创作上模仿西方现代主义，理论尤其以之来标榜”，“只求现代，无视于中国”的文学风气，“与民族文化有隔绝”⑤，需要引人反思，建设“民族文学”风格。从这一点来看，朱西宁对于乡土文学的批判，并不像后来者所言的，反感乡土文学对于西化文学的批判。与乡土文学作家相同，朱西宁也对现代主义有所反思，倡导一种回归中华民族怀抱的“民族文学”。在《回归》一文中，朱西宁再次强调了这一观点：

> 先说现代文艺，因为创作上的模仿西方现代主义，理论由其以之来标榜，起初自是只求现代，无视于中国，结果弄成不但与民族文化有隔绝，且一反“五四”之后文艺大众化的呼叫，重返象牙塔，强调了诗就是贵族的，艺术就是贵族的。⑥

就回归民族文学这一点上，朱西宁与乡土文学作家群体可以说是心意相通。论战双方对“回归民族”，寻找具有“中国性”的“民族文学”没有异议，二者最大的分歧或在于“回归民族”的途径与方式。与“乡土文学”倡导者不同，朱西宁将“民族文学”建设的希望寄托在传统文化的复兴之上。在他眼中，“物质文明直接斩断了宇宙法则”，西方文明的“滞留、委顿与生机奄奄，都要归因给现代文明”。而中国文化

---

① 孙庆余：《现代中国文化造型的方向（下）》，《仙人掌》，1977年7月，第5号，第29页。
② 蒋勋：《期待全面的文化造型运动》，《仙人掌》，1977年7月，第5号，第57页。
③ 陈映真：《文学来自社会反映社会》，《仙人掌》，1977年7月，第5号，第65页。
④ 李干朗：《为建筑加入民族风格》，《仙人掌》，1977年7月，第5号，第99页。
⑤ 朱西宁：《回归何处？如何回归?》，《仙人掌》，1977年3月，第2号，第158页。
⑥ 朱西宁：《回归何处？如何回归?》，《仙人掌》，1977年3月，第2号，第158页。

所“独有的三纲五常”蕴藏着形象合一的“高贵的伦理”①。他期待民族文学应落回“包容万象”的“循环法则”，从中“省察到大自然的天道好还、星系运转、电子绕行、四季交替、以及中国文化的天人之际、死生之间、人世伦常、历史节气、政治原理”等“祖先门道”，从而“得力而生新”，“接上民族文化的源头”②。乡土文学作家利用“乡村”书写所尝试的“民族文学”建设，在他眼中则“是书斋式的书生的概念慈悲”，实际“与民族文化愈远”，只余“一个空空的死架子”③。在朱西宁之外，黄春明、王祯和等乡土文学作家作品借助暴露现实中的不公之事进而主张反帝民族主义的行为，更因抹黑了民族的清丽形象而使国民党系文人银正雄难以忍耐：

> 然而，民国六十年后，“乡土文学”却又逐渐变质的倾向，我们发现某些“乡土”小说的精神面貌不再是清新可人，我们看到这些人的脸上赫然有仇恨、愤怒的皱纹，我们也才领悟到当年被人提倡的“乡土文学”又变成表达仇恨、憎恶等意识的工具的危机，譬如我们今日讨论的“坟地钟声”便是一例，在这篇作品中，我们感觉不到作者悲天悯人的胸怀，也不觉得里面的人物有什么可爱的地方，更体会不到“乡土”作品中应有的那份纯真精神。④

一切都说明并非是乡土文学作家群体对于现代文学的批判触怒了国民党系文人朱西宁等。究其根本，是论争双方对“民族文学”观念的理解迥然有别，在振兴民族文学的路径选择上存在甚多分歧。相较乡土文学作家将“民族文学”观念与“乡土”“社会”“现实”相互连接，朱西宁等将民族文学的可行落根于其一贯主张的中国文化的礼与乐、爱国忠君等传统伦理⑤。在后者眼中，只有固守“忠孝仁爱信义和平”等传统道德的文学作品，才算是民族文学。

作为1949年入伍的军中作家，朱西宁曾任军中文艺行政官多年，配合国防部文宣政令主编过军中《新文艺》杂志，同时还办理、评审国军文艺奖项。无论是从“文学生产”，还是“文化生产机制”来看，作为军中文艺行政官的朱西宁在60—70年代文坛所扮演的编辑与出版，评论家兼文学奖评审的多重角色，甚至可以说是文学主张的有利“推手”，他与国民党政府的文艺理念实际上具有相当高的一致性。所以，朱西

---

① 朱西宁：《回归何处？如何回归？》，《仙人掌》，1977年3月，第2号，第158页。
② 朱西宁：《回归何处？如何回归？》，《仙人掌》，1977年3月，第2号，第160页。
③ 朱西宁：《回归何处？如何回归？》，《仙人掌》，1977年3月，第2号，第160页。
④ 银正雄：《坟地里哪来的钟声？》，《仙人掌》，1977年3月，第2号，第137页。
⑤ 朱西宁：《中国的礼乐香火——论中国政治文学》，《日月长新花长生》，台北：皇冠出版社，1978年12月，第127页。

宁与乡土文学作家群体在“民族文学”观念上的分野，实际上也体现了国民党文艺政策与乡土文学作家龃龉不合的关键。事实也证明了这一点，在朱西宁等人与乡土文学作家论争后，1977 年 8 月 17—19 日，彭歌在《联合报》副刊发表了一篇长文《不谈人性，何有文学》，公开点名批判王拓、陈映真和尉天骢，认为“乡土文学”不谈人性的，充满阶级斗争色彩。彭文发表第二天，8 月 20 日的《联合报》副刊又接力式地发表了余光中的《狼来了》，更直接地批判“乡土文学”主张是配合大陆“工农兵文艺”政策的“工农兵文学”。1977 年 8 月 29—31 日台北市剑潭青年活动中心举行了第二次国民党文艺座谈会，会上国民党政府在《对“当前文艺政策”之修订建议案》中特意将“确立三民主义新文艺政策，推进中华文化复兴运动，以发扬民族独立的精神”① 列出。要求文艺工作者重视创作自由与社会责任，建立清新、雄健、温厚、明朗的风格，表现光明，消除黑暗，以唤起社会广大的同情，促进社会向上的发展，“创造纯真优美至善的文艺，使思想信仰力量融贯于作品之中，并力求深入浅出的表现，以发扬人性的光辉，启示生命的意义”②。1978 年 8 月 15 日，《中国论坛》杂志社特意举办“当前的中国文学问题”座谈会③，对问题的讨论进行了进一步深入讨论。

将“乡土文学”窄化为暴露“黑暗”的说法，凸显出国民党当局对于“民族”认识一种症候性的偏狭思想，即其所秉持的“民族主体”与“民族形式”的截然二分法。在国民党系文人看来，民族文学的可行性建立在传统时间的积淀，源于广大中华文化生生不息的文艺复生。然而，将传统文化指认为“民族文学”的内核这一想象却是审美式的，忽略了劳动者的辛劳。换句话说，中国文艺的生生不息的想象背后是以在长时段发展历程中逐渐形成的高雅格调，置换了劳者歌其役的“劳”与“役”。这种文化民族主义倾向，使国民党当局从根本上否定了乡土文学作家立足现实、关怀民生角度建设民族文学的可行性。在乡土文学作家看来，为生民立命，反映民生疾苦，是民族传统的根本，而在国民党、朱西宁看来，民族、传统，却成为打击乡土文学的棒子。同样，也正因为国民党当局漠视民生，缺乏民众视角的“民族观念”，他们才会将强调民生生活、暴露民众生存现实的“乡土文学”视为地方主义文学，反过来质疑起乡土文学作家们“对民族文化的忠诚度和精纯度如何?”④ 更进一步认为经过日本文化统治的殖民地台湾“所存留的汉文化老根”，“多少收到了日本文化有意的断肠”，不能免的“要与积蓄生新的民族文化主根有所脱节”⑤。“第二次全国文艺会谈”会

---

① 《对“当前文艺政策”之修订建议案》，《第二次文艺会谈实录》，第 16 页。
② 《对“当前文艺政策”之修订建议案》，《第二次文艺会谈实录》，第 16 页。
③ 尉天骢：《当前的中国文学问题》，中国论坛出版社，1977 年 10 月，第 57—65 页。
④ 朱西宁：《回归何处？如何回归?》，《仙人掌》，1977 年 3 月，第 2 号，第 166 页。
⑤ 朱西宁：《回归何处？如何回归?》，《仙人掌》，1977 年 3 月，第 2 号，第 166 页。

后，1977年8月29日《联合报》也陆续发表社论，怀疑乡土文学作家提倡地域主义①。

从最终结果来看，“乡土文学论战”因对“民族文学”理解的分歧而生，也由“民族主义”人士的汇合而落。1978年，受到国民党当局猛烈抨击的尉天骢敏锐察觉到文坛风气的转变，情急之下前去《中华杂志》寻求胡秋原的帮助。听完尉天骢的叙述，胡秋原找来陈映真、王拓等人在论战中发表的文章阅读，读后立即挺身而出，仗义执言保护了陈映真等人。1978年尉天骢将论战期间的文章整理出版为《乡土文学讨论集》，收录了胡秋原1978年3月为乡土文学作家群辩护的《中国人立场之复归》。细读这篇文论会发现，胡秋原在当时便已敏锐地捕捉到“乡土文学”和“民族文学之间的密切关联，对“乡土文学”作品中的民族情感、爱国之心高度肯定。所以，对胡秋原行为的理解或许应该倒推一步，胡秋原的确欣赏陈映真、尉天骢等后生晚辈从而保护了他们，但这种欣赏很大一部分源于他发现“乡土文学”中包裹的民族主义情感，又因胡秋原原本便是极其重视民族独立、国家统一的知识分子，所以才倾心保护了他们。最终，“乡土文学论战”在胡秋原引为知己般的庇护中落下帷幕，一场山雨欲来的血雨腥风也宣告平息。

值得一提的是，国民党当局重整“民族文学”，通过文艺建设社会心理发扬中华文化的工作并非无的放矢，也有其特定的政治背景。70年代初，国民党当局被逐出联合国，中美关系又日渐恢复，国民党当局在台湾的执政合法性受到前所未有的冲击，在这“在世局动荡不宁之际”，特别需要文艺界统一思想，坚定立场，以“民族文学”号召大众对于执政当局的衷心与信念②。乡土文学作家在“民族文学”理念上的号召，与国民党当局的文艺政策发生了极大冲突，破坏了其凝聚民众信念的文艺动员计划，这是乡土文学作家受到激烈批判的重要原因。但又正因为国民党当局面对执政危机，其“爱国必须救国，救国必须反共，反共必须团结”的政治理念，又给乡土文学作家留下了生存的政治空间，在会谈期间的讨论和前后的媒体报道中，对“乡土文学”的负面评价虽所在多有，但是国民党当局及其负责人王升最终还是决定“团结”乡土文学作家，高高抬起，轻轻落下地“放过”了他们。

通过以上分析，会发现“乡土文学论战”的发生和扩大最终都指向一个问题，那便是什么样的文学形式才能更好地表现“中华民族”的苦难和历史，什么样的文学才是“民族文学”？的确，陈映真与王拓等人秉持的民众立场携带相当浓厚的左翼气质

① 彭品光、明凤英：《社论》，《联合报》，1977年8月29日。

② 计璧瑞：《以三次文艺会谈为例论国民党在台文艺工作与文艺理念》，《华文文学》，2016年5月。

从而受到国民党当局打压，但这种“民众”立场的确立前提是为了更好地解决“民族”问题，反帝等左翼面相的强调归根到底是为了追求民族统一而选择的道途。可以说，乡土文学论战本质上是一场“民族文学”的内涵与形式之争。

结　语

正如陈映真所言，“如果没有反帝、反西方、有中国倾向的左翼保钓运动的思想冲击，那就没有70年代初由海外学人所发起的‘新诗论战’……而数年之后所发生的‘乡土文学论战’，其实也不过是‘新诗论战’的延长”，乡土文学论战原本便是保钓运动在台湾思想文化领域衍生出的产物，它不仅承袭了保钓运动所具有的左翼关怀，更在“中华民族主义”追求上与之一脉相承。无论是论战的缘起、高潮、落幕都体现着浓厚的民族主义情感。然而，钓运所激发的中华民族“民族文学”思潮并未在文学史为人重视，反而随着大量乡土文学作品的涌向，在“乡土文学论战”后被逐渐掩盖，终为人所疏漏。从另一方面来说，在台湾写作“民族文学”也是一个提升和缝合的过程，它需要将特定地域的故事，转换为有关中国近代史的某种元素。这里所包含的裂隙也是不同层面的，既有历史文化传统与现实斗争、阶级关怀这些主题之间的缝合，也有特定历史的地方性和全国性之间的差异。对孤悬海外，饱经历史沧桑的台湾宝岛来说，因其地域、历史上有着多重因素纠葛的特殊性，台湾左翼知识分子们更面临着将复杂地域经历和体验转化为具有中华民族普遍性文学叙事的考验。与更容易理解的“乡土文学”相比，在台湾讲述“民族文学”的不易也是它为人所遗忘的内在因素之一。

（作者单位：厦门大学台湾研究院文学所）

《中国当代文学编年史》第一卷修订说明

《中国当代文学编年史》第一卷于2008、2009年编写，山东文艺出版社2012年推出，从启动编写到现在已经十六年了。编写之初，尽管我们努力搜求各方文献，但受主客观条件所限，许多信息仍未能掌握，加之录入、编校的疏忽，致使该书留下了较多的疏漏、差错，我们深感遗憾，主编更是自责不已，在此向读者诚挚致歉！

随着各种新的文献史料不断被发掘、整理，原书亟待新的补充和完善，现在正式启动修订再版工作。

多年来，我们也在不断地自我核查，为修订做准备，特别是黎叔先生，一直持续为该书指正，我们深表感谢并多次真诚地邀请他参与修订工作、出席修订会议，虽未获俯允，但他的意见我们会认真对待，作为修订的重要参考。为慎重起见，修订版交付出版之前，我们还将以“征求意见本”形式向学界朋友请益。

《中国当代文学编年史》第一卷修订组

2024年11月

编后语

姜　飞

在文学研究中，文学史意识可以整合知识，而新发现的知识也可以成为文学史新书写的依据。在这一辑，《选题、评奖与经典化：论新时期连环画与文学的互动关系》一文从连环画的视角提供了理解新时期文学版图的一种别致的可能。实际上，在当代文学史上，除了连环画，还有基于当代文学书写的广播剧、朗诵会、诗会及各种笔会，无疑都有研究价值，有独特的技术路径和巨大的阐释空间。凡此皆可视为大文学研究，而实际上，这本身就是当代文学生活的真实领地，可以拼合出文学消费的整体景观，打捞出一个时代的整体形象，并且，刷新关于当代文学和文学史的一系列旧版认知。

本辑的文章《回家的诱惑：论洪深留美戏剧〈为之有室〉的性别叙事与跨种族表演》同样呈现了知识的新发现与精确处理，对刷新文学史书写的实质性助益。不避辛劳的知识发现，是学术研究的畏途和正路。作者依据俄亥俄州立大学与哈佛大学的档案资料，认为1916—1919年洪深“在OSU的戏剧创作与演剧经历，促使他最终从‘实业救国’（陶瓷工程）转向了文艺救国的人生理想”。这是文学史关于洪深的新认知，而洪深与其他一些重要的现代文学家相似的人生抉择与职业转折，无疑有更大的文学史和思想史意义。

在本辑，有两篇青年学者的文章值得一述，其中，《从科举革废看第一篇现代白话小说的归属之争》，针对晚清关于鲁迅《狂人日记》、陈衡哲《一日》、刘韵琴《大公子》和李劼人《儿时影》等“现代白话小说”谁是“第一篇”的讨论，提出了一个文学史认知和判断的“标准”问题。这一问题不仅是白话小说“第一篇”的问题，更是文学史的普遍问题，促使文学研究者在行使历史书写的权力之际，思考文学版图的中心与地方的问题，以及文学感性和思想的自然生长与风行草偃的问题、现代性的来源与表里的问题，等等。《顾正红故事与现代中国动员文学的“哑炮”现象》别出新意，从文学史实中归纳出所谓“哑炮”现象，这一认知无疑是有意义的发现。不过，将所谓“工具论”的文学与“人的文学”对立起来，有可能是一种专业知识分子的话语迷误。那些持“工具论”的革命文学家和革命文学的组织者，其所致力者，岂非“人”的尊严和生活，而其文学，又何独不“人”？文学或许不仅是记录，也是创造。

两篇研究丁玲的文章同样值得注意，其一是《阶级与国家的双重诉求——“丁玲左转”的过程性与主体性》，文章注意到了丁玲“左转”在话语上的抉择，以及自身的主体性和经验性。话语的规约是普遍的，远看可知；而作家的路径却各有不同，其主体性意味着在同样的话语空间里的多样性与复杂性，细读可明。《新的疾病寓言的建构——论〈太阳照在桑干河上〉中疾病书写的突破》，其角度及其对隐喻和寓言的敏锐发现，无疑是鞭辟入里的：“新的疾病寓言在暖水屯的故事里被成功地建构起来，而且将过去的黑暗、疾病和土改之后的光明、健康整合起来，形成了有着政治象征意味的寓言结构。”

此外，尚有两篇考论文字可以证明本辑的精彩，其一是《鲁迅的“何家幹”系列笔名考辨》，其二是《人力车夫生命轨辙背后的政治牵系——重审〈骆驼祥子〉的社会时代背景》。后者试图将老舍对《骆驼祥子》的历史背景所做的“模糊处理”变得清晰起来，可以视为文史互证的一次有效的实践，或许也是一次创造性的实践。同样，文学研究或许不仅是发现及对发现的记录，也是创造。

投稿须知

《现代中国文化与文学》为四川大学文学与新闻学院主办的学术辑刊，现为南京大学 2021-2022 年度中文社会科学引文索引（CSSCI）来源集刊，每年 4 辑。现对投稿的有关问题作以下说明与约定：

1. 栏目说明。本辑刊欢迎中国现当代文学与文化的相关研究文章，常设栏目有特稿、大文学视野、文学档案、民国文学研究、共和国文学研究、港澳台文学研究、学人·著述等，并不定期推出各类专题研究栏目。

其中，“特稿”为本辑刊向业内资深专家的约稿；“大文学视野”主要指从广阔的社会文化范畴来研讨文学现象；“文学档案”主要针对新发现的文学史料，并强调对所列史料要有所分析和阐述；“民国文学研究”指晚清民初至中华人民共和国成立之前的相关文学研究；“共和国文学研究”指中华人民共和国成立后至今的相关文学研究；“港澳台文学”包括对中国香港、澳门、台湾三地相关文学的研究；“学人·著述”则是对学界相关学者与专著的评介，也包括一些重要的会议综述。

2. 论文规范说明。文章必须未曾在其他正式刊物上发表过。每篇字数为 7000—10000 字，重要选题或史料可适当增加字数。来稿凡引必注，注释统一采用脚注形式（体例详后），引文、注释请务必核对无误。来稿需另提供英文标题，并在文末注明作者简介、作者单位、电子邮箱、联系电话、通信地址等必要信息。

3. 投稿规定。本辑刊目前只接受邮箱投稿，投稿邮箱为：xdzgww@ 126. com。请在邮件主题中注明“作者单位+姓名+文章名”。作者须确保投稿文章内容无任何违法、违纪内容，无知识产权争议。严禁剽窃、抄袭，反对一稿多投。

4. 编审说明。本辑刊采用同行专家匿名审稿制，审稿期限为 6 个月。6 个月内未收到用稿通知，可自行处理。本刊编辑有权删改所用稿件，不同意者请在来稿时予以说明。稿件一经采用，寄送样刊两册。

5. 版权说明。本辑刊官方微信公众号为“大文学研究”，所刊稿件将在此平台上择优予以推送；且本刊已许可中国知网以数字化方式复制、汇编、发行、信息网络传播本刊全文。所有署名作者向本刊提交文章发表之行为视为同意上述声明。

6. 费用说明。本辑刊不以任何形式收取版面费。

《现代中国文化与文学》编辑部

脚注格式：

①徐杰：《论乡村小说的写作》，《王西彦研究资料》，知识产权出版社 2009 年版，第 368-369 页。

②郭志刚、孙中田：《中国现代文学史》（上册），高等教育出版社 1999 年版，第 235 页。

③［美］爱德华·W. 萨义德：《东方学》，王宇根译，生活·读书·新知三联书店 2007 年版，第 426-427 页。

④陈荒煤：《向赵树理方向迈进》，《人民日报》1947 年 8 月 10 日。

⑤丁帆：《新世纪中国文学应该如何表现“风景”》，《徐州师范大学学报》（哲学社会科学版）2012 年第 3 期。